Underachievement

# Europäische Hochschulschriften

Publications Universitaires Européennes

European University Studies

**Reihe VI**

**Psychologie**

Série VI Series VI

Psychologie

Psychology

**Bd./Vol. 760**

PETER LANG

Frankfurt am Main · Berlin · Bern · Bruxelles · New York · Oxford · Wien

Isabelle Zöller

# Underachievement

## Konstrukt eines Defizits oder defizitäres Konstrukt?

PETER LANG
Internationaler Verlag der Wissenschaften

**Bibliografische Information der Deutschen Nationalbibliothek**
Die Deutsche Nationalbibliothek verzeichnet diese Publikation in der Deutschen Nationalbibliografie; detaillierte bibliografische Daten sind im Internet über <http://www.d-nb.de> abrufbar.

Zugl.: Heidelberg, Pädagogische Hochschule, Diss., 2009

ISSN 0531-7347
ISBN 978-3-631-58732-4

Internationaler Verlag der Wissenschaften
Frankfurt am Main 2009

www.peterlang.de

*Meinen Eltern*

# Vorwort

*„Manchmal hat man eine sehr lange Straße vor sich. Man denkt, die ist so schrecklich lang; das kann man niemals schaffen, denkt man. Jedes Mal, wenn man aufblickt, sieht man, daß es gar nicht weniger wird, was noch vor einem liegt. So darf man es nicht machen. Man darf nie an die ganze Straße auf einmal denken, verstehst du? Man muß nur an den nächsten Schritt denken. Und immer wieder nur an den nächsten. Auf einmal merkt man, dass man Schritt für Schritt die ganze Straße gemacht hat."*

(Michael Ende, „Momo")

Diese Arbeit wurde im Sommersemester 2009 an der Pädagogischen Hochschule Heidelberg als Dissertation angenommen. Sie ist in meiner Zeit als wissenschaftliche Mitarbeiterin im dortigen Fachbereich Psychologie entstanden. Bei allen Personen, die mich auf der ‚Straße' meines Promotionsverfahrens in unterschiedlicher Weise unterstützt und zum erfolgreichen Abschluss dieser Untersuchung beigetragen haben, möchte ich mich ganz herzlich bedanken. An erster Stelle richtet sich mein Dank an meine beiden Betreuer, Prof. Dr. Jeanette Roos und Prof. Dr. Hermann Schöler, ohne deren Unterstützung die Entstehung der vorliegenden Dissertation nicht möglich gewesen wäre. Frau Prof. Roos danke ich insbesondere auch dafür, dass sie mir eine Stelle zur wissenschaftlichen Qualifikation angeboten und für mich damit erst die Möglichkeit zur Promotion geschaffen hat. Herrn Prof. Schöler bin ich nicht zuletzt deshalb zu Dank verpflichtet, weil er mich auch in solchen Zeiten angespornt hat, in denen es nicht mehr vorwärts zu gehen schien. Beiden danke ich darüber hinaus für die zügige Erstellung der Gutachten.

Meinem Mann Mark Zöller danke ich für seine zahlreichen kritischen Anmerkungen und hilfreichen Anregungen, besonders aber für die vielen Stunden, in denen er mich unermüdlich dazu angehalten hat, mich nicht auf die ganze Straße, sondern nur auf die einzelnen Schritte zu konzentrieren. Frau Gabriele Ochmann bin ich dankbar dafür, dass sie nie an einem erfolgreichen Abschluss der Dissertation gezweifelt hat und bei Sorgen stets ein offenes Ohr für mich hatte. Schließlich danke ich Anke Treutlein und allen Heidelberger Kolleginnen und Kollegen, die sich in den vergangenen Jahren auch die absonderlichsten Theorien und Ideen angehört und mit mir darüber diskutiert haben, sowie Corinna Horlebein, Alexandra Meergans und Anne Siegmund für ihre wertvolle Hilfe bei der Endkorrektur des Textes.

Mannheim, Mai 2009 *Isabelle Zöller*

## Zusammenfassung

In wissenschaftlichen Publikationen und Stellungnahmen wird immer wieder auf die methodischen und theoretischen Fallstricke hingewiesen, denen sich die Underachievement-Forschung gegenübersieht. Insbesondere wird Kritik an der mangelhaften Operationalisierbarkeit des Konstrukts sowie dem Einsatz eines Diskrepanzmaßes zur Bestimmung von Achievern und Underachievern geäußert. Ungeachtet dessen erfreut sich Underachievement als Forschungsgegenstand bis heute großer Beliebtheit. Dies lässt sich insbesondere darauf zurückführen, dass die Vorstellung von Personen, die hinter ihren Möglichkeiten zurückbleiben, intuitiv ebenso überzeugend wirkt, wie die Vorstellung, dass Underachievement einen negativen Zustand darstellt, den es zu vermeiden bzw. zu beheben gilt. Bestehen allerdings tatsächlich massive Probleme im Bereich der Operationalisierung, so verhindert dies nicht nur die sinnvolle Interpretation und Generalisierung von Forschungsergebnissen, sondern stellt auch Diagnosen und Interventionsmaßnahmen in Frage, die auf der Grundlage der fehlerhaften Forschungsbefunde entwickelt werden. Da in der täglichen Test- und Forschungspraxis regelmäßig Personen fälschlicherweise als Underachiever etikettiert werden, während anderen eine dringend benötigte Förderung vorenthalten wird, gilt das Augenmerk im Rahmen der vorliegenden Arbeit erneut den vielfältigen Problemen im Bereich der Underachievement-Forschung. Hierzu werden die bisherigen Kritikpunkte aufgegriffen und ergänzt, wobei zunächst einmal die Willkürlichkeit in den Blick genommen wird, die im Allgemeinen die Auswahl von Prädiktoren und Kriterien prägt. Anhand alltagsnaher Beispiele wird darüber hinaus dargestellt, dass mittels der herkömmlichen Diskrepanzdefinition zahlreiche Underachievementfälle nicht erfasst werden können. Bereits aus methodischer Sicht ist das Underachievement-Modell damit erheblichen Bedenken ausgesetzt. Dieser Eindruck erhärtet sich weiter bei einer genaueren Betrachtung des theoretischen Fundaments. Hier zeigt sich, dass es bislang an einer klaren Definition von Achievement fehlt. Es wird also faktisch von erwartungswidrigen Leistungen bzw. Underachievement gesprochen, ohne dass überhaupt Einigkeit darüber besteht, in welchen Fällen eine erwartungskonforme Leistung bzw. Achievement zu diagnostizieren ist. Die Brisanz einer solchen Vorgehensweise wird mit Blick auf den Praxisalltag deutlich, dessen Ziel im Falle eines diagnostizierten Underachievements gerade darin besteht, den unerwünschten Ausgangszustand (die erwartungswidrigen Leistungen) in den gewünschten Zielzustand (erwartungskonforme Leistungen) zu überführen. Dies erweist sich jedoch als unmöglich, wenn der Zielzustand nicht klar definiert ist, also keine Einigkeit darüber besteht, was unter dem Komplementärbegriff Achievement zu verstehen ist.

Ebenso wie Underachievement kann auch Achievement in unterschiedlicher Weise definiert werden, wobei die jeweils gewählte Achievement-Definition Auswirkungen auf Art und Anzahl der zu erwartenden Underachiever hat. Zu unterscheiden ist in erster Linie zwischen einer Vorstellung von Achievement als dem Erreichen eines bestimmten Leistungsergebnisses (Outputs) und Achievement als dem Erzielen einer definierten Leistung unter Aufwendung spezifischer Ressourcen (Output / Input). Dabei gelten als Input neben der individuellen Begabung und den zur Potenzialumsetzung erforderlichen biologischen Möglichkeiten vor allem die benötigte bzw. aufgewendete Zeit sowie die zur Verfügung stehenden Unterstützungssysteme und Hilfsmittel. Achievement kann dabei sowohl in schulischen als auch außerschulischen Bereichen auftreten, wobei sich wiederum beide Leistungsbereiche gegenseitig beeinflussen. Angesichts der begrenzten zeitlichen Ressourcen, die einer Person zur Verfügung stehen, ist es für sie ausgeschlossen, in allen Begabungsbereichen Höchstleistungen zu erzielen. Vielmehr ist jedes Individuum gezwungen, seine Ressourcen möglichst effektiv auf die einzelnen Begabungsbereiche zu verteilen, wobei Ressourcen, die in einen Bereich fließen, für andere Bereiche nicht mehr zur Verfügung stehen. Es kommt somit zwangsläufig zu Underachievement in allen ‚vernachlässigten' Bereichen. Achievement und Underachievement schließen sich in Wirklichkeit also nicht gegenseitig aus, sondern gehen selbst im Falle von Höchstleistungen stets miteinander einher.

Dass die in der Schule erzielten Leistungen gegenüber außerschulischen Aktivitäten und Errungenschaften als bedeutsamer eingestuft werden, entspricht lediglich allgemeinen gesellschaftlichen Konventionen. Wie nicht zuletzt die Biographien zahlreicher herausragender Persönlichkeiten der Zeitgeschichte zeigen, ist der Wert von schulischem Wissen für bedeutungsvolle Leistungen und Errungenschaften allerdings faktisch oftmals nur gering. Betrachtet man Underachievement als das Nichtausschöpfen vorhandener Begabungsressourcen, so kann man sogar soweit gehen zu behaupten, dass Underachievement einen erstrebenswerten Zustand darstellt. Dies gilt zum einen dann, wenn für eine Potenzialausschöpfung eine dauerhafte Überforderung und somit gesundheitliche Schäden in Kauf genommen werden. Darüber hinaus entspricht es einer verbreiteten Fehleinschätzung, dass Begabung stets etwas Positives ist und deren Entfaltung immer zu erstrebenswerten Resultaten führt.

Insgesamt lässt sich festhalten, dass Underachievement eher als defizitäres Konstrukt als das Konstrukt eines Defizits zu bezeichnen und in seiner gegenwärtigen Form nicht dazu geeignet ist, tatsächlich Minderleistungen in ihrer gesamten Vielfalt und mit sämtlichen Facetten zu erfassen. Insbesondere im Bereich der Operationalisierung bestehen gravierende Defizite, die den Nutzen sowie die Generalisierbarkeit der gewonnen Erkenntnisse erheblich einschränken. Doch auch das theoretische Fundament des herkömmlichen Underachievement-Modells erweist sich als unzureichend. Das Konstrukt Underachievement in seiner bisherigen Form ist daher abzulehnen. Die Anwendung bzw. Umsetzung von darauf basierenden Forschungsergebnissen erscheint im Rahmen der Praxis als äußerst riskant. Dies gilt schon deshalb, weil die Flut der Forschungsergebnisse Wissenschaftlichkeit suggeriert und den Anschein erweckt, Underachievement müsse bzw. könne in allen Fällen behandelt werden. Tatsächlich ist Underachievement – wenn überhaupt – allerdings nur ein Symptom, das aus vielerlei Gründen und im Zusammenhang mit zahlreichen weiteren Symptomen in Erscheinung treten kann. Dabei stellt Underachievement weder das Hauptsymptom noch selbst eine Störung bzw. Krankheit dar. Die Forschungsbemühungen auf Underachievement zu konzentrieren, anstatt die jeweils zugrunde liegenden Störungen in den Blick zu nehmen, kann sich daher als gefährlicher Um- und Irrweg erweisen.

# Inhalt

# 1 Einleitung

Eines der Hauptziele von Schule und Studium stellt die Vermittlung von Kenntnissen und Fertigkeiten dar, die eine Bewältigung der Alltagsanforderungen erleichtern (z. B. Lesen und Schreiben) bzw. das Rüstzeug für einen erfolgreichen Start in das Berufsleben darstellen (z. B. Fachwissen). Die Alltagserfahrung lehrt uns allerdings, dass es einigen Schülerinnen und Schülern bzw. Studentinnen und Studenten schwerer fällt als anderen, die erforderlichen Kenntnisse und Fertigkeiten zu erwerben. Rätsel geben dabei insbesondere solche Fälle auf, in denen allgemein als intelligent erachtete Personen, vielfach ohne erkennbare Ursache, an verhältnismäßig leichten Aufgaben scheitern. Die Rede ist von so genannten Underachievern, d. h. von Personen, die trotz ausreichender Begabung ihr Potenzial in Schule, Studium oder Beruf nicht entfalten können (u. a. Lauth, Brunstein & Grünke, 2004a).

Einigkeit besteht darüber, dass das Nichtausschöpfen bzw. Brachliegen von geistigem Potenzial nicht nur für den Einzelnen einen Verlust darstellt. Auch eine Gesellschaft dürfte sich den Luxus, verfügbare Bildungs- und Leistungsressourcen in der Bevölkerung nicht zu nutzen, auf lange Sicht kaum leisten können. Den meisten Menschen leuchtet es unmittelbar ein, wie wichtig eine gute schulische Ausbildung ist, sind an den Erwerb spezifischer Bildungszertifikate doch in nicht unerheblichem Maße die späteren beruflichen Aufstiegs- und Verdienstmöglichkeiten und damit implizit auch Lebenschancen gebunden. Zu dieser Erkenntnis gelangt man nicht erst auf Grundlage der Ergebnisse internationaler Schulvergleichsstudien. Allerdings zeigten auch die Befunde der PISA-Studie (Programme for International Student Assessment: Baumert & Schümer, 2001, 2002), dass es in Deutschland und vielen anderen Ländern in punkto Chancengleichheit und Potenzialausschöpfung mehr zu verbessern gilt, als man bislang angenommen hatte.

Besonders dringlich erscheint eine stärkere Förderung der besonders Befähigten. Hiervon zeugen die jüngsten Bemühungen zum Aufbau von Einrichtungen zur Hochbegabtenförderung, Eliteuniversitäten sowie Kinder- und Schülerakademien, denn u. a. die Ergebnisse der Third International Mathematics and Science Study (TIMSS: Baumert, Bos & Lehmann, 2000; Baumert et al., 1997) haben ergeben, dass in Deutschland selbst die Testleistungsstärksten nicht mit der internationalen Leistungsspitze Schritt halten können. Von der Förderung eben dieser Schüler/-innengruppe erhofft man sich in Zukunft eine Zunahme an besonders qualifizierten und dringend benötigten Fachkräften. Doch auch bei den durchschnittlich Begabten vermutet man seit langem zu Recht ungenutztes Potenzial, das es zu entfalten gilt. Man hat erkannt, dass man es sich nicht länger leisten kann, nur die lernwilligen und leistungsmotivierten Kinder aus bildungsnahen Familien zu fördern, sondern dass es ebenso wichtig ist, das Potenzial der lernunwilligen, leistungsschwachen und schwierigen Schüler/-innen abzurufen.

Dementsprechend verwundert es auch nicht, dass die Forschung im Bildungssektor und damit auch im Bereich der Underachievement-Forschung in den letzten Jahren einen neuen Aufschwung erlebt hat. Mit vielfältigen Ansätzen wird versucht, jene Schüler/-innen möglichst frühzeitig zu identifizieren, die ihr Potenzial nicht voll ausschöpfen können oder wollen. Im Mittelpunkt der Studien zum Thema Underachievement steht dabei zumeist die Suche nach Faktoren, die zu Underachievement führen, bzw. die Identifikation von Merkmalen, die Achiever von Underachievern unterscheiden und auf deren Basis Maßnahmen entwickelt werden können, die zu einer Verbesserung der schulischen Leistungen führen. Die gefundenen Merkmale und Ursachen sind allerdings ebenso vielfältig und zum Teil widersprüchlich wie die Vorschläge für eine geeignete Intervention. Dessen ungeachtet erfreut sich das Thema Underachievement in Forschung und Praxis großer Beliebtheit. Dies belegt nicht zuletzt die große Anzahl und Vielfalt fachwissenschaftlicher Publikationen zu diesem Thema. Nach Hanes und Rost (1998) finden sich in den Datenbanken ‚Psyclit' und ‚Eric' alleine für den Zeitraum von 1982 bis 1995 541 Nachweise zum Stichwort ‚(academic) underachievement'. Diese Zahl erhöht sich bis 2007 noch einmal um weit mehr als 500 Publikationen.

Dabei mangelt es nicht an kritischen Stimmen. So äußerte etwa Heckhausen bereits 1980, dass sich dem Problem der erwartungswidrigen Schulleistungen zwar zahlreiche Forscher/-innen gewidmet hätten und Praktiker/-innen diesen Bemühungen große Bedeutung beimessen würden (Heckhausen, 1980b). Gleichwohl wären das Problem jedoch bereits im Ansatz verfehlt, die Vorgehensweisen zu seiner Lösung untauglich, die erzielten Ergebnisse zu seiner Klärung unerheblich und die Anwendungen in der Praxis kaum fruchtbar. Wahl (1975, S. 143) ging sogar soweit zu behaupten, dass die Einwände gegen das Konstrukt der erwartungswidrigen Schulleistungen so zahlreich wären, „daß man sich fragen muß, warum nicht schon vorher der Versuch gemacht wurde, es zu beseitigen".

Seit den Anfängen der Underachievement-Forschung haben Autoren wie Heckhausen (1980b), Thorndike (1963) und Wahl (1975) aber auch Atkinson und Lens (1980), Klauer (1990), Krug und Rheinberg (1980) sowie Weinert und Petermann (1980) immer wieder auf die methodischen und theoretischen Fallstricke hingewiesen, denen sich Wissenschaftler/-innen im Bereich der Underachievement-Forschung gegenübersehen. Insbesondere wurde Kritik an der Stabilität des Konstruktes sowie am leichtfertigen Einsatz eines Diskrepanzmaßes zur Bestimmung von Achievern und Underachievern geäußert (vgl. auch Kavale, 2002; Lavin, 1965; Schlee, 1976; Simons, 1976). Dies hat der Popularität des Konstruktes als Forschungsgegenstand jedoch allenfalls zeitweilig Abbruch getan und nicht in dem Maße, wie von Heckhausen (1980b), Kornrich (1965) und vielen anderen Kritikern erhofft, zu einem Umdenken und der Entwicklung neuer theoretischer und empirischer Herangehensweisen geführt.

Den Grund dafür, dass das Konstrukt der erwartungswidrigen Schulleistungen so lange aufrecht erhalten wurde, sieht Wahl (1975, S. 143) nicht zuletzt darin, „daß man als Pädagoge und Psychologe ständig gezwungen ist, mit Konstrukten zu arbeiten, ohne sie in jedem Fall nachprüfen zu können".[1] Die Folgen einer derartigen (wenn auch gegebenenfalls unvermeidlichen) Ignoranz können sowohl im Rahmen des Forschungs- als auch Praxisalltags gravierend sein. Ist nämlich davon auszugehen, dass

[1] Dabei gilt es zu beachten, dass das Ziel der vorliegenden Arbeit nicht von vornherein darin bestand, Kritik am Konstrukt Underachievement zu üben (s. Anhang 2). Vielmehr stand die Absicht im Vordergrund, die situations- und aufgabenspezifische Motivation in verschiedenen Leistungssituationen mit erwartungswidrigen Leistungen in Verbindung zu bringen. Wie bereits bei Wahl (1975) scheiterte dieses Vorhaben jedoch an der mangelnden Operationalisierbarkeit des Konstruktes.

sich die Underachievement-Forschung auf einem theoretisch brüchigen Fundament bewegt, und darüber hinaus (massive) Probleme im Bereich der Operationalisierung die sinnvolle Interpretation und Generalisierung von Forschungsergebnissen erschweren bzw. verhindern, so sind selbstverständlich auch Diagnosen und Interventionsmaßnahmen in Frage zu stellen, die auf der Grundlage der fehlerhaften Forschungsbefunde entwickelt wurden. Eine Suche nach den Ursachen und Erscheinungsformen von Underachievement setzt schließlich voraus, dass sich Underachiever von Achievern klar abgrenzen lassen. Ebenso ist eine solide Forschungsgrundlage für die Entwicklung sinnvoller Fördermaßnahmen und die Identifikation förderbedürftiger Schüler/-innen von entscheidender Bedeutung. Ließen sich anhand der gängigen Methoden Achiever und Underachiever nicht eindeutig voneinander trennen, so hätte dies zur Folge, dass zum einen Kinder gegen Underachievement behandelt (und möglicherweise stigmatisiert) würden, die einer zusätzlichen Förderung gar nicht bedürften und im schlimmeren Fall Kindern, die eine Unterstützung dringend nötig hätten, keine Förderung zu Teil würde.

Vor diesem Hintergrund wird im Rahmen der vorliegenden Untersuchung das Augenmerk erneut auf die vielfältigen Probleme im Bereich der Underachievement-Forschung gelegt. Neben einer umfassenden Darstellung der methodischen Defizite sollen dabei vor allem auch die theoretischen Grenzen des Underachievement-Konstruktes aufgezeigt werden. Eine solche Arbeit erscheint schon deshalb erforderlich, weil kritische Stimmen in der Flut der Forschungsergebnisse bislang oftmals untergegangen sind bzw. in Wissenschaft und Praxis weitgehend ignoriert wurden. Darüber hinaus hat es den Anschein, dass eine Fokussierung auf den schulischen Bereich vielfach den Blick verstellt hat auf die Tatsache, dass schulisches Underachievement logisch nicht losgelöst von außerschulischen Lebensbereichen betrachtet und bewertet werden kann. In diesem Zusammenhang ist zu konstatieren, dass sich Underachievement nicht in allen Fällen vermeiden lässt und auch nicht unter allen Umständen vermieden werden sollte. Vielmehr gilt es zu erkennen, dass etwa Höchstleistung in einem Bereich stets mit Underachievement in anderen Bereichen einhergeht. Achievement und Underachievement stellen damit nicht etwa die entgegengesetzten Pole derselben Skala dar. Vielmehr kann man sich zwar verhältnismäßig leicht Fälle von Underachievement ohne Achievement vorstellen. Es dürfte jedoch schwer fallen, wie im Rahmen der vorliegenden Arbeit zu zeigen sein wird, Beispiele für Achievement ohne gleichzeitiges Underachievement zu finden. Oder um die Feststellung „Man kann nicht nicht kommunizieren“ von Paul Watzlawick (Watzlawick, Beavin & Jackson, 2007, S. 53) auf den vorliegenden Kontext zu übertragen: „Man kann nicht Nicht-Underachiever sein“. Entsprechend ist auch im Forschungsalltag das Phänomen Underachievement differenzierter als bisher zu beleuchten.

Im Zentrum der Arbeit stehen die kritische Auseinandersetzung mit dem klassischen Underachievement-Modell sowie dessen theoretische Widerlegung. In Anbetracht dieser Tatsache weicht die Struktur der vorliegenden Arbeit von dem für empirische Arbeiten üblichen Aufbau ab. So gilt es in einem ersten Schritt (Kapitel 2), dem Leser einen kurzen Überblick über den derzeitigen Forschungsstand zu geben und gängige Modelle und Ansätze im Bereich der Underachievement-Forschung darzustellen. Im

Rahmen von Kapitel 3 soll sodann die Vielfalt verwendeter Prädiktoren und Kriterien aufgezeigt und insbesondere die Nutzung von Intelligenztestwerten zur Vorhersage von Schulleistungen einer kritischen Betrachtung unterzogen werden. Auf der Basis dieser gedanklichen Vorklärung erfolgt zudem eine kritische Prüfung statistischer Definitionen von Underachievement sowie eine Darstellung methodischer Probleme im Rahmen der Operationalisierung. Die bis dahin aufgezeigten Kritikpunkte machen eine Modifikation bzw. Präzisierung des Verständnisses des Begriffs Underachievement nötig. Inwiefern eine Anpassung und sinnvolle Erweiterung bisheriger Definitionen realistisch und leistbar ist, wird in Kapitel 4 zu prüfen sein. Im Rahmen von Kapitel 5 wird sodann dargelegt, dass Achievement und Underachievement keine Gegenpole darstellen, sondern stets miteinander einhergehen. Zudem wird aufgezeigt, dass Underachievement nicht nur Nachteile mit sich bringt, sondern sowohl mit Blick auf den Einzelnen als auch auf die Gesellschaft durchaus positive Aspekte beinhalten kann. Die Arbeit schließt mit einer Integration der Befunde sowie einer kritischen Würdigung der Ergebnisse (Kapitel 6). Zur besseren Veranschaulichung werden die Ausführungen zu den methodischen und theoretischen Defiziten durch praxisnahe Beispiele ergänzt. Grundlage der Analysen bilden die schulischen Leistungen und Intelligenzdaten von 1.520 Schülerinnen und Schülern aus 16 Heidelberger Grundschulen, die in den Jahren 2001 bzw. 2002 eingeschult und im Rahmen des Projektes EVES[2] bis zum Ende ihrer Grundschulzeit untersucht wurden.

---

[2] Das Akronym EVES steht für „Evaluation eines Vorschultrainings zur Prävention von Schriftspracherwerbsproblemen sowie Verlauf und Entwicklung des Schriftspracherwerbs in der Grundschule".

# 2 Underachievement-Forschung: Ein Überblick

Die Alltagserfahrung lehrt uns, dass es einigen Schülerinnen und Schülern schwerer fällt als anderen, gute schulische Leistungen zu erzielen. Die Ursachen der Leistungsunterschiede sind jedoch vielfältig und nur selten auf den ersten Blick erkennbar. Fehlende kognitive Ressourcen und krankheitsbedingte Leistungsbeeinträchtigungen kommen als mögliche Erklärungen für schlechte Leistungen ebenso in Betracht wie eine vorsätzliche Verweigerungshaltung, motivationale Defizite, unzureichende Lern- und Arbeitstechniken, Unterrichtsmängel und Leistungseinbußen infolge von persönlichen oder familiären Krisensituationen. Während jedoch Lernschwierigkeiten bei Schülerinnen und Schülern mit einer vermeintlich geringen oder gar fehlenden Begabung nicht als ungewöhnlich angesehen werden, geben insbesondere solche Fälle Rätsel auf, in denen als klug erachtete Schüler/-innen ohne erkennbare Ursache an verhältnismäßig leichten Aufgaben scheitern. Hier ist von Underachievement die Rede.

## 2.1 Klassische Definition

### 2.1.1 Definition schulischen Underachievements

Der Begriff ‚Underachievement' leitet sich ab von dem englischen Wort ‚achievement' (das zu Deutsch ‚Leistung' bedeutet) und bezeichnet Leistungen, „die unterhalb des Niveaus liegen, das mit dem Potenzial einer Person zu erreichen wäre" (Holling, Preckel & Vock, 2004, S. 147). Auch Ziegler, Dresel und Schober (2000) sprechen sich dafür aus, Underachievement als eine Diskrepanz von Leistungspotenzial und aktuell erreichter Leistung anzusehen. Weinert (1965) spricht von Underachievement, wenn die Lernleistungen eines Schülers bzw. einer Schülerin erheblich von den Leistungen abweichen, die aufgrund der Intelligenz des Schülers bzw. der Schülerin zu erwarten wären. Damit soll zum Ausdruck gebracht werden, dass „die angeborene Intelligenzkapazität und die aktuelle Intelligenzleistung nicht übereinstimmen" (Kemmler, 1975, S. 115). Als Underachiever werden somit Schüler/-innen bezeichnet, denen es nicht gelingt, ihre intellektuellen Fähigkeiten in angemessener Weise in schulische Leistungen umzusetzen (Lauth et al., 2004a). Im deutschen Sprachraum wird synonym für den Begriff Underachievement der Begriff ‚erwartungswidrige (Schul-)Leistung' verwendet (u. a. Simons, 1976; Wahl, 1975). Dabei ist zu beachten, dass sich die Bezeichnung ‚erwartungswidrig' nicht etwa auf die Erwartungen der Schüler/-innen oder deren Umwelt bezieht. Für die Annahme eines Underachievements spielt es zunächst einmal keine Rolle, ob die Umwelt einem Schüler bzw. einer Schülerin oder der Betroffene bzw. die Betroffene sich selbst bessere Leistungen erhofft oder zutraut. Vielmehr bezieht sich das Attribut ‚erwartungswidrig' nach Wahl (1975) auf die Diskrepanz zwischen (im schulischen Kontext oder in einer Testsituation) tatsächlich erzielten und auf Basis der Prädiktormessung (z. B. eines Intelligenztests) erwartbaren Leistungen. Diese Beziehung ist auch Bestandteil der Definition von Butler-Por (1987): Underachiever erbringen danach wesentlich geringere Leistungen als durch den Prädiktor (zumeist Leistungen in einem Intelligenztest oder Einschätzungen der kognitiven Leistungsfähigkeit durch Lehrer/-innen bzw. Eltern) vorhergesagt wird.

Wie die genannten Definitionsansätze exemplarisch zeigen, besteht in der (Forschungs-)Literatur weitgehend Einigkeit darüber, dass unter Underachievement die Diskrepanz zwischen Leistungsfähigkeit und tatsächlich gezeigter Leistung zu verstehen ist. Gleichzeitig gehen jedoch die Meinungen darüber auseinander, wie weit oder eng das Konstrukt zu fassen ist und wie Leistung und Leistungsfähigkeit zu operationalisieren sind. Während Underachievement zum einen als Nichtausschöpfen eines vorhandenen Potenzials angesehen wird, entspricht Underachievement zum anderen dem Nichterreichen einer erwartbaren Leistung. Beide Definitionen sind nicht zwangsläufig deckungsgleich, wie sich am Beispiel eines hochbegabten Schülers zeigen lässt. So dürfte es einem sehr intelligenten Schüler etwa möglich sein, im Unterricht erwartbar gute Leistungen zu erzielen, ohne hierzu sein Potenzial voll auszuschöpfen. Im einen Falle würde der betroffene Schüler somit der Gruppe der Underachiever zugerechnet werden, im anderen Falle den Achievern. Hier offenbart sich bereits eines der Hauptprobleme im Bereich der Underachievement-Forschung: die Unterschiedlichkeit und mangelnde Präzision der vorhandenen Begrifflichkeiten, die viel Spielraum für Auslegungen und Interpretationen zulassen und zu einer schier unüberblickbaren Fülle von Underachievementkonzepten führen.

### 2.1.2 Formen schulischen Underachievements

Die Vielzahl und Unterschiedlichkeit der postulierten Underachievementformen lässt das Konstrukt verschwimmen und erschwert die Abgrenzung von thematisch verwandten Konstrukten. Aufgrund der konzeptionellen Nähe zu den Lernstörungen basieren Versuche, die verschiedenen Formen von Underachievement sinnvoll zu klassifizieren und voneinander abzugrenzen, im Allgemeinen auf Ansätzen und Klassifikationsmodellen aus dem Bereich der Lernschwierigkeiten und Lernstörungen. In Anlehnung an Lauth et al. (2004a), Orthmann (2006) und Zielinski (1998) lassen sich Underachiever u. a. anhand folgender Merkmale klassifizieren:

(1) ***Grad der Normabweichung:*** Hierbei gilt die Stärke der Diskrepanz zwischen Leistungsfähigkeit und gezeigter Leistung als Indikator für den Schweregrad der Störung.

(2) ***Stabilität:*** Underachiever lassen sich darüber hinaus dahingehend unterscheiden, ob ihre Leistungen nur kurzzeitig oder aber dauerhaft unter dem Leistungsniveau liegen, das aufgrund ihrer Begabung zu erwarten wäre.

(3) ***Allgemeinheitsgrad:*** Eine weitere Klassifikationsmöglichkeit besteht darin, zwischen bereichspezifischem und generellem Underachievement zu differenzieren. Fähigkeitsspezifisches Underachievement zeichnet sich durch Minderleistungen in einem (relativ) eng umschriebenen Inhaltsbereich (z. B. Lesen) aus, bei vergleichsweise guten (intellektuellen) Fähigkeiten. Beim generellen Underachievement ist das Lernen trotz guter Begabung in den meisten oder gar allen schulischen Bereichen deutlich beeinträchtigt.

(4) ***Bedingungsfaktoren:*** Eine Unterscheidung kann allerdings auch auf der Grundlage der jeweiligen Ursachen bzw. Bedingungsfaktoren erfolgen. Hier ist zwischen Ursachen zu unterscheiden, die in der Person selbst liegen (z. B. Persönlichkeitsmerkmalen) und solchen, die sich durch die Umwelt des Individuums (d. h. die äußeren Rah-

menbedingungen) ergeben. Dabei ist natürlich zu beachten, dass im Einzelfall keine klare Abgrenzung möglich sein wird, da Personen- und Umweltmerkmale häufig miteinander interagieren.

(5) ***Fähigkeitsniveau:*** Ebenfalls eine wichtige Rolle spielt schließlich das Ausmaß der individuellen Begabung (zumeist der kognitiven Leistungsfähigkeit) und damit die Frage, ausgehend von welchem Begabungsniveau Lernschwierigkeiten auftreten (Orthmann, 2006). Wie im Rahmen der Abschnitte 2.2.1 und 2.3.4 noch näher dargestellt wird, ist das Phänomen Underachievement nicht an ein bestimmtes (kognitives) Fähigkeitsniveau gebunden. Vielmehr ergeben sich erwartungswidrige Leistungen unabhängig vom Ausgangsniveau immer dann, wenn die gezeigten Leistungen nicht dem Niveau entsprechen, das aufgrund der vorhandenen Begabung erreicht bzw. erwartet werden könnte. Dies gilt für Minderbegabte, Normalbegabte und Hochbegabte gleichermaßen.

### 2.1.3 Overachievement als Sonderform des Underachievements

Schulleistungen können jedoch nicht nur schlechter ausfallen als erwartet, vielmehr sind in der schulischen Praxis auch Fälle beobachtbar, in denen Schüler/-innen deutlich bessere Leistungen erzielen, als etwa aufgrund ihrer kognitiven Leistungsfähigkeit zu erwarten wäre. In diesen Fällen wird von Overachievement gesprochen (u. a. Mandel & Marcus, 1988; Orthmann, 2006; Sparfeldt & Schilling, 2006). Als besondere Merkmale von Overachievern gelten u. a. eine außergewöhnlich hohe Lern- und Leistungsmotivation, ein ausgeprägtes Selbstbewusstsein und eine geringe Anfälligkeit für Störungen im Lernprozess (u. a. Lum, 1960; Weinert, 1965, zit. n. Freund-Braier, 2000, S. 172). In anderen Fällen wird ‚erwartungswidriges Mehrleisten' gleichgesetzt mit übermäßigem Arbeitseifer im Sinne eines ‚workaholism' (Webb, Meckstroth & Tolan, 2004).

Die Frage nach der „Existenzberechtigung" von Overachievement wird allerdings unterschiedlich beantwortet. Nach Sparfeldt und Schilling (2006) sind Overachiever nur von theoretischem Interesse, da bei erwartungswidrig guten Schulleistungen keine Intervention erforderlich ist. Atkinson (1974) ist hingegen der Auffassung, dass es erwartungswidrig gute Leistungen überhaupt nicht geben kann, wenn mit der Bezeichnung Overachievement impliziert wird, dass eine Person mehr leistet, als aufgrund ihrer wahren Fähigkeit möglich ist. Seiner Ansicht nach sind Overachiever daher nichts anderes als Underachiever bezüglich der Prädiktormessung. Folgt man dieser Annahme, so sind zwei Gruppen von Underachievern zu unterscheiden, nämlich solche, die im kognitiven Leistungstest, d. h. im Rahmen der Prädiktormessung, unter ihren Möglichkeiten bleiben, und solche, die im schulischen Kontext (Kriteriumsmessung) ihr Potenzial nicht voll entfalten können. Ebenso wie Atkinson (1974) ist auch Schwitzgebel (1965) der Ansicht, dass es nicht möglich ist, mehr zu leisten, als man zu leisten im Stande ist. Das Phänomen Overachievement führt er daher nicht auf eine tatsächliche Diskrepanz zwischen der Leistung und der Kapazität einer Person zurück, sondern vielmehr auf eine fehlerhafte Erwartung bzw. Vorstellung von der Leistungsfähigkeit eines Individuums. Erwartungen bezüglich des Verhaltens einer Person stützen sich überwiegend auf Leistungswerte bzw. Verhaltensweisen, die unter sehr spezifischen Bedingungen erzielt bzw. gezeigt werden. Im Alltag stellt menschliches Verhalten jedoch das Ergebnis einer höchst komplexen Interaktion von biologischen und sozialen Faktoren dar, was dazu führt, dass die Vorhersage von Verhalten auf der Basis von Informationen, die unter sehr spezifischen oder kontrollierten Bedingungen gewonnen wurden, mitunter sehr unpräzise sein kann. Kowitz (1965) hält bereits die Annahme, Overachievement könne sich auf die Leistungskapazität einer Person beziehen, für fehlgeleitet. Seiner Ansicht nach ist es offensichtlich, dass Overachievement keine Leistung jenseits der Kapazitätsgrenze darstellen kann, sondern vielmehr eine Leistung oberhalb eines vernünftigen Leistungsniveaus bzw. oberhalb eines Optimums – ohne dieses jedoch näher zu spezifizieren. Trotz allem liegt es der Sache nach näher, Overachievement als die Folge einer fehlerhaften Messung anzusehen. Diese kann sich, wie Atkinson (1974) und Schwitzgebel (1965) vermuten, auf den Prädiktor beziehen und zu einer Unterschätzung der Leistungsfähigkeit führen. Denkbar ist jedoch auch eine Überschätzung der tatsächlich gezeigten Leistung (Kriteriumsmessung). Als Ursachen hierfür ließen sich u. a. glückliches Raten, Abschreiben bzw. Profitieren von leistungsfähigeren Mitschülerinnen und Mitschülern sowie die Verwendung unerlaubter Hilfsmittel (z. B. Spickzettel) anführen.

## 2.2 Abgrenzung von verwandten Konstrukten

Das Problem der erwartungswidrigen Schulleistungen erfreut sich als Forschungsgegenstand derzeit großer Beliebtheit. Auch in der schulischen bzw. psychologischen Praxis wird dem Phänomen Underachievement erhebliche Bedeutung beigemessen. Nicht selten wird es dabei in einem Atemzug mit Lernstörungen wie Legasthenie und Dyskalkulie genannt (siehe u. a. Lauth et al., 2004a; Linderkamp & Grünke, 2007; Orthmann, 2006; Sparfeldt & Schilling, 2006; Zielinski, 1998). Ein weiterer Begriff, der sowohl in Zusammenhang mit Lernstörungen als auch Underachievement gebraucht wird, ist ‚Lernschwierigkeit'. Nach Zielinski (1975, S. 854) ist allen Formen von Lernschwierigkeiten gemein, dass eine Diskrepanz besteht „zwischen dem Verhalten eines Individuums und bestimmten Erwartungswerten, einer Bezugsnorm". Bleibt ein Schüler bzw. eine Schülerin hinter der jeweils gültigen Norm zurück, so wird dies als Anzeichen von Lernschwierigkeiten bzw. im Extremfall als Symptom von Lernversagen gewertet. Doch nicht in allen Fällen, in denen Schüler/-innen erwartungswidrig schlechte Schulleistungen erbringen, ist die Ursache hierfür tatsächlich in einer Form von Underachievement zu sehen. Die Vielfalt der mit erwartungswidrigen Leistungen einhergehenden Störungen und Phänomene macht es nötig, Underachievement von verwandten Konstrukten abzugrenzen.

Tabelle 1 beinhaltet ein Klassifikationsschema von Tiedemann (1981), anhand dessen sich die zahlreichen Konzepte im Kontext Schulerfolg und Schulversagen kategorisieren lassen. Unterschieden werden die Konzepte zunächst einmal dahingehend, ob in die zugrunde liegende Definition von Schulleistungserfolg oder -schwierigkeit ein Prädiktor und/oder ein Schulleistungskriterium eingehen. Als Prädiktoren fungieren nach Tiedemann (1981, S. 305) „solche Variablen, die geeignet sind, die Schulleistung vorherzusagen (z. B. kognitive Fähigkeiten bzw. Intelligenz). Als Schulleistungskriterium kommt das allgemeine fachübergreifende oder aber das fachspezifische Leistungsniveau in Frage".

**Tab. 1** Überblick über verschiedene Konzepte von Schulleistungserfolg bzw. -schwierigkeit (nach Tiedemann, 1981, S. 306)

| Schulleistungskriterium | | Konzepte: ohne Prädiktor | Konzepte: mit Prädiktor |
|---|---|---|---|
| **nein** | | | Hochbegabung<br>Geistige Behinderung |
| **ja** | allgemeine Schulleistung | Sitzenbleiben<br>Rückschulung<br>Drop out | Overachievement<br>Underachievement<br>Lernbehinderung |
| | spezielle Schulleistung | Rechenschwäche<br>Lese-Rechtschreib-Schwäche (LRS) | Legasthenie |

Wann es nach herkömmlicher Meinung gerechtfertigt erscheint, von Underachievement zu sprechen und von welchen Konzepten Underachievement abzugrenzen ist, wird im Rahmen des folgenden Abschnitts (unter 2.2.1) näher diskutiert. Allerdings kann eine Differenzialdiagnose dabei nicht auf der Basis der gängigen Klassifikationssysteme erfolgen. Denn obwohl sich das Problem erwartungswidriger Leistungen in Forschung und Öffentlichkeit großer Beliebtheit erfreut, wird Underachievement weder in der International Classification of Diseases (ICD-10), dem Diagnoseschlüssel der Weltgesundheitsorganisation (WHO) noch im Diagnostic and Statistical Manual of Mental Disorders (DSM-IV), dem Ordnungssystem psychischer Störungen, als eigenständige Lernstörung aufgeführt. Im Rahmen des DSM-IV (Saß, Wittchen & Zaudig, 1998) findet es lediglich unter der Kategorie V62.30 Berücksichtigung. Diese Kategorie umfasst Schulschwierigkeiten in Form von Leistungsmängeln bei Personen mit ausreichenden intellektuellen Fähigkeiten (Glaser & Brunstein, 2004). Sind die schulischen Leistungen deutlich unterdurchschnittlich, die Intelligenz dagegen durchschnittlich ausgeprägt, so ist Underachievement als umschriebene Entwicklungsstörung schulischer Fertigkeiten zu diagnostizieren. Dazu werden nach Glaser und Brunstein (2004) die entsprechenden ICD-Kategorien verwendet. Das ICD-10 (Dilling, Mombour, Schmidt & Markwort, 2006) enthält eine Kategorie (F 81) mit dem Titel ‚umschriebene Entwicklungsstörungen schulischer Fertigkeiten'. Störungen, die sich dieser Gruppe zuordnen lassen, zeichnen sich ebenfalls dadurch aus, dass Kinder nicht das Leistungsniveau erreichen, das aufgrund ihrer intellektuellen Fähigkeiten in einem bestimmten Bereich schulischer, sprachlicher oder motorischer Fertigkeiten zu erwarten wäre (Davison & Neale, 1998). Ob in diese Definition jedoch Fälle von Underachievement eingeschlossen werden können, ist umstritten. So ist Underachievement nach Linderkamp und Grünke (2007) ausdrücklich von den umschriebenen Entwicklungsstörungen abzugrenzen, da im Falle von Underachievement den bestenfalls durchschnittlichen schulischen Leistungen stets eine überdurchschnittliche Intelligenz gegenüber stehen muss (zur Problematik von Underachievement im Falle durchschnittlicher bzw. unterdurchschnittlicher Intelligenz vgl. die Abschnitte 2.2.1 und 2.3.4).

### 2.2.1 Leistungsbeeinträchtigungen infolge verminderter Leistungsfähigkeit

Die Tatsache, dass Underachievement in den gängigen Klassifikationssystemen (DSM-IV und ICD-10) bislang nicht explizit aufgeführt wird, dürfte eine der Ursachen für die beschriebene Begriffsvielfalt im Kontext der Underachievement-Forschung darstellen. Als positiv ist allerdings anzusehen, dass die gängigen Definitionen einen gemeinsamen Kern aufweisen. Es handelt sich hierbei um die Annahme, dass Underachievement eine Diskrepanz zwischen der (kognitiven) Leistungsfähigkeit einer Person (im Sinne eines maximal verfügbaren bzw. abrufbaren Potenzials) und deren tatsächlicher Leistung beinhaltet. Von Underachievement sind somit von vornherein Leistungsdefizite abzugrenzen, deren Ursache in einer verminderten kognitiven Leistungsfähigkeit bzw. einem Begabungsdefizit zu sehen ist. McCall, Evahn und Kratzer (1992) sprechen in diesem Zusammenhang von ‚Nonlearnern' (Nicht-Lernenden, d. h. Schüler/-innen mit einer identifizierbaren Lernbehinderung) im Gegensatz zu ‚Nonproducern' (Nichtleistenden, welche keine offensichtlichen Lerndefizite aufweisen).

Als Beispiele für Leistungsdefizite aufgrund von Begabungsdefiziten lassen sich die Lernbehinderung sowie die geistige Behinderung anführen. Von Lernbehinderung ist die Rede, „wenn ein schweres und dauerhaftes Schulversagen (Kriterium: zweimaliges Sitzenbleiben in der Grundschule oder zweijähriger Schulleistungsrückstand) zusammen mit einer unterdurchschnittlichen Intelligenzleistung auftritt" (Havers, 1981, S. 240). Als geistig behindert gelten gemäß DSM-IV (Saß et al., 1998) und ICD-10 (Dilling et al., 2006; Schmidt, 2000) Personen mit einer deutlich unterdurchschnittlichen allgemeinen Intelligenz (IQ $\leq$ 70) und einer eingeschränkten Anpassungsfähigkeit, die sich bereits vor dem 18. Lebensjahr manifestiert. In beiden Fällen sind primär die vorhandenen Begabungsdefizite für die beobachtbaren Leistungsbeeinträchtigungen verantwortlich. Folglich handelt es sich nicht um Formen von Underachievement, sondern um Fälle von Achievement auf niedrige(re)m Niveau (vgl. auch Tiedemann, 1981).

Definitionsgemäß schließt Underachievement nur Fälle ein, bei denen sich eine Diskrepanz zwischen Begabung und Leistung zeigt. Daraus darf jedoch nicht der Schluss gezogen werden, dass eine vorhandene Diskrepanz für sich genommen ausreichen würde, um von Underachievement zu sprechen. So wäre es etwa unangemessen, Personen mit einer Teilleistungsstörung, d. h. einer Potenzialbeeinträchtigung in einem eng umschriebenen Fähigkeitsbereich, als Underachiever zu betrachten. Dies gilt auch dann, wenn diese bei einer guten bis sehr guten allgemeinen Intelligenz eine vergleichsweise geringe Leistung in einem Teilbereich (z. B. im Schriftspracherwerb) erzielen. Eine hohe bis sehr hohe Allgemeine Intelligenz erfordert kein ausgeglichenes Fähigkeitsprofil mit vergleichbar guter Begabung in *allen* Fähigkeitsbereichen. Vielmehr können Teilleistungsschwächen (z. B. im Bereich des Lesens) bei der Ermittlung eines Wertes für die Allgemeine Intelligenz im Rahmen herkömmlicher Intelligenztests durch hohe Begabungen in anderen Fähigkeitsbereichen ausgeglichen werden.[3]

---

[3] Gegen die Verwendung eines globalen Intelligenzwertes (vgl. auch Abschnitt 3.2.2) spräche etwa die folgende Überlegung: Ein Schüler / eine Schülerin weist unterdurchschnittliche Leistungen im Lesen und Rechtschreiben (bzw. allgemein im sprachlichen Bereich) auf, besitzt jedoch eine über-

Diese mathematische Tatsache darf jedoch nicht darüber hinwegtäuschen, dass eine Teilleistungsschwäche besteht und diese sich erwartungsgemäß in schlechte(re)n Leistungen bemerkbar machen wird. Wie bereits betont, beinhaltet die klassische Underachievement-Definition eine Diskrepanz zwischen Leistungsfähigkeit und gezeigter Leistung, welche im Falle einer Teilleistungsstörung also gerade nicht gegeben ist.

Es gilt darüber hinaus festzustellen, dass auch im Falle von diagnostizierten Lernbehinderungen ein Underachievement nicht per se ausgeschlossen ist. Auch Personen mit einer geringen Begabung können leistungsmäßig unter ihren Möglichkeiten bleiben. Die maximale Diskrepanz zwischen der aufgrund des Begabungsniveaus maximal erreichbaren Leistung und der tatsächlich erzielten Leistung kann bei weniger begabten Personen aufgrund des niedrigeren Ausgangsniveaus allerdings nicht so hoch ausfallen wie bei Personen mit einem höheren Fähigkeitssniveau. Dies erhöht jedoch nicht zwangsläufig die Bedeutung von Underachievement bei normal- oder höher begabten Personen – eine Tatsache, die, wie in Abschnitt 2.3.4 noch zu sehen sein wird, häufig übersehen bzw. ignoriert wird.

### 2.2.2 Lernstörungen

Während eine Abgrenzung zur Lernbehinderung und geistigen Behinderung keine nennenswerten Probleme bereitet, findet sich in der gängigen Literatur eine Fülle von weiteren Begrifflichkeiten, die als Synonym für Underachievement verwendet werden oder nach Ansicht der jeweiligen Autoren spezielle Formen von Underachievement darstellen: Hierzu zählen u. a. die Begriffe ‚Lernstörungen' (u. a. Saß et al., 1998), ‚umschriebene Entwicklungsstörungen schulischer Fertigkeiten' (u. a. Glaser & Brunstein, 2004); ‚Lernschwierigkeiten' (u. a. Amelang & Zielinski, 2002; Orthmann, 2006; Zielinski, 1998), sowie ‚Schulversagen' (Kemmler, 1975). Sie alle bezeichnen Fälle, in denen die Lernleistungen bzw. schulischen Leistungen eines Individuums ein als problematisch erachtetes Niveau aufweisen. Nicht immer handelt es sich dabei tatsächlich um Fälle von Underachievement. Der synonyme Gebrauch der einzelnen Bezeichnungen bereitet insofern Schwierigkeiten, als die aufgeführten Konzepte inhaltlich in der Regel weiter gefasst sind als der Begriff Underachievement und somit sowohl Fälle einschließen, in denen ein Underachievement zu diagnostizieren wäre, als auch Fälle, in denen kein Underachievement im eigentlichen Sinne vorliegt.

Eine Abgrenzung zu den Begriffen Lernschwierigkeiten und Schulversagen erübrigt sich schon deshalb, weil es sich hierbei lediglich um Wortschöpfungen einzelner Autoren zur Beschreibung von schulischen Schwierigkeiten und Lernbeeinträchtigungen, nicht jedoch um die Bezeichnung eines anerkannten Störungsbildes handelt.

---

durchschnittliche allgemeine Intelligenz von 120 *IQ*-Punkten. Dieser *IQ*-Wert errechnet sich aus den Einzelleistungen in den Bereichen verbale ($IQ_V = 85$), mathematische ($IQ_M = 135$) und figurale Intelligenz ($IQ_F = 130$). Vergleicht man nun die allgemeine Intelligenz des Kindes mit seinen Leistungen im Lesen und Rechtschreiben, so könnte aufgrund der erheblichen Diskrepanz zwischen Intelligenz und schulischer Leistung von einer Lernstörung ausgegangen werden. Vergleicht man jedoch die sprachliche Intelligenz mit den schulischen Leistungen im Lesen und Schreiben, so kommt man vermutlich nicht zu dem Ergebnis, dass hier eine erwartungswidrige Leistung vorliegen könnte. Vielmehr würde man korrekterweise annehmen, dass das Kind sein Bestes gibt und eine bessere Leistung aufgrund der eingeschränkten Begabung gerade nicht zu erwarten wäre.

Demgegenüber sind die Lernstörungen im Sinne umschriebener Entwicklungsstörungen schulischer Fertigkeiten sowohl in der ICD-10 (Dilling et al., 2006) als auch dem DSM-IV (Saß et al., 1998) als eigenständige Störungen aufgeführt. „Charakteristisch für diese Störungen ist, dass die schulische Leistungsfähigkeit unter Berücksichtigung des Alters, der gemessenen Intelligenz und der altersgemäßen Bildung einer Person wesentlich geringer ist als erwartet“ (Saß et al., 1998, S. 72). Die Diagnose ‚Lernstörung' ist folglich dann zu stellen, wenn die schulischen Leistungen eines Schülers bzw. einer Schülerin (gemessen anhand individuell durchgeführter standardisierter Tests) deutlich schlechter ausfallen, als aufgrund der Altersstufe, der Schulbildung und des Intelligenzniveaus zu erwarten wäre. Üblicherweise wird ein Leistungsdefizit als Lernstörung klassifiziert, wenn die Testleistung (z. B. im Lesen oder Rechnen) zwischen ein und zwei Standardabweichungen vom gemessenen Intelligenzwert abweicht. Im Rahmen der Diagnosekriterien des ICD-10 wird für eine Diagnose von Lernstörungen – dort bezeichnet als ‚umschriebene Entwicklungsstörungen schulischer Fertigkeiten' – eine Diskrepanz zwischen allgemeiner Intelligenz und schulischen Leistungen von mindestens zwei Standardabweichungen gefordert (Dilling et al., 2006).

Im Bereich der schulischen Fertigkeiten werden im Allgemeinen drei Gruppen von Lernstörungen unterschieden (Davison & Neale, 1998): Lesestörungen, Rechenstörungen und Störungen des schriftlichen Ausdrucks. Kinder mit einer Lesestörung „haben große Schwierigkeiten beim Wiedererkennen von Wörtern, dem Leseverständnis und üblicherweise auch mit der Rechtschreibung“ (Davison & Neale, 1998, S. 527). Eine Störung des schriftlichen Ausdrucks liegt vor, wenn die Fähigkeit, ein geschriebenes Wort zusammenzusetzen, so schwerwiegend beeinträchtigt ist, dass die schulischen Leistungen oder alltäglichen Anforderungen, bei denen derartige Fertigkeiten des Schreibens erforderlich sind, in Mitleidenschaft gezogen werden (Davison & Neale, 1998). Zu den Hauptmerkmalen der Rechenstörung zählen Beeinträchtigungen sprach-, wahrnehmungs-, aufmerksamkeits- und rechenbezogener Leistungen, die im Zusammenwirken die Rechenfertigkeiten eines Schülers oder einer Schülerin erheblich beeinträchtigen (G. Esser & Wyschkon, 2000; Saß et al., 1998).

Über die möglichen Ursachen von Lernstörungen besteht allerdings bislang keine Einigkeit (vgl. Eichler, 2004; Lorenz, 2003; Schulte-Körne, 2004; von Aster, 2003; Valtin, 2004). Neben permanenten bereichsspezfischen Intelligenzminderungen infolge von neurologischen Defiziten (vgl. zum Beispiel der Legastheniediagnose: Hasselhorn, Schneider & Marx, 2000)[4] kommen temporäre Leistungsbeeinträchtigungen infolge von psychischem Stress (z. B. durch Überforderung, Ängste, traumatische Erlebnisse etc.) als Erklärungsansätze in Betracht. Ist die kognitive Leistungsfähigkeit in einem bestimmten Fähigkeitsbereich von Natur aus begrenzt, so können die Betroffenen von vornherein nicht der Gruppe der Underachiever zugerechnet werden (s. o.), da diese Diagnose das Vorliegen einer Diskrepanz zwischen einer möglichen und tat-

4 „Für die gegenwärtige Rechtspraxis in der Bundesrepublik Deutschland lässt sich etwa feststellen, dass die Entwicklungsstörung des Lesens und Rechtschreibens (Legasthenie) nur dann als Krankheit im Sinne der Reichsversicherungsordnung gewertet wird, wenn der Nachweis einer isolierten Störung der für das Lesen und Rechtschreiben zentralen (zerebralen) Wahrnehmungsfunktionen erbracht und Legasthenie demnach als Ausdruck eines organbezogenen Störungszustandes gewertet wird“ (Hasselhorn et al., 2000, S. 3 f.).

sächlich gezeigten Leistung voraussetzt. Im Falle einer Teilleistungsstörung (d. h. eines neurologischen Defizits) fehlt es gerade an der Möglichkeit der Leistungserbringung. Wird allerdings ein an sich intaktes System vorübergehend ‚zum Absturz gebracht', entspricht die gezeigte Leistung also nicht dem Niveau, das aufgrund der vorhandenen Begabung (in einem spezifischen Fähigkeitsbereich) erwartet werden könnte, so erscheint die Annahme von Underachievement gerechtfertigt. Insofern kann der Einschätzung von Sparfeldt und Schilling (2006), denen zufolge Lernstörungen (z. B. die Lese- und Rechtschreibschwäche oder Rechenschwäche) Erscheinungsformen von partiellem Underachievement darstellen, nicht uneingeschränkt gefolgt werden. Vielmehr gehen Lernstörungen nur dann mit Underachievement einher, wenn diese nicht auf permanenten neurologischen Defiziten beruhen, also die prinzipielle Möglichkeit einer Leistungserbringung gegeben ist. Bildlich lässt sich das Verhältnis von Underachievement zu den Lernstörungen somit in Gestalt zweier sich überschneidender Kreise darstellen, deren gemeinsame Schnittmenge in Leistungsdefiziten liegt, die nicht durch permanente neurologische Störungen verursacht sind.

### 2.2.3 Grenzfälle

Bei der näheren Bestimmung von Underachievement darf nicht außer Acht gelassen werden, dass der Erwerb schulischer Fertigkeiten (wie z. B. Lesen und Schreiben) im Allgemeinen ein entsprechendes Training voraussetzt: Selbst eine hohe Intelligenz reicht in der Regel nicht aus, um diese Fertigkeiten alleine und ohne formale Anleitung zu erwerben. Denkbar ist daher, dass die erwartungswidrig schlechten Leistungen einzelner Schüler/-innen nur darauf zurückzuführen sind, dass diese noch keine Gelegenheit hatten, die zur Erbringung einer geforderten Leistung erforderlichen Kenntnisse zu erwerben. Wie in Abschnitt 4.4.2 noch näher darzustellen sein wird, ist es jedoch fraglich, ob in solchen Fällen überhaupt von Underachievement gesprochen werden kann. Im DSM-IV (Saß et al., 1998) wird dieses Problem ebenfalls angeführt und festgelegt, dass die Diagnose ‚Lernstörung' nur dann gestellt werden darf, wenn sich das erwartungswidrig schlechte Abschneiden bei standardisierten Leistungstests nicht auf fehlende Lerngelegenheiten, schlechten Unterricht oder kulturelle Faktoren (z. B. verminderte Sprachkenntnisse) zurückführen lässt.

Eine ähnliche Problematik ergibt sich nach Saß et al. (1998) im Falle sensorischer (z. B. bei einer Hör- oder Sehstörung) sowie anderer körperlicher Beeinträchtigungen (z. B. bei motorischen Störungen oder körperlichen Behinderungen). So liegt etwa im Falle eines sprachbegabten Kindes, das aufgrund einer starken Sehstörung im Deutschunterricht Arbeitsanweisungen, die an die Tafel geschrieben werden, nicht Folge leisten kann, keine Lernstörung im eigentlichen Sinne vor, auch wenn eine deutliche Diskrepanz zwischen kognitivem Potenzial und gezeigter Leistung bestehen mag. Ob es sich um eine Form von Underachievement handelt, hängt davon ab, wie eng bzw. weit die Underachievement-Definition ausgelegt wird (vgl. die Abschnitte 4.2.2 und 4.2.3).

Letztlich können erwartungswidrige Leistungen in einem Fähigkeitsbereich allerdings auch durch eine Teilleistungsstörung in einem anderen Fähigkeitsbereich verursacht werden. Glaser und Brunstein (2004) sprechen in diesem Zusammenhang von Underachievement in Form einer bereichsübergreifenden Störung. So könnte etwa ein mathematisch begabtes Kind im Mathematikunterricht erwartungswidrig schlechte Leistungen erzielen, weil es ihm aufgrund einer Teilleistungsstörung im Bereich des Lesens Schwierigkeiten bereitet, Textaufgaben angemessen zu bearbeiten. Schlechte Leistungen bei einer vergleichsweise guten mathematischen Grundbegabung würden für einen Fall von Underachievement sprechen. Zieht man jedoch in Betracht, dass ein kognitiver Fähigkeitsbereich beeinträchtigt ist, der zur erfolgreichen Aufgabenbearbeitung gleichermaßen bedeutsam ist wie eine mathematische Begabung, so erscheint eine Einordnung solcher Fälle als Underachievement höchst bedenklich.

## 2.3 Betroffene Personengruppen und Häufigkeit des Auftretens

### 2.3.1 Allgemeine Angaben zur Prävalenz

Angaben zur Prävalenz von Underachievement finden sich in zahlreichen Veröffentlichungen. Über die Häufigkeit des Auftretens besteht jedoch keine Einigkeit. So beträgt die Zahl der schulischen Underachiever nach Hinshaw (1992) im Durchschnitt fünf bis zehn Prozent, nach McCall et al. (1992) sowie Rost (2007, zit. n. Dietrich, 2007) ca. 15 Prozent. Bruns (1992) geht von einer Underachievementquote von 20 Prozent aus. Seely (1993) schätzt die Zahl der underachievement-gefährdeten hochbegabten Schüler/-innen auf ca. 15 bis 40 Prozent und Bricklin und Bricklin (1967) vermuten, dass unter den Schüler/-innen aller Fähigkeitslevel bis zu 50 Prozent Underachiever zu finden sind. Whitmore (1980) geht sogar soweit zu behaupten, dass zumindest unter den hochbegabten Schülerinnen und Schülern mit einer Underachievementquote von bis zu 70 Prozent zu rechnen ist. Dies gelte insbesondere deshalb, weil viele Underachievement-Diagnosen erst dann gestellt werden, wenn die betroffenen Schüler/-innen bereits anderweitig auffällig geworden sind. Richert (1991) geht ebenfalls von einer hohen Dunkelziffer aus, u. a. weil das Potenzial vieler Schüler/-innen von den Lehrerinnen und Lehrern von vornherein als niedrig eingeschätzt wird und durchschnittliche oder gar schlechte Leistungen somit gar nicht erst den Verdacht von Underachievement aufkommen lassen. Dieses Problem ergibt sich nach Richert (1991) insbesondere bei Kindern aus unterprivilegierten oder Minoritätenfamilien. Impellizzeri, Barr und Cooney (1965) untersuchten insgesamt 4.875 überdurchschnittlich begabte Schüler/-innen der Sekundarstufe und ordneten 3.880 dieser Schüler/-innen, das heißt nicht weniger als 79,5 Prozent, der Gruppe der Underachiever zu.

Bei der Bewertung der angegebenen Prozentwerte ist allerdings zu beachten, dass die Schätzwerte nicht nur mit dem jeweiligen Underachievement-Modell bzw. der gewählten Schätzmethode zusammenhängen, sondern ebenfalls von Art und Umfang der zugrunde liegenden Stichprobe abhängen. Betrachtet man verschiedene Personengruppen (etwa Hochbegabte, Migrantenkinder oder Schüler/-innen bestimmter Schulformen), so besteht kein Grund zu der Annahme, dass die Underachievementquote in den einzelnen Stichproben vergleichbar ist. Schließlich kann man nicht ohne weiteres davon ausgehen, dass Personen mit unterschiedlichen Merkmalen eine vergleichbare Anfälligkeit für Underachievement aufweisen. Dieser Eindruck kann jedoch durch die Wahl einer bestimmten statistischen Definition entstehen. Benutzt man beispielsweise die Regressionsanalyse und setzt das Kriterium auf eine Standardabweichung des Residuums, so wird es stets eine Quote von ca. 16 Prozent Over- und Underachievern geben (vgl. Kap. 3). Man wird daher sogar sagen müssen, dass es gar nicht möglich ist, sinnvolle Angaben zur Auftretenshäufigkeit von Underachievement zu machen, da bislang noch keinerlei Einigkeit über die Auswahlkriterien (Methode, Prädiktor und Kriterium) bei der Klassifikation von Underachievern besteht (McCall et al., 1992; Thorndike, 1963; Wahl, 1975). Abzulehnen ist vor diesem Hintergrund daher die Einschätzung von Rost (2007, S. 8), dass sich die Zahl der Underachiever stets genau bestimmen ließe und ‚Schätzungen' in der Literatur, die bis zu 50 Prozent der Hochbegabten als Underachiever ansehen, „abstrus überhöht" wären und bestenfalls von der Unkenntnis der Autoren über diejenigen Faktoren zeugen würden, die die Auftretenshäufigkeit determinieren. Seiner Ansicht nach ergäbe sich bei gegebener Diskrepanzdefinition sowie Kenntnis der Verteilungsformen (in der Regel bivariate Normalverteilungen) der zu Grunde gelegten intellektuellen Leistungsfähigkeit (z. B. IQ) und des Schulleistungsindikators (z. B. standardisierte Schulleistungstests oder Zensuren) sowie der Korrelation dieser beiden Variablen (welche üblicherweise bei $r = .45$ bis $r = .50$ liegt) regelmäßig ein Wert unterhalb des von zahlreichen Erziehungswissenschaftlerinnen und -wissenschaftlern bzw. Psychologinnen und Psychologen genannten 50 %-Wertes.

> Definiert man hochbegabte Underachiever als Schüler/-innen mit einem Intelligenzquotienten von IQ ≥ 130 (entspricht etwa einem Prozentrang von PR ≥ 98) und höchstens durchschnittlicher Schulleistung (entspricht einem Prozentrang von PR ≤ 50), dann sind rund 12 Prozent der Hochbegabten (IQ ≥ 130) Underachiever. Die Auftretenshäufigkeit von Underachievement ist nämlich kein Rätsel, hier gibt es nichts zu schätzen. (Rost, 2007, S. 8)

Dies erscheint in einem rein mathematischen Sinne plausibel. Rost bleibt jedoch eine Erklärung dafür schuldig, warum die von ihm präferierte Klassifikationsmethode anderen Methoden überlegen sein sollte. Welche Probleme sich im Einzelnen bei der Bestimmung von Underachievern auf der Basis einer Diskrepanzdefinition sowie unter Verwendung regressionsanalytischer Designs ergeben, wird im Rahmen von Kapitel 3 noch ausführlich diskutiert werden.

### 2.3.2 Auftretenshäufigkeit nach Geschlecht

Unabhängig von der jeweiligen Grundrate kommen zahlreiche Autoren übereinstimmend zu dem Schluss, dass es ca. zwei bis drei Mal mehr männliche als weibliche Underachiever gibt (u. a. Impellizzeri et al., 1965; McCall et al., 1992; McCoach & Siegle, 2001; Sparfeldt & Schilling, 2006; Stamm, 2008a; Todd, Terrell & Frank, 1965). Nach ihren Studien ergibt sich dieses Missverhältnis aufgrund der insgesamt schlechteren schulischen Leistungen von Jungen im Vergleich zu Mädchen. Geht man davon aus, dass Mädchen und Jungen im Durchschnitt eine vergleichbare Allgemeine Intelligenz aufweisen, so führen die durchschnittlich schlechteren Noten der Jungen dazu, dass sie unter den Underachievern überrepräsentiert sind. Offen bleibt allerdings, ob es sich im Falle der Schüler um eine schlechtere Benotung bei objektiv gleicher Leistung oder aber eine tatsächlich geringere schulische Leistung handelt. In beiden Fällen ergäbe sich verständlicherweise eine Erhöhung der Underachievementquote auf Seiten der Jungen. Sieht man die Ursache in einer schlechteren Benotung von Jungen bei objektiv gleicher Leistung und Befähigung, wird die tatsächliche Zahl der männlichen

Underachiever zwangsläufig überschätzt. Zeigen Jungen hingegen tatsächlich schlechtere schulische Leistungen, werden sie also bei der Notengebung nicht systematisch benachteiligt, wäre die höhere Underachievementquote hingegen ein Abbild realer Zustände. Für die letztgenannte Annahme sprechen unter anderem die Ergebnisse internationaler Schulvergleichsstudien, denen zufolge Jungen insbesondere im Lesen und Schreiben auch dann schlechtere Leistungen erzielen als Mädchen, wenn die Erfassung des Leistungsstandes mittels objektiver Schulleistungstests erfolgt (u. a. Hannover, 2004; Stanat & Kunter, 2001, 2002).

Nicht alle Autoren kommen jedoch zu dem Schluss, dass der Anteil der männlichen Underachiever im Vergleich zu den weiblichen Underachievern höher liegt. So können etwa Preckel, Holling und Vock (2006) keinen Geschlechterunterschied in der Anzahl der Achiever und Underachiever finden. Erklären lassen sich derartige Unstimmigkeiten u. a. über Moderatorvariablen wie z. B. das Alter bzw. die Dauer der Beschulung. So stimmen etwa Shaw and McCuen (1960) sowie Rimm (1995) darin überein, dass hochbegabte Jungen ihre ‚Karriere als Underachiever' früher starten als Mädchen. Die Quote der weiblichen Underachiever steigt hingegen während der Highschoolzeit an (Havighurst, 1976; Kerr, 1994, 1997). Zu Beginn des Studiums ist schließlich die Anzahl weiblicher Underachiever höher als die der männlichen (Kerr, 1994, 1997).

### 2.3.3 Prävalenz von Studien- und Schulabbrüchen

Nicht selten wird im Kontext der Prävalenz von Underachievement auf nationale Schul- und Studienabbrecherquoten verwiesen (u. a. Fuhrer, 2005) sowie darauf, dass die schulischen und universitären Karrieren vieler Betroffener in einem Schul- oder Studienabbruch münden. So beendeten nach Reißig (2000, zit. n. Fuhrer, 2005) alleine im Jahre 1998 rund 83.000 Jugendliche in Deutschland ihre Schullaufbahn ohne einen Schulabschluss. Dem vorzeitigen Schulabbruch ging dabei nicht selten eine Phase der Lernverweigerung (z. B. in Form von Schulschwänzen) voraus. Die Zahl der Studienabbrecher/-innen lag im Jahre 2002 bei 27 Prozent und im Jahre 2005 bei 25 Prozent (Heublein, Schmelzer & Sommer, 2005; Heublein, Schmelzer, Sommer & Spangenberg, 2002). Die Quote der Schul- und Studienabbrecher/-innen variiert dabei in Abhängigkeit von Geschlecht und nationaler Zugehörigkeit: Insgesamt brechen weniger Mädchen als Jungen die Schule bzw. das Studium vor dem Erhalt eines Abschlusses ab. Im Vergleich von Auszubildenden deutscher und ausländischer Herkunft zeigt sich eine Verschiebung zu Ungunsten der ausländischen Schüler/-innen (Fuhrer, 2005; Heublein et al., 2002, 2005; Krohne & Meier, 2004). Bei der Beurteilung derartiger Ergebnisse ist jedoch zu beachten, dass Underachievement nicht ohne weiteres mit schlechten Leistungen bzw. Ausbildungsabbrüchen gleichgesetzt werden kann (vgl. u. a. Ford, 1996). Während man die Leistung eines Individuums bereits als ‚schlecht' bezeichnen könnte, wenn diese im Vergleich zu den Leistungen der Referenzgruppe in der unteren Leistungshälfte liegt, setzt die Annahme von Underachievement notwendig voraus, dass die betroffene Person überhaupt zu einer besseren Leistung imstande wäre. Gleichermaßen könnte daher auch eine Leistung, die im Vergleich zu den Leistungen anderer Individuen als überdurchschnittlich anzusehen ist, als Underachievement gewertet werden, nämlich dann, wenn davon ausgegangen werden muss, dass die betroffene Person zu einer noch weit besseren Leistung in der Lage wäre. Im Falle von Underachievement geht es also nicht um schlechte Leistungen bzw. Schul- und Studienabbrüche per se, sondern um das Nichtausschöpfen des (intellektuellen) Potenzials.

### 2.3.4 Underachievement – Nur ein Problem bei Hochbegabten?

Betrachtet man die einschlägige Forschungsliteratur, so fällt auf, dass Underachievement überwiegend in Zusammenhang mit Hochbegabung diskutiert und untersucht wird (vgl. u. a. Bricklin & Bricklin, 1967; Butler-Por, 1993; Ford, 1996; Hanes & Rost, 1998; Miller & Goldblatt, 1989; Rimm, 1995; Rost & Hanes, 1997; Schütz, 2000; Supplee, 1990; Whitmore, 1980). Für die Fokussierung auf diese Personengruppe lassen sich unterschiedliche Gründe finden: Aus methodischer Sicht spricht hierfür, dass die Diskrepanz zwischen Potenzial und Leistung bei Hochbegabten wesentlich größer ausfallen kann als bei weniger befähigten Personen (Preckel et al., 2006). Eine Unterscheidung von hochleistenden und minderleistenden Individuen sowie die Herausarbeitung von ursächlichen Faktoren wird hierdurch erleichtert. Zu Recht wird darüber hinaus darauf verwiesen, dass die Gefahr des Underachievements für Hochbegabte in Regelschulen besonders groß ist (u. a. Montgomery, 1996). Da sich die schulischen Anforderungen in Regelschulen im Allgemeinen nach dem Leistungsniveau und den Bedürfnissen der Mehrheit richten, werden Hochbegabte häufig nicht ihren Fähigkeiten entsprechend gefordert und gefördert. Montgomery (1996, S. 187) drückt dies so aus: „It is, however, my experience that large numbers of able individuals underfunction in a systematic and serious way because expectations of learners are too low and too limited, or too narrow and too stereotypic“.[5] Gerade unter Hochbegabten dürfte daher die Quote der Underachiever faktisch besonders hoch sein. Dabei darf jedoch nicht außer Acht gelassen werden, dass die Gesamtzahl der Hochbegabten insgesamt sehr klein ist[6] und somit auch bei einer hohen Quote nur eine relativ geringe Zahl von Personen tatsächlich von Underachievement betroffen ist.

---

[5] **Übersetzung der Autorin:** „Es entspricht jedoch meiner Erfahrung, dass eine große Zahl von fähigen Individuen systematisch und in einer ernstzunehmenden Weise unter ihren Möglichkeiten bleiben, weil die Erwartungen an die Lernenden zu niedrig, begrenzt, enggefasst oder stereotyp sind“.

[6] Wie bei vielen anderen individuellen Merkmalen wird auch bei der Intelligenz eines Menschen davon ausgegangen, dass diese in der Bevölkerung normal verteilt ist: Es gibt relativ viele Personen, die eine durchschnittliche Intelligenz aufweisen und nur wenige, deren kognitive Leistungsfähigkeit in den überdurchschnittlichen bzw. unterdurchschnittlichen Bereich fällt. Im Allgemeinen erfolgt die Angabe von Intelligenzleistungen mittels des Intelligenzquotienten (*IQ*). Bei einem Mittelwert von $M = 100$ und einer Standardabweichung von 15 gilt eine eine Person ab einem *IQ* von 115 als überdurchschnittlich und bei einem *IQ* unter 85 als unterdurchschnittlich begabt. In beiden Fällen beträgt die Zahl der betroffenen Personen ca. 16 Prozent. Der Normalbereich reicht von 85 bis 115 *IQ*-Punkten und umfasst ca. 68 Prozent aller Personen. Liegt ein *IQ* (mehr als) zwei Standardabweichungen über oder unter dem Mittelwert, gilt die betroffene Person als hochbegabt ($IQ \geq 130$) bzw. minderbegabt ($IQ < 85$). In beiden Fällen sind nur noch ca. 2.5 % der Bevölkerung von der entsprechenden Diagnose betroffen.

Eine Fokussierung auf Hochbegabte wird des Weiteren damit begründet, dass das Nichtausschöpfen des geistigen Potenzials bei Hochbegabten als besonders fahrlässig und problematisch zu erachten ist. Dies gilt sowohl mit Blick auf die Betroffenen selbst als auch die Gesellschaft, da man sich von dieser Personengruppe bedeutende Leistungen, Errungenschaften sowie Lösungen für aktuelle und zukünftige Probleme erhofft. „Die zukunftsweisende Entwicklung unseres Landes braucht den Beitrag dieser außerordentlich begabten Köpfe“ (BMBF, 2007). Nachdem es in Deutschland, bedingt durch den Missbrauch der Begriffe ‚Begabung' und ‚Elite' im Dritten Reich, lange Zeit verpönt war, von Hochbegabtenförderung zu sprechen, erlebt der Wunsch, Begabungsressourcen zu erkennen und zu entfalten – nicht zuletzt infolge des schlechten Abschneidens deutscher Schülerinnen und Schüler in internationalen Schulvergleichsstudien – derzeit eine Renaissance. Dies zeigt sich u. a. an der in den vergangenen Jahren stetig angestiegenen Zahl an Forschungsarbeiten sowie an den jüngsten Bemühungen zum Aufbau von Einrichtungen zur Hochbegabtenförderung, Eliteuniversitäten sowie Kinder- und Schülerakademien. Von der Förderung als besonders befähigt erachteter Personen erhofft man sich für die Zukunft eine Zunahme an besonders qualifizierten und dringend benötigten Fachkräften.

Während die Bemühungen um eine differenzierte und qualifizierte Förderung von Hochbegabten ohne Zweifel begrüßenswert sind, ist die Fokussierung auf Hochbegabte (unter Ausklammerung von Personen aller anderen Fähigkeitsgruppen) im Bereich der Underachievement-Forschung kritisch zu sehen. Dies gilt auch für die Annahme, dass außergewöhnliche Leistungen ausschließlich auf die Bemühungen und Anstrengungen von (intellektuell) Hochbegabten zurückzuführen sind. Herausragende Erfindungen und Errungenschaften erfordern in nicht unerheblichem Maße Originalität und Kreativität, die sich eventuell (aber keinesfalls zweifelsfrei) in größerem Maße bei Hochbegabten vermuten lassen. Ebenso bedeutsam, wenn nicht sogar wichtiger für Spitzenleistungen sind allerdings Eigenschaften wie Motivation, Persistenz und Ausdauer (Cox, 1976; Pressey, 1976; Roe, 1976; Walberg & Zeiser, 1997), d. h. Eigenschaften, über die weniger befähigte Personen durchaus in weit größerem Maße verfügen können.[7] So zeigt ein Blick auf die Biographien herausragender Persönlichkeiten, dass zahlreiche von ihnen nicht über eine herausragende intellektuelle Befähigung (im Sinne eines Intelligenzquotienten im Bereich der Hochbegabung) verfügten (Simonton, 1997). Gemeinsam ist jedoch allen Hochleistenden, dass sie sich ihrem jeweiligen Spezialgebiet mit besonderer Hingabe und Ausdauer widmeten (Hany, 2002). Der Erfinder Thomas Edison (zit. n. Lens & Rand, 2000) sagte einst: „Genius is 1 % inspiration and 99 % Perspiration“. Demnach ist Genialität das Produkt aus Begabung und Arbeit (Anstrengungen), wobei den Fähigkeiten einer Person bei der Entstehung herausragender Leistungen eine weit geringere Bedeutung zukommt als deren Anstrengungsbereitschaft und Durchhaltevermögen. Auch wenn die Ergebnisse der heutigen Begabungsforschung darauf hinweisen, dass Edison mit dieser Aussage zweifellos die Relevanz der Fähigkeit für herausragende Leistungen unter- und die Bedeutung von Motivation und Arbeitseifer überschätzt hat (vgl. u. a. Lens & Rand, 2000), so kommt

7 Ob und falls ja unter welchen Bedingungen Begabung und Faktoren wie Anstrengung, Fleiß und Motivation austauschbar sind, wird im Rahmen von Kapitel 4 näher betrachtet.

in seiner Aussage doch zum Ausdruck, dass Exzellenz eben nicht ausschließlich bei Hochbegabten zu erwarten ist. Dies zeigen auch die Errungenschaften und Leistungen so genannter ‚idiot savants' (vgl. u. a. Morelock & Feldman, 2002; Sachs, 1992; Winner, 1998, 2003), denen allenfalls eine bereichsspezifische Hochbegabung nachgesagt werden kann, deren allgemeine intellektuelle Leistungsfähigkeit jedoch als weit unterdurchschnittlich anzusehen ist.

Ungeachtet dessen machen auch in den Medien vor allem die Biographien von hochbegabten Underachievern Schlagzeilen. Als prototypisch können hier die Fälle von so genannten ‚entgleisten' Hochbegabten wie dem Kaufhauserpresser ‚Dagobert' (Funke, 2002; Heun, 2004)[8] sowie gescheiterten Wunderkindern wie etwa W. J. Sidis angesehen werden (Wiener, 1976; Winner, 2003).[9] Sie zeigen, welche Konsequenzen sich bei einer ausbleibenden bzw. unangemessenen Förderung nicht nur für den Einzelnen, sondern auch für die Gesellschaft ergeben können. So gravierend der Verlust bei hochbegabten Underachievern allerdings auch sein mag, stellt sich doch die Frage, ob in der Diskussion über Underachievement der Fokus tatsächlich nur auf eine Gruppe gerichtet werden sollte. Definitionsgemäß kann Underachievement auf allen Fähigkeitsstufen auftreten, und auch der Schaden für den Einzelnen und die Gesellschaft ist nicht zwangsläufig bei Hochbegabten größer, nur weil diese ein größeres Potenzial aufweisen.

Ist es also richtig, wenn Sparfeldt und Schilling (2006) behaupten, die Frage nach erwartungswidrig schlechten Leistungen würde sich bei unterdurchschnittlich intelligenten Schüler/-innen naturgemäß gar nicht stellen? Und gilt dies gleichermaßen auch für die Gruppe der durchschnittlich Begabten? Betrachtet man das mäßige Abschneiden deutscher Schüler/-innen im Rahmen der PISA-Studie, so ist jedenfalls nicht davon auszugehen, dass sich die Diskrepanz zwischen den Leistungen der Deutschen und denen der PISA-Spitzenreiter alleine über das Fehlen einer Leistungsspitze bzw. die mangelnde Förderung von besonders befähigten Schülerinnen und Schülern erklären lassen. Denn selbst dann, wenn alle Hochbegabten in Deutschland ihren Fä-

8 Arno Funke wurde als Kaufhaus-Erpresser ‚Dagobert' bundesweit bekannt. Nach einer zweijährigen Verfolgungsjagd, sechs Bombenanschlägen in diversen Karstadt-Filialen sowie mehreren trickreich inszenierten, jedoch stets gescheiterten Geldübergaben wurde der hoch intelligente Erpresser (*IQ* = 145) 1994 festgenommen (Funke, 2002; Heun, 2004). Seit 2000 ist Arno Funke wieder auf freiem Fuß. Er hat seiner kriminellen Vergangenheit den Rücken gekehrt und lebt heute am Existenzminimum.

9 Winner (2003) beschreibt William James Sidis (1898-1944) als außerordentlich begabtes Kind. Bereits mit zwei Jahren konnte William Sidis lesen und buchstabieren, erfand mit acht eine neue Logarithmustabelle und sprach mit zehn Jahren sechs Sprachen fließend. Mit elf Jahren nahm er ein Mathematik-Studium an der Harvard-Universität auf und hielt vor den Fakultätsmitgliedern Vorträge über Mathematik. Mit 16 Jahren schloss er das Studium ab und verlor danach jegliches Interesse an der Mathematik. Verbittert über seinen ehrgeizigen Vater, der ihn als Kind gnadenlos angetrieben hatte, verbrachte Sidis den Rest seines Lebens mit Bürotätigkeiten, die er zwar stets kompetent und schnell erledigte, die jedoch in keiner Weise seinem intellektuellen Potenzial entsprachen (Wiener, 1976). Mit 28 Jahren schrieb er ein Buch über die Klassifikation von Straßenbahnfahrkarten und starb, alleinstehend, mit 46 Jahren an einer Gehirnblutung. Wiener (1976), der Sidis aus seiner Zeit an der Harvard-Universität kannte, schrieb über diesen, dass er keinerlei Zweifel daran hatte, dass eine psychologische Behandlung Sidis zu einer wesentlich nutzbringenderen und zufriedenstellenderen Laufbahn verholfen hätte.

higkeiten entsprechend gefördert würden und ihr Potenzial voll ausschöpfen könnten, würde dies die mittleren PISA-Ergebnisse vermutlich nur unwesentlich beeinflussen. Per definitionem umfasst die Leistungsspitze, in diesem Falle die Gruppe der intellektuell Hochbegabten, nur etwa 2.5 bis 5 Prozent der Bevölkerung. Der Gruppe der Normalbegabten werden hingegen 68 Prozent der Bevölkerung zugerechnet. Würde man daher die Gruppe der Normalbegabten ins Auge fassen, so dürfte der Erfolg einer auf sie ausgerichteten Fördermaßnahme bereits aufgrund der größeren Personenzahl insgesamt eine höhere Wirkung erzielen.

Ein einfaches Rechenbeispiel soll diesen Punkt verdeutlichen: Man nehme an, durch eine besondere Fördermaßnahme ließen sich die Testleistungen aller Normalbegabten um zehn Punkte steigern. Ausgehend von einer Stichprobe von 100 Personen, deren *IQ*-Werte normal verteilt sind, würde dies implizieren, dass ca. 68 Personen von dieser Fördermaßnahme profitieren würden. Insgesamt würde sich damit die Summe der Leistungen aller Personen um 680 Punkte steigern lassen. Würde man hingegen nur die Leistungsspitze, z. B. die oberen 5 Prozent (5 Personen) unterstützen, so müsste ein Förderprogramm eine Leistungssteigerung von 136 Punkten pro Person bewirken, um insgesamt auf eine Leistungszunahme von 680 Punkten zu kommen. Selbstverständlich lässt sich an diesem konstruierten Beispiel bemängeln, dass etwa ein Zugewinn im Normalbereich nicht gleichbedeutend sein muss mit einem Zugewinn in den Randbereichen. So ließe sich etwa das eingangs dargestellte Argument anführen, dass eine Leistungssteigerung im Extrembereich zu bedeutungsvolleren Ergebnissen führen kann. Zusammenfassend lässt sich jedoch sagen, dass sich eine Fokussierung auf die Gruppe der Hochbegabten alleine durch den Hinweis auf das vermeintlich größere Potenzial und die damit zusammenhängenden erwartbar größeren Leistungen nicht rechtfertigen lässt. Diesem Argument steht die unabweisbare Tatsache gegenüber, dass es sich bei Hochbegabten rein faktisch um eine zahlenmäßig sehr kleine Gruppe handelt.

## 2.4 Ursachen von Underachievement – ausgewählte Forschungsergebnisse

Die Forschung im Bereich Underachievement hat in den vergangenen Jahrzehnten einen erheblichen Bedeutungszuwachs zu verzeichnen. Betrachtet man die große Anzahl wissenschaftlicher Veröffentlichungen, so fällt auf, dass diese hauptsächlich aus dem (englischsprachigen) Ausland stammen. Nachdem sich Wahl (1975) im Rahmen seiner Dissertation sehr kritisch zum Konstrukt der erwartungswidrigen Schulleistungen geäußert hatte, wurde die Underachievement-Forschung in Deutschland weitestgehend eingestellt. Erst in den letzten zehn Jahren hat die Underachievement-Forschung auch in Deutschland wieder einen deutlichen Aufschwung erfahren. Im Ausland, insbesondere in den USA, wurde hingegen seit Jahrzehnten kontinuierlich in dieser Richtung geforscht. Die Ergebnisse sind dabei ebenso vielfältig wie die jeweils zugrunde liegenden Forschungsansätze.

### 2.4.1 Betrachtungsebenen

Schulische Leistungen werden von zahlreichen Faktoren beeinflusst (vgl. u. a. Helmke & Schrader, 2006; Helmke & Weinert, 1997). Neben Persönlichkeitsmerkmalen wie Fleiß, Motivation, Temperament und Ausdauer spielen diverse Umweltvariablen, beispielsweise die Unterrichtsqualität sowie die schulischen und außerschulischen Förderbedingungen, eine entscheidende Rolle bei der Umsetzung von Begabung in Leistung. Richtet man den Blick auf Schüler/-innen mit einem als problematisch erachteten Leistungsniveau, so kommen nun ebenfalls verschiedene Betrachtungsebenen und Ursachen in Frage. „Die Erkenntnis, dass Fähigkeitsdefizite zwar wichtige, aber keineswegs ausschließliche Bedingungen von Lernschwierigkeiten sind, hat die Suche nach weiteren, vor allem nicht im Schüler selbst liegenden Bedingungsfaktoren veranlasst" (Zielinski, 1998, S. 7). Das Augenmerk gilt dabei neben den kulturellen und schulischen Rahmenbedingungen u. a. den außerschulischen Lerngelegenheiten eines Schülers bzw. einer Schülerin sowie dessen bzw. deren familiären Lebensumständen. Die Vielzahl möglicher Einflussfaktoren erschwert die Suche nach den ursächlichen Bedingungen. Hinzu kommt, dass Lernschwierigkeiten und somit auch Fälle von Underachievement nur in seltenen Fällen monokausal bedingt sind. Es ist im Gegenteil davon auszugehen, dass im Allgemeinen ein Konglomerat von ursächlichen Faktoren an der Entstehung und Aufrechterhaltung von schulischen Leistungsdefiziten beteiligt ist (Amelang & Zielinski, 2002).

Seitz (1992, zit. n. Orthmann, 2006) zufolge lassen sich je nach Gewichtung von Person- und Situationsbedingungen grob vier mögliche Erklärungsmodelle unterscheiden:

(1) personenorientierte Erklärungsmodelle,
(2) situationistische Ansätze,
(3) interaktionistische Modelle sowie
(4) Etikettierungsansätze.

(1) Im Rahmen der personorientierten Erklärungsperspektive werden die Ursachen von Lernstörungen in der Person selbst gesehen, d. h. allgemeine Persönlichkeitsmerkmale (z. B. die kognitive Leistungsfähigkeit oder die Motive eines Individuums) bzw. schulbezogene Dispositionen (z. B. das Fähigkeitsselbstkonzept) werden für die Entstehung von Lernschwierigkeiten verantwortlich gemacht. Darüber hinaus werden aber auch solche Faktoren zur Erklärung herangezogen, die zur Entwicklung bestimmter Persönlichkeitsmerkmale beitragen: z. B. familiäre und schulische Sozialisationsbedingungen oder aber genetische und organische Ursachen.

(2) Anhänger situationistischer Ansätze richten den Fokus bei der Erklärung von Lernschwierigkeiten auf Umweltmerkmale, d. h. Besonderheiten der jeweiligen Lernsituation. Hierzu zählen etwa das Schul- und Klassenklima (das Verhalten von Schülerinnen und Schülern, das Verhalten von Lehrerinnen und Lehrern sowie deren soziale Beziehungen) sowie Unterrichtsvariablen (z. B. Unterrichtsqualität, Art der Leistungsbeurteilung).

(3) Interaktionistische Erklärungsmodelle gehen davon aus, dass Lernschwierigkeiten das Ergebnis einer Wechselwirkung von Persönlichkeitsvariablen und Merkmalen der

jeweiligen Lernsituation darstellen. Es wird angenommen, dass beispielsweise das Motiv einer Person nur dann wirksam werden kann, wenn es auf bestimmte situative Rahmenbedingungen trifft. Vergleichbare Unterrichtsbedingungen führen demnach nicht bei allen Schüler/-innen zum gleichen Verhalten, sondern nur bei solchen mit bestimmten Dispositionen. Auch nach Shaw (1968) besteht durchaus die Möglichkeit, dass Merkmale existieren, hinsichtlich derer sich Achiever und Underachiever in allen Situationen unterscheiden. Er geht jedoch davon aus, dass einige Merkmale nur unter spezifischen Rahmenbedingungen (sozioökonomischer Status etc.) bzw. in Verbindung mit bestimmten anderen Merkmalen (Alter, Fähigkeitslevel etc.) wirksam werden.

(4) Der Etikettierungsansatz basiert schließlich auf der Annahme, dass sich die Lernleistungen von Schüler/-innen zwar unterscheiden, ein schlechtes Abschneiden alleine jedoch nicht zwangsläufig zu dem Label ‚gestört' führt. Zu dieser Etikettierung kommt es erst durch den Vergleich des Lernverhaltens mit bestimmten Gütemaßstäben. Derartige Gütemaßstäbe lassen sich nach Heckhausen (1965) drei Kategorien zuordnen: (a) Bei sachbezogenen oder kriterialen Gütemaßstäben gilt der Vollkommenheitsgrad des Tätigkeitsproduktes als Maßstab für die Qualität der Leistung. (b) Personenbezogene oder individuelle Gütemaßstäbe beinhalten den Vergleich einer aktuellen Leistung mit den persönlichen Leistungen zu einem früheren Zeitpunkt. (c) Ist von sozialbezogenen Gütemaßstäben die Rede, gilt als Maßstab für die Güte der eigenen Leistung die Qualität der Leistungen anderer relevanter Personen. Die gleiche Leistung kann dabei je nach Vergleichsmaßstab und Beurteiler/-in (Eltern, Lehrer/-innen, Schüler/-innen) unterschiedlich bewertet werden.

### 2.4.2 Vielfalt der Forschungsergebnisse

Ihre erste Hochphase erlebte die Underachievement-Forschung in den 1950er und 1960er Jahren in den USA (Lavin, 1965). Neben dem militärisch geprägten Wettrüsten beinhaltete die politisch-ideologische Auseinandersetzung zwischen den Vereinigten Staaten und der Sowjetunion in der Zeit des ‚Kalten Krieges' einen weiteren Schauplatz: das Weltall. Der Wettstreit um den Vorstoß ins Weltall wurde zu einem wichtigen Bestandteil der kulturellen, technologischen und ideologischen Rivalitäten. Im Rahmen des Wettlaufs in das All hatten die Russen über weite Strecken hinweg die Nase vorn. Den Leistungsvorsprung der Russen wertete man auf Seiten der US-Amerikaner als ein Zeichen dafür, dass Leistungspotenziale in der amerikanischen Bevölkerung nicht angemessen genutzt werden können. Diese Erkenntnis wurde zum Anlass genommen, das eigene Bildungssystem zu evaluieren und intensiver als zuvor nach Mitteln und Wegen zur Entfaltung ungenutzter Begabungsressourcen zu suchen (Kowitz, 1965). Im Sinne einer personorientierten Erklärungsperspektive galt das Forschungsinteresse dabei zunächst der Suche nach Personenmerkmalen, die eine Vorhersage von Underachievement zulassen und Ansatzpunkte für Interventionsprogramme bieten. Im Zentrum vieler Untersuchungen standen daher psychische Störungen sowie motivationale Aspekte, insbesondere Unterschiede hinsichtlich des Leistungsmotivs. Mit der Zeit rückten jedoch verstärkt auch situative und interaktionistische Ansätze in den Vordergrund der Forschungsbemühungen, da sich herauskristallisierte, dass Underachievement, ebenso wie schulische Leistungen, ein Produkt der Wechselwirkung von Personen- und Umweltvariablen darstellt. Die Suche nach Einflussfaktoren wurde somit von Personenmerkmalen auf familiäre, schulische und gesellschaftliche Faktoren ausgedehnt.

Die rege Forschungstätigkeit im Bereich der erwartungswidrigen schulischen Leistungen hat seitdem zu einer schier unüberschaubaren Menge an Forschungsergebnissen geführt. Besonders auffällig ist dabei die Vielfalt der untersuchten Faktoren, die sich dem Leser bereits bei Durchsicht einiger zentraler Forschungsarbeiten offenbart: Neben gerade im schulischen Kontext populären Faktoren wie Motivation, häuslichen Lernbedingungen, Unterrichtsqualität, Klassenklima, elterlichem Bildungsniveau und Migrationshintergrund werden Zusammenhänge mit zahlreichen weiteren Faktoren berichtet. Das Spektrum reicht dabei von Untersuchungen zum Zusammenhang von Underachievement und Metakognitionen (u. a. Borkowski, Carr, Rellinger & Pressley, 1990; Krouse & Krouse, 1981) über Studien zur Verbindung von erwartungswidrigen Leistungen und spezifischen Antwortmustern im Rorschachtest (Steinzor, 1965) sowie zum Einfluss von Dialektsprechen (Fleisher, Feldman, Stone & Renderer, 1990) bis hin zu exotischen Variablen, wie dem Interesse an einer militärischen Laufbahn (McCall et al., 1992) oder der Partizipation an kirchlichen Aktivitäten (Pierce & Bowman, 1965).

### 2.4.3 Forschungswidersprüche am Beispiel des Zusammenhangs von Leistungsmotivation, Fähigkeitsselbstkonzept und Underachievement

Von größerer praktischer Bedeutung als die Vielfalt der von den Forscherinnen und Forschern als relevant erachteten Faktoren ist jedoch der Überlappungsgrad der gewonnenen Erkenntnisse. Dass gerade in Anbetracht der Fülle vorhandener Forschungsarbeiten eine vollständige Übereinstimmung der Befunde nicht zu erwarten ist, steht außer Frage. Weichen die Befunde aus verschiedenen Studien jedoch deutlich voneinander ab bzw. liefern unterschiedliche Studien sogar widersprüchliche bzw. gegensätzliche Erkenntnisse, so sind diese Befunde für die klinische und pädagogische Praxis wertlos. Wie eingangs bereits dargestellt wurde, ist es nicht möglich, jedes Konstrukt, mit dem gearbeitet werden muss, stets auf seine Tauglichkeit hin zu prüfen. Ebenso stehen einem Therapeuten / einer Therapeutin im Allgemeinen nicht die (zeitlichen) Ressourcen zur Verfügung, sämtliche Forschungsbefunde zu einem Störungsbild zu vergleichen bzw. zu hinterfragen. Man verlässt sich zumeist auf Angaben und Hinweise in der einschlägigen Fachliteratur. Entsprechende Nachschlagewerke können jedoch mitunter einseitige Darstellungen beinhalten, welche eine Konvergenz der Forschungsergebnisse nahe legen, die faktisch nicht gegeben ist (vgl. etwa Lauth, Grünke & Brunstein, 2004b; Rimm, 1995). Wie im Folgenden exemplarisch anhand ausgewählter Forschungsarbeiten zum Zusammenhang von Leistungsmotivation, Fähigkeitsselbstkonzept und Underachievement gezeigt werden soll, weist die Widersprüchlichkeit der Ergebnisse gerade im Bereich der Underachievement-Forschung ein bedenkliches Ausmaß auf. Dies wiederum schwächt ihre Bedeutung als Grundlage bzw. Begründung für die Entwicklung und den Einsatz von Interventionsmaßnahmen.

Bleiben die Leistungen eines Schülers / einer Schülerin hinter den Erwartungen von Eltern und Lehrerinnen / Lehrern zurück, so wird dies nicht selten einem Mangel an Motivation zugeschrieben. Entsprechend verwundert es nicht, dass sich auch im Bereich der Underachievement-Forschung zahlreiche Forschungsstudien mit dem Zusammenhang von motivationalen Faktoren und erwartungswidrigen Leistungen beschäftigen. Im Gegensatz zu anderen, oftmals exotischeren und im Forschungskontext weniger prominenten Einflussfaktoren, eignet sich die Vielfalt der Forschungsarbeiten zu Leistungsmotivation und Fähigkeitsselbstkonzept in besonderem Maße dazu, die Unterschiedlichkeit und zum Teil Widersprüchlichkeit der Forschungsbefunde aufzuzeigen.

Leistungsmotivation stellt das Bestreben dar, die eigene Kompetenz in Tätigkeitsbereichen unter Beweis zu stellen, in denen man einen Gütemaßstab für verbindlich hält (Heckhausen, 1965) bzw. von denen man annimmt, dass das eigene Verhalten mit Hilfe eines Leistungsstandards bewertet werden kann (Atkinson, 1975). Im Hinblick auf die Schule und das Studium stellen Noten oder vergleichbare Bewertungen den zentralen Gütemaßstab dar. Nach Atkinson (1975) stellt die Höhe der Leistungsmotivation das Ergebnis eines Konflikts dar zwischen der Neigung eines Individuums, nach Erfolg zu streben, und dessen gleichzeitigem Wunsch, einen Misserfolg zu vermeiden. Das Leistungsmotiv kann also in zwei verschiedenen Ausprägungen vorkommen: einmal als Wunsch, mit Stolz auf einen Erfolg zu reagieren, und einmal als Bestreben, Misserfolg und damit Scham und Betroffenheit zu vermeiden. Meist wird angenommen, dass Erfolgszuversicht in einem positiveren Verhältnis zu akademischen Leistungen steht, als der Wunsch, Misserfolge zu vermeiden. Entsprechend wird auch Underachievement mit misserfolgsvermeidenden Tendenzen in Verbindung gebracht (u. a. Preckel et al., 2006; Whitmore, 1980, 1986). Nach Whitmore (1986) neigen hochbegabte Schüler/-innen nicht selten dazu, eine gute Leistungen gar nicht erst anzustreben, weil sie Angst haben, den selbstgesetzten oder externen Anforderungen nicht zu genügen. Ebenso können aber auch die Furcht vor Erfolg und die damit möglicherweise einhergehenden höheren Erwartungen seitens der Umwelt einen hochbegabten Schüler / eine hochbegabte Schülerin davon abhalten, sein/ihr Potenzial voll auszuschöpfen.

Nicht nur die Neigung einer Person, nach Erfolg zu streben bzw. Misserfolg zu vermeiden, wird mit Underachievement in Verbindung gebracht, sondern auch die damit einhergehenden Folgen für das Selbstkonzept der Schüler/-innen. Zwischen dem Fähigkeitsselbstkonzept einer Person und deren akademischen (schulischen) Leistungen besteht eine Wechselwirkung (Dickhäuser, 2006): Vorangegangene Erfolge oder Misserfolge wirken sich auf das Fähigkeitsselbstkonzept aus (‚skill-development'). Im Gegenzug kann ein hohes bzw. niedriges Fähigkeitsselbstkonzept aber auch die eigenen Anstrengungen und damit die Ergebnisse in einer Leistungssituation beeinflussen (‚self-enhancement'). Als Anreiz zur Zielerreichung (z. B. dem guten Abschneiden in einer Klassenarbeit) ist der Stolz darüber zu sehen, eine persönliche Herausforderung bewältigt zu haben (Rheinberg, 2002). Dies gilt natürlich nur dann, wenn die erbrachte Leistung der eigenen Fähigkeit und Anstrengung zugerechnet werden kann (Weiner, 1994). Die Zufriedenheit mit sich selbst und einer erbrachten Leistungen wirkt sich positiv auf das Selbstkonzept aus und kann so einen Motivationsschub in Hinblick auf zukünftige Prüfungen und Lernsituationen bewirken. Werden, wie etwa von Whitmore (1980, 1986) beschrieben, bestimmte Leistungsziele aus Furcht vor einem Scheitern gar nicht erst in Angriff genommen, bleibt dieser positive Effekt selbstverständlich aus. Entsprechend wird überwiegend angenommen, dass Underachiever ein geringeres Fähigkeitsselbstkonzept und ein niedrigeres Selbstbewusstsein in Bezug auf schulische Leistung aufweisen. Die Befunde sind jedoch keinesfalls einheitlich. Während etwa Bricklin und Bricklin (1967), Carr, Borkowski und Maxwell (1991), Diaz (1998), Dowdall und Colangelo (1982), Fink (1965), Ford (1996), Impellizzeri, Barr und Cooney (1965), Kanoy, Johnson und Kanoy (1980), Kemmler (1975), Mufson, Cooper und Hall (1989), Supplee (1990) und Whitmore (1980) zu dem Ergebnis kommen, dass Underachiever bzw. Niedrigleistende ein geringeres Fähigkeitsselbstkonzept aufweisen als Achiever, finden sich in den Studien von Borislow (1965, S. 33), Fend et al. (1976, zit. n. Fend & Stöckli, 1997), Markus (1992, zit. n. Fend & Stöckli, 1997) sowie McCoach und Siegle (2001, 2003) keine derartigen Unterschiede. Die Ergebnisse dieser Studien stellen damit die obigen Befunde in Frage, insbesondere, da es sich in den oben genannten Studien in einigen Fällen, allerdings keinesfalls ausschließlich um qualitative Ansätze oder aber (Einzel)fallanalysen handelt. Nach Mönks, van Boxtel, Roelofs und Sanders (1985) aber auch Schicke und Fagan (1994) ist hingegen zwischen dem schulischen und generellen Selbstkonzept zu unterscheiden. Während sich hochbegabte Achiever und Underachiever nicht hinsichtlich ihres generellen Selbstkonzepts unterscheiden, weisen Underachiever auch in ihrer Studie deutlich niedrigere Werte hinsichtlich des schulischen Selbstkonzepts auf.

Bezüglich des Attributionsstils von Schülerinnen und Schülern mit erwartungskonformen bzw. erwartungswidrig niedrigen schulischen Leistungen bestehen ebenfalls widersprüchliche Ergebnisse. Die Freude über einen Erfolg stellt sich nur dann ein, wenn die erbrachte Leistung der eigenen Fähigkeit und Anstrengung zugerechnet werden kann (Weiner, 1994). Entsprechend wird eine internale Attribution von Erfolg (Fähigkeit, Anstrengung) für die Entwicklung eines positiven Fähigkeitsselbstkonzepts langfristig als besonders förderlich erachtet und eher bei Achievern vermutet. Diese Erwartung erfüllt sich jedoch allenfalls in einem Teil der diesbezüglichen Untersuchungen (u. a. Carr et al., 1991; Mönks et al., 1985; Tacke, 1995; Vlahovic-Stetic, Vizek-Vidovic & Arambasic, 1999). In anderen Studien konnte ein direkter Zusammenhang zwischen Underachievement und externaler Attribution von Erfolg (Glück, geringes Schwierigkeitsniveau der Aufgaben) hingegen nicht festgestellt werden (Cheung & Rudowicz, 2003; Crombie, 1983; McCall et al., 1992; McClelland, Yewchuk & Mulcahy, 1991; Schütz, 2004; Tuss, Zimmer & Ho, 1995). Mufson et al. (1989) berichten sogar, dass die von ihnen untersuchten Underachiever eher dazu neigten, schlechte Leistungen auf mangelnde Anstrengung zurückzuführen. McCall et al. (1992) konnten in einer umfassenden Studie feststellen, dass Underachiever, die auf ihre Fähigkeiten vertrauen und eher dazu neigen, Erfolge internal zu attribuieren, 13 Jahre nach Beendigung der Highschool einen höheren schulischen und beruflichen Status erzielen als Underachiever, die während der Highschool ein geringeres Selbstvertrauen aufwiesen und eine Neigung zur externalen Attribution von Erfolg besaßen. Nach Todd et al. (1965) zeigen sich Unterschiede in der Attribution von überdurchschnittlich begabten Personen in Abhängigkeit vom Geschlecht der Untersuchungspersonen: Während sich männliche Underachiever und Achiever nicht hinsichtlich ihrer Ursachenzuschreibungen von Erfolg und Misserfolg unterscheiden, neigen weibliche Underachiever im Gegensatz zu Achievern dazu, Misserfolge internal zu attribuieren und mit mangelnder Fähigkeit zu assoziieren.

Insgesamt betrachtet erwecken die dargestellten Ergebnisse den Eindruck, dass es sich bei der Gruppe der als Underachiever klassifizierten Personen um eine sehr heterogene Gruppe handelt. Es ist allerdings davon auszugehen, dass es in einem so eingehend und umfassend beforschten Gebiet wie dem Bereich der erwartungswidrigen Schulleistungen stets auch widersprüchliche Ergebnisse geben wird. Wie in Kapitel 3 noch nachzuweisen sein wird, sprechen jedoch gute Gründe für die Annahme, dass die dargestellten Ergebniswidersprüche vor allem auf Defizite und Unstimmigkeiten bei der Operationalisierung zurückgeführt werden müssen. Weinert und Petermann (1980, S. 29) drücken dies so aus: „Obwohl die Ergebnisse der einzelnen Studien aus methodischen Gründen kaum vergleichbar sind und unbeeinflußt von der Tatsache, daß viele Resultate widersprüchlich und nicht replizierbar waren, bestand stets eine starke Tendenz alle Befunde in unzulässiger und unkontrollierter Weise zu verallgemeinern. Die Folge davon ist, dass trotz einer chaotischen Forschungssituation ein überakzentuiertes Bild des underachievers und des overachievers entstehen konnte".

## 2.5 Underachievement als Symptom, Syndrom oder Störung

Im Bereich der psychologischen Diagnostik ist es nach wie vor üblich, auf medizinische Fachbegriffe zurückzugreifen. Dabei liegt der Anwendung des ,medizinischen Modells' bzw. der medizinischen Terminologie die Annahme zugrunde, dass abweichendes Verhalten einer Krankheit vergleichbar ist (Davison & Neale, 1998). Entsprechend wird auch das Ausbleiben eines Lernerfolges bzw. die Feststellung von Underachievement sowohl von Laien als auch Fachleuten nicht selten als ,Symptom', ,Syndrom' oder ,Störung' bezeichnet. Inwiefern diese Begrifflichkeiten synonym zu gebrauchen sind bzw. im Falle von Underachievement terminologisch korrekt erscheinen, wird im Rahmen des nachfolgenden Abschnitts näher beleuchtet, um die für die weitere Untersuchung notwendige Begriffsklarheit herzustellen.

### 2.5.1 Begriffliche Abgrenzung

Der Begriff Symptom leitet sich von dem griechischen Wort ,symptoma' ab (Dorsch, 1998, S. 853) und bezeichnet Merkmale, Verhaltensweisen, Ereignisse oder Veränderungen, die zusammen mit einem weiteren Ereignis bzw. einer anderen Veränderung auftreten und daher als Indikator oder Prädiktor des- bzw. derselben fungieren können (Reber & Reber, 2001). Treten Merkmale, Ereignisse und Verhaltensweisen gemeinsam auf bzw. kann angenommen werden, dass bestimmte Symptome miteinander in Zusammenhang stehen, so spricht man von einem Syndrom. In Bezug auf psychologische Phänomene stellt ein Syndrom somit ein Cluster von Symptomen dar, die miteinander auftreten und als Indikator für eine bestimmte Störung oder Krankheit gelten können (Reber & Reber, 2001). Underachievement ist nach der herkömmlichen Definition immer dann zu diagnostizieren, wenn die tatsächlich gezeigte Leistung einer Person in ihrer Qualität / Höhe deutlich hinter einer erwartbaren / möglichen Leistung zurückbleibt. Strittig ist allerdings, ob dieses Phänomen als umfassende (Lern-)Störung (z. B. Linderkamp & Grünke, 2007), ein zeitlich stabiles Syndrom (z. B. Rimm, 1987; Rost, 2007) oder aber als Symptom und damit als Teil eines Syndroms oder einer Störung zu begreifen ist.

Underachievement wird vielfach den Lernstörungen zugerechnet (u. a. Linderkamp & Grünke, 2007). Dass eine solche Zuordnung nur bedingt mit der Definition von Underachievement vereinbar ist, wurde bereits im Rahmen von Abschnitt 2.2.2 ausführlich dargestellt. Denkbar wäre jedoch, dass es sich im Falle von Underachievement um eine eigenständige psychische Störung handelt. Nach Zimbardo und Gerrig (1999, S. 602) liegen psychische Störungen immer dann vor, „wenn die normale Funktionsweise der kognitiven und emotionalen Prozesse und des Verhaltens ernsthaft beeinträchtigt ist, so dass die betroffene Person darunter leidet und bei der Erreichung wichtiger Ziele behindert wird“. Psychische Störungen führen demnach zu einer subjektiven und objektiven Einschränkung der Lebensqualität. Nach den Richtlinien des DSM-IV (1994, zit. n. Zimbardo & Gerrig, 1999) lassen sich psychische Funktionen bzw. Verhaltensweisen anhand von sieben Kriterien als gestört klassifizieren:

(1) Auf Seiten der betroffenen Person besteht ein Leidensdruck oder eine Einschränkung der normalen psychischen Funktionen, wodurch die Gefahr einer Einschränkung des körperlichen oder psychischen Zustands sowie ihrer Handlungsfreiheit entsteht.
(2) Das Verhalten einer Person steht in Konflikt mit den Zielen anderer Menschen oder den Bedürfnissen der Gemeinschaft.
(3) Die Handlungen und Äußerungen einer Person wirken auf andere Menschen irrational und unverständlich.
(4) Das Verhalten einer Person gilt als unvorhersagbar und unberechenbar und erweckt den Eindruck eines Verlustes der Kontrolle über sich selbst.
(5) Die Handlungen und Verhaltensweisen einer Person sind sehr unüblich (statistisch gesehen selten) und erfüllen nicht die sozialen Standards für das, was akzeptabel und erwünscht ist.
(6) Eine Person wirkt bedrohlich bzw. löst bei anderen Menschen Unbehagen aus.
(7) Das Verhalten einer Person weicht deutlich davon ab, wie man sich angesichts gesellschaftlicher Normen verhalten sollte.

Prinzipiell gilt, dass ein Verhalten bzw. eine Handlung umso eher als gestört zu klassifizieren ist, je mehr der genannten Kriterien erfüllt werden. Dabei sind die Übergänge zwischen Normalität und Störung fließend und werden von zahlreichen Faktoren beeinflusst, so etwa vom sozialen und kulturellen Umfeld, von spezifischen Werten und Normen sowie dem subjektiven Empfinden der Betroffenen. Was im einen Falle noch als normal bezeichnet wird, kann im anderen Falle als gestört gelten. Man nehme exemplarisch den Fall eines Schülers, der sich trotz guter Begabung dazu entschließt, die Hauptschule zu besuchen. Je nach sozialem Umfeld, in dem dieser Junge aufwächst, kann ein solches Verhalten als akzeptabel oder aber gestört bewertet werden. Besitzen die Eltern selbst keinen höheren Bildungsabschluss und begrüßen sie es vielleicht sogar, dass ihr Sohn bereits nach neun Jahren Schule ins Berufsleben eintreten kann, um die Familie zu unterstützen oder doch wenigstens finanziell auf eigenen Füßen zu stehen, so werden sie die Entscheidung ihres Sohnes unabhängig vom vorhandenen Potenzial als normal bzw. wünschenswert erachten. Ist das soziale Umfeld hingegen von hohen Leistungsansprüchen und einem hohen Bildungsniveau seitens der Eltern und Bezugspersonen geprägt, so dürfte die Entscheidung des Sohnes eher auf Unverständnis stoßen und als inakzeptables Verhalten bewertet werden. Betrachtet man das Verhalten des zweiten Schülers vor dem Hintergrund der oben genannten Kriterien, so käme man vermutlich zu der Diagnose ‚gestört', da mindestens vier der sieben Kriterien als erfüllt angesehen werden könnten: Das Verhalten stünde im deutlichen Widerspruch zu den Zielen anderer Menschen (2), könnte als irrational und unverständlich bewertet werden (3), ist zumindest in diesen sozio-kulturellen Kreisen selten und unüblich (5) und weicht unter Umständen ferner von gesellschaftlichen Normen ab, denen zufolge es als angemessen gelten könnte, das eigene Potenzial zu nutzen, um einen möglichst hohen Bildungsabschluss zu erzielen (6). Obwohl man also anhand der klassischen Underachievement-Definition in beiden Fällen ein erwartungswidriges Minderleisten diagnostizieren könnte, dürfte das Underachievement nur im zweiten Falle als ‚gestört' gelten. Dieses Beispiel zeigt, dass sich die Frage, ob Underachievement als psychische Störung betrachtet werden kann, nicht pauschal beantworten lässt. Eine solche Entscheidung ist neben der Erfüllung objektiver Kriterien immer auch abhängig von kulturellen Werten und Normen sowie dem subjektiven Empfinden des/der Betroffenen und lässt sich daher nur unter Berücksichtigung der im jeweiligen Einzelfall vorherrschenden Rahmenbedingungen treffen.

Anders verhält es sich, wenn man mit Rimm (1987, 1997a) und Rost (2007) von der Existenz eines Underachievementsyndroms ausgeht. Im Gegensatz zum Begriff Störung beinhaltet die Bezeichnung ‚Syndrom' keine Wertung. Vielmehr bezieht sich der Begriff Syndrom definitionsgemäß nur auf die (wertfreie) Beschreibung eines Zustandes, nämlich das gemeinsame Auftreten bzw. wiederholte Zusammentreffen bestimmter Ereignisse, Merkmale bzw. Symptome. Ein Syndrom wird im Allgemeinen als solches erkannt und anerkannt, wenn mehrere Fälle mit einem ähnlichen Symptommuster aufgetreten sind (Mundlos & Queisser-Luft, 2007). Nach Rost (2007) zeichnet sich das Underachievementsyndrom typischerweise durch motivationale Defizite, fehlende oder aufgabenunspezifische Lernstrategien und Arbeitstechniken, beschädigte Selbstkonzepte sowie das Vorliegen von Persönlichkeitsstörungen aus. Im vorangegangenen Abschnitt konnte jedoch aufgezeigt werden, dass sich neben diesen Symptomen noch eine Vielzahl weiterer Merkmale von Underachievement identifizieren lassen. Diese Tatsache steht für sich genommen zwar noch nicht im Widerspruch zur Annahme eines Underachievementsyndroms. Prinzipiell gilt in der Medizin und im Bereich psychischer Störungen, dass mit dem Bekanntwerden und der Beschreibung weiterer Fälle und Merkmale ein Krankheitsbild näher definiert wird (Mundlos & Queisser-Luft, 2007): Neu hinzukommende Merkmale werden als Teil des Syndroms erkannt, die Grenzen einer möglichen Variabilität festgelegt und die Möglichkeiten erweitert, prognostische Aussagen über den normalen Verlauf zu treffen. Die Vielzahl und Unterschiedlichkeit der mit Underachievement einhergehenden Symptome[10] legt

[10] Einen Forschungsüberblick über mögliche Erscheinungsformen und Symptome von Underachievement geben u. a. Bricklin und Bricklin (1967), Bruns (1992), Butler-Por (1987, 1993), Ford (1996), Mandel und Marcus (1988, 1995), McCall et al. (1992), Peters, Grager-Loidl und Supplee (2002),

allerdings die Vermutung nahe, dass es sich diesbezüglich nicht um ein einzelnes Syndrom bestehend aus den von Rost (2007) aufgeführten Kernsymptomen handelt. Vielmehr ist davon auszugehen, dass zwischen sowohl ätiologisch verschiedenen als auch hinsichtlich des Symptomenkomplexes divergierenden (Underachievement-)Syndromen zu unterscheiden ist. Vor diesem Hintergrund erscheint es irreführend, überhaupt von einem Underachievementsyndrom zu sprechen, da durch diese Bezeichnung der Fokus auf eines von möglicherweise vielen Symptomen (nämlich das Minderleisten) gerichtet und gleichermaßen impliziert wird, dass diesem Symptom eine herausragende Bedeutung bei der Diagnose zukommt. Dabei handelt es sich jedoch um eine Annahme, die, wie im Folgenden zu sehen sein wird, keineswegs uneingeschränkt gültig ist und im Zweifel zu Fehldiagnosen bzw. zum Ausbleiben einer notwendigen Behandlung führen kann.

Man stelle sich vor, alle Symptomcluster, die das Symptom Fieber enthielten, würden unter das Fieber-Syndrom subsumiert. Den meisten Menschen dürfte die Unsinnigkeit einer solchen Klassifikation sofort einleuchten, ist doch weithin bekannt, dass Fieber mit ganz unterschiedlichen Krankheiten einhergeht. Wesentlich sinnvoller erscheint es daher, zwischen verschiedenen Krankheitsbildern bzw. Syndromen zu unterscheiden und bei der Kennzeichnung des Syndroms bzw. der Störung bereits die spezifischen Ursachen der Krankheit bzw. charakteristischen Erscheinungsformen zu berücksichtigen. Dies erleichtert nicht nur eine Diagnose, sondern überdies eine schnelle und wirksame Behandlung, insbesondere, wenn wie im Falle von Fieber bzw. Underachievement angenommen werden muss, dass selbst bei Vorliegen bestimmter ursächlicher Bedingungen nicht in allen Fällen dieselben Symptome auftreten. Ebenso wenig wie ein Grippevirus bei allen Personen zum Ausbruch der Krankheit oder Fieber führt, äußert sich das mangelnde Interesse an einem Aufgabengebiet bei jeder Schülerin bzw. jedem Schüler in Underachievement. Vielmehr können Resilienzfaktoren den Verlauf und die Stärke einer Krankheit bzw. Störung verändern oder aber de-

---

Raph, Goldberg und Passow (1966), Rimm (1987, 1995), Whitmore (1980). Die Spannweite der mit Underachievement einhergehenden Merkmale reicht dabei bereits bei Mandel und Marcus (1995) von submissivem, defensivem, ängstlichem, depressivem und emotional zurückhaltendem Verhalten über feindseliges, rebellisches und aggressives Verhalten bis hin zu einer höflichen, anspruchslosen und extrovertierten Persönlichkeit. Rost (2007) führt neben Selbstwert und Selbstkonzeptproblemen geringe Selbstüberzeugung, Unterlegenheitsgefühle, Scheu vor Sozialkontakten, soziale Unzufriedenheit und hohe Emotionalität bei geringer seelischer Stabilität als Merkmale an. Einen Mangel an persönlichen Zielen und Wertsystemen wird Underachievern u. a. von Butler-Por (1987), McCall et al. (1992), Mandel und Marcus (1995, S. 16) sowie Roth und Meyersburg (1965) bescheinigt. Hinzu kommen Probleme im familiären Kontext (u. a. Butler-Por, 1987; Rost, 2007; Roth & Meyersburg, 1965). So trauen Eltern von Underachievern den betroffenen Kindern nur wenig zu, nehmen diese als besonders schwierig wahr und beklagen deren mangelhaftes Sozialverhalten. Nach McCall et al. (1992) neigen vor allem männliche Underachiever zu einer sehr engen oder äußerst distanzierten Beziehung zu ihren Eltern. Von Seiten der Lehrer wird Underachievern ebenfalls ein problematisches Sozialverhalten, mangelnde Motivation und geringe Aufgabenorientierung attestiert (u. a. Fine, 1967; Rost, 2007). Anhand der aufgelisteten Merkmale lässt sich erkennen, dass die mit Underachievement einhergehenden Symptome sowohl hinsichtlich ihrer Menge als auch Unterschiedlichkeit ein beachtliches Ausmaß besitzen – insbesondere dann, wenn man ferner in Betracht zieht, dass die vorangegangene Merkmalsauswahl lediglich auf sechs verschiedenen Quellen basiert.

ren Entstehung ganz verhindern. Würde allerdings, wie es die Bezeichnungen Fieber-Syndrom oder auch Underachievementsyndrom nahe legen, das Auftreten von Fieber bzw. erwartungswidriger Leistung als Kernsymptom (oder gar Ausschlusskriterium) betrachtet werden, dessen Vorliegen als essenziell erachtet wird, so bestünde die Gefahr, dass in eben jenen Fällen, in denen die Kernsymptome trotz Vorliegen der Störung bzw. Krankheit ausbleiben bzw. nicht erkannt würden, eine Intervention gar nicht oder aber zu spät erfolgt. Gerade im Falle von Underachievement (im Sinne einer Diskrepanz zwischen erwartbarer und tatsächlich erzielter Leistung) besteht jedoch die große Gefahr, tatsächlich Betroffene nicht als solche zu erkennen.

Infolgedessen erscheint es vorzugswürdig, Underachievement nicht als Syndrom, sondern als Symptom zu betrachten. Auf seine Bedeutung als Forschungsgegenstand hat dies zunächst einmal keine Auswirkungen. Wie nicht zuletzt aus der Medizin bzw. dem klinischen Alltag bekannt ist, macht es durchaus Sinn, sich auch mit einem Symptom (z. B. einer erwartungswidrigen Leistung) genauer zu beschäftigen. Schließlich hängt die eindeutige Diagnose einer Krankheit stets maßgeblich von einer klaren Beschreibung der Symptome ab. Dabei darf jedoch nicht außer Acht gelassen werden, dass zumeist nicht ein einzelnes Symptom, sondern die (wiederkehrende bzw. zeitlich stabile oder gehäuft auftretende) Kombination mehrerer Symptome Hinweise auf eine zugrunde liegende Störung liefert. Die Feststellung eines Minderleistens weist für sich genommen (definitionsgemäß) nur auf das Vorliegen einer Diskrepanz zwischen erwartbarer und tatsächlich gezeigter Leistung hin. Sie liefert hingegen keine Informationen bezüglich der ursächlichen Bedingungen und ist aufgrund der Vielzahl an Störungsbildern, die mit Underachievement einhergehen, als alleiniger Indikator für eine spezifische Grundstörung unbrauchbar. Erst die genauere Analyse des jeweiligen Symptomverbundes, in den das Underachievement eingebunden ist, erlaubt Rückschlüsse auf die zugrunde liegende Störung: beispielsweise das Vorliegen einer affektiven Störung (z. B. Prüfungsangst), eines motivationalen Defizits (z. B. mangelndem Fachinteresse), eines psychischen Traumas (z. B. infolge des Verlustes einer nahestehenden Person) oder aber einer körperlichen Beeinträchtigung bzw. Krankheit (z. B. Grippe).[11]

[11] Hierbei zeigt sich die bereits eingangs betonte Tatsache, dass sich der Begriff des Symptoms im psychologischen Kontext parallel zur Verwendung auf körperliche Störungen in der Medizin stets auf den psychischen pathologischen Zustand beziehen sollte. So ist beispielsweise das erwartungswidrige Versagen im Schulalltag nicht als Symptom für Spannungen im Elternhaus zu sehen, sondern als Anzeichen für das dahinter liegende, durch die häusliche Situation entstandene Trauma. Dass sich eine solch eingeschränkte Verwendung des Symptombegriffes gerade im Falle von Underachievement nicht aufrechterhalten lässt, wird spätestens klar, wenn man die möglichen Ursachen von Underachievement (vgl. u. a. Butler-Por, 1987) einer genaueren Betrachtung unterzieht und feststellt, dass diese vielfach außerhalb der betroffenen Person (z. B. an einem schlechten Unterricht) liegen. Dies ist insofern von Bedeutung, als die Bezugnahme auf Faktoren außerhalb der Person zur Problematik der Kausalketten führen können – sodass jede Ursache wiederum eine eigene Ursache aufweist, ohne dass sich letztlich ein oder mehrere konkrete Auslöser eines Symptoms finden lassen.

### 2.5.2 Underachievement als Hilfskonstrukt

Ist Underachievement allerdings ähnlich wie Fieber nur als Folge bzw. Symptom verschiedener bereits bekannter Störungen zu sehen, so stellt sich die Frage, ob man die Sammelbezeichnung ‚Underachievement' überhaupt benötigt. Insbesondere wenn eine umfassende Beschreibung der Symptomatik (inklusive des Symptoms der ‚erwartungswidrigen Leistung') bereits über die jeweilige Grundstörungen (z. B. eine Depression) erfolgen kann. Auf den ersten Blick erscheint der ‚Umweg' über eine Underachievementstörung bzw. ein Underachievementsyndrom sowohl unnötig als auch nachteilig im Hinblick auf eine schnelle und zuverlässige Diagnose und Intervention.[12] Dem ließe sich allerdings entgegenhalten, dass im Falle von Underachievement – unabhängig von den jeweiligen Ursachen – gerade das Minderleisten als problematisch erachtet wird, und es daher durchaus sinnvoll sein könnte, den Fokus von vornherein auf das interessierende Merkmal zu richten. Dies mag gelten, wenn eine mögliche Intervention (z. B. aus Effizienzgründen) direkt am Symptom ansetzen könnte, ohne dass man sich im Einzelfall mit den auslösenden Faktoren auseinandersetzen muss.[13] Darüber hinaus ist es möglicherweise gerade nicht praktikabel, jede Form des Underachievements über bereits bekannte Störungsformen abzudecken.

---

[12] Damit wird impliziert, dass Underachievement nicht als Ursache einer Störung in Frage kommt, sondern stets nur deren Folge darstellen kann. Als Ausnahme könnte man den Fall eines sehr ehrgeizigen Schülers ansehen, der von seinem Lehrer ungerechtfertigterweise eine schlechte Benotung erhält. Dieses vermeintliche Underachievement könnte den Schüler so aus der Fassung bringen, dass er in der Folge (z. B. aus Wut, Enttäuschung oder Angst und der mit diesen Empfindungen möglicherweise einhergehenden Lernbeeinträchtigung) wiederum schlechte Noten erzielt und sich daraus eine Störung entwickelt. An diesem Beispiel wird allerdings deutlich, dass auch hier nicht das Underachievement als ursächlich angesehen werden kann – denn das Versehen bzw. die Fehlbeurteilung impliziert ja bereits, dass eigentlich gar kein Underachievement vorgelegen hatte, sondern lediglich die Annahme eines solchen als Auslöser für eventuelle Lernblockaden etc. fungierte.

[13] Gerade im Hinblick auf eine mögliche Intervention stellt sich allerdings die Frage, ob die wirkungsvolle und nachhaltige Behandlung eines Symptoms bei Außerachtlassung der jeweiligen Ursachen überhaupt möglich ist. Im Falle des Fiebers schaffen fiebersenkende Mittel im Allgemeinen Abhilfe. Wird die Ursache (z. B. ein viraler Infekt) jedoch nicht behoben (sei es durch das körpereigene Immunsystem oder die Einnahme von Medikamenten) dürfte langfristig mit Nebenwirkungen oder sogar Folgeschäden zu rechnen sein. Analog hierzu erscheint es auch im Falle von Underachievement nur bedingt möglich und sinnvoll, eine Intervention ausschließlich am Symptom anzusetzen. Selbst, wenn ein Minderleisten dauerhaft, z. B. durch entsprechende Fördermaßnahmen, unterbunden werden könnte, wäre der Aufwand bei einer symptomzentrierten Behandlung im Gegensatz zu einer ursachenspezifischen Behandlung wahrscheinlich wesentlich höher und kostspieliger. Dem ließe sich natürlich entgegenhalten, dass gerade in der Verhaltenstherapie oftmals die Symptome bekämpft werden und eine solche Intervention nicht selten effektiver, schneller und nachhaltiger wirkt als etwa eine psychoanalytische Therapie, in der die Ursachen der Störung im Mittelpunkt stehen. Für eine effektive Behandlung ist es somit nicht immer erforderlich, die exakten Ursachen einer Störung zu (er)kennen. Eine vage Vorstellung von den zugrunde liegenden Wirkmechanismen erscheint jedoch notwendig. In diesem Sinne könnte die Wirkung der Verhaltenstherapie mit der Wirkung eines Breitbandantibiotikums verglichen werden. Allerdings stellt sich die Frage, ob eine symptomzentrierte Behandlung stets ethisch vertretbar ist. So erscheint es gerade im Falle von Underachievement fragwürdig, ob beispielsweise die Ängste eines Schülers / einer Schülerin völlig außer Acht gelassen werden können, wenn nur leistungsmäßig der gewünschte Erfolg erzielt wird.

Solange eine eindeutige Zuordnung zu bzw. Abgrenzung von bereits bekannten Störungen nicht möglich ist, kann es durchaus von Vorteil sein, zunächst Informationen über mögliche Symptomkombinationen zu sammeln und diese anhand der dominierenden Symptome (z. B. einem erwartungswidrigen Minderleisten) zu klassifizieren. Das Ziel der Informationsgewinnung sollte jedoch in einer genauen Ausdifferenzierung der zugrunde liegenden Störungen bestehen. Auch dieser Umstand lässt sich beispielhaft am Symptom Fieber beschreiben. Während man heutzutage statt eines Fiebersyndroms von einem spezifischen viralen oder bakteriellen Infekt (z. B. einer Grippe oder Lungenentzündung) spricht, wurde im Mittelalter die Krankheit noch gleichgesetzt mit den beobachtbaren Anzeichen (Fieber). Erst „als Louis Pasteur den Zusammenhang zwischen Bakterien und Krankheit entdeckte und bald darauf die Existenz von Viren postulierte, verfügte man mit der Keimtheorie von Krankheit über eine neue Erklärung in bezug auf Pathologie“ (Davison & Neale, 1998, S. 29). Die Erkenntnis, dass es für das gleiche Symptom unterschiedliche Ursachen geben kann und darüber hinaus unterschiedliche Behandlungsstrategien zur Heilung führen, hat dazu geführt, dass man fortan verschiedene Krankheitsbilder eindeutig von einander abgrenzen konnte. Im Falle von Underachievement deutet vieles darauf hin, dass sich die Ausdifferenzierung verschiedener Störungsbilder noch in der Entstehung befindet. So konnten in der Vergangenheit zwar zahlreiche Merkmale mit Underachievement in Zusammenhang gebracht werden. Die Forschungsbefunde gerade hinsichtlich der Ätiologie sind jedoch sehr uneinheitlich und zum Teil widersprüchlich (vgl. Abschnitt 2.4). Vor diesem Hintergrund mag es in einer solchen ‚Übergangsphase' der psychologischen Forschung durchaus sinnvoll erscheinen, die Idee eines Underachievementsyndroms beizubehalten. Sobald sich jedoch herauskristallisiert, dass den einzelnen Krankheitsbildern unterschiedliche Störungen zugrunde liegen und diese sich eindeutig abgrenzen lassen, ist es ratsam, dieser Erkenntnis auch mittels einer klaren Kennzeichnung bzw. Benennung der Störungen / Syndrome Rechnung zu tragen.[14]

## 2.6 Abschließende Bewertung

Im Ergebnis bleibt festzuhalten, dass sich Leistungsdefizite auf eine Vielzahl möglicher Ursachen zurückführen lassen. Nicht immer, wenn schulische Leistungen (erwartungswidrig) schlecht ausfallen, handelt es sich um Fälle von Underachievement. Underachievement liegt definitionsgemäß nur dann vor, wenn ein vorhandenes kognitives Potenzial nicht ausgeschöpft wird bzw. sich nicht in einer erwartbaren Leistung niederschlägt. Trotz dieser augenscheinlich präzisen Definition fällt eine klare und ein-

[14] Gerade im Bereich der psychischen Störungen ist die Suche nach den Ursachen und Bedingungsfaktoren oft langwierig und schwierig. Das Bedingungsgefüge im Falle von psychischen Störungen ist im Allgemeinen sehr komplex und stellt ein Konglomerat aus individuellen, sozialen und kulturellen Faktoren dar. Eher selten besteht hier die Möglichkeit eine Störung (z. B. Prüfungsangst) eindeutig auf eine oder wenige Ursachen zurückzuführen. Hinzu kommt, dass zahlreiche Krankheiten klinisch ähnlich, aber ätiologisch heterogen sind (Mundlos & Queisser-Luft, 2007), während in anderen Fällen die gleichen Ursachen und Bedingungsfaktoren zu völlig verschiedenen Symptomen bzw. Krankheitsbildern führen. Diese Schwankungen beruhen zum einen auf zufälligen (stochastischen) Ereignissen, zum anderen können bestimmte Faktoren moderierend wirken und zu einer Verstärkung bzw. Inhibition der ursächlichen Bedingungen führen.

deutige Abgrenzung des Phänomens Underachievement von verwandten Konstrukten, z. B. der Lernstörung, der Lernbehinderung oder der geistigen Behinderung, nicht in allen Fällen leicht. So können etwa Lernstörungen und vergleichbare Konzepte (wie Lernschwierigkeiten, Lernbehinderungen etc.) nicht zwangsläufig als eine Form von Underachievement angesehen werden, jedoch auch nicht in sämtlichen Fällen eindeutig hiervon abgegrenzt werden. Ein synonymer Gebrauch der genannten Begrifflichkeiten ist somit problematisch und nur in solchen Fällen zulässig, in denen eine deutliche Diskrepanz zwischen kognitivem Potenzial und tatsächlicher Leistung zu verzeichnen ist, wobei sich diese Diskrepanz im Einzelfall auch auf einen sehr spezifischen und eng umschriebenen Fähigkeitsbereich konzentrieren kann.

Die Vielzahl unterschiedlicher Symptombilder im Kontext Underachievement legt den Schluss nahe, dass, wenn man dieses Konstrukt überhaupt anerkennt, zwischen unterschiedlichen Underachievementsyndromen bzw. -störungen zu unterscheiden ist. Sinnvoller erscheint es jedoch, Underachievement als Symptom einer Vielzahl unterschiedlicher Störungen anzusehen. Passt sich das Minderleisten dabei lediglich in ein bereits bekanntes Störungsbild ein, so erscheint es irreführend, fortan oder synonym von einer Underachievementstörung zu sprechen. Den Fokus bei der Bezeichnung einer Störung bzw. eines Syndroms auf nur ein Merkmal zu legen, ist allenfalls dann gerechtfertigt, wenn davon auszugehen ist, dass es sich um ein Kernsymptom handelt und eine klare Zuordnung des Symptoms zu einem bereits bekannten Phänomen (z. B. einer affektiven Störung) nicht oder noch nicht möglich ist. Die Vielzahl der Befunde und die damit einhergehende Informationsmenge erwecken zwar den Anschein des Vorliegens umfassender Erkenntnisse über das Phänomen Underachievement. Die Widersprüchlichkeit der Ergebnisse sowie die Kritik an der Operationalisierung des Konstruktes schränken die Bedeutung und Verlässlichkeit bisheriger Befunde jedoch deutlich ein. Hinzu kommt, dass für die Diagnose von psychischen Störungen in noch stärkerem Maße als für Diagnosen im medizinischen Umfeld gilt, dass selbst bei genau definierten Krankheitsbildern die auf einer klinischen Untersuchung basierende Diagnostik großen Schwankungen unterliegen kann. Vielfach existiert kein ‚Gold-Standard', mit dem der zur Frage stehende Patient verglichen werden könnte (Mundlos & Queisser-Luft, 2007). Im medizinischen Bereich kann vielfach die Mikrobiologie oder molekulare Genetik bei der Lösung dieses Problems helfen, indem sie etwa den Nachweis einer Mutation bzw. Infektion erbringt und somit den klinischen Verdacht bestätigt. Diese Möglichkeit besteht im Bereich der psychologischen Diagnostik aufgrund des zumeist sehr komplexen Ursachengefüges nicht.

# 3 Grenzen der Operationalisierung

## 3.1 Fehlen einheitlicher Konzepte und Bewertungsmaßstäbe

Nach Schneewind (1969, S. 169 f., zit. n. Wahl, 1975) muss ein durch ein wissenschaftliches Konstrukt bezeichneter Gegenstandsbereich durch ein entsprechendes Aussagesystem explizit gemacht werden, damit er für jedermann in gleicher Weise nachvollziehbar ist. Wahl wies bereits 1975 darauf hin, dass das Konstrukt der erwartungswidrigen Schulleistungen diesen Anforderungen nicht gerecht wird, da lediglich festgelegt ist, „dass von einem Prädiktor, der Intelligenz repräsentieren soll, eine Vorhersage auf das Kriterium Schulleistung gemacht wird, wobei Unterschiede zwischen vorhergesagter und tatsächlich erreichter Schulleistung als erwartungswidrig bezeichnet werden" (S. 35). Wie die Prädiktoren und Kriterien des Konstrukts im Einzelnen beschaffen sein müssen, wird dabei nicht näher spezifiziert. Eine solche Vorgehensweise erscheint allerdings problematisch, da im Forschungskontext keine Einigkeit darüber besteht, was unter Schulleistungen und Intelligenz zu verstehen ist. Wie im Folgenden zu sehen sein wird, sind mit beiden Konstrukten jeweils unterschiedliche Modellvorstellungen verbunden, die sich wiederum in divergierenden Operationalisierungsformen niederschlagen. Die Spannweite der eingesetzten Prädiktoren reicht dabei von den Leistungen in Intelligenz- und Kreativitätstests über das Abschneiden in School und College Aptitude Tests bis hin zu den subjektiven Einschätzungen der kognitiven Leistungsfähigkeit durch Lehrer/-innen und Eltern. Auf Seiten des Kriteriums stehen diesen Prädiktoren ebenfalls eine Vielzahl unterschiedlicher Leistungsdaten gegenüber: so z. B. Zensuren und die Ergebnisse von Schulleistungstests jeglicher Art.[15] Für die Diagnose von Underachievement bedeutet dies, dass bereits die zentralen Ausgangspunkte des Underachievement-Modells Unsicherheiten und Unschärfen aufweisen, die eine Vergleichbarkeit von Forschungsbefunden einschränken sowie den Nutzen des Konstruktes in seiner herkömmlichen Form in Frage stellen. Wie unterschiedlich die einzelnen Modellvorstellungen von Intelligenz und Schulleistungen tatsächlich sind bzw. auf welch' vielfältige Weise sich die Begriffe Intelligenz und Schulleistung auslegen lassen, wird im Folgenden näher dargestellt.

### 3.1.1 Schulleistungen

In der Literatur kursieren zahlreiche Definitionen von Schulleistungen. Exemplarisch sei hier die Definition von Sauer und Gamsjäger (1996) aufgeführt, da sie die Unterschiedlichkeit der vorhandenen Konzepte und Modelle anschaulich zusammenfasst:

> Schulleistung im Sinne von beobachtbarem Schulleistungsverhalten wird verstanden als die einem gesellschaftlichen Auftrag folgende, durch die Institution Schule initiierte, sich in Prozeß- und Produktmerkmale aufgegliederte, von Unterrichtsmaßnahmen (Lehrer), von Interaktionen (Lehrer-Schüler, Schüler-Schüler, Eltern-Schüler) und von persönlichen Aktivitäten und verschiedenen Fähigkeiten (Schüler) getragene Lernleistung eines Schülers, die nach unterschiedlichen Normen (individuell, gruppenbezogen oder lehrziel- bzw. kriteriumsorientiert) bewertet werden kann. (S. 73)

---

15 In Abschnitt 8.4 (s. Anhang) findet sich eine Auswahl an Studien, die die Vielfältigkeit der verwendeten Erhebungsinstrumente verdeutlichen soll.

Danach fallen in den Bereich der Schulleistungen zunächst einmal alle Leistungsbereiche, die von der Gesellschaft als relevant erachtet und vermittelt über die Schule an die Lernenden weitergegeben werden. Nach Helmke und Schrader (2006) kann es sich hierbei um Schulleistungen im Sinne von prozeduralem oder deklarativem Wissen, fachspezifischem Wissen oder aber überfachlichen Fähigkeiten (z. B. Metakognitionen, Lernstile und Lernstrategien) handeln. Unterschiede ergeben sich darüber hinaus hinsichtlich der als relevant erachteten Inhaltsbereiche, welche von Mathematik über Sport, Kunst und Musik bis hin zum Erwerb sozialer Fertigkeiten reichen. Wie in Abschnitt 5.2 noch genauer dargestellt wird, existiert – von den Kulturtechniken Lesen und Schreiben einmal abgesehen – kaum ein Konsens bezüglich der Kenntnisse und Fertigkeiten, die von Schülerinnen und Schülern erlernt werden sollten. Doch auch innerhalb eines Inhaltsbereiches ist die Bandbreite dessen, was als relevantes Wissen angesehen wird, groß. Dies zeigt nicht zuletzt ein Vergleich der Curricula verschiedener Länder, Bundesländer und Schularten (vgl. u. a. Baumert et al., 2002a, 2003; Baumert, Artelt, Klieme & Stanat, 2002b; Prenzel et al., 2005), die mitunter deutliche Divergenzen aufweisen.

Soll sichergestellt werden, dass Personen über ein gewisses Maß an Wissen und Fertigkeiten verfügen, so muss zunächst die Möglichkeit bestehen, die Qualität der erworbenen Fertigkeiten und damit das jeweils erzielte Leistungsniveau zu erfassen: Dies kann, wie Abschnitt 8.4 (s. Anhang) zu entnehmen ist, auf sehr unterschiedliche Art und Weise geschehen, so z. B. im Hinblick auf Einzelpersonen oder Gruppen (Klassen, Schulen etc.), auf die Gesamtleistung mittels des Notendurchschnitts, des Rangplatzes innerhalb der Schule und/oder Klasse sowie anhand von Einschätzungen durch Lehrerinnen und Lehrer. Fachspezifische Leistungen zeigen sich an den jeweiligen Fachnoten, entsprechenden Einschätzungen durch die Fachlehrer und Fachlehrerinnen sowie den Leistungen in Schulleistungstests. Die Bewertung affektiver und erzieherischer Lernziele erfolgt im Allgemeinen über Verbalbeurteilungen oder so genannte ‚Kopfnoten'. Für die Diagnose von Underachievement spielen nicht-kognitive Leistungen allerdings eine untergeordnete Rolle.

Im Hinblick auf die Leistungsbewertung ergeben sich Variationen durch die Wahl eines bestimmten Beobachtungszeitraumes. So können Leistungen etwa einmalig (d. h. statisch, als Leistung zu einem gegebenen Zeitpunkt) oder wiederholt (d. h. dynamisch) erfasst werden (Helmke & Schrader, 2006). Zudem wirkt sich die Wahl eines bestimmten Bezugsmaßstabes auf die Leistungsbeurteilung aus. Eine Bewertung von Schulleistungen kann, so Sauer und Gamsjäger (1996), mittels eines intraindividuellen, sozialen oder kriteriumsbezogenen Vergleiches erfolgen. Ein und dieselbe Leistung kann dabei, je nach Vergleichsmaßstab, sowohl positiv (z. B. im Sinne eines individuellen Lernfortschritts) als auch negativ (im Sinne eines unterdurchschnittlichen Abschneidens bzw. des Nichterreichens eine Mindeststandards) bewertet werden. Problematisch hieran ist, dass einer Leistungsbewertung nicht (ohne weiteres) zu entnehmen ist, welcher Bewertungsmaßstab und welche Bewertungskriterien ihr zugrunde liegen. Hinter vermeintlich gleichen Bewertungen können sich daher unterschiedliche Leistungen verbergen, während objektiv gleiche Leistungen je nach Blickwinkel zu einer unterschiedlichen Bewertung führen können.

Unterschiede ergeben sich jedoch auch im Hinblick auf den Gegenstand der Bewertung: Hier ist nach Sauer und Gamsjäger (1996) bzw. Heller (1974) zwischen einer Bewertung des Lernprozesses (d. h. dem dynamischen Aspekt der Schulleistung) und des Lernproduktes (als statischem Aspekt) zu unterscheiden, wobei im schulischen Kontext Schulleistungen zumeist als das Endprodukt des im Bildungsplan festgeschriebenen Lernziels angesehen werden. Die Diagnose der Lernergebnisse erfolgt mit dem Ziel festzustellen, ob die Schüler/-innen am Ende einer Unterrichtssequenz das angestrebte Lernergebnis erreicht haben und dient damit der abschließenden Bewertung von Lernergebnissen (Schrader, 1997). Sowohl bei der Bewertung des Lernergebnisses als auch -prozesses gilt es nach Sauer und Gamsjäger (1996) zu beachten, dass Lernerfolg stets das Ergebnis des Zusammenwirkens von Merkmalen der Lernenden und ihrer Lernumwelt darstellt (vgl. Abschnitt 4.4). Dies entspricht der Vorstellung von Schulleistungen als einem multideterminierten Konstrukt (Helmke & Weinert, 1997; Jerusalem, 1997; Lavin, 1965; Simons, 1973) – ein Aspekt der in Abschnitt 3.5 noch erörtert wird und daher an dieser Stelle nicht weiter vertieft werden soll.

Im Hinblick auf die Diagnosestellung wird zumeist zwischen formellen und informellen Diagnosen unterschieden (Schrader, 1997, S. 662): „Formelle Diagnosen basieren auf standardisierten, nach wissenschaftlichen Gesichtspunkten konstruierten und geprüften Erhebungsinstrumenten". Informelle Diagnosen basieren hingegen auf subjektiven Einschätzungen und Beobachtungen sowie von der Lehrkraft selbst erstellten Testverfahren. Auf Ebene der Messinstrumente wird zwischen objektiven und subjektiven Verfahren unterschieden (vgl. Sauer & Gamsjäger, 1996; Schrader, 1997): Im Gegensatz zu subjektiven Verfahren (z. B. mündlichen / schriftlichen Prüfungen bzw. Klassenarbeiten) werden objektive Verfahren (z. B. Schulleistungstests) so konstruiert, dass sie den klassischen Gütekriterien genügen. In der Underachievement-Forschung hat sich vor allem die Verwendung von Leistungseinschätzungen durch Lehrer/-innen (Noten) und der Einsatz von normierten Schulleistungstests durchgesetzt.

Normierte Schulleistungstests bieten die Möglichkeit, den Leistungsstand von Schülerinnen und Schülern in unterschiedlichen schulischen Leistungsbereichen zu erfassen. Erfolgt ihre Entwicklung lege artis, so wird hinsichtlich der inhaltlichen und formalen Gestaltung (z. B. durch die genaue Vorgabe der Durchführungsmodalitäten) dafür Sorge getragen, dass die Leistungsmessung valide und zuverlässige Ergebnisse liefert. Die Leistungsbewertung beinhaltet einen Vergleich der erzielten Leistungen mit den Leistungen der Normierungsstichprobe, z. B. Personen der gleichen Altersgruppe bzw. Klassenstufe. Als Nachteil des Einsatzes von (fächerspezifischen) Schulleistungstests werden u. a. die damit einhergehenden Kosten gesehen (Schrader, 1997). Diese können in finanzieller und zeitlicher Hinsicht entstehen. Darüber hinaus ist kritisch zu betrachten, dass längst nicht für alle Klassenstufen und Leistungsbereiche Schulleistungstests zur Verfügen stehen. Betrachtet man etwa die Leistungen im Fach Deutsch, so finden sich diverse Verfahren, die eine Erfassung von Lese- und Rechtschreibleistungen ermöglichen. Normierte Verfahren zur Erfassung schriftlicher Textproduktionen (Aufsatzleistungen) sind jedoch im Allgemeinen nicht verfügbar. Darüber hinaus wird bemängelt, dass die zur Verfügung stehenden Verfahren nur eine geringe curriculare Validität aufweisen und im Regelfall nur einen Teilbereich der im Fachunterricht vermittelten Kompetenzen abbilden (Heller & Hany, 2002).

Der Nutzen von Noten besteht nach Schuler (2006) darin, Leistungen zu umgrenzten Anforderungsgebieten zu kennzeichnen, ungeachtet dessen, welche motivationalen Faktoren, Fähigkeitsfaktoren und konstitutionellen Merkmale (z. B. Aktivitätsniveau) die erzielte Leistung determinieren. Einschätzungen des Lernerfolges durch Lehrerinnen und Lehrer können zum einen punktuell erfolgen (Erfassung des Leistungsstandes zu einem gegebenen Zeitpunkt) oder aber kontinuierlich über einen bestimmten Zeitraum hinweg. Bezieht sich die Einschätzung auf Leistungen, die über einen längeren Zeitraum (z. B. ein Schuljahr) hinweg erzielt wurden, so ergibt sich die Bewertung des Lernerfolges zumeist aus dem Durchschnitt der Einzelleistungen. Betrachtet man die Ergebnisse von Studien zur Validität von Schulnoten (im Überblick Ingenkamp, 1997; Tent, 2006), so kann allerdings nicht ohne weiteres davon ausgegangen werden, dass in die Zeugnisnoten von Schülerinnen und Schülern lediglich die kumulierten Unterrichtsleistungen in den einzelnen Schulfächern einfließen. Vielmehr ist davon auszugehen, dass zu einem nicht unerheblichen Teil auch fachfremde Gesichtspunkte (so etwa das Verhalten, die Mitarbeit und das Temperament eines Kindes) in die Leistungsbewertung einbezogen werden.

Problematisch im Hinblick auf die Verwendung von Lehrer/-innenurteilen (Noten) erweist sich darüber hinaus die Tatsache, dass objektiv gleiche Leistungen von verschiedenen Lehrpersonen oder derselben Lehrperson zu verschiedenen Zeitpunkten unterschiedlich bewertet werden können (u. a. Birkel & Birkel, 2002; Tent, 2006; Zöller, Roos, Scheib & Schöler, 2005). So bedeuten ‚überspitzt formuliert' zehn Fehler in einem Diktat für eine Lehrkraft eine gute Leistung (Note 2) und für eine andere ein völlig unzureichendes Ergebnis (Note 5) – und dies selbst dann, wenn alle Lehrpersonen dasselbe Diktat verwenden und die jeweiligen Schüler/-innengruppen hinsichtlich Alter und Klassenstufe vergleichbar sind. Derartige Unterschiede in der Leistungsbeurteilung ergeben sich aufgrund der oben beschriebenen interindividuell divergierender Leistungsmaßstäbe und/oder aufgrund von so genannten ‚Referenzgruppeneffekten' (u. a. Blossfeld et al., 2007; Ingenkamp, 1969, 1993; Rheinberg, 2001; Thiel & Valtin, 2002; Trautwein & Baeriswyl, 2007). In diesem Zusammenhang ist der „Befund relevant, dass bei der Notenvergabe im Regelfall keine klassenübergreifenden Standards greifen: Es gibt Klassen, bei denen die mittlere Note identisch ist, die mit standardisierten Tests gemessenen Leistungen jedoch deutlich differieren" (Trautwein & Baeriswyl, 2007, S. 120). Lehrer/-innen orientieren sich bei der Leistungsbeurteilung folglich am Leistungsniveau ihrer Klasse, ohne zu berücksichtigen, wie hoch oder niedrig das Leistungsniveau der eigenen Klasse im Vergleich zu anderen Klassen derselben Klassenstufe ausfällt. Mit dem Übertritt in die weiterführende Schule und die Aufteilung auf verschiedene Schularten wird dieser Effekt noch verstärkt, denn es erscheint geradezu trivial darauf hinzuweisen, dass eine Gymnasiastin für den Erhalt einer guten Note (Note 2) eine weitaus höhere Leistung erbringen dürfte als eine Hauptschülerin. Allerdings gilt dies eher für die klassischen Hauptfächer als für Nebenfächer wie etwa Sport und Kunst. Somit ist festzuhalten, dass zum einen objektiv gleiche Leistungen von Lehrpersonen unterschiedlich bewertet und zum anderen objektiv differierende Leistungen gleich beurteilt werden (Bos et al., 2004). Noten spiegeln somit oftmals nicht die tatsächliche Fachleistung wider und sind untereinander nur bedingt vergleichbar.

Werden die Leistungseinschätzungen eines Schülers / einer Schülerin über mehrere Fächer kumuliert, erfolgt also z. B. eine Betrachtung des Notendurchschnitts im Abschlusszeugnis, so ergibt sich des Weiteren das Problem, dass sich die Gesamtleistung nicht bei allen Schülerinnen und Schülern aus derselben Fächerkombination ergibt. Während sich die Unterrichtsfächer in der Grundschule von Schule zu Schule noch weitestgehend überschneiden, führen insbesondere die Profile und Fächerschwerpunkte an den weiterführenden Schulen zu einer unterschiedlichen Zusammensetzung der Gesamtleistung. Besonders gravierend sind die Unterschiede in der Oberstufe, wenn sich durch das Kurssystem und den Wegfall einiger Fächer der Überschneidungsbereich weiter verringert. Die mangelnde Vergleichbarkeit der Gesamtleistungen wird ferner dadurch verstärkt, dass es je nach Fächerprofil zu einer unterschiedlichen Gewichtung der erzielten Leistungen kommt. Während also die Sportnote an den meisten Schulen eher von nachrangiger Bedeutung sein dürfte und teilweise nur in Kombination mit Kunst und Musik in den Notendurchschnitt einfließt, wird sie an einer Schule mit dem Schwerpunktbereich Sport ebenso stark gewichtet wie etwa die Leistungen in Deutsch und Mathematik. Für die Underachievement-Diagnose bedeutet dies, dass sich hinter dem gleichen Label (Durchschnittnote) unterschiedliche Leistungsdaten verbergen können.

Dass Noten im Rahmen der Underachievement-Forschung trotz der dargestellten Schwierigkeiten als Kriterium dienen, wird u. a. damit begründet, dass Zeugnisnoten vergleichsweise leicht und ökonomisch zu erheben sind. Nach Rindermann und Neubauer (2004) haben Noten gegenüber Schulleistungstests ferner den Vorteil, dass sie relevante Informationen über einen wichtigen Ausschnitt des realen Lebens liefern. Sie vermitteln einen Eindruck von der Gesamtleistung eines Schülers bzw. einer Schülerin hinsichtlich der im Unterricht tatsächlich geforderten fachspezifischen Kompetenzbereiche. „Im Unterschied zu Diagnosen, die auf der Basis punktuell eingesetzter Tests, die typischerweise Schmalbandverfahren zur präzisen Erfassung eng eingegrenzter Merkmale sind, beruhen Zensurenurteile auf einer breiten Datenbasis" (Schrader, 1997, S. 662). Shaw (1968) weist darüber hinaus darauf hin, dass schulische Leistungen (Noten) im Allgemeinen bemerkenswert stabil sind und sich diesbezüglich nicht von den herkömmlichen psychometrischen Verfahren unterscheiden. Dem lässt sich allerdings entgegenhalten, dass Stabilität nicht gleichzusetzen ist mit einer validen bzw. korrekten Messung. So könnte etwa vermutet werden, dass die gefundene Stabilität eventuell auf systematische Verzerrungen z. B. in Form von Erwartungseffekten, Stigmatisierungsprozessen und Urteilsfehlern zurückzuführen ist (u. a. Brophy, Good & Ulich, 1976; Ferdinand, 1971; Ferdinand & Verleger, 1963; Heller & Hany, 2002; Höhn, 1967; Lösel, 1975; Rosenthal & Jacobson, 1971; Sternberg, 1998; Tent, 2006; Zillig, 1928). So gibt etwa Schrader (1997) zu bedenken, dass Zensuren zwar Breitbanddiagnosen sind, die einen breiten Merkmalsbereich erfassen, jedoch insgesamt nur eine geringe Präzision aufweisen. Eine mangelnde Präzision, insbesondere in Form einer Leistungsüberschätzung mag im (schulischen) Alltag dabei durchaus auch positive Aspekte beinhalten (Schrader, 2006), z. B. dann, wenn eine Überschätzung der kindlichen Fähigkeiten dazu führt, dass Eltern und Lehrer/-innen dem Kind anspruchsvolle Aufgaben stellen und ihm so günstige Entwicklungsanreize liefern. Für eine zuverlässige Diagnose von Underachievement ist eine korrekte Kriteriumsmessung allerdings unerlässlich. Eine Diskrepanz zwischen Prädiktor und Kriterium lässt sich, wenn überhaupt, nur dann sinnvoll interpretieren, wenn davon ausgegangen werden kann, dass Prädiktor und Kriterium korrekt erfasst wurden. Weinert und Petermann (1980, S. 27) fassen die einzelnen Kritikpunkte wie folgt zusammen: „Da Schulleistungen im Vergleich zu Noten objektiver und reliabler sind und enger mit dem Intelligenztestwert korrelieren, werden sie in der Forschungspraxis bevorzugt, obwohl Lehrerurteile für die Schüler im allgemeinen größere Relevanz besitzen".

Wie die vorangegangenen Ausführungen zeigen, herrscht eine bemerkenswerte Vielfalt im Hinblick auf das, was unter Schulleistungen verstanden werden kann. Lavin (1965) bringt dies wie folgt auf den Punkt:

> First there are the examinations themselves; these may be objective, or of the essay type, or a combination of the two. In addition, oral participation in class sometimes is important, and other times not. Third, whether or not term papers are assigned is variable, and the weight they receive in determining a grade also varies. Since not all students have the same instructor, and since instructors vary in terms of the criteria they use, as well as the importance they assign to each criterion, it is clear that there is also considerable uncontrolled variation here. Moreover, students differ in their ability to perform well in different areas; some may express themselves better in writing than orally, and some perform better on essay than on objective examinations. In addition there is the question of whether some teachers are 'harder' markers than others. Furthermore, some evidence suggests that implicit, subjective criteria are involved in teachers' grading practices. (S. 19)[16]

Die Breite des Konstruktes an sich stellt allerdings für sich genommen noch keinen Nachteil dar. Sie erweitert lediglich das Spektrum möglicher Ansatzpunkte und Erhebungsformen. Im Hinblick auf eine Feststellung von Underachievement birgt die Vielfalt der Modellvorstellungen und Operationalisierungsformen jedoch die Gefahr, dass aufgrund der unzureichenden Präzisierung des Konstruktes Forschungsergebnisse verglichen und gegebenenfalls als repliziert angesehen werden, die auf unterschiedlichen Modellvorstellungen und Operationalisierungsformen basieren und daher nicht uneingeschränkt vergleichbar sind (vgl. u. a. Lavin, 1965; Wahl, 1975). Dieses Problem ergibt sich allerdings nicht nur auf der Seite des Kriteriums, sondern in gleichem Maße auch hinsichtlich der Prädiktoren.

---

[16] **Übersetzung der Autorin:** „Zunächst ist da die Leistungsmessung an sich, die sowohl anhand von Multiple Choice Aufgaben als auch im Stile eines Aufsatzes bzw. einer Kombination aus beidem erfolgen kann. Hinzu kommt, dass eine mündliche Beteiligung im Unterricht im einen Falle als relevant erachtet wird, im anderen Falle jedoch nicht. Drittens besteht keine Einigkeit darüber, ob und falls ja, wie viele (Klassen-)Arbeiten angesetzt werden und darüber, mit welcher Gewichtung die einzelnen Arbeiten in die Endnote einfließen. Da nicht alle Schüler/-innen derselben Lehrperson unterstehen und nicht alle Lehrpersonen in ihren Kriterienkatalogen sowie der Gewichtung einzelner Kriterien übereinstimmen, ist es unabdingbar, dass sich eine bemerkenswerte Varianz in den Beurteilungen ergibt. Des Weiteren unterscheiden sich Schüler/-innen hinsichtlich ihrer Leistungen in einzelnen Fähigkeitsbereichen; manche können ihre Leistung besser schriftlich als mündlich zum Ausdruck bringen, während andere besser in Aufsätzen als in Multiple-Choice-Tests abschneiden. Darüber hinaus stellt sich die Frage, ob manche Lehrer/-innen strenger beurteilen als andere und letztlich deutet einiges darauf hin, dass auch implizite subjektive Kriterien (z. B. Sympathiewerte) in die Notengebung einfließen".

### 3.1.2 Intelligenz

Ebenso wie schulische Leistung ist Intelligenz ein theoretisches Konstrukt. Die Intelligenz bzw. kognitive Fähigkeit einer Person kann nicht direkt beobachtet werden. Sie muss vielmehr aus dem Verhalten und den Handlungen einer Person erschlossen werden, wobei die Relevanz und Qualität bestimmter Handlungen und Verhaltensweisen im Hinblick auf die Bestimmung von Intelligenz ganz unterschiedlich bewertet werden können. Bis zum heutigen Tage besteht keine Einigkeit darüber, was unter Intelligenz zu verstehen ist, welche Merkmale intelligentes Verhalten auszeichnen, welche Struktur Intelligenz besitzt und ob neben der klassischen akademischen Intelligenz die Existenz weiterer, voneinander (weitestgehend) unabhängiger Intelligenzformen – etwa die der künstlerischen, psychomotorischen, musikalischen, naturalistischen, inter- und intrapersonalen (vgl. H. Gardner, 1991, 2002, 2003), sozialen (Süß, Seidel & Weis, 2008; Weis, 2008), emotionalen (u. a. Goleman, 1996; Mayer & Salovey, 1993, 1997; Neubauer & Freudenthaler, 2001, 2006; Salovey & Sluyter, 1997) und/oder praktischen Intelligenz (u. a. Sperber, 1994; Sternberg, 1998, 2003) angenommen werden muss. Im schulischen Kontext und insbesondere mit Blick auf den Zusammenhang von Intelligenz und schulischen Leistungen dürften Modelle der akademischen Intelligenz eine tragende Rolle spielen.[17] Doch auch hier besteht bei weitem keine Einigkeit darüber, welche Fähigkeiten der akademischen Intelligenz zuzurechnen sind und in welcher Beziehung diese zueinander stehen. Die einschlägigen Modelle lassen sich zwei Gruppen zuordnen (im Überblick u. a. Eysenck, 2004; Funke & Vaterrodt-Plünnecke, 2004; Guthke, 1996; Holling et al., 2004): (1) Modellen, denen zufolge sich mehrere unabhängige Intelligenzfaktoren bzw. -formen unterscheiden lassen (Thurstone & Thurstone, 1941), sowie (2) Modellen, denen zufolge alle intellektuellen Fähigkeiten einen gemeinsamen Kern aufweisen, der als allgemeine oder generelle Intelligenz interpretiert werden kann (u. a. Carroll, 1993; Cattell, 1963; Jäger, 1967, 1984; Spearman, 1904).[18]

---

[17] Im Hinblick auf die Leistungen in den Fächern Sport, Kunst und Musik könnte die von Gardner (1991, 2002, 2003) postulierte psychomotorische, künstlerische und musikalische Intelligenz als Prädiktor von Bedeutung sein. Die Tatsache, dass eine Messung der einzelnen Intelligenzen (noch) nicht möglich ist und von Gardner auch explizit abgelehnt wird, schränkt den Nutzen dieses Modells für die Underachievement-Diagnose jedoch beträchtlich ein.

[18] Die Existenz mehrerer gleichberechtigter Intelligenzen wird unter anderem damit begründet, dass Menschen nicht in allen Fähigkeitsbereichen dieselbe Begabung besitzen. Während sie in bestimmten Bereichen sehr begabt sein mögen, können sie in anderen Bereich deutliche Begabungsdefizite aufweisen. Ein Extrembeispiel hierfür wären so genannte Idiot-Savants bzw. Inselbegabte (Hany, 2001; Heller & Rindermann, 1999; Perleth, 2001; Stern, 2001), die in eng umschriebenen Fähigkeitsbereichen Höchstleistungen erzielen, in den meisten anderen Bereichen jedoch weit unterdurchschnittlich abschneiden. In messmethodischer Hinsicht wird allerdings häufig bemängelt, dass im Rahmen der Primärfaktorentheorie (Thurstone & Thurstone, 1941) Intelligenzfaktoren als unabhängig dargestellt werden, die eine nicht zu vernachlässigende Interkorrelation aufweisen und daher im statistischen Sinne nicht unabhängig sind (u. a. Carroll, 1993). Wird bei der Stichprobenauswahl darauf geachtet, dass es sich nicht um eine ausgelesene Stichprobe handelt, der conditio sine qua non für g (Wittmann & Süß, 1997), treten positive Korrelationen sogar bei so unterschiedlichen intellektuellen Aufgaben wie dem Einprägen von Zahlenfolgen und Falten von Papier nach einer Mustervorlage auf (Siegler, DeLoache & Eisenberg, 2005). Die Interkorrelationen zwischen einzelnen Fähigkeiten und Intelligenzfaktoren, so argumentieren etwa Rost (2000) und Gottfredson

Obwohl es immer wieder zu Kontroversen kommt, haben sich unter den klassischen Intelligenztheorien die g-Faktoren-Modelle, insbesondere in Form hierarchischer Modelle (u. a. Carroll, 1993; Jäger, 1984), durchgesetzt. Entsprechend werden auch bei einer Vorhersage von Schulleistungen bevorzugt Verfahren eingesetzt, die die Allgemeine Intelligenz im Sinne des g-Faktors erfassen. Dies gilt jedoch nicht ausschließlich (vgl. Anhang 8.4) und hat auch nicht zwangsläufig eine einheitliche Erfassung des Konstruktes zur Folge. Die Annahme eines g-Faktors ist nämlich nicht gleichbedeutend mit einer einheitlichen Konzeption von Intelligenz. Vielmehr unterscheiden sich auch die einschlägigen g-Faktoren-Modelle hinsichtlich Art und Anzahl der extrahierten Faktoren und Hierarchieebenen sowie hinsichtlich des jeweils betrachteten Fähigkeitsspektrums. Dabei sind die Überschneidungsbereiche zwischen einzelnen Konzeptionen teilweise so gering, dass für die meisten der postulierten Modelle spezifische Erhebungsverfahren entwickelt wurden. Es versteht sich von selbst, dass dies nicht ohne Folgen für eine Feststellung von Underachievement bleibt. Verbergen sich hinter dem vermeintlich gleichen Label höchst unterschiedliche Modellvorstellungen und Erhebungsformen, so sind auch Ergebnisse nicht vergleichbar, die auf der Basis unterschiedlicher Verfahren gewonnen wurden. Hinzu kommt, wie bereits im Falle der Schulleistungen verdeutlicht wurde, dass auch eine zuverlässige Feststellung von Underachievement nicht möglich ist, wenn sich die verwendeten Verfahren inhaltlich so sehr unterscheiden, dass, je nachdem welches Verfahren zum Einsatz kommt, eine andere Personengruppe den Underachievern zugerechnet wird.

Wie im Bereich der Schulleistungen ist auch bei der Feststellung der Intelligenz zwischen objektiven und subjektiven Verfahren zu unterscheiden. Zu den objektiven Messinstrumenten zählen klassischerweise Intelligenztests, Kreativitätstests sowie spezielle Leistungstests. Zu den subjektiven Verfahren werden vor allem Checklisten, Selbsteinschätzungen sowie Einschätzungen von Eltern und Lehrpersonen gerechnet. Letztere weisen nicht selten eine beachtliche Präzision auf. Jensen (1980) berichtet von Korrelationen zwischen Testintelligenz und Einschätzung der Intelligenz durch Lehrer/-innen in der Höhe von $r = .60$ und $r = .80$. Lehrer/-inneneinschätzungen unterliegen mitunter jedoch systematischen Verzerrungen. Als Grund für die Abweichungen nennt Jensen (1980) u. a. die Tendenz der Lehrer/-innen, das Lebensalter der Schüler/-innen bei ihren Einschätzungen nicht angemessen zu berücksichtigen. So werden die geringeren Leistungen von jüngeren Kindern oft über eine niedrigere kognitive Leistungsfähigkeit und nicht über entwicklungsbedingte ‚Leistungsrückstände' erklärt. Lehrer/-innen neigen ferner dazu, die Intelligenz von Mädchen zu über- und die von Jungen zu unterschätzen.[19] Hierbei dürfte eine Rolle spielen, dass in die Beurteilungen der Lehrer/-innen neben der Intelligenz auch Faktoren wie angepasstes Verhalten und gute Umgangsformen einfließen.

---

(1997, 2003) belegen daher nicht etwa die Existenz unabhängiger Intelligenzfaktoren, sondern vielmehr die Existenz eines allgemeinen Intelligenzfaktors (g-Faktors).

19 Dieser Befund steht im Widerspruch zu den Ausführungen in Abschnitt 2.3, denen zufolge Mädchen weniger zu Underachievement neigen als Jungen. Würde nämlich die Intelligenz der Mädchen überschätzt, die schulischen Leistungen jedoch korrekt erfasst, so müssten sich gerade unter den Mädchen verstärkt Fälle von vermeintlich erwartungswidrigen Schulleistungen ergeben.

Um die Feststellung von Underachievement nicht von der Diagnosefähigkeit der Lehrperson abhängig zu machen und systematische Verzerrungen zu vermeiden, kommen im Rahmen der Prädiktormessung größtenteils Intelligenztests zu Einsatz. Die grundlegende Erkenntnis, dass Intelligenz messbar ist, indem man das Verhalten von Menschen bei der Bearbeitung von Aufgaben beobachtet, die ganz unterschiedliche Typen von kognitiven Fähigkeiten erfordern (z. B. Problemlösen, Gedächtnis, Sprachverstehen und räumliches Denken), geht auf Binet zurück (Siegler et al., 2005). Doch auch heute noch erfolgt die Konstruktion von Intelligenztests basierend auf der Annahme, dass sich aus dem Erfolg bzw. Misserfolg bei der Bearbeitung ausgewählter Aufgaben(-typen) zu einem gegebenen Zeitpunkt Rückschlüsse auf die kognitive Leistungsfähigkeit einer Person ziehen lassen. Art und Anzahl der Testaufgaben hängen von der jeweils zugrunde liegenden Modellvorstellung ab, d. h. davon, wie breit oder eng das Konstrukt gefasst wird. Die Spannbreite reicht von Tests, die ausschließlich Aufgaben eines Typs enthalten (z. B. *Ravens Advanced Progressive Matrices – APM*; dt. Heller, Kratzmeier & Lengfelder, 1998; Raven, 1998) bis hin zu Verfahren, die verschiedene Aufgabenarten aus unterschiedlichen Fähigkeitsbereichen umfassen (z. B. der *Berliner Intelligenzstrukturtest – BIS-4*; Jäger, Süß & Beauducel, 1997). Inhaltlich reichen die Aufgaben von Items zur Erfassung von Verarbeitungskapazität und -geschwindigkeit über Aufgaben zur Messung von Gedächtnisleistungen bis hin zu Kreativitäts- und Problemlöseaufgaben, wobei die Bearbeitung der Items zumeist den Umgang mit verbalem, numerischem und figuralem Material erfordert.

Hinsichtlich der Darbietungs- bzw. Bearbeitungsform ist u. a. zwischen Einzel- und Gruppentests sowie mündlichen Verfahren und Paper-Pencil-Tests zu unterscheiden. Eine Variante zu den klassischen Intelligenztests, in denen zumeist alle Personen einer Altersstufe dieselben Testaufgaben bearbeiten, stellen adaptive Verfahren (z. B. das *Adaptive Intelligenzdiagnostikum – AID 2*, Kubinger, Wurst & Maryschka, 2000) dar. Der Vorteil adaptiver Verfahren besteht darin, dass die Schwierigkeit der Aufgaben sukzessive an das Fähigkeitsniveau der Getesteten angepasst wird. Jede Testperson erhält also eine genau auf sie abgestimmte Art und Anzahl an Aufgaben. Eine Sonderform der Intelligenzmessung, die gerade im Falle von Angehörigen bildungsfernerer Schichten größere Erfolgschancen bei der Testbearbeitung verspricht, ist das ‚Dynamische Testen' (Sternberg & Grigorenko, 2002). Ähnlich wie bei einem klassischen Intelligenztest erhält die zu testende Person ein oder mehrere Item(s) zur Bearbeitung vorgelegt. Anders als bei klassischen Intelligenztests fließt in die Bewertung jedoch nicht nur die Testleistung bei selbstständiger Bearbeitung der Testaufgaben ein, sondern zusätzlich das Ergebnis einer Intervention, in deren Rahmen den Testpersonen Möglichkeiten zur Leistungssteigerung aufgezeigt werden.[20]

[20] Es wird davon ausgegangen, dass dynamisches Testen Einblicke in die Fähigkeit einer Person gewährt, von Hilfen zu profitieren, und damit insbesondere bei solchen Kindern eine bessere Diagnose von Lernpotenzialen zulässt, die in klassischen Tests aufgrund von Wissensdefiziten benachteiligt werden. So konnte etwa Feuerstein (zit. n. Sternberg & Grigorenko, 2002) feststellen, dass vor allem ‚geistig behinderte' Kinder mit Migrationshintergrund bzw. aus bildungsfernen Familien von dieser Art des Testens profitieren. Während einige dieser Kinder auf der Basis statischer Tests als lernbehindert eingestuft wurden, waren ihre Leistungen beim dynamischen Testen völlig unauffällig. In Bezug auf eine Underachievement-Diagnose ergäbe sich damit folgende Situation: Unter

Eine Vergleichbarkeit der Testleistungen verschiedener Personen setzt allerdings nicht nur voraus, dass die Erfassung der kognitiven Leistungsfähigkeit mittels geeigneter Verfahren erfolgt, sondern auch, dass die Testbedingungen, für alle Personen vergleichbar sind. Erst „unter den [...] Standardbedingungen (gleiche Beobachtungssituation und gleiche Aufgabenstellung für alle Probanden) lassen sich die individuellen Reaktionsweisen der Probanden miteinander vergleichen, also interindividuelle Testleistungsunterschiede erfassen“ (Heller, 2000, S. 15). Ob vor diesem Hintergrund verschiedene Intelligenztests zu derselben Prädiktion von Schulleistungen führen bzw. Studien miteinander vergleichbar sind, in denen unterschiedliche Testverfahren als Prädiktor eingesetzt werden, lässt sich bezweifeln. Eher ist davon auszugehen, dass sich hinter dem einheitlichen Begriff ‚Intelligenztest‘ Verfahren verbergen, die auf sehr unterschiedliche Fähigkeitsbereiche ausgerichtet sind. Hieran ändert auch die Tatsache nichts, dass die meisten Tests vorgeben, auf höchster Ebene die Allgemeine Intelligenz im Sinne eines g-Faktors zu erfassen. Nach Rindermann (2006, S. 70) ist g nur „ein rein statistisches Ergebnis irgendwelcher Daten und wäre z. B. auch in einem Sportleistungstest mit Zeitmessungen verschiedener Distanzen im Laufen, Schwimmen und Fahrradfahren erzielbar“. Daher ist auch im Rahmen der Intelligenzmessung darauf zu achten, dass nicht alles, was auf einem Generalfaktor lädt, mit Intelligenz gleichzusetzen ist. Hinzu kommt, dass selbst dann, wenn tatsächlich angenommen werden kann, dass ein zur Prädiktion verwendetes Verfahren prinzipiell dazu geeignet ist, die Allgemeine Intelligenz einer Person zu erfassen, nicht gewährleistet ist, dass der entsprechende Wert auch in die Vorhersage einfließt. Wie in Abschnitt 3.2.2 noch genauer dargestellt wird, besteht keine Einigkeit darüber, ob eine Vorhersage schulischer Leistungen stets über die höchste Hierarchieebene, d. h. die Allgemeine Intelligenz erfolgen sollte. Entsprechend tendieren einige Forscher/-innen zu einer Vorhersage der schulischen Leistungen auf der Basis von Subtestleistungen, oder aber sie setzen Verfahren ein, die spezielle Intelligenzfacetten bzw. die Fähigkeiten in einem eng umschriebenen Intelligenzbereich erfassen. Welche Konsequenzen dies für die Feststellung von Underachievement hat, wird in Abschnitt 3.2.2 näher beleuchtet.

---

Verwendung eines klassischen Intelligenztests würde die tatsächliche Leistungsfähigkeit von Kindern aus bildungsfernen Schichten vermutlich unterschätzt und schulische Leistungsdefizite würden als die Folge der verminderten Leistungsfähigkeit (d. h. als normal) angesehen werden. Auf der Basis des dynamischen Testens ließen sich hingegen verborgene Begabungsreserven (wie sie sich etwa in Folge fehlender Lernanregungen bzw. mangelhafter Beschulung ergeben) erkennen und schlechte schulische Leistungen könnten (korrekterweise) als Underachievement gewertet werden.

Derartige Befunde lassen hoffen, dürfen jedoch nicht darüber hinwegtäuschen, dass dynamisches Testen mit einer Reihe von Problemen verbunden ist, die bislang nicht zufriedenstellend gelöst werden konnten (Sternberg & Grigorenko, 2002): Probleme ergeben sich u. a. hinsichtlich der Reliabilität (u. a. Pawlik, 1976), aber auch aufgrund von Deckeneffekten und der Tatsache, dass Leistungszuwächse je nach Ausgangsleistung mehr oder minder stark ausfallen können. Es muss also z. B. damit gerechnet werden, dass Personen die Leistungsbewertung durch intentionales Niedrigleisten im Rahmen der Prätestung manipulieren (Sternberg & Grigorenko, 2002). Bleibt ein Individuum in der Prätestung mit Absicht hinter seinen Möglichkeiten zurück und offenbart seine Leistungsfähigkeit erst im Rahmen des Posttests, so kann der Lernzuwachs künstlich gesteigert werden und je nach dessen Gewichtung zu einer besonders positiven Beurteilung führen. Vor diesem Hintergrund, aber auch mangels verfügbarer Verfahren, können dynamische Tests klassische Intelligenztests im Bereich der Underachievement-Forschung derzeit (noch) nicht ersetzen.

Die kognitive Leistungsfähigkeit einer Person gilt als stabile Eigenschaft. Vereinfacht bedeutet dies, dass man annimmt, dass aus klugen Kindern kluge Erwachsene werden. Allerdings lässt sich das ‚wahre' Leistungsniveau eines Individuums (im Sinne des zur Verfügung stehenden Potenzials) mittels der klassischen Testverfahren oftmals nicht erfassen (vgl. Abschnitt 4.2.4). Wie bei jeder Testung können auch bei einem Intelligenztest zahlreiche Faktoren das Testergebnis beeinflussen. Im negativen Sinne machen sich oft mangelndes Interesse, Störungen jeglicher Art und schlechte Instruktionen bemerkbar. Schwieriger ist es, ein Testergebnis in positiver Richtung zu verfälschen. Möglich ist jedoch auch dies, z. B. durch glückliches Raten oder Abschreiben. Selbstverständlich machen sich derartige Messfehler bei der Diagnose von Underachievement bemerkbar. Kommt es bei wiederholten Messungen zu unterschiedlichen Ergebnissen, so kann ein und dieselbe Person je nach Messung einmal als Underachiever, Overachiever (im Sinne eines Underachievements bezüglich der Prädiktormessung) oder Achiever angesehen werden. Verstärkt wird diese Problematik ferner dadurch, dass Messfehler sowohl im Rahmen der Kriteriums- als auch der Prädiktormessung auftreten können (zur Problematik von Diskrepanzmaßen vgl. Abschnitt 3.4). Entsprechend weist etwa Jensen (1973) darauf hin, dass die Feststellung von Lernschwierigkeiten bzw. Underachievement stets auf der Basis wiederholter Messungen mit unterschiedlichen Verfahren erfolgen sollte. Dies ermöglicht die Erfassung eines breiteren Spektrums kognitiver Fähigkeiten und eine zuverlässigere Diagnose. Doch auch bei stabilen Testergebnissen kann nicht ohne weiteres davon ausgegangen werden, dass die erhaltenen Resultate das tatsächliche Potenzial eines Individuums widerspiegeln. Wie im Folgenden zu sehen sein wird, wirken sich Faktoren wie z. B. die schulischen und außerschulischen Lerngelegenheiten systematisch auf die Chancen eines Schülers / einer Schülerin aus, in der Testsituation sein/ihr wahres Fähigkeitsniveau zu demonstrieren.

Dass trotz der genannten Gefahren gerade im Forschungskontext der Schulleistungs-Prognose zumeist nur die Ergebnisse eines einzelnen Verfahrens (mitunter sogar eines subjektiven Verfahrens) zugrunde gelegt werden, ist hauptsächlich ökonomischen Erwägungen (Begrenzung von Kosten und Zeitaufwand) zuzuschreiben. So kann es etwa einfacher und kostengünstiger sein, die Intelligenz eines Schülers bzw. einer Schülerin von Eltern und Lehrerinnen / Lehrern einschätzen zu lassen, als einen aufwändigen Test durchzuführen. Prinzipiell sollte die Wahl eines bestimmten Messinstrumentes jedoch von der jeweiligen Zielsetzung und diagnostischen Fragestellung determiniert und zum Zwecke einer möglichst zuverlässigen Erfassung des vorhandenen Potenzials auf die zu untersuchende Person(engruppe) abgestimmt sein. Dies gilt sowohl im Hinblick auf das Alter als auch den jeweiligen Sprach- und Bildungshintergrund. So eignet sich für die Erfassung der kognitiven Leistungsfähigkeit bei Kindern aus bildungsfernen Familien bzw. Schülerinnen und Schülern mit Sprachschwierigkeiten der Einsatz von sprachfreien bzw. ‚kulturfairen' Testverfahren (z. B. dem *Grundintelligenztest Skala 1 – CFT-1*; Cattell, Weiß & Osterland, 1997). Derartige Verfahren ermöglichen bei dieser Personengruppe eine zuverlässigere Messung der Denkfähigkeit als Intelligenztests, deren erfolgreiche Bearbeitung ohne eine entsprechende schulische und kulturelle Vorbildung nicht möglich ist (z. B. der *Kognitive Fähigkeitstest – KFT*; Heller, Gaedike & Weinläder, 1985).

## 3.2 Intelligenz als Prädiktor von schulischer Leistung

Bevor im folgenden Abschnitt aufgezeigt wird, auf welche Weise Prädiktor und Kriterium zueinander in Beziehung gesetzt werden können, um Personen mit erwartungswidrig schlechten Schulleistungen zu identifizieren, soll in einem ersten Schritt geklärt werden, in welchem Zusammenhang die kognitive Leistungsfähigkeit und die schulische Leistung eines Schülers / einer Schülerin stehen und inwiefern es überhaupt gerechtfertigt und sinnvoll erscheint, (ausschließlich) die kognitive Leistungsfähigkeit zur Vorhersage der schulischen Leistung zu nutzen bzw. von der Intelligenz eines Individuums auf dessen schulische Leistung zu schließen.

### 3.2.1 Zusammenhang von Intelligenz und schulischer Leistung

Ein Blick in die einschlägige Forschungsliteratur zeigt, dass die Beziehung zwischen Intelligenz und schulischer Leistung keinesfalls so eng ist, dass man stets zweifelsfrei von dem einen Merkmal auf das andere schließen kann. Vielmehr lassen sich über die Intelligenz im Allgemeinen nicht mehr als 50 bis 60 Prozent der Schulleistungsvarianz aufklären. Jensen (1973) spricht von einer Varianzaufklärung zwischen 50 Prozent für die Leistungen innerhalb eines Schuljahres und 70 Prozent bei Betrachtung der kumulierten Leistung über mehrere Schuljahre hinweg. Deary, Strand, Smith und Fernandes (2007) kommen auf der Basis einer Analyse der Intelligenz- und Schulleistungen von mehr als 70.000 englischen Schülerinnen und Schülern auf einen Wert von $r = .81$ zwischen Allgemeiner Intelligenz im Sinne von Spearman's g-Faktor (im Alter von 11 Jahren) und den kumulierten Examensleistungen (25 Fächer des ‚national examination') im Alter von 16 Jahren. Dies entspricht einer Varianzaufklärung von 66 Prozent. In der Regel werden derart hohe Zusammenhänge jedoch nicht erreicht. So erklären beispielsweise nach Sauer (2006, S. 587) die „mit diversen Intelligenztests erfassten kognitiven Merkmale zwischen 25 und 45 Prozent der Schulleistungsvarianz". Nach Süß (2001) korreliert psychometrische Intelligenz in einer Höhe von ca. $r = .45$ mit schulischen Leistungen, was einer Varianzaufklärung von gerade einmal 20 Prozent entspricht. Rindermann und Neubauer (2004) finden einen Zusammenhang von $r = .50$, und Sternberg (2003) spricht von Korrelationen zwischen $r = .40$ und $r = .60$.

Bezugnehmend auf die oben dargestellte Vielfalt der möglichen Maße und Verfahren – sowohl auf Seiten des Prädiktors als auch des Kriteriums – liegt die Vermutung nahe, dass sich die Wahl eines spezifischen Messinstrumentes in der Höhe des Zusammenhangs beider Konstrukte bemerkbar macht. Tatsächlich zeigen die Ergebnisse zahlreicher Studien, dass die Verwendung unterschiedlicher Messinstrumente die Korrelation zwischen Intelligenz und Schulleistung beeinflusst (im Überblick, Heller, 1997; Simons, 1976). Dies gilt auch dann, wenn die verwendeten Verfahren vermeintlich dasselbe Konstrukt (d. h. Intelligenz oder schulische Leistungen) erfassen. So zeigte sich etwa in einigen Studien, dass zwischen den Leistungen in Intelligenz- und Schulleistungstests ein engerer Prädiktor-Kriteriums-Zusammenhang besteht als zwischen Intelligenztestleistungen und Schulnoten (Heller, 1997). Bei Betrachtung des Einflusses intellektueller Fähigkeiten auf die Leistungen in verschiedenen Unterrichtsfächern zeigen sich die größten Zusammenhänge zu den Leistungen in den Hauptfächern und hier insbesondere zu den Mathematikleistungen (Heller, 1997). Eine wesentlich geringere Vorhersagekraft scheinen allgemeine Denkleistungen hingegen für Leistungen in den so genannten Nebenfächern zu besitzen, wobei die geringsten Zusammenhänge zu den Leistungen in Bildender Kunst zu verzeichnen sind (Deary et al., 2007). Zu dieser Erkenntnis kommt auch Tent (1969). Er stellte fest, dass in einem Fach wie Religionslehre im Vergleich zu Fächern wie Mathematik Testintelligenz und Schulleistung unabhängig von der Schulform nur wenig gemeinsame Varianz besitzen.

Doch auch auf der Seite des Prädiktors ergeben sich Variationen durch den Einsatz unterschiedlicher Verfahren. Hier zeigt sich u. a., dass sich fachspezifische Schulleistungen durch die Verwendung differenzieller schulnaher Intelligenztests besser erklären lassen als durch nonverbale Skalen bzw. Skalen zur Erfassung der Allgemeinen Intelligenz. Weinert und Petermann (1980) weisen darauf hin, dass schulische Lernfortschritte vielfach von Kenntnissen und Fertigkeiten abhängen, die außerhalb des Unterrichts erworben werden müssen. Viele Intelligenztests enthalten wiederum Items, auf deren Grundlage dieser leistungsrelevante Erfahrungshintergrund erfasst werden soll. „Beispielhaft dafür sind verbale Fähigkeiten, die außerhalb der Schule erworben, in Intelligenztests erfaßt und für den im Schulleistungstest ermittelten Lernfortschritt von erheblicher Bedeutung sind“ (Weinert & Petermann, 1980). Nach Ansicht der Autoren ist es daher nicht verwunderlich, sondern vielmehr erwartbar, dass verbale Intelligenztests enger mit Schulleistungen korrelieren als sprachfreie Tests. Bei der Klassifikation von Achievern und Underachievern bleibt die systematische Veränderung der Lernleistungsdetermination allerdings vielfach unberücksichtigt.

Neben den unterschiedlichen Operationalisierungsformen wirken sich sowohl personimmanente als auch situative Merkmale bzw. Besonderheiten der jeweiligen Lernumwelt auf die Höhe des Prädiktor-Kriterium-Zusammenhangs aus. Nach Ansicht von Simons (1976) sind hier insbesondere Alter, Geschlecht, Lernmotivation und soziale Herkunft sowie Unterrichtsmethode, Anforderungsniveau und Engagement der Lehrperson zu nennen. In Bezug auf das Lebensalter konnte beobachtet werden, dass die Zusammenhangswerte für jüngere höher ausfallen als für ältere Schüler/-innen. Besonders hohe Korrelationen finden sich in der Grundschule (Jensen, 1998). Betrachtet man das Geschlecht, so zeigen sich nach Heller (1997) höhere Korrelationen auf Seiten der Mädchen. Nimmt man schulrelevante Persönlichkeitsmerkmale in den Blick, so finden sich Schwankungen in der Höhe des Prädiktor-Kriterium-Zusammenhangs für die Merkmale Arbeitsverhalten, Kenntnisstand, Selbstständigkeit und Konzentrationsfähigkeit. Doch auch Schulunlust, Leistungsmotivation und Prüfungsangst wirken sich auf den Zusammenhang von Intelligenztestleistungen und Schulleistungen aus (Heller, 1997). Die Korrelation dieser beiden Leistungsmaße fällt im Allgemeinen für solche Schüler/-innen enger aus, die eine günstige Ausprägung dieser Merkmale aufweisen. Heller (1997, S. 191) zieht hieraus den Schluss, „dass Schüler mit ‚günstigen' Persönlichkeitsmerkmalen und positivem Leistungsverhalten eher in der Lage sind, ihr kognitives Fähigkeitspotenzial auszuschöpfen, d. h. begabungsadäquate Schulleistungen zu erbringen, als Schüler mit ungünstigen nichtkognitiven Merkmalsvoraussetzungen und natürlich auch widrigen sozialen Lernumweltbedingungen“.

Hinsichtlich des Einflusses der schulischen Lernumwelt (Schulart und Schulzugehörigkeit) sind die Forschungsergebnisse uneinheitlich. Während etwa Heller (1997) zu dem Ergebnis kommt, dass der Zusammenhang zwischen Intelligenz und Schulleistungen in Schularten mit niedrigerem intellektuellen Anforderungsniveau (z. B. Hauptschule im Vergleich zum Gymnasium) höher ausfällt, gelangt Gaedike (1975) zum gegenteiligen Befund. Seiner Ansicht nach erhöht sich die Korrelation zwischen Intelligenz und Schulleistung mit den steigenden Anforderungen eines Schultyps. Dieser Korrelationsanstieg lässt sich vor allem in jenen Fächern feststellen, die von vornherein engere Beziehungen zur Intelligenz aufweisen. Betrachtet man die Zusammenhänge über verschiedene Schulen hinweg, so fällt auf, dass die Spannbreite der Koeffizienten teilweise sehr groß ist. Simons (1976) findet für den Zusammenhang von Intelligenz und Deutschnote in fünf verschiedenen Schulen Korrelationskoeffizienten von $R = .48$ bis $R = .83$. Dies zeigt, dass die für eine Gesamtgruppe (d. h. mehrere Schulen hinweg) berechneten Koeffizienten oft nicht die in verschiedenen Untergruppen bestehenden Zusammenhänge widerspiegeln.

Neben solchen Erwägungen ist zu berücksichtigen, dass sich Unterschiede in der Stärke des Zusammenhangs auch in Abhängigkeit von der Homogenität der Stichprobe ergeben: „Der Betrag der Korrelation sinkt in der Regel, wenn man die Korrelation an einer homogeneren Stichprobe, d. h. einer Stichprobe mit eingeschränkter Varianz, berechnet“ (Stelzl, 2005, S. 144). Die Korrelation steigt hingegen, wenn man die Varianz künstlich erhöht, etwa indem man Personen mit einer mittleren Ausprägung auf der Prädiktorvariable von vornherein aus den Analysen ausschließt und nur solche Personen betrachtet, deren Werte in die Extrembereiche fallen. Eine weitere Erhöhung des Korrelationskoeffizienten lässt sich verzeichnen, wenn man dieses Vorgehen nicht nur für die Prädiktormessung, sondern gleichzeitig auch für die Kriteriumsmessung wählt. Wird also der Mittelbereich von Intelligenz und/oder Schulleistung weggelassen, steigt die Korrelation. Dieser Anstieg ist jedoch nicht inhaltlich zu interpretieren, vielmehr handelt es sich dabei um ein Methodenartefakt (Stelzl, 2005). Gleiches gilt in Fällen, in denen es zu mathematischen Abhängigkeiten kommt. Dies ist etwa bei ipsativen Messungen oder bei so genannten Indexkorrelationen der Fall (vgl. Stelzl, 2005).

### 3.2.2 Teilleistungen oder Allgemeine Intelligenz zur Vorhersage von Schulleistungen

Auch die jeweilige Aggregationsebene bzw. das Generalitätsniveau von Prädiktor und Kriterium hat Auswirkungen auf die Höhe des maximal erwartbaren Zusammenhangs. Werden Prädiktor und Kriterium so gewählt, dass diese hinsichtlich ihres Generalitätsniveaus in einem asymmetrischen Verhältnis stehen, so vermindert dies den erwartbaren Zusammenhang. Die Höhe des Zusammenhangs beeinflusst die Güte der Vorhersage: Je enger der Zusammenhang, desto einfacher die Vorhersage. Aus methodischer Sicht erweist sich daher eine möglichst große Symmetrie zwischen Prädiktor und Kriterium als positiv für die Vorhersage. Dieser Zusammenhang kommt im Linsenmodell von Brunswick zum Ausdruck. Werden zwei Konstrukte zueinander in Beziehung gesetzt, so kann dies auf unterschiedlichen Aggregationsebenen geschehen. Gemäß der multivariaten Reliabilitätstheorie (Wittmann, 1988) hat die Aggregation von Indikatoren auf Prädiktor- und Kriteriumsseite den Vorteil, dass zum einen durch Aggregation homogener Variablen die Reliabilität der resultierenden Skalen ansteigt und zum anderen bei Aggregation heterogener Variablen das anvisierte Konstrukt durch eine breitere

Auswahl an Messmethoden abgebildet wird. Die jeweilige Vielfalt und Anzahl an Repräsentationen bestimmt den Grad der Symmetrie zwischen Prädiktor und Kriterium. Das Ausmaß an Symmetrie begrenzt im Gegenzug die erwartete Korrelation zwischen beiden Seiten des Linsenmodells. Diese Beziehung wird in der Linsengleichung zum Ausdruck gebracht (Tucker, 1964, zit. n. Süß, Oberauer, Wittmann, Wilhelm & Schulze, 1996)[21]:

$$r_{PR,CR} = S\sqrt{(r_{tt}^{PR} * r_{tt}^{CR})} * G_{PR,CR}^{true} + R_{PR} * R_{CR} + e$$

Dabei können je nach Aggregationsebene verschiedene Formen von Symmetrie und Asymmetrie zwischen Prädiktor und Kriterium unterschieden werden (vgl. Wittmann, 1977, 1988; Wittmann & Süß, 1997): So ist es zum einen möglich, dass der Prädiktor (z. B. Allgemeine Intelligenz) ein breiteres Konzept repräsentiert bzw. auf einer höheren Generalitätsstufe anzusiedeln ist als das Kriterium (z. B. Deutschnote). Doch auch der umgekehrte Fall ist denkbar, dass nämlich versucht wird, ein relativ breites Kriterium (Abiturnote) durch ein relativ eng gefasstes Konzept auf Prädiktorseite (z. B. Leistungen im Untertest Wortanalogien) vorherzusagen. Der Prädiktor kann in diesem Falle nur einen Teil der Kriteriumsvarianz erklären. Darüber hinaus kann aber auch der Fall eintreten, dass zwar Konstrukte auf derselben Generalitätsstufe miteinander verglichen werden, diese Konstrukte jedoch so unterschiedlich sind, dass sie nur einen geringen Überschneidungbereich aufweisen bzw. die Operationalisierung der Konstrukte mit Verfahren erfolgt, die jeweils einen eingeschränkten Bereich des Konstruktes abbilden, ohne dass sich hierbei deutliche Überschneidungen zwischen Prädiktor und Kriterium ergeben. Die Auswahl eines bestimmten Prädiktors zur Vorhersage des jeweiligen Kriterium entscheidet somit über den Grad der Symmetrie bzw. Asymmetrie sowie die Höhe des maximal erwartbaren Zusammenhangs zwischen Prädiktor und Kriterium (Süß et al., 1996).

**Exkurs:**
Nicht nur aus methodischer Sicht, sondern auch vor dem Hintergrund theoretischer Erwägungen verdient die Frage, ob nicht Teilleistungen anstelle der Allgemeinen Intelligenz zur Vorhersage von Schulleistungen herangezogen werden sollten, nähere Beachtung. Soll aus der Diskrepanz von Intelligenztestleistungen und schulischen Leistungen auf das Vorliegen von Underachievement geschlossen werden, so stellt sich die Frage, ob es sinnvoll ist, hierzu die Allgemeine Intelligenz mit den kumulierten schulischen Leistungen (Notendurchschnitt bzw. Leistungstestwerten) in Bezie-

---

21 Dabei steht $r_{PR,CR}$ für die empirisch beobachtete Korrelation (ohne Berücksichtigung und Korrektur von Streuungs- und Reliabilitätsmängeln) und $G_{PR,CR}^{true}$ für den ‚wahren' linearen Zusammenhang zwischen Prädiktor und Kriterium unter mehr oder weniger symmetrischen Bedingungen. $R_{PR}$ entspricht der linearen Vorhersagbarkeit des Prädiktors und $R_{CR}$ der Vorhersagbarkeit des Kriteriums, d. h. der Genauigkeit mit der Prädiktor und Kriterium erfasst wurden. $S$ beschreibt den Effekt der Stichprobenvarianz in Relation zur Populationsvarianz (Ist die Streuung in der Stichprobe kleiner als in der Population, so ist $S < 1$, ist sie wie etwa im Falle der Extremgruppenvalidierung größer als die Populationsvarianz, so ist $S > 1$ und es besteht die Gefahr, dass die wahre Korrelation überschätzt wird). Die Parameter $r_{tt}^{PR}$ und $r_{tt}^{CR}$ entsprechen schließlich den Reliabilitäten von Prädiktor und Kriterium und e der Stichprobenfehlervarianz (Wittmann, 2006).

hung zu setzen oder ob ein besseres bzw. differenzierteres Urteil möglich wird, wenn statt eines globalen Intelligenzmaßes die Leistungen in den Untertests einzelner Fähigkeitsbereiche (so z. B. zum rechnerischen Denken) mit den Leistungen in einzelnen schulischen Leistungsbereichen (z. B. der Mathematikleistung) in Beziehung gesetzt werden. Indizien dafür, dass ein globales Intelligenzmaß möglicherweise nicht den besten Prädiktor für schulische Leistungen darstellt, fand u. a. Simons (1969). Er benutzte zur Klassifikation von Over- und Underachievern den Gesamtstandardwert der *PMAT* (*Primary Mental Ability Testbatterie*), eines Tests zur Erfassung der primären geistigen Fähigkeiten eines Individuums, stellte jedoch fest, dass sich bei gleichem (allgemeinen) Intelligenzniveau Under- und Overachiever hinsichtlich ihrer Leistungen in den einzelnen Untertests systematisch unterscheiden. Im Vergleich zu Overachievern wiesen Underachiever in den betroffenen Teilbereichen eine niedrigere Begabung auf. Dies würde eher für eine erwartungsgemäße Leistung auf niedrigerem Niveau als eine erwartungswidrige Leistung sprechen und stellt somit die Brauchbarkeit des Gesamt-IQ als Maß zur Vorhersage erwartungswidriger Schulleistungen in Frage.

Prinzipiell ist darauf zu achten, dass sich zwischen den Leistungen in einzelnen Intelligenzbereichen zum Teil nur geringe Überschneidungen ergeben (vgl. u. a. Gundersen & Feldt, 1960). Personen, die in einem Subtest gut abschneiden, erzielen in einem anderen Subtest also nicht zwangsläufig ein ähnliches Ergebnis. Dies gilt auch dann, wenn die erfassten Leistungsbereiche sich inhaltlich deutlich überschneiden (Simons, 1976). Simons überprüfte, wie viele Personen, die in einem Untertest der *PMAT* zu den leistungsstärksten bzw. leistungsschwächsten 25 Prozent zu rechnen sind, auch in den anderen Untertests vergleichbar hohe bzw. schwache Ergebnisse erzielen. Es stellt sich heraus, dass dies nicht einmal bei einem Viertel der getesteten Personen der Fall war. So erzielten beispielsweise nur 23 Prozent der Schüler/-innen, die im Untertest ,Wortschatz' zu den besten 25 Prozent zählten, auch im Untertest ,Wahrnehmungsgeschwindigkeit' ein Resultat im oberen Leistungsviertel. Ähnliche Ergebnisse finden sich bei einem Vergleich der Leistungen in den zehn Subtests des *Prüfsystems für Schul- und Bildungsberatung für 4. bis 6. Klassen* (*PSB-R 4-6*; Lukesch, Kormann & Mayrhofer, 2002). Von insgesamt 1.210 Schülerinnen und Schülern, die im Rahmen des Projektes EVES (vgl. Anhang 8.1) am Ende der 4. Klasse das *PSB* absolvierten, erzielten lediglich drei Schüler/-innen in allen zehn Untertests Leistungen, die in das gleiche Quartil fallen.

Der Vergleich von inhaltlich ähnlichen Untertests (z. B. Bilder-Wortschatz und Wortschatz) ergab zwar größere Überschneidungen, doch auch hier zählten nach Simons (1976) von den Testleistungsschwächsten in dem einen Untertest nur 61 Prozent auch in dem anderen Subtest zum unteren Leistungsviertel. Vergleicht man die Leistungen der Kinder in der EVES-Studie in den Untertests 1 (Allgemeinwissen / Wortschatz), 5 (Wortflüssigkeit) und 8 (Gemeinsamkeitenfinden / Wortschatz) des *PSB*, die nach Lukesch et al. (2002) auf einem ,Verbal-Faktor' laden, so weisen 219 von 1.210 Kindern (also 18.1 %) eine stabiles Profil auf. „Selbst [...] Tests, die dieselbe Intelligenzdimension (Wortverständnis) repräsentieren sollen, stellen also noch bei weitem nicht so einheitliche Anforderungen, dass man sicher gehen könnte, dass sich das Leistungsniveau in [den jeweiligen] Tests deckt“ (Simons, 1976, S. 39). Aus diesen und ähnlichen Befunden lässt sich schließen, dass unausgeglichene Intelligenzprofile, das heißt Begabungsschwerpunkte (bzw. hohe Testwerte) in einem Bereich bei geringerer Begabung (bzw. niedrigen Testwerten) in anderen Bereichen nichts Ungewöhnliches sind. Dies würde dafür sprechen, auch bei der Feststellung von Underachievement eher auf Subtestwerte als auf globale Intelligenzmaße zurückzugreifen.

Wie im Folgenden zu sehen sein wird, ist die Frage, ob intellektuelle Teilleistungen oder die Allgemeine Intelligenz (g) eine bessere Vorhersage von Schulleistungen ermöglichen, nicht so einfach zu beantworten, wie es aufgrund dieser Befunde den Anschein haben mag. Für beide Vorgehensweisen lassen sich plausible Argumente finden: Für die Verwendung eines Gesamtwertes sprechen u. a. die zweifelhaften Ergebnisse beim Einsatz von Profilinterpretationen (d. h. von Auswertungen und Ergebnisinterpretationen auf der Basis von Subtestskalen). So wird immer wieder darauf hingewiesen, dass eine Profilinterpretation „wegen der teilweise beträchtlichen Interkorrelationen der Untertests, wegen ihrer – besonders auf unteren Altersstufen – manchmal nur befriedigenden Zuverlässigkeit, wegen der häufig fehlenden Validitätsangaben und wegen der Instabilität des Profils (Thorndike, 1975) nicht unproblematisch“ ist (Rost, 1991, S. 199). Dient hingegen der erzielte Gesamtwert in einem Test zur Erfassung der Allgemeinen Intelligenz als Prädiktor für die schulischen Leistungen eines Schülers / einer Schülerin, so wird möglicherweise ein Underachievement festgestellt, das im eigentlichen Sinne keines ist, oder ein vorhandenes Underachievement wird verdeckt. Derartige Probleme ergeben sich, wie in Abschnitt 2.2.1 bereits aufgezeigt wurde, insbesondere im Falle von Teilleistungsschwächen: Liegt eine Teilleistungsschwäche etwa im Bereich der verbalen Informationsverarbeitung vor, so können schlechte Leistungen im Fach Deutsch, die sich aus der Beeinträchtigung dieses Fähigkeitsbereiches ergeben, nicht als Underachievement gewertet werden. Dies gilt auch dann, wenn aufgrund der Allgemeinen Intelligenz bessere Leistungen zu erwarten wären. Schließlich ist die vermeintlich hohe Allgemeine Intelligenz in einem solchen Falle eben gerade kein valider Indikator oder Prädiktor für die Deutschleistungen, sondern spiegelt lediglich besonders hohe Werte in den übrigen Intelligenzbereichen wider. Es würden in einem solchen Falle also Personen als Underachiever klassifiziert werden, die in Wirklichkeit gar keine sind (False Positives, $\beta$-Fehler).

Doch auch der umgekehrte Fall, dass nämlich aufgrund einer Teilleistungsschwäche ein tatsächlich vorhandenes Underachievement verdeckt wird, ist möglich (vgl. Abschnitt 2.2). Man denke hierbei an den Fall eines Schülers bzw. einer Schülerin, der/die eine Teilleistungsschwäche in Mathematik aufweist, jedoch erwartungswidrige Deutschleistungen erbringt. Da sich die Teilleistungsschwäche nicht nur in den Testwerten des betroffenen Teilbereichs bemerkbar macht, sondern naturgemäß auch den Gesamttestscore reduziert, erhöht sich hierdurch die Gefahr von False Negatives ($\alpha$-Fehler). Dies gilt jedenfalls dann, wenn als Prädiktor wiederum der Gesamtscore herangezogen wird. Durch den insgesamt verminderten Wert sinkt die Diskrepanz zwischen den Leistungen in der Prädiktor- und Kriteriumsmessung. Würde man eine Profilinterpretation vornehmen und nur die Werte hinsichtlich der verbalen Intelligenz mit den Deutschleistungen vergleichen, würde sich die Diskrepanz zwischen Fähigkeit und tatsächlicher Leistung zeigen, während diese bei einem Vergleich von Allgemeiner Intelligenz und Deutschleistung möglicherweise maskiert wird.

Diese Problematik, die in Anbetracht der eher geringen Zahl an Schülerinnen und Schülern mit Teilleistungsschwächen als Spezialproblem bzw. Randproblematik angesehen werden könnte, gewinnt an Brisanz, wenn man sich die eingangs geschilderten Befunde von Klauer (1992, zit. n. Sparfeldt & Schilling, 2006) ins Gedächtnis ruft. Klauer geht nicht davon aus, dass Jungen generell stärker zu Underachievement neigen als Mädchen. Er ist vielmehr der Ansicht, dass die vielfach postulierten Unterschiede fächerspezifisch sind, Jungen also eher erwartungswidrige Leistungen im Lesen und Rechtschreiben erzielen und Mädchen eher im Rechnen. Auch bei geschlechtsspezifischen Begabungsschwerpunkten stellt sich somit die Frage, ob sich die fach- und geschlechtsspezifischen Underachievementquoten auch dann noch zeigen, wenn anstatt der Allgemeinen Intelligenz die Werte zur sprachlichen bzw. mathematischen Intelligenz mit den jeweils fächerspezifischen Leistungen verglichen werden. Im Rahmen einer solchen Betrachtung würden nämlich die zumeist schlechteren Leistungen der Jungen in Tests zur verbalen Intelligenz mit den schlechteren schulischen Leistungen im Lesen und Rechtschreiben verglichen werden und die besseren Werte der Mädchen im Bereich der verbalen Intelligenz mit deren besseren schulischen Leistungen. Die Differenzen würden daher vermutlich geringer ausfallen. Gleiches gilt in umgekehrter Weise für die mathematische Intelligenz und die Leistungen im Rechnen. Darüber hinaus ist zu beachten, dass sich die geschilderten Probleme nicht nur bei starken Leistungsunterschieden im Begabungsprofil einer Person, d. h. bei Leistungsdiskrepanzen im Bereich der Prädiktormessung ergeben, sondern selbstverständlich auch bei der Verwendung von kumulierten Schulleistungen (Kriteriumsmessung), sobald außer Acht gelassen wird, dass die schulischen Leistungen in Einzelfächern durchaus stark vom Gesamtleistungsdurchschnitt abweichen können.

### 3.2.3 Mangelnde Unterscheidbarkeit von Prädiktor und Kriterium

Entgegen der zuvor dargestellten Befunde, denen zufolge die Höhe der Korrelationskoeffizienten für Intelligenz- und Schulleistungswerte lediglich auf einen mittleren Zusammenhang hindeuten, gehen einige Forscher/-innen davon aus, dass Intelligenz- und Schulleistungstests so große Überschneidungsbereiche aufweisen und in einer so engen Beziehung zueinander stehen, dass sich die Frage stellt, warum ein Underachiever in einem Leistungstest überhaupt eine wesentlich schlechtere Leistung erzielen sollte als in einem Fähigkeitstest.[22] Selbst eine ernsthafte psychische Erkrankung sollte

[22] Nach Simons (1976) dienen Leistungstests der Erfassung von speziellen Kenntnissen und Fertigkeiten in eng umgrenzten Bereichen (z. B. des Leseverständnisses oder der Mathematikkenntnisse auf dem Niveau der 4. Klasse). Demgegenüber richten sich Fähigkeitstests auf die Erfassung von Leistungen, die für die erfolgreiche Ausübung einer Vielzahl an intellektuellen Tätigkeiten Voraussetzung sind. Dies hat Auswirkungen auf das Gültigkeitsspektrum von Fähigkeitstests und beeinflusst die Genauigkeit von Vorhersagen, die auf der Basis von Fähigkeitstests getroffen werden. Im Gegensatz zu Leistungstests besitzen Fähigkeitstests ein größeres Gültigkeitsspektrum. Setzt man im Rahmen der Validierung die Leistungen in einem Leistungstest (z. B. eines Mathematiktests) zu diversen Außenkriterien (z. B. den Zeugnisnoten in Mathematik, Französisch und Deutsch) in Beziehung, so erwartet man im Falle der Mathematiknote eine hohe Korrelation beider Datensets und im Falle der Französisch- und Deutschnote einen eher schwachen Zusammenhang. Führt man einen entsprechenden Vergleich hingegen mit den Leistungen in einem Intelligenztest durch, so ist zu erwarten, dass sich Zusammenhänge zu den Noten in allen drei Unterrichtsfächern zeigen, da die

nach Kowitz (1965) nicht zu einer solchen Diskrepanz führen. Dieses Problem verkompliziert sich noch dadurch, dass vielfach bezweifelt wird, dass man mittels spezieller Messverfahren die fachspezifischen Leistungen (z. B. in Englisch, Mathematik, Rechtschreiben oder den Naturwissenschaften) messen könne. Tatsächlich deuten einige Forschungsergebnisse darauf hin, dass zahlreiche Tests so sehr von der Lesefähigkeit eines Schülers bzw. einer Schülerin abhängen, dass sie trotz ihres fächerspezifischen Inhalts eine bessere Schätzung der Lesefähigkeit als der jeweiligen Fachleistung erlauben (Kowitz, 1965). Rindermann (2006) gibt zu bedenken, dass Leistungen als empirisches Datum zunächst einmal das Ergebnis eines Leistungstests oder einer lebensweltlich bedeutsamen Aufgabe darstellen. Solche Ergebnisse stehen für Fähigkeiten, wobei eine klare Abgrenzung der jeweils angesprochenen Fähigkeiten keinesfalls leicht fällt. Ob ein Test valide ist, also das misst, was er zu messen vorgibt, ist somit keinesfalls ohne weiteres feststellbar. Cook und Campbell (1979, S. 37) drücken dies so aus: „We shall use the concepts validity and invalidity to refer to the best available approximation to the truth or falsity of propositions [...], we should always use the modifier 'approximately' when referring to validity, since one can never know what is true. At best, one can know what has not yet been ruled out as false" (Cook & Campbell, 1979, S. 37).[23] Bei Tests, die (auch) schulische Themen beinhalten, wäre es demnach naheliegend, von schulischen Fähigkeiten zu sprechen. Als problematisch erweist sich eine Abgrenzung allerdings nicht nur zwischen fachspezifischen Tests, sondern im Falle von Underachievement auch zwischen Prädiktor und Kriterium, genauer: zwischen Tests zur Erfassung der kognitiven Leistungsfähigkeit und so genannten Schulleistungstests.

Nach Weinert und Petermann (1980) sowie Ceci (1991) sind Zusammenhänge zwischen Intelligenz- und Schulleistungen unter anderem darauf zurückzuführen, dass sich Tests auf der Itemebene überlappen und Kenntnisse und Fertigkeiten (z. B. Lesen und Schreiben) voraussetzen, die in der Schule erworben werden und zur Bearbeitung von Schulleistungstests benötigt werden. Auch Intelligenztests beinhalten somit Themen, die durch die Schule vermittelt werden, was vereinzelt dazu führt, dass Intelligenztests als Schulleistungstests verwendet werden und umgekehrt (vgl. auch Anhang 8.4). Der Überlappungsbereich erstreckt sich nach Weinert und Petermann (1980) jedoch nicht nur auf spezifische Lernprodukte, sondern auch auf typische Lösungsprozesse sowie nicht-kognitive Variablen (beispielsweise Schnelligkeit und Genauigkeit des Arbeitens, Ängstlichkeit, Leistungsmotivation, Anstrengungsbereitschaft, Kon-

---

Bewältigung der Anforderungen in allen drei Fächern ein gewisses Maß an kognitiven Fähigkeiten voraussetzt. Da jedoch neben allgemeinen intellektuellen Fähigkeiten in die fachspezifische Leistung noch eine Reihe spezieller Kenntnisse und Fertigkeiten einfließen, ist es nicht verwunderlich, dass die Korrelationen von Fähigkeitstests und Zeugnisnoten sämtlich im mittleren Bereich bleiben. „Andernfalls würde der Fähigkeitstest so viele schulleistungsspezifische Anteile enthalten, dass er zwar mit den Leistungen in einem Fach hoch, mit den Leistungen in anderen Fächern aber umso niedriger korrelieren müsste" (Simons, 1976, S. 44 f.).

[23] **Übersetzung der Autorin:** "Man sollte das Konzept der Validität bzw. fehlenden Validität im Sinne der besten verfügbaren Annäherung an die Richtigkeit bzw. Fehlerhaftigkeit einer Interpretation auffassen. Wenn man sich auf Validität bezieht, sollte man dabei stets den Zusatz 'näherungsweise' verwenden, da man nie wissen kann, was wahr bzw. richtig ist. Bestenfalls kann man wissen, was noch nicht als falsch erkannt und ausgeklammert wurde" (Cook & Campbell, 1979, S. 37).

zentration, Irritierbarkeit usw.), die bei der Bearbeitung von Aufgaben aus Intelligenz- und Schulleistungstests gleichermaßen erforderlich sind. Insofern wird verschiedentlich an kategorialen Unterschieden zwischen Schulleistungs- und Intelligenztests gezweifelt. Dies gilt sowohl in Hinblick auf Inhalte als auch empirisch bestimmbare Validitäten (im Überblick Rindermann, 2006):

> Aus der Perspektive schulaffiner Forscher wie Ceci (1991, S. 703 und 708) oder Cole (1995) wird in Frage gezogen, ob Intelligenztests etwas anderes als schulisch-kognitive Fähigkeiten messen, was sich gut durch ihre gemeinsame Abhängigkeit vom Schulbesuch und durch die Ähnlichkeit der Messverfahren belegen lässt. Aus der Perspektive intelligenzaffiner, insbesondere g-naher Forscher wie Armor (2003, S. 18 ff.), Gottfredson (2003), Herrenstein & Murray (1994), Jensen (1989), Lehrl (2005), Rost (2005) und – im Ausdruck in dieser Sache etwas drastisch – Weiss (2002) wird unter Bezug auf die hohen Korrelationen von einer Identität oder zumindest Überlappung mit Intelligenz gesprochen. (S. 70)

Rindermann (2006) kommt auf der Basis einer Analyse von Intelligenzdaten und den Leistungen in internationalen Schulvergleichsstudien zu vergleichbaren Ergebnissen. Seiner Auffassung nach ist eine Unterscheidung von Allgemeiner Intelligenz und Schulleistungen auf einer makrosozialen Ebene empirisch nicht möglich.[24] Gilt dies in vergleichbarer Weise auch für die Ergebnisse von Intelligenz- und Schulleistungstests, wie sie im Bereich der Underachievement-Forschung Verwendung finden, so stellt dies den Nutzen des herkömmlichen Diskrepanzmaßes massiv in Frage. Ein System, das auf der Differenzierung zwischen zwei verschiedenen Größen aufgebaut ist, ist erheblichen Bedenken ausgesetzt, wenn sich diese Größen inhaltlich decken: Eine Differenzierung zwischen Gleichem ist von vornherein logisch ausgeschlossen.

Auf den ersten Blick scheinen diese Befunde den eingangs dargestellten Ergebnissen, denen zufolge über die Intelligenz max. 60 Prozent der Schulleistungsvarianz erklärt werden können, zu widersprechen. Würde mit Intelligenz- und Schulleistungstests dasselbe Konstrukt gemessen, so wäre mit höheren Korrelationen zu rechnen. Tatsächlich könnte jedoch auch hier argumentiert werden, dass Unterschiede in der Symmetrie der jeweils verwendeten Verfahren zur Erfassung von Intelligenz und schulischer Leistung die Höhe des Zusammenhangs beeinflussen. In den von Rindermann (2006) angestellten Vergleichen wird die Allgemeine Intelligenz mit den Leistungen von Individuen in großangelegten Schulleistungsstudien (u. a. TIMSS) in Beziehung gesetzt. Im Rahmen dieser Studien wird das Konstrukt Schulleistung über ein relativ breites

[24] Dabei gilt es jedoch zu beachten, dass sich die hier beschriebenen Überschneidungen lediglich aufgrund der verwendeten Verfahren zur Erfassung von Intelligenz und Schulleistung ergeben. Es hängt mit der Entwicklungsgeschichte der Intelligenzforschung zusammen, dass seit jeher eine große konzeptuelle Nähe zwischen beiden Konstrukten besteht. So erfolgte etwa die Entwicklung der ersten Intelligenztests mit dem Ziel, die Fähigkeiten eines Kindes zu messen, schulische Anforderungen erfolgreich zu bewältigen. Bei der Testentwicklung wurde also explizit darauf geachtet, dass mittels der gewählten Verfahren die Leistungen in Fähigkeitsbereichen erfasst werden können, die im Schulalltag eine besondere Relevanz besitzen. Ungeachtet dessen, dass sich die Anwendungsbereiche von Intelligenz- und Schulleistungstests bis heute zu einem gewissen Grad überschneiden, ist jedoch festzuhalten, dass Schulleistungen und Intelligenz theoretisch zwei vollkommen unterschiedliche Konstrukte darstellen.

Spektrum an Aufgaben und eine unausgelesene Stichprobe erfasst. Intelligenz und Schulleistungen werden dabei jeweils auf der höchsten Generalitätsstufe in Beziehung gesetzt. Es kommt also zu einem Vergleich des g-Faktors für Intelligenz und des g-Faktors für Schulleistungen. Dies spricht für eine hohen Symmetrie und begünstigt den Erhalt einer hohen Korrelation.

## 3.3 Statistische Definitionen von Underachievement

Als nicht erwartungsgemäß gilt die Leistung eines Schülers / einer Schülerin dann, wenn sie in ihrer Höhe bedeutsam von dessen/deren intellektueller Leistungsfähigkeit abweicht bzw. wenn die tatsächlich erzielten Schulleistungen nicht mit den Leistungen übereinstimmen, die auf Basis der Prädiktormessung geschätzt wurden. Für die Vergleichbarkeit von Forschungsergebnissen ist es wichtig, dass eine als bedeutsam erachtete Abweichung möglichst einheitlich definiert wird. Diese Voraussetzung ist jedoch im Rahmen der Underachievement-Forschung nicht erfüllt. Es besteht gerade kein Konsens darüber, wie groß eine Diskrepanz zwischen Intelligenz- und Schulleistungswerten sein muss, damit aus einer erwartungsgemäßen Leistung ein Under- oder Overachievement wird. Fenner (1965, S. 5, zit. n. Wahl, 1975, S. 46) drückt dies folgendermaßen aus: „Jeder Autor hat verschiedene Maße und verschiedene Vertrauensbereiche gewählt; es gibt in der Tat keine zwei Untersuchungen, die das Konstrukt der erwartungswidrigen Schulleistung vollkommen gleich definiert hätten". Diese Aussage hat auch mehr als 40 Jahre später noch Bestand. Einen Einblick in die Vielfalt der verwendeten Auswahlkriterien bietet Abschnitt 8.4 (Anhang).

Obwohl die einzelnen Methoden zur Feststellung von Achievement und Underachievement (bzw. Overachievement) im Detail variieren, lassen sich bei einer genaueren Betrachtung Überschneidungen hinsichtlich des jeweils gewählten Grundansatzes erkennen. Zu unterscheiden sind zwei Herangehensweisen:

(1) Ansätze, die die Festlegung spezifischer Grenzwerte beinhalten (z. B. Quantil-Ansätze), ohne dass die tatsächliche Höhe des Zusammenhangs zwischen Prädiktor und Kriterium einen Einfluss auf die Festlegung der spezifischen Cut-Off-Kriterien hätte. Diesen Ansätzen liegt die Annahme zugrunde, dass zwischen Prädiktor und Kriterium ein völlig deterministischer Zusammenhang besteht (u. a. Diaz, 1998; Frankel, 1965; Gill & Spilka, 1965; McCoach & Siegle, 2001; Pierce & Bowman, 1965; Stamm, 2008a).

(2) Regressionsanalytische Ansätze in deren Rahmen (zumeist) ausgehend von der kognitiven Leistungsfähigkeit einer Person Aussagen über eine erwartbare Schulleistung getroffen werden. Zeigt sich eine deutliche Abweichung zwischen tatsächlicher und erwartbarer Schulleistung, so ist von Over- bzw. Underachievement die Rede. Im Rahmen der regressionsanalytischen Ansätze wird über die Festlegung von spezifischen Vertrauensbereichen der Tatsache Rechnung getragen, dass gewöhnlich kein perfekter Zusammenhang zwischen Intelligenz und schulischen Leistungen besteht (u. a. Borislow, 1965; Lum, 1960; McCall et al., 1992; Preckel et al., 2006).

### 3.3.1 Probleme bei der Festlegung von Cut-Off-Kriterien

Eine Möglichkeit der Klassifikation besteht darin, genaue Cut-Off-Werte für Prädiktor und Kriterium vorzugeben, z. B. dergestalt, dass Schülerinnen und Schüler, deren Intelligenzleistungen in den Bereich der oberen zwanzig Prozent fallen, deren Schulleistungen jedoch schlechter sind als die Note 3, als Underachiever angesehen werden. Modelle dieser Art haben den Vorteil, dass Prädiktor- und Kriteriumswerte lediglich in verschiedene Niveaustufen aufgegliedert und anschließend miteinander verglichen werden müssen. Die statistischen Anforderungen sind also wenig komplex und im schulischen sowie klinischen Kontext leicht anwendbar (McCall, Beach & Lau, 2000). Problematisch an einer solchen Vorgehensweise ist die Tatsache, dass (bislang) keine Einigkeit bezüglich der zu wählenden Cut-Off-Werte besteht.[25] Wie eingangs bereits dargestellt wurde, unterscheiden sich die Grenzwerte und Niveaueinteilungen von Studie zu Studie, was dazu führt, dass die Ergebnisse der einzelnen Studien nicht ohne weiteres vergleichbar sind. Hinzu kommt, dass Definitionen, die mit Intelligenz- und Schulleistungsniveaus arbeiten, insofern problematisch sind, als beim Vergleich von Intelligenz- und Schulleistungsniveaus schon kleine Messfehler dazu führen können, dass Schüler/-innen bei Messwiederholungen von einer Kategorie in die andere wandern (Wahl, 1975). Dies soll im Folgenden beispielhaft anhand so genannter Quantil-Ansätze dargestellt werden.

Im Rahmen der Quantil-Ansätze werden zunächst alle Personen hinsichtlich ihrer Intelligenz- und Schulleistungswerte in eine Abfolge gebracht. Anschließend werden sie spezifischen Leistungsgruppen zugewiesen. Es werden also beispielsweise die besten 25 Prozent dem oberen Leistungsviertel (Quartil) zugerechnet, die nächst besten 25 Prozent dem 2. Quartil und so weiter. Selbstverständlich ist auch eine Aufteilung in kleinere Gruppen (z. B. Dezile oder Perzentile) sowie eine einfache Halbierung der Gruppe denkbar. Stellt sich bei einem Vergleich der Gruppenzuordnung heraus, dass die Intelligenz- und Schulleistungswerte einer Person nicht in demselben Quantil liegen, so ist von Over- bzw. Underachievement auszugehen. Das Cut-Off-Kriterium stellt hier also die Zugehörigkeit zu einem bestimmten Quantil dar. Nach Lavin (1965) und Vernon (1960, zit. n. Wahl, 1975) besteht das Problem eines solchen Vorgehens allerdings darin, dass die Gruppierung nach Leistungsniveaus die Anzahl möglicher Over- und Underachiever beeinflusst. Schülerinnen und Schüler, deren Intelligenzwerte in die obere Leistungskategorie fallen, können bestenfalls Achiever, nicht jedoch Overachiever sein, während Kinder im unteren Leistungsbereich zu Over- nicht jedoch Underachievern werden können. Dies führt dazu, dass Hochbegabte in der Gruppe der Underachiever und schwach Begabte in der Gruppe der Overachiever überrepräsentiert sind.[26] Für den Vergleich von Over- und Underachievern ergibt sich damit nach Lavin (1965) das Problem, dass sich die Vergleichsgruppen hinsichtlich des mittleren Fähig-

---

[25] Glaser und Brunstein (2004) empfehlen für die Feststellung von Underachievement in der klinischen Praxis, die Werte von (sprachfreien) Intelligenztests und von schulischen Leistungen nach Normtabellen zu standardisieren und danach aus den erhaltenen Werten die Differenz der beiden Standardwerte zu errechnen. Underachievement ist zu diagnostizieren, wenn der Standardwert des Intelligenztests deutlich über dem Standardwert des Schulleistungstests liegt.

[26] Tatsächlich ist jedoch davon auszugehen, dass Underachievement auf allen Fähigkeitsstufen gleichermaßen auftreten kann.

keitsniveaus deutlich unterscheiden: Underachiever werden im Durchschnitt also deutlich intelligenter sein als Overachiever. Das heißt aber auch, dass die Leistungsfähigkeit nicht kontrolliert und somit nicht gewährleistet werden kann, dass Unterschiede hinsichtlich nicht-kognitiver Merkmale (z. B. Motivation) tatsächlich Unterschiede zwischen Over- und Underachievern widerspiegeln und nicht etwa Unterschiede zwischen mehr oder weniger begabten Personen.

Über die bereits dargestellten Defizite hinaus ergeben sich gerade im Hinblick auf Quantilansätze noch weitere Schwierigkeiten. Diese werden im Folgenden exemplarisch anhand des Quartilansatzes aufgezeigt, gelten jedoch für alle Gruppierungsvarianten, deren Ziel darin besteht, Personen gleichmäßig auf eine bestimmte Anzahl von (Leistungs-)Gruppen zu verteilen. Als problematisch erweist sich zunächst einmal die Annahme, dass immer dann von Over- bzw. Underachievement ausgegangen werden kann, wenn die schulischen und intellektuellen Leistungen einer Person nicht in dasselbe Quartil fallen. Wie bereits dargestellt wurde, beinhaltet die Quartilbildung lediglich eine Aufteilung der Stichprobe in vier „gleich große" Gruppen. Bei der Gruppenzuweisung spielt die erzielte Leistung zwar eine wichtige Rolle; gerade in den Grenzbereichen zwischen zwei Quartilen kann es jedoch passieren, dass Personen mit gleichen Leistungswerten unterschiedlichen Quartilen zugeordnet werden (vgl. Beispiel 1: Person 6 und 7). Da die Zuordnung gerade bei identischen Leistungswerten zufällig erfolgt, kann also der Fall eintreten (vgl. Person 7), dass eine Person hinsichtlich der kognitiven Leistungsfähigkeit noch in das 2. Quartil fällt, während sie mit einer vergleichbar guten Schulleistung bereits dem 3. Quartil zugerechnet wird. Je nachdem ob die betroffene Person hinsichtlich der intellektuellen und schulischen Leistungen also zufälligerweise demselben oder aber verschiedenen Quartil(en) zugeordnet wird, gilt sie als Achiever (Person 6) oder Underachiever (Person 7). Dies gilt im Extremfall selbst dann, wenn ein Blick auf die konkreten Leistungswerte zeigt, dass zwischen Schulleistung und Intelligenz keine Diskrepanz besteht, ein Underachievement im herkömmlichen Sinne also gar nicht vorliegen kann.

**Beispiel 1**

| **Schulleistung** | **1. Quartil** | | | **2. Quartil** | | | **3. Quartil** | | | **4. Quartil** | | |
|---|---|---|---|---|---|---|---|---|---|---|---|---|
| Person | 1 | 2 | 3 | 4 | 5 | **6** | 7 | 8 | 9 | 10 | 11 | 12 |
| *T*-Wert | 68 | 66 | 61 | 60 | 52 | **50** | **50** | 42 | 41 | 40 | 34 | 30 |

| **Intelligenz** | **1. Quartil** | | | **2. Quartil** | | | **3. Quartil** | | | **4. Quartil** | | |
|---|---|---|---|---|---|---|---|---|---|---|---|---|
| Person | 12 | 1 | 4 | 2 | **6** | 7 | 8 | 5 | 10 | 9 | 3 | 11 |
| *T*-Wert | 70 | 66 | 56 | 54 | **50** | **50** | 50 | 48 | 41 | 40 | 34 | 30 |

Hinzu kommt, dass im Rahmen eines solchen Ansatzes nicht zwischen Fällen von ‚extremem' und ‚minimalem' Underachievement unterschieden wird (vgl. Beispiel 2). Reicht es für eine Klassifikation als Underachiever aus, dass die Intelligenzwerte in ein niedrigeres Quartil fallen als die schulischen Leistungen, so gilt eine Person (vgl. Beispiel 2: Person 10), deren schulische Leistungen in den oberen Bereich des vierten Quartils und deren Intelligenzwerte in den unteren Bereich des dritten Quartils fallen, ebenso als Underachiever wie eine Person, deren schulische Leistungen am Ende des vierten und deren Intelligenzwerte am oberen Ende des ersten Quartils liegen (vgl. Beispiel 2: Person 12). Im Falle der Person 12 betrüge die Diskrepanz zwischen Intelligenz- und Schulleistung allerdings 40 *T*-Wert-Punkte, im Falle der Person 10 hingegen nur einen *T*-Wert-Punkt. Nach einer solchen Definition wäre zudem selbst Person 4 als Underachiever anzusehen, ungeachtet der Tatsache, dass die schulische Leistung von Person 4 in ihrer Höhe den erzielten Intelligenzwert sogar um 5 *T*-Wert-Punkte übersteigt.

**Beispiel 2**

| **Schulleistung** | **1. Quartil** | | | **2. Quartil** | | | **3. Quartil** | | | **4. Quartil** | | |
|---|---|---|---|---|---|---|---|---|---|---|---|---|
| Person | 1 | 2 | 3 | **4** | 5 | 6 | 7 | 8 | 9 | **10** | 11 | **12** |
| *T*-Wert | 68 | 66 | 61 | **60** | 52 | 50 | 50 | 42 | 41 | **40** | 34 | **30** |

| **Intelligenz** | **1. Quartil** | | | **2. Quartil** | | | **3. Quartil** | | | **4. Quartil** | | |
|---|---|---|---|---|---|---|---|---|---|---|---|---|
| Person | **12** | 1 | **4** | 2 | 6 | 7 | 8 | 5 | **10** | 9 | 3 | 11 |
| *T*-Wert | **70** | 66 | **55** | 54 | 50 | 50 | 50 | 48 | **41** | 40 | 34 | 30 |

Je nach Verteilung der Leistungswerte kann es zudem geschehen, dass der tatsächliche Unterschied zwischen Intelligenz und schulischer Leistung bei Personen, deren Leistungen in verschiedene Quartile fallen, kleiner ausfällt als bei Personen, deren schulische und intellektuelle Leistungen im gleichen Quartil liegen. So beträgt die Differenz zwischen intellektueller und schulischer Leistung im Falle der Person 10 nur einen *T*-Wert-Punkt, im Falle der Person 8 jedoch 8 *T*-Wert-Punkte.

**Beispiel 3**

| **Schulleistung** | **1. Quartil** | | | **2. Quartil** | | | **3. Quartil** | | | **4. Quartil** | | |
|---|---|---|---|---|---|---|---|---|---|---|---|---|
| Person | 1 | 2 | 3 | 4 | 5 | 6 | 7 | **8** | 9 | **10** | 11 | 12 |
| *T*-Wert | 68 | 66 | 61 | 60 | 52 | 50 | 50 | **42** | 41 | **40** | 34 | 30 |

| **Intelligenz** | **1. Quartil** | | | **2. Quartil** | | | **3. Quartil** | | | **4. Quartil** | | |
|---|---|---|---|---|---|---|---|---|---|---|---|---|
| Person | 12 | 1 | 4 | 2 | 6 | 7 | **8** | 5 | **10** | 9 | 3 | 11 |
| *T*-Wert | 70 | 66 | 55 | 54 | 50 | 50 | **50** | 48 | **41** | 40 | 34 | 30 |

Als problematisch erweist sich das dargestellte Verfahren zudem bei Stichproben mit einer stark eingeschränkten Varianz. Dies gilt sowohl im Hinblick auf die Schulleistungen als auch die intellektuelle Leistungsfähigkeit. So ließen sich auch die Leistungen überdurchschnittlich begabter und leistungsfähiger Schülerinnen und Schülern in Quartile einteilen. Und sicher ließen sich dabei wie in Beispiel 4 Fälle finden, in denen die schulischen und intellektuellen Leistungen in unterschiedliche Quartile fallen. Aus der Zuordnung zu unterschiedlichen Quartilen zu schließen, dass es sich um Fälle von Over- bzw. Underachievement handelt, wäre jedoch unzulässig, da sich die den einzelnen Quartilen zugeordneten Leistungen nicht bedeutsam unterscheiden. So erweckt die Zuordnung der intellektuellen Leistung zum 1. Quartil und der schulischen Leistung zum 4. Quartil im Falle der Person 12 den Eindruck, es handele sich hierbei um ein massives Underachievement. Tatsächlich weichen die Leistungen im Rahmen der Prädiktor- und Kriteriumsmessung gerade einmal 4 *T*-Wert-Punkte voneinander ab.

**Beispiel 4**

| **Schulleistung** | **1. Quartil** | | | **2. Quartil** | | | **3. Quartil** | | | **4. Quartil** | | |
|---|---|---|---|---|---|---|---|---|---|---|---|---|
| Person | 1 | 2 | 3 | 4 | 5 | 6 | 7 | 8 | 9 | 10 | 11 | **12** |
| *T*-Wert | 70 | 68 | 67.5 | 67.5 | 67 | 66.5 | 66 | 66 | 65.5 | 65.5 | 65 | **65** |

| **Intelligenz** | **1. Quartil** | | | **2. Quartil** | | | **3. Quartil** | | | **4. Quartil** | | |
|---|---|---|---|---|---|---|---|---|---|---|---|---|
| Person | **12** | 1 | 4 | 2 | 6 | 7 | 8 | 5 | 10 | 9 | 3 | 11 |
| *T*-Wert | **69** | 68.5 | 68 | 68 | 67.5 | 66.5 | 66.5 | 66 | 66 | 65.5 | 65 | 64 |

Zusammenfassend lässt sich feststellen, dass sich insbesondere die künstliche Einteilung in gleich große Gruppen als problematisch erweist, da es in den Übergangsbereichen zwischen zwei Leistungsstufen zu zufälligen Zuordnungen und somit zu Verzerrungen in der Klassifikation von Achievern und Underachievern kommen kann. Daran ändert auch die Tatsache nichts, dass es sich im vorliegenden Fall um ein konstruiertes Beispiel handelt. Bei der Verwendung authentischer Daten ist mit vergleichbaren Schwierigkeiten zu rechnen und von ähnlichen ‚Fehlklassifikationen' auszugehen. Dies zeigt sich beispielsweise an den Intelligenz- und Schulleistungsdaten aus dem Projekt EVES: Wie Beispiel 5 entnommen werden kann, finden sich auch hier die beschriebenen Überschneidungsbereiche zwischen den Quartilen. So fallen beispielsweise zwölf Kinder mit einem Intelligenztestwert von $T = 57$ in das 1. Quartil und 20 in das 2. Quartil. Hieraus ergibt sich die paradoxe Situation, dass ein Kind je nach zufälliger Gruppenzuweisung als Achiever oder Underachiever klassifiziert werden kann. Dies gilt theoretisch auch dann, wenn die Schulleistungswerte faktisch die Intelligenztestwerte übersteigen: So etwa im Falle ein Kindes, dessen Intelligenztestwert (*PSB-R 4-6*; Lukesch et al., 2002) von $T = 57$ in das 1. Quartil und dessen Lesetestwert (*KNUSPEL-L*; Marx, 1998) von $T = 62$ in das 2. Quartil fällt.

**Beispiel 5**

| | 1. Quartil | 2. Quartil | 3. Quartil | 4. Quartil |
|---|---|---|---|---|
| **Intelligenz (*PSB-R 4-6*)** (Spanne der *T*-Werte) | 80 - **57** | **57** - 52 | 52 - 45 | 45 - 20 |
| **Leseleistungen (*KNUSPEL-L*)** (Spanne der *T*-Werte) | 71 - 62 | **62** - 54 | 54 - 48 | 47 - 14 |

Verzichtet man bei der Aufteilung in Leistungsgruppen auf eine symmetrische Verteilung, ordnet man also alle Personen mit einem spezifischen Leistungswert derselben Gruppe zu, auch wenn eine andere Gruppe dadurch ‚unterbesetzt' sein sollte, so lässt sich diese Fehlerquelle zwar umgehen. Andere Schwierigkeiten, so etwa die Problematik, dass die tatsächlichen Leistungsunterschiede innerhalb einer Leistungsstufe größer ausfallen können als die Unterschiede zwischen verschiedenen Leistungsstufen, bleiben jedoch bestehen. Es sei zudem darauf hingewiesen, dass die hier vorgetragene Kritik umso stärker hervortritt, je feiner die Untergliederung der Stichprobe gewählt wird. Probleme ergeben sich vor allem in den Randbereichen zwischen zwei Kategorien. Je mehr Kategorien bestehen, desto zahlreicher sind die Grenzbereiche und desto größer ist die Gefahr von Fehlklassifikationen. Je geringer die Abstufungen sind, desto geringer ist die Chance, dass die Leistungen von Personen bereits aufgrund von Messfehlern verschiedenen Leistungsstufen zugeordnet werden.

Eine Möglichkeit, dieses Problem zu umgehen bzw. zu begrenzen, besteht darin, statt der Forderung gleicher Quantile auf Prädiktor- und Kriteriumsseite kleinere Abweichungen noch als Achievement zu werten und erst bei deutlichen Abweichungen von Underachievement zu sprechen. So könnte man bei einer Percentil-Definition etwa erst dann Underachievement diagnostizieren, wenn zwischen Prädiktor- und Kriteriumsleistung mindestens zwei Percentile liegen. Dabei darf jedoch nicht außer Acht gelassen werden, dass sich hierdurch das eingangs beschriebene Problem, dass in den unteren Percentilbereichen kein Underachievement mehr auftreten kann, nicht lösen lässt. Hinzu kommt, dass es wiederum einer willkürlichen Festlegung entspräche, eine bestimmte Abweichung (z. B. ein oder zwei Percentile nach oben und unten) gerade noch als akzeptabel anzusehen. Doch auch noch ein weiteres Problem ergibt sich, das sich mittels der beschriebenen Ansätze nicht lösen lässt: Die Tatsache, dass der Annahme, die Testleistungen der Prädiktor- und Kriteriumsmessung müssten in dasselbe Quantil fallen, die Vorstellung zugrunde liegt, dass zwischen Prädiktor- und Kriterium prinzipiell ein perfekter linearer Zusammenhang besteht. Entsprechende Ansätze lassen sich somit nur dann rechtfertigen, wenn man davon ausgeht, dass sich die Korrelation zwischen Intelligenz und Schulleistung $r = 1$ annähert. Dies ist jedoch keine legitime Annahme. Schulleistungen werden eben nicht nur durch die Intelligenz einer Person beeinflusst, sondern durch eine Vielzahl weiterer Faktoren bedingt.

Schließlich hängt die Zuordnung zu einer bestimmten Leistungsgruppe bzw. zu einem bestimmten Quartil stets von der jeweiligen Untersuchungsgruppe ab. Eine durchschnittliche intellektuelle und schulische Leistung würde in einer Stichprobe von durchschnittlich bis hochbegabten sowie mittelmäßigen bis sehr guten Schülerinnen und Schülern vermutlich in das 3. oder 4. Quartil fallen, in einer Gruppe von durchschnittlich und unterdurchschnittlich begabten bzw. mittelmäßig bis schlechten Schülerinnen und Schülern hingegen in das obere Leistungsquartil. Für die Feststellung von Underachievement ist dies zunächst einmal nicht von Bedeutung – zumindest solange es zwischen Intelligenz und Schulleistung nicht zu einer Verschiebung, d. h. zu einer Zuordnung zu verschiedenen Quartilen kommt. Eine solche Verschiebung kann jedoch leicht entstehen, wenn der Prädiktor- und Kriteriumsmessung nicht die gleiche oder zumindest eine vergleichbare Stichprobe zugrunde liegt bzw. wenn im klinischen Kontext die Zuordnung einer Einzelleistung über vorhandene Normen erfolgt. Somit zeigt sich, dass Quantil-Ansätze kein geeignetes Instrument zur Bestimmung von Underachievement sein können.

### 3.3.2 Defizite regressionsanalytischer Ansätze

Um die dargestellten Defizite der Quantil-Ansätze zu umgehen (oder die Gefahr von Messfehlern zumindest abschätzen zu können), werden in neueren Studien die Schulleistungswerte zumeist mittels regressionsanalytischer Ansätze ermittelt.[27] Das Ziel der linearen Regression besteht in der Vorhersage einer Kriteriumsvariable ($y$) durch eine Prädiktorvariable ($x$). Markiert man in einem Koordinatensystem zu jedem Prädiktorwert ($x$) einer Person ($i$) den dazugehörigen Kriteriumswert ($y$) so erhält man im Falle einer ausreichend großen Stichprobe eine Punktewolke. Gesucht wird sodann eine Gerade, die eine möglichst geringe (vertikale) Abweichung zu allen Punkten aufweist. Mit einer solchen Geraden kann zu jedem Wert von $x$ ein Wert von $y$ vorhergesagt werden. Die allgemeine Funktion der Geraden lautet: $y = b \cdot x + a$, wobei a (der $y$-Achsenabschnitt) und $b$ (das Regressionsgewicht) so gewählt werden, dass der Vorhersagefehler über alle Probanden minimal ist. Als Vorhersagefehler (bzw. Residuum) bezeichnet man die Abweichung der auf Basis der Regressionsgleichung vorhergesagten $y$-Werte von den tatsächlichen $y$-Werten. Für die Ermittlung der Regressionsgleichung wird die Differenz zwischen tatsächlichen und vorhergesagten $y$-Werten quadriert (Methode der kleinsten Quadrate). Dies hat zum einen den Vorteil, dass die Abweichungswerte stets positiv sind, und zum anderen, dass große Abweichungen stärker berücksichtigt werden als kleine.

---

[27] *Voraussetzungen für die Anwendung der Regressionsanalyse*: (1) Alle Variablen auf Seiten des Prädiktors und Kriteriums müssen normalverteilt und mindestens intervallskaliert sein. Beide Prämissen sind bei der Vorhersage von Schulleistungen jedoch nicht zwangsläufig erfüllt. Auf Seiten des Kriteriums lässt insbesondere die Verwendung von Schulnoten Zweifel an der Normalverteilung und dem geforderten Skalenniveau aufkommen. (2) Die Streuung der Residuen muss über alle Ausprägungen der Prädiktorvariablen hinweg vergleichbar sein, d. h. die Homoskedastizität der Variablen muss gegeben sein. (3) Zudem ist es erforderlich, dass die Residuen sowohl unabhängig als auch normalverteilt sind. Nach Krug und Rheinberg (1980) ist im schulischen Kontext allerdings gerade nicht davon auszugehen, dass Messfehler stets unsystematisch sind.

Für die Feststellung von Underachievement wird – ausgehend von einem Wert, der die kognitive Leistungsfähigkeit einer Person widerspiegelt – mittels der Regressionsgleichung ein Schulleistungswert vorhergesagt. Anschließend wird der Vorhersagewert mit dem tatsächlich erzielten Schulleistungswert verglichen. Weicht der tatsächlich ermittelte Wert eines Schülers / einer Schülerin vom vorhergesagten Wert ab – liegt der Wert also ober- oder unterhalb der Regressionsgeraden –, so leistet der Schüler / die Schülerin erwartungswidrig viel bzw. wenig. Möglich ist eine solche Vorhersage allerdings nur dann, wenn $x$ und $y$ miteinander korrelieren. Je höher die Korrelation zwischen $x$ und $y$, desto geringer ist auch die Abweichung von der Regressionsgeraden. Im Falle einer perfekten Korrelation liegen alle Werte auf der Regressionsgeraden. Beispielhaft sei angenommen, ein solcher Zusammenhang bestünde zwischen den Leistungen in einem Intelligenztest und den Noten im Fach Deutsch. In diesem Falle könnten die Leistungsunterschiede in Deutsch exakt über die Unterschiede in der Intelligenz der jeweiligen Personen erklärt werden. Das heißt, die auf der Basis des Intelligenzwertes geschätzte Deutschnote würde exakt mit der tatsächlich erzielten Deutschnote übereinstimmen und es gäbe folglich aufgrund der fehlenden Differenz zwischen Vorhersagewert und tatsächlicher Leistung nach der herkömmlichen Diskrepanz-Definition weder Over- noch Underachiever (u. a. Simons, 1976; Wahl, 1975). Fände sich hingegen ein Zusammenhang zwischen Deutschnote und Intelligenzleistung von $r < 1$, so ergäbe sich die Zahl der Over- und Underachiever aus der Anzahl der Fälle, in denen es zu einer Abweichung zwischen beobachteten und geschätzten Kriteriumswerten kommt.

Problematisch hieran ist, dass in der Regel nur wenige Schulleistungswerte direkt auf der Regressionsgeraden liegen. Die Anzahl der Overachiever und Underachiever wäre demnach sehr groß. Darüber hinaus würden – ebenso wie beim Vergleich von Intelligenz- und Schulleistungsniveaus (s. o.) – bereits geringe Messfehler ausreichen, um Schüler aus dem Overachieverbereich in den Underachieverbereich fallen zu lassen. Um diese Gefahr zu reduzieren, d. h. Fehlklassifikationen aufgrund von Messfehlern zu vermeiden, werden nicht sämtliche Abweichungen von der Regressionsgeraden als kritisch betrachtet, sondern spezifische Vertrauensbereiche definiert. Erst wenn die Werte einer Person außerhalb des jeweils festgelegten Vertrauensbereichs liegen, wird von Over- und Underachievement ausgegangen. Bei der Festlegung des Vertrauensbereichs sind nach Wahl (1975) drei mögliche Vorgehensweisen zu unterscheiden:

(1) *Der Vertrauensbereich beträgt (mehr als) eine Standardabweichung ($s_y$) des Kriteriums:* Weichen die standardisierten Prädiktor- und Kriteriumswerte eines Schülers / einer Schülerin um (mehr als) den Betrag einer Standardabweichung voneinander ab, so ist dies ein Zeichen für Over- bzw. Underachievement. Die Korrelation zwischen Prädiktor und Kriterium ist dabei ohne Bedeutung, da sie auf die Standardabweichung der Schulleistung keinen Einfluss hat. Ein entsprechendes Vorgehen wird nach Glaser und Brunstein (2004) auch im Rahmen des DSM-IV sowie der ICD-10 propagiert. In beiden Manualen wird eine Abweichung zwischen Vorhersagewert und tatsächlicher Schulleistung von mindestens 1.5 Standardabweichungen (*SD*) bzw. 2 *SD* (ICD-Forschungskriterien) gefordert.

(2) *Der Vertrauensbereich beträgt einen Standardschätzfehler ($s_{yx}$):* Die Abweichung von vorhergesagtem und tatsächlich erzieltem Schulleistungswert wird als Residuum bezeichnet. Der Standardschätzfehler wiederum entspricht der Standardabweichung der Residuen. Je niedriger der Standardschätzfehler, desto ähnlicher sind sich beobachtete und geschätzte Kriteriumswerte. Der Standardschätzfehler variiert in Abhängigkeit von der Streuung des Kriteriums, der Streuung des Prädiktors und der Korrelation zwischen Prädiktor und Kriterium (Bortz, 2005). Es gilt: Je größer die Streuung des Kriteriums, desto größer der Standardschätzfehler, je größer die Streuung des Prädiktors, desto kleiner der Standardschätzfehler und je größer die Korrelation zwischen Prädiktor und Kriterium, desto kleiner der Standardschätzfehler.[28] Ist die Korrelation zwischen Prädiktor und Kriterium ($r_{xy}$) kleiner 1, so streuen die tatsächlichen *Y*-Werte um die vorhergesagten Werte *Y'*, die auf der Regressionsgeraden liegen. Die Standardabweichung dieser Verteilung (der sog. Standardschätzfehler) bringt zum Ausdruck, mit welcher Wahrscheinlichkeit der tatsächlich gemessene Wert von dem vorhergesagten Kriteriumswert abweicht: $s_{yx} = s_y{*}\ \sqrt{(1-r_{xy}^2)}$. Beträgt die Korrelation zwischen Prädiktor und Kriterium $r_{xy} = 1$, so liegen alle Kriteriumswerte auf der Regressionsgeraden und der Standardschätzfehler ist Null. In diesem Fall gibt es weder Over- noch Underachiever. Ist hingegen $r_{xy} = 0$, so ist der Standardschätzfehler $s_{yx}$ gleich der Standardabweichung $s_y$ des Kriteriums. Als erwartungsgemäß gilt eine gemessene Schulleistung dann, wenn sie nicht mehr als einen Standardschätzfehler vom vorhergesagten Wert abweicht (Wahl, 1975). Bei einer Korrelation von $r_{xy} < 1$ trifft dies jeweils auf die Werte von 68.26 Prozent der Schüler/-innen zu. Sie gelten als Achiever. Die verbleibenden 31.74 Prozent der Schüler/-innen erzielen erwartungswidrige Leistungen, wobei je 15.87 Prozent als Over- bzw. Underachiever gelten. Die Voraussetzungen für die Anwendung dieses Verfahrens sind Linearität und Homoscedastizität.

(3) *Der Vertrauensbereich beträgt einen Standardmessfehler ($s_{ex}$) des Prädiktors:* In diesem Falle darf der erzielte vom vorhergesagten Kriteriumswert bis zu einem Standardmessfehler abweichen. „Der Standardmessfehler [$s_{ex} = s_x{*}\ \sqrt{(1-r_{xx})}$] ist derjenige Anteil an der Standardabweichung eines Tests, der zu Lasten seiner Unreliabilität geht“ (Lienert & Raatz, 1998, S. 365). Er ist für alle Testpersonen gleich groß. Eine erwartungswidrige Leistung liegt dann vor, wenn der tatsächliche Kriteriumswert einer Person um mehr als den Betrag eines Standardmessfehlers des Prädiktors vom vorhergesagten Kriteriumswert abweicht. Bereits Wahl

[28] Je kleiner die Korrelation, desto höher ist die Streuung der Differenzen bzw. Residuen. Bei einer Korrelation von $r = .50$ und einer Streuung des Kriteriums von $r_c = 1.0$ beträgt der Standardschätzfehler $s_e = .87$. Ausgehend von einer Korrelation von $r = .70$ zwischen einer Schulnotenverteilung ($M = 3.5$ und $SD = 1$) und einem Intelligenztest ($M = 100$ und $SD = 15$), die in den meisten Fällen nicht erreicht werden dürfte, beträgt der Standardschätzfehler $s_e = .71$. Mit einer Wahrscheinlichkeit von 95 % liegen unter diesen Umständen die Noten eines unterdurchschnittlich intelligenten Schülers (z. B. $IQ = 80$) im Bereich zwischen 3.0 und 5.8 und die eines überdurchschnittlich begabten Schülers (z. B. $IQ = 120$) im Notenbereich von 1.2 bis. 4.0 (s. Abschnitt 8.3). Selbst bei so extremen Testwerten und einer Korrelation von $r = .70$ ergeben sich erhebliche Überschneidungen in den Notenbereichen.

(1975) kritisiert an dieser Vorgehensweise, dass die Reliabilität des Kriteriums keine Berücksichtigung findet und damit ungerechtfertigterweise unterstellt wird, das Kriterium sei perfekt reliabel. Nach der herkömmlichen Auffassung ist für eine Underachievement-Diagnose jedoch die Differenz aus tatsächlich erzielter Leistung und auf Basis der Prädiktormessung zu erwartender Leistung relevant. Da sich diese Differenz aus zwei Messwerten ergibt, fließen in die Diagnose auch zwei Messfehler ein (einer auf Seiten der Prädiktors und einer auf Seiten des Kriteriums).

Nach Wahl (1975) hat sich im Forschungskontext vor allem Variante 2 durchgesetzt. Die Wahl dieser statistischen Definition wird wie folgt begründet (Wahl, 1975): Korrelieren Prädiktor und Kriterium miteinander, so liegt der beste Schätzwert für die schulischen Leistungen auf der Regressionsgeraden. In der Realität streuen die gemessenen Schulleistungswerte jedoch um die Regressionsgerade. Die Varianz der Schulleistungswerte lässt sich zerlegen in jenen Teil, der durch den Prädiktor (Intelligenz) erklärt werden kann, und die so genannte Residualvarianz, die sich in systematische Restvarianz und Fehlervarianz unterteilen lässt. Beträgt der Vertrauensbereich einen Standardschätzfehler, so dürften Schulleistungswerte, die außerhalb des Vertrauensbereichs liegen, kaum noch mit Fehlern behaftet sein. Geringe Abweichungen von der Regressionsgeraden werden somit in erster Linie Messfehlern zugeschrieben, während starke Abweichungen als systematisch erachtet werden. Folgt man dieser Annahme, so müssten Schüler/-innen, deren schulische Leistungen sehr weit von der Regressionsgeraden entfernt liegen, diese Position stabil innehaben. Schließlich wird eine derart starke Abweichung vornehmlich auf systematische Einflüsse zurückgeführt (Wahl, 1975).

Ließe sich diese Stabilitäts-Annahme bestätigen, so könnten nach Wahl (1975) Determinanten schulischer Leistung relativ ökonomisch ermittelt werden, indem Personengruppen deren Schulleistungswerte nach oben bzw. unten um mehr als einen Standardschätzfehler von der Regressionsgeraden abweichen, einander gegenübergestellt werden. Bereits an dieser Stelle sei jedoch angemerkt, dass diese Vorgehensweise keineswegs unproblematisch ist. So mag es plausibel erscheinen, ab einer gewissen Abweichung von der Regressionsgeraden von erwartungswidrigen Leistungen zu sprechen. Allerdings ist der Umkehrschluss, dass es bei einem völlig deterministischen Zusammenhang nur Achiever gibt, unzulässig (s. Exkurs: Kollektives Underachievement). Hinzu kommt, dass nicht zuletzt die Untersuchungsergebnisse von Simons (1976), Thorndike (1963) und Wahl (1975) berechtigte Zweifel an der Messstabilität aufkommen lassen. Thorndike kam bereits 1963 zu dem Ergebnis, dass Underachievement hauptsächlich auf Messfehler zurückgeführt werden müsse. Dies gelte insbesondere bei Verwendung des Regressionsansatzes. Er kritisierte, dass eine stabile Klassifikation von Achievern und Underachievern kaum möglich sei und bereits kleine Messfehler gravierende Folgen hätten. Simons (1976) erfasste im Rahmen einer Untersuchung von 301 Viertklässlern die Noten in den Fächern Deutsch und Rechnen sowie die Leistungen im *PMAT* (*Primary Mental Ability Test*). Als Prädiktor dienten die Leistungen in den Untertests 2 (Verbale Fähigkeiten) und 4 (Schlussfolgerndes Denken), als Kriterium die jeweiligen Fachnoten. Aus diesen vier Variablen lassen sich vier Vorhersage-Modelle bilden. Für jede der vier möglichen Konstellationen aus Prädiktor und Kriterium wurden jeweils jene 16 Prozent ($N$ = 46) der Schüler/-innen ermittelt, die die größte Diskrepanz zwischen vorhergesagter und tatsächlich erzielter Schulleistung aufwiesen. Ein Vergleich der erwartungswidrig schlechten Schüler/-innen unter den einzelnen Vorhersagemodellen zeigte, dass gerade einmal zehn Schüler/-innen (22 Prozent) unter allen Konstellationen erwartungswidrige Schulleistungen zeigten. Die Untergruppen der erwartungswidrigen Schüler/-innen waren also sehr heterogen. „So kann es nicht verwundern, daß auch die Begründungen und Erklärungen für das Zustandekommen erwartungswidriger Schulleistungen für die eine Gruppe zutreffend sein mögen, für eine andere jedoch unzutreffend sein können. Residuen, d. h. erwartungswidrige Schulleistungen, sind im höchsten Maße relativ und instabil" (Simons, 1976, S. 53). Entsprechend sind auch Korrelationen, bei denen Residuen als Variablen benutzt werden, instabil und unzuverlässig.

Nach Simons (1976, S. 54) besteht ein weiteres Problem darin, dass aus einer „zwangsläufig unvollkommenen Korrelation zwischen intellektuellen Grundfähigkeiten und Schulleistungen die Schulleistungen bei einigen Schülern zu gut geschätzt werden und bei anderen zu schlecht". Entsprechend sei Underachievement ein Vorhersage- bzw. Schätzfehler und nicht etwa ein stabiles Persönlichkeitsmerkmal. Diese Annahme wurde von Wahl (1975) geteilt und im Rahmen seiner Dissertation überprüft. Mittels einer Computersimulation untersuchte er, wie stabil sich Individuen den Gruppen der ‚Underachiever', ‚Achiever' und ‚Overachiever' zuordnen lassen, wenn die Reliabilitäten auf Seiten des Prädiktors und Kriteriums systematisch variiert werden. Wie sich hierbei herausstellte, behielten pro Durchgang im Durchschnitt nur 78 Prozent und bei insgesamt 1.000 Simulationen nur fünf von 2.973 Schülern ihre Positionen bei. Wahl (1975) kam damit ebenfalls zu dem Schluss, dass Over- und Underachievement auf Messfehler zurückzuführen sind und eine inhaltliche Interpretation der Abweichungen von der Regressionsgerade unzulässig ist. Seine Befunde und die daraus abgeleiteten Interpretationen blieben jedoch nicht unwidersprochen.

Krug und Rheinberg (1980) kritisieren an dieser Art des Vorgehens, dass Messfehler unter Feldbedingungen kaum so unsystematisch zustande kommen, wie bei der Zufallssteuerung im Simulationsprogramm. Doch auch auf Seiten des wahren Wertes zeige sich ein grundlegender Unterschied zwischen wiederholten Messungen im Feld und der Messwiederholung im Rahmen eines Simulationsprogramms. Während Messwiederholungen im Rechner quasi simultan erfolgen, folgen Messwiederholungen im Unterricht einer strengen zeitlichen Reihenfolge. Hinzu kommt, dass Schulleistungsunterschiede prozessualen Charakter besitzen. Lernschritte bauen aufeinander auf. Dies führt dazu, dass Schüler/-innen mit besseren Vorkenntnissen im Unterricht mehr verstehen und infolgedessen vom Unterricht mehr profitieren als Schüler/-innen mit geringen Vorkenntnissen. Über die Zeit führt dies dazu, dass einige Schüler/-innen Wissen und Fertigkeiten und andere Schüler/-innen Lerndefizite kumulieren.

> Abweichend von den Meßwiederholungen der Simulationsstudie ist also davon auszugehen, daß ein vorangegangener wahrer Meßwert systematisch die nachfolgenden beeinflusst. Nimmt man die längsschnittlichen Abhängigkeiten auf seiten des Meßfehlers hinzu, so steht zu erwarten, dass zumindest beim Kriterium (Schulleistung) weit weniger Fluktuationen und dafür mehr Stabilisierung und Akzentuierung von

> Schulleistungsunterschieden auftritt, als das nach den Meßwiederholungs-Regeln des Simulationsprogramms geschieht. Folglich müssten sich auch over- und underachiever über Zeit stabiler klassifizieren lassen, als es nach den testtheoretischen Annahmen zu erwarten ist, die den Analysen von Wahl zugrunde liegen. (Krug & Rheinberg, 1980, S. 73)

Krug und Rheinberg (1980) geben generell zu bedenken, dass die Annahmen der klassischen Testtheorie dem Forschungsfeld (schulische Lernsituationen) möglicherweise nicht angemessen sind. So halten sie es auch nicht für abwegig, das Leistungsresultat eines Schülers bzw. einer Schülerin unabhängig von einem möglichen Messfehler als eine Art wahren Wert aufzufassen. „Schließlich ist ein erzieltes Resultat unter Feldbedingungen ein Faktum mit Rückmeldungs- und Folgecharakter. Es kann auf Selbstbewertung wie auch auf die Schüler-Lehrer-Interaktion und schließlich auf die Leistungsbeurteilung des Lehrers derart Einfluß nehmen, daß nachfolgende Schulleistungen systematisch von ihm beeinflußt werden" (Krug & Rheinberg, 1980, S. 72).

### Exkurs: Kollektives Underachievement

Liegen sämtliche Werte auf der Regressionsgeraden, sind also Vorhersagewerte und tatsächlich erzielte Leistungen deckungsgleich, ist dies keineswegs ein Nachweis dafür, dass es keine Underachiever gibt, wie sich an einem einfachen Rechenbeispiel zeigen lässt. In Tabelle 2 sind zu diesem Zwecke die hypothetischen Intelligenz- und Schulleistungstestwerte von zehn Schülerinnen und Schülern dargestellt:

**Tab. 2** Hypothetische Verteilung der Intelligenz und Schulleistungstestwerte von zehn Schülerinnen und Schülern

| **Schüler/-in** | **1** | **2** | **3** | **4** | **5** | **6** | **7** | **8** | **9** | **10** |
|---|---|---|---|---|---|---|---|---|---|---|
| Intelligenz (T-Werte) | 80 | 75 | 70 | 65 | 60 | 55 | 50 | 45 | 40 | 35 |
| Schulleistungstest (T-Werte) | 60 | 55 | 50 | 45 | 40 | 35 | 30 | 25 | 20 | 15 |

Wie in Abbildung 1 zu sehen ist, handelt es sich hierbei um einen völlig deterministischen Zusammenhang, d. h. die Schulleistungswerte können durch die Intelligenzwerte perfekt vorhergesagt werden. Alle Werte liegen also auf der Regressionsgeraden, die im vorliegenden Falle durch die Gleichung $y = x - 20$ repräsentiert ist.

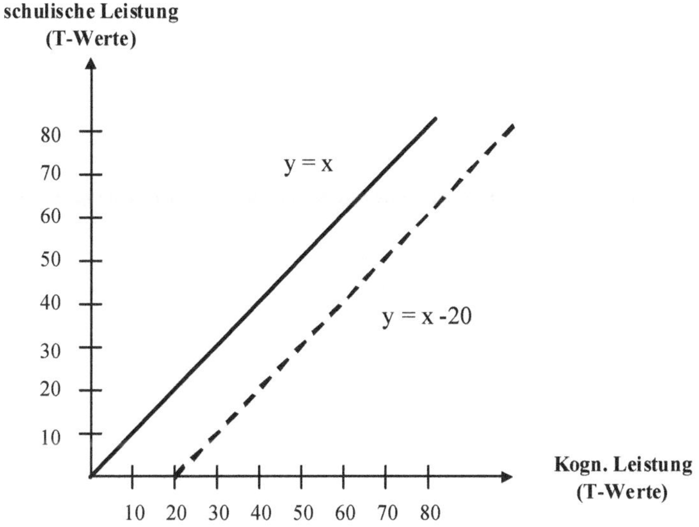


**Abb. 1** Hypothetische Regressionsgeraden von Achievern (durchgezogene Linie) und ‚kollektiven Underachievern' (gestrichelte Linie)

Gäbe das intellektuelle Leistungsniveau einer Person Auskunft darüber, welches Leistungsniveau im schulischen Kontext erreicht werden kann, würde man erwarten, dass eine Person, die in einem Intelligenztest einen *T*-Wert von 70 (*PR* = 98) erzielt auch in einem Schulleistungstest einen *T*-Wert von 70 erreicht und damit zu den besten 2 Prozent der Vergleichsstichprobe zählt (vgl. durchgezogene Linie / Winkelhalbierende). Im vorliegenden Beispiel erreicht Schüler/-in 3 jedoch nur einen Schulleistungswert von *T* = 50. Dieser lässt sich über die Regressionsgleichung exakt vorhersagen, im Vergleich zu den übrigen neun Kindern würde Schüler/-in 3 damit zwar ihren/seinen Rangplatz behalten, im Vergleich zur Referenzstichprobe würde Schüler/-in 3 (ebenso wie alle anderen neun Kinder) jedoch eine erwartungswidrige Leistung erzielen. Ob Underachievement vorliegt oder nicht, lässt sich daher nicht alleine an der Stärke des Zusammenhangs zwischen Prädiktor und Kriterium erkennen. Vielmehr kann Underachievement nur dann sinnvoll erfasst werden, wenn die erzielten Leistungen im Zusammenhang mit den Leistungen einer adäquaten Vergleichsstichprobe betrachtet werden. Selbstverständlich ließe sich argumentieren, dass das vorliegende Beispiel eigens konstruiert wurde. Allerdings wird im Rahmen der grundsätzlichen Kritik an einem Diskrepanzmodell (vgl. Abschnitt 3.4) noch ausführlich an Praxisbeispielen zu zeigen sein, dass es auf der Basis der klassischen Definition von Underachievement geradezu zwangsläufig zu Fällen eines kollektiven bzw. gruppenübergreifenden Underachievement kommen muss. Auch dieser Effekt spricht gegen den methodischen Ansatz der klassischen Underachievement-Forschung.

***Weitere konzeptuelle Probleme.*** Gegen den Rückgriff auf ein regressionsanalytisches Modell zur Bestimmung von Underachievement spricht darüber hinaus, dass auf diese Weise eine unzulässige Gleichgewichtung von Over- und Underachievement vorprogrammiert ist. Geht man nämlich davon aus, dass die kognitive Leistungsfähigkeit einer Person die maximal mögliche Schulleistung definiert, so führt dies zwangsläufig dazu, dass diese Maximalleistung unter optimalen Förder- und Rahmenbedingungen lediglich erreicht, nicht jedoch übertroffen werden kann. Ein vermeintliches ‚Overachievement' kann daher, wie im vorangegangenen Kapitel 2 bereits ausgeführt wurde, allenfalls auf glückliches Raten, die Zuhilfenahme unerlaubter Hilfsmittel (z. B. Spickzettel) und Ähnliches zurückgeführt werden. Die Möglichkeiten, die aufgrund der Prädiktormessung zu erwartende Leistung im Rahmen der Kriteriumsmessung zu übertreffen, sind also sehr begrenzt. Für die Möglichkeiten, ein Underachievement herbeizuführen, gilt dies nicht. Es liegt auf der Hand, dass zahlreiche Umstände denkbar sind, unter denen es nicht zu einer Potenzialausschöpfung kommt (mangelnde Motivation, Prüfungsangst, Störungen jeglicher Art, fehlerhafte Instruktionen etc.). Insofern ist in einem solchen Modell von vornherein zu erwarten, dass die Zahl der Underachiever größer ist als die Zahl der vermeintlichen Overachiever. Durch die Anwendung der Regressionsanalyse (bzw. die Ermittlung der Regressionsgeraden mittels des kleinsten Quadratekriteriums) wird jedoch suggeriert, dass stets eine ‚symmetrische' Aufteilung in Over- und Underachiever vorliegen muss.[29] Durch die Regressionsanalyse wird also ein künstliches ‚Gleichgewicht' zwischen Over- und Underachievern hergestellt, das in dieser Form faktisch nicht besteht.

Hieraus ergibt sich folgendes Problem: Wird im Rahmen der Regressionsanalyse eine Stichprobe verwendet, in der sich mehr Under- als Overachiever befinden, so ist die resultierende Regressionsgerade als Trennlinie zwischen Over- und Underachievement ungeeignet und die Gefahr von Fehlklassifikationen groß. Das faktisch bestehende Ungleichgewicht zwischen Over- und Underachievern hat zur Folge, dass die tatsächlich erwartbare Leistung – wie im Falle des kollektiven Underachievements – systematisch unterschätzt wird. Die resultierende Regressionsgerade ist also gegenüber der ‚tatsächlichen Achievement-Geraden' verschoben (vgl. Abb. 2). Personen, deren Werte auf die Regressionsgerade fallen und somit nach der Logik des regressionsanalytischen Ansatzes als Achiever gelten, müssten in Wirklichkeit bereits den Underachievern zugerechnet werden. Die tatsächlich erwartbare Leistung (Achievement-Gerade) ließe sich nur dann zuverlässig bestimmen, wenn hierzu auf eine möglichst große Stichprobe an Achievern zurückgegriffen werden könnte. Eine Stichprobe, die ausschließlich aus Achievern besteht, lässt sich allerdings praktisch kaum zusammenstellen, da es nicht nur an zuverlässigen Kriterien zur Bestimmung von Underachievement, sondern korrespondierend dazu auch an solchen zur Bestimmung von Achievement mangelt. Dies wird im Rahmen von Kapitel 4 noch ausführlich darzulegen sein.

---

[29] Die Regressionsgerade wird so durch eine Punktewolke gelegt, dass die vertikale Abweichung der Messwerte zu der Regressionsgeraden nach dem kleinsten Quadratekriterium minimal wird. Dies ist, wenn man von Verzerrungen durch Ausreißer (extreme Messwerte) einmal absieht, im Allgemeinen dann der Fall, wenn ebenso viele Messwerte nach oben wie unten abweichen.

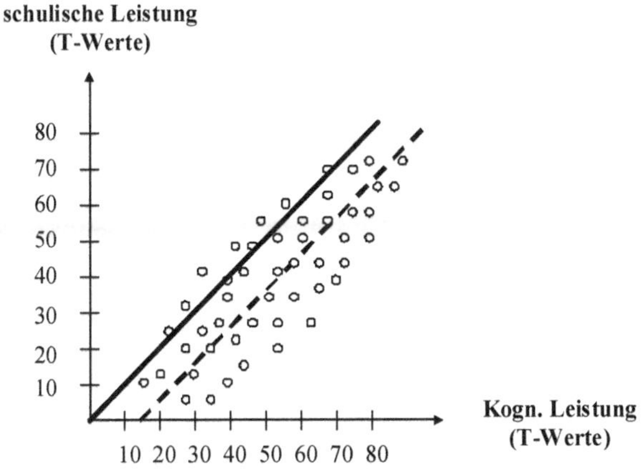


**Abb. 2** Hypothetische Regressionsgeraden von Achievern (durchgezogene Linie) und Achievern + Underachievern (gestrichelte Linie)

## 3.4 Defizite und Grenzen der herkömmlichen Diskrepanz-Definition

Aus den bisherigen Ausführungen ergibt sich, dass Underachievement zwar als eine Diskrepanz zwischen tatsächlich gezeigter Leistung und Leistungspotenzial bzw. aktueller Leistung und der aufgrund einer Prädiktormessung erwartbaren Leistung anzusehen ist. In der (Forschungs-)Praxis ist die geforderte Diskrepanz jedoch nicht immer (ohne weiteres) feststellbar. Darüber hinaus sind zahlreiche Fälle beobachtbar, in denen eine Diskrepanz besteht, ohne dass diese zweifelsfrei als Indikator für das Vorliegen von Underachievement gewertet werden könnte. Es besteht also die Gefahr, dass zum einen tatsächliche Underachiever nicht entdeckt (False Negatives, $\alpha$-Fehler) und zum anderen solche Schüler/-innen als Underachiever klassifiziert werden, die dieser Gruppe faktisch gar nicht angehören (False Positives, $\beta$-Fehler). In welchen Fällen bzw. unter welchen Umständen eine korrekte Klassifikation mittels der herkömmlichen Verfahren besonders schwierig oder gar unmöglich ist, wird im Folgenden anhand alltagsnaher Beispiele aufgezeigt.

### 3.4.1 Problemfeld I: Kollektives Underachievement

Bekanntermaßen erzielen deutsche Schüler/-innen in internationalen Vergleichsstudien (z. B. PISA, IGLU, TIMSS) nur mittelmäßige Leistungen, wobei selbst die leistungsstärksten deutschen Schüler/-innen nicht mit den Leistungen der Teilnehmer/-innen aus den Spitzenländern mithalten können (Baumert et al., 2000). Dieses Leistungsdefizit könnte natürlich auf eine geringere kognitive Leistungsfähigkeit seitens der deutschen Schüler/-innen zurückgeführt werden. Dass sich das unterschiedliche Abschneiden der teilnehmenden Nationen über Unterschiede in den Begabungspotenzialen der jeweiligen Schülerstichproben erklären lässt, kann jedoch bezweifelt werden. Zwar wurde wiederholt versucht, intellektuelle Unterschiede über die ethnische Herkunft einer Person zu erklären (u. a. Herrenstein & Murray, 1994; Weiss, 2000). Die Ergebnisse derartiger Studien sind jedoch sehr umstritten (vgl u. a. Beardsley, 2003; Gould, 1996; Quitzow, 1990), und ethnisch-bedingte Intelligenzunterschiede wären darüber hinaus nicht in der Lage, innereuropäische Leistungsunterschiede zu erklären, wie sie sich etwa beim Vergleich zwischen Deutschland und dem PISA-Spitzenreiter Finnland zeigen (Baumert et al., 2001). Es ist also davon auszugehen, dass deutsche Schüler/-innen bezüglich ihrer intellektuellen Leistungsfähigkeit mit den PISA-Spitzenreitern mithalten können[30] und die Defizite nicht im Potenzial, sondern im Umsetzungsprozess von Begabung in Leistung liegen. Gelingt es allerdings bestimmten Personen (-gruppen), z. B. den skandinavischen oder ostasiatischen Schülerinnen und Schülern, bei vergleichbarem intellektuellem Potenzial, (wesentlich) bessere (schulische) Leistungen zu erzielen, legt dies nach der herkömmlichen Diskrepanz-Definition von Underachievement den Schluss nahe, dass die mäßigen Leistungen der deutschen Schüler/-innen als Underachievement zu werten sind. Welche Ursachen (vornehmlich Kontextfaktoren) für das ‚kollektive Underachievement' verantwortlich sind (etwa zu geringe Leistungsanforderungen, ungünstige schulische oder familiäre Rahmenbedingungen, Unterschiede in den Wertvorstellungen westlich und konfuzianisch geprägter Kulturen), kann im Rahmen dieser Untersuchung nicht vertieft werden.[31] Entscheidend im Hinblick auf die vorliegende Fragestellung ist die Feststellung, dass bei den deutschen Schülerinnen und Schülern ganz offensichtlich ein vorhandenes kognitives Potenzial auf breiter Ebene ungenutzt bleibt.

Keine Gesellschaft, die auf lange Sicht international konkurrenzfähig bleiben sowie ihre ökonomische und soziale Stellung sichern oder verbessern möchte, dürfte es sich leisten können, vorhandenes intellektuelles Kapital zu vergeuden. Insofern gilt es kollektives Underachievement nach Möglichkeit zu vermeiden. Nicht nur bei volkswirtschaftlicher Betrachtungsweise, sondern auch im Forschungskontext stellt kollektives Underachievement ein gravierendes Problem dar. Finden Leistungsvergleiche stets zwischen den Mitgliedern einer spezifischen und gegebenenfalls hochselektiven Personengruppe (z. B. deutschen Schülerinnen und Schülern) statt, so besteht die Gefahr, dass Personen als leistungsstark betrachtet werden, die es bei objektiver Betrachtung gar nicht sind. Entsprechend wähnte man sich auch in Deutschland bis zur Veröffentlichung der PISA, TIMSS und IGLU-Ergebnisse in der Überzeugung, einen Mangel an natürlichen Ressourcen durch intellektuelle Fähigkeiten und einen hohen Bildungsstandard kompensieren zu können. Erst der internationale Vergleich brachte die Erkenntnis, dass das deutsche Bildungssystem der Optimierung bedarf und andere Länder das Potenzial ihrer Schüler/-innen wesentlich besser nutzen und entfalten können.

---

[30] Andernfalls könnten mit sofortiger Wirkung alle Fördermaßnahmen zur Steigerung des schulischen Leistungsniveaus eingestellt werden, da sich ein Intelligenzdefizit im Sinne einer natürlichen Begabungsgrenze nicht durch Fördermaßnahmen aufheben ließe.

[31] Vergleiche hierzu u. a. die im Rahmen des Schwerpunktprogramms ‚Die Bildungsqualität der Schule' (BIQUA) von der Deutschen Forschungsgemeinschaft geförderten Projekte und Arbeiten.

Doch nicht nur im internationalen Vergleich, sondern auch auf nationaler und regionaler Ebene sowie bezogen auf einzelne Schulen und/oder Schulklassen kann es zu einem gruppenübergreifenden Underachievement kommen. Daher kann das Problem des kollektiven Underachievements im Forschungskontext auch nicht dadurch gelöst bzw. umgangen werden, dass man den sprichwörtlichen ‚Blick über den Tellerrand' vermeidet und Underachievement nur auf nationaler Ebene betrachtet. Aufgrund der Kulturhoheit der Länder unterscheiden sich die Curricula und Lernbedingungen auch in den einzelnen Bundesländern mitunter deutlich (Baumert et al., 2002a, 2002b, 2003; Drechsler & Schiefele, 2005; Neubrand, Blum, Ehmke, Jordan, Senkbeil, Ulfig & Carstensen, 2005; Prenzel et al., 2005; Rost, Senkbeil, Walter & Carstensen, 2005). Dies wirkt sich ebenso auf das Leistungsniveau der Schüler/-innen aus wie etwa Kompetenzunterschiede auf Seiten der Lehrpersonen (u. a. Treutlein, Zöller, Roos & Schöler, 2008; Weinert, Schrader & Helmke, 1989) sowie Unterschiede im Unterrichtsstil und Anspruchsniveau (Clark, 2003; Florek, 1999). Die Umsetzung von Begabung in Leistung gelingt also aufgrund der divergierenden Lernbedingungen und -anforderungen nicht in allen Fällen gleich gut. Problematisch hieran ist, dass es sich dabei nicht um zufällige Leistungsunterschiede handelt, die dadurch zustande kommen, dass Schüler/-innen hier und da, mal mehr und mal weniger von den jeweiligen Förderbedingungen profitieren. Vielmehr ist zu beobachten, dass ganze Gruppen von Schülerinnen und Schülern systematisch benachteiligt und – u. a. aufgrund von schlechtem Unterricht und niedrigen Erwartungen bzw. Anforderungen – daran gehindert werden, ihre Fähigkeiten zu entfalten.

Eine Personengruppe, die hiervon in besonderem Maße betroffen ist, sind Kinder aus weniger privilegierten Schichten. Gegenüber Kindern aus bildungsnahen Elternhäusern werden Kinder aus bildungsfernen Familien bezüglich ihrer (schulischen) Entfaltungsmöglichkeiten in doppelter Hinsicht benachteiligt (vgl. u. a. Baumert & Schümer, 2001, 2002; Bos & Pietsch, 2004; Ehmke, Hohensee, Heidemeier & Prenzel, 2004; Helmke, Hosenfeld, Schrader & Wagner, 2002; Ramseier & Brühwiler, 2003; Schnabel & Schwippert, 2000; Schwippert, Bos & Lankes, 2003; Stanat, 2003): Zum einen starten sie ihre Schullaufbahn gegenüber Kindern aus bildungsnahen Elternhäusern nicht selten mit einem deutlichen Lern- bzw. Wissensrückstand. Zum anderen wird dieser Rückstand oftmals nicht als Förderdefizit gesehen, sondern fälschlicherweise als Fähigkeitsdefizit interpretiert. Dies führt nicht selten dazu, dass die betroffenen Lehrer/-innen, das Anforderungsniveau an ihre fehlerhaften Erwartungen anpassen und weit weniger von ihren Schülerinnen und Schülern fordern, als diese zu leisten im Stande wären. Gerade im Falle von so genannten Brennpunktschulen birgt dies die Gefahr, dass aufgrund dieser Fehleinschätzung das vorhandene Potenzial ganzer Klassen nicht abgerufen wird und die betroffenen Kinder fälschlicherweise als Achiever auf einem niedrig(er)em Niveau und nicht als Underachiever mit einem umweltbedingten Leistungsrückstand betrachtet werden. Kommt es im Forschungskontext allerdings ausschließlich zu einem Vergleich der Leistungen eines Kindes mit den Leistungen anderer Kinder desselben Landes, derselben Region, Schule oder Klasse, so fällt diese Form des Underachievements nicht auf, selbst wenn von ihr, insgesamt betrachtet, besonders viele Schüler/-innen betroffen sein dürften.

Vergleichbares gilt im Ergebnis auch für die Leistungen jener Schüler/-innen, die im deutschen Bildungssystem eine falsche Bildungsempfehlung erhalten, also z. B. fälschlicherweise auf die Hauptschule geschickt werden, obwohl sie aufgrund ihrer intellektuellen Voraussetzungen ohne weiteres den Anforderungen der Realschule oder des Gymnasiums gewachsen wären. Im Allgemeinen ist davon auszugehen, dass sich die Anforderungen in den einzelnen Schularten unterscheiden und Hauptschüler/-innen ein niedrigeres Leistungspensum bewältigen müssen als Realschüler/-innen. An letztere werden wiederum geringere Anforderungen gestellt als an Gymnasiasten und Gymnasiastinnen. Dies hat zur Folge, dass auch bei Schülerinnen und Schülern, denen ungerechtfertigterweise die Bildungsempfehlung für eine höhere Schulart verwehrt wurde, potenziell mögliche Leistungen gar nicht erst eingefordert werden, wodurch diese Schüler/-innen mit der Zeit leistungsmäßig immer weiter hinter gleichbegabte Kinder auf den jeweils höheren Bildungszweigen zurückfallen (u. a. Lehmann & Peek, 1997).[32] Auch in diesem Falle bleibt das Underachievement unerkannt, wenn lediglich ein Vergleich innerhalb der gleichen Schulform, Schule oder sogar Klasse erfolgt.

Die Liste der Beispiele von kollektivem Underachievement ließe sich ohne weiteres fortsetzen. Doch nicht in allen Fällen, in denen ganze Gruppen und/oder Klassen schlechtere Leistungen erzielen, als aufgrund ihrer jeweiligen Begabung zu erwarten wäre, handelt es sich um kollektives Underachievement. Von tatsächlichem kollektiven Underachievement abzugrenzen sind Fälle, in denen das Leistungsdefizit Mängeln in der Testauswahl zuzuschreiben ist. So können etwa unterschiedliche Lernansätze (z. B. im Rahmen des Anfangsunterrichts in der Grundschule) ein Problem darstellen. Während einige Lehrpersonen im Rahmen des Rechtschreibunterrichts bereits von Anfang an großen Wert auf orthographisch richtiges Schreiben legen, begnügen sich andere mit einer lautgetreuen Textwiedergabe. Werden nun beide Schüler/-innengruppen mit einem standardisierten Rechtschreibtest untersucht, so ist zu erwarten, dass Schüler/-innen, denen die korrekte Schreibweise von Worten bereits beigebracht wurde, bessere Leistungen erzielen als Kinder, die zum Testzeitpunkt noch lautgetreu und damit in vielen Fällen orthographisch falsch schreiben. Bei vergleichbarer kognitiver Leistungsfähigkeit würde die Gruppe der lautgetreu-schreibenden Kinder systematisch schlechtere Rechtschreibleistungen erzielen, so dass diese Kinder bei einem Vergleich von Intelligenz- und Schulleistungen als Underachiever zu klassifizieren wären. Es bliebe jedoch unberücksichtigt, dass es durchaus divergierende Auffassungen bezüglich eines (langfristig) effektiven Rechtschreibunterrichts geben kann und eine Diskrepanz möglicherweise nur aufgrund mangelnder Testfairness bzw. der Auswahl eines ungeeigneten Testverfahrens zu Stande gekommen ist.[33]

---

32 Im Unterschied zu den vorangegangenen Beispielen ist zu erwarten, dass stets nur Einzelfälle von einer falschen Bildungsempfehlung betroffen sind, wenngleich die Ergebnisse der IGLU-Studie ein pessimistischeres Bild vermitteln (Bos et al., 2003). Insbesondere Kinder aus bildungsferneren Schichten scheinen demnach häufig eine falsche Bildungsempfehlung zu erhalten (u. a. Lehmann & Peek, 1997; Lehmann, Vieluf, Nikolova & Ivanov, 2006; Weißhuhn & Rövekamp, 2004), weil Lehrpersonen das Bildungsniveau der Eltern als Indikator für die Leistungsfähigkeit der Kinder heranzuziehen und außer Acht lassen, dass die Lebensumstände eines Kindes nichts über dessen Leistungsfähigkeit aussagen (vgl. etwa Hayden, 1981, 1995).

33 Von diesen unterschiedlichen Lernerfahrungen sind solche Fälle abzugrenzen, in denen der Leistungsstand (z. B. die Rechtschreibkenntnisse) objektiv vergleichbar sind, Unterschiede in den Un-

Insgesamt betrachtet werfen die vorangegangenen Ausführungen selbstverständlich die Frage auf, ob im Falle eines kollektiven Underachievements überhaupt von Underachievement gesprochen werden darf. Nach der herkömmlichen Definition wäre dies durchaus zulässig, da zweifellos eine Diskrepanz zwischen kognitiver Leistungsfähigkeit und schulischen Leistungen vorliegt. Allerdings werden u. a. in der Definition von Lernstörungen von vornherein solche Kinder ausgeschlossen, deren Leistungsdefizit auf eine mangelhafte Beschulung oder biologische Defizite zurückgeführt werden müssen (Saß et al., 1998). Ob eine solche Prämisse bezüglich Underachievement ebenfalls sinnvoll ist, wird im Rahmen von Abschnitt 4.4.2 noch näher erörtert. Feststehen dürfte, dass im Hinblick auf die Frage, bezüglich welcher (Personen-)Merkmale sich Achiever und Underachiever unterscheiden, solche Kinder zu Verzerrungen in den Ergebnissen führen können, die bei einem Abruf ihres vollen Leistungspotenzials erwartungskonforme Leistungen zeigen würden, aufgrund spezifischer Rahmenbedingungen (z. B. zu niedrigen Anforderungen oder der Art der Unterrichtsgestaltung) jedoch im Schulalltag daran gehindert werden. Diese Schüler/-innen dürften sich nämlich systematisch von solchen Schülerinnen und Schülern unterscheiden, die eine erwartungskonforme Leistung auch dann nicht erbringen, wenn die konkreten Umstände es zulassen würden. Es sei hier zum Beispiel an Schüler/-innen zu denken, die aus Desinteresse jegliche Leistung verweigern, also trotz vorhandener Fähigkeiten, die ihnen gebotenen Lerngelegenheiten nicht wahrnehmen und aufgrund dessen in Klassenarbeiten an den an sie gestellten Anforderungen scheitern. Bei Anwendung der Diskrepanzdefinition auf die gesamte Untersuchungsstichprobe käme es somit zu einer ungerechtfertigten Gleichbehandlung von ‚echten Underachievern' und ‚verhinderten Achievern' und damit zu einer Verzerrung der Ergebnisse bzw. einer Verdeckung von tatsächlich vorhandenen Unterschieden.

### Exkurs: Motivation nach Länderspielen

Kollektives Underachievement, sowohl hinsichtlich des Prädiktors als auch hinsichtlich des Kriteriums, kann sich aber auch dann ergeben, wenn äußere Einflüsse kollektiv auf die Leistungen bestimmter Kinder einer Klasse, Schule oder Untersuchungsgruppe wirken. So konnte etwa im Rahmen des Forschungsprojektes EVES (vgl. Anhang 8.1) festgestellt werden, dass infolge des Ausscheidens der Deutschen Fußballnationalmannschaft aus der WM-Endrunde 2006 (Halbfinale: 04. Juli 2006), jene Kinder vergleichsweise schlechte Leseleistungen erzielten, die am Testtag (05. Juli 2006) nach eigenen Angaben sehr traurig über das Ausscheiden der deutschen Mannschaft waren (vgl. Abb. 3). Die Schüler/-innen der Vergleichsgruppe wurden allesamt vor dem verlorenen Halbfinale untersucht und beschrieben ihre Grundstimmung als ‚fröhlich'. Die Stimmung und Motivation der Kinder im Verlauf der Testung wurden mittels des Motivationsfragebogens *MoPs* (s. Anhang 8.2), die Leistungen im Lesen mit-

---

tersuchungsbedingungen (z. B. schnelles vs. langsames Diktieren) jedoch zu systematischen Leistungsunterschieden führen. In diesen Fällen wäre das kollektive Underachievement nur vordergründig und würde ein tatsächliches Achievement maskieren. Eine schlechte Instruktion oder Mängel bei der Testdurchführung im Rahmen der Prädiktormessung würde hingegen ein vorhandenes Underachievement maskieren bzw. den Anschein von vermehrtem Overachievement erwecken.

tels *Knuspels Leseaufgaben* (*KNUSPEL-L*; Marx, 1998) erfasst. Da die Leistungen von Kindern aus Klassen verglichen wurden, in denen die Testungen direkt nach bzw. kurz vor dem 04. Juli 2006 stattgefunden haben, wurden das Vorwissen (Leistungen am Ende der 3. Klasse), das Geschlecht, die kognitive Leistungsfähigkeit sowie der sozioökonomische Hintergrund mittels einer Parallelisierung kontrolliert. Leistungsunterschiede (Gr.1: $M_{Kl4}$ = 53.6 / $SD$ = 8.4; Gr.2: $M_{Kl4}$ = 56.9 / $SD$ = 8.9) am Ende der 4. Klasse zeigen sich nur für das Leseverständnis ($\eta^2$ = .10). Für die Lesegeschwindigkeit und Rechtschreibleistung, die vor bzw. deutlich nach dem Ausscheiden der deutschen Mannschaft erhoben wurden, zeigen sich keine bedeutsamen Unterschiede.

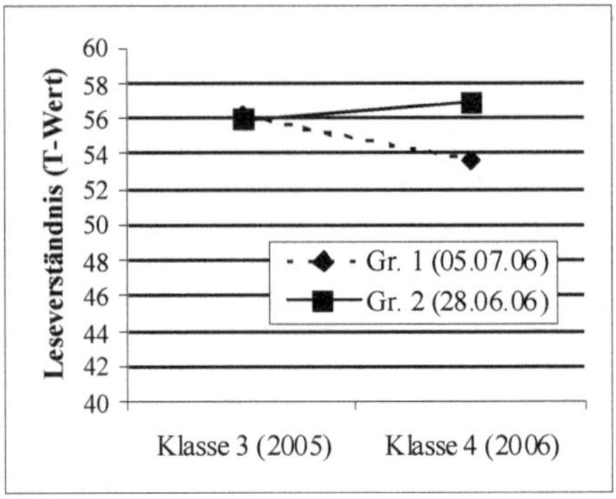


**Abb. 3** Leseleistung der parallelisierten Stichprobe ($N_{Gr.1}$ = 21; $N_{Gr.2}$ = 21)

### 3.4.2 Problemfeld II: Deckeneffekte und Bodeneffekte

Als problematisch erweisen sich des Weiteren Fälle, in denen Deckeneffekte (mangelnde Differenzierbarkeit im oberen Leistungsbereich) und Bodeneffekte (mangelnde Differenzierbarkeit am unteren Ende des Leistungsspektrums) nicht ausgeschlossen werden können. Während es sowohl methodisch als auch inhaltlich durchaus Sinn machen kann, den Fokus auf die Gruppe der sehr bzw. hochbegabten Schüler/-innen zu legen, kann die Präferenz dieser Personengruppe gerade im Hinblick auf so genannte Deckeneffekte zu Problemen führen. Schwierigkeiten ergeben sich insbesondere in Zusammenhang mit der Benotung, da hochbegabte oder auch sehr begabte Schüler/-innen in der Regel mehr leisten (können), als für den Erhalt einer guten bis sehr guten Note im konkreten Fall nötig ist. Die geringen Anforderungen an gute Noten können dazu führen, dass auch ‚tatsächliche' Underachiever nicht ohne weiteres als solche erkannt werden, dann nämlich, wenn die niedrigen Anforderungen es auch einem begabten oder hochbegabten Underachiever noch ermöglichen, eine gutes Ergebnis zu erzielen und eine Diskrepanz zwischen kognitiver Leistungsfähigkeit und Schulnoten somit auf den ersten Blick gar nicht erkennbar ist. Diese Problematik wird durch „das (sinkende) Niveau in den Schulen und die große Heterogenität der Gruppen" noch zusätzlich verstärkt (Feger & Prado, 1998). Ein vergleichbares Problem ergibt sich allerdings auch im umgekehrten Fall: nämlich dann, wenn bei einer sehr strengen Bewertung im unteren Bereich der Notenskala nicht länger zwischen schlechten, aber bei einem schwachen Schüler vielleicht erwartungskonformen und sehr schlechten und damit erwartungswidrigen Leistungen differenziert werden kann.

Auch im Falle von Decken- und Bodeneffekten lässt sich natürlich darüber streiten, ob bei Vorhandensein eines hohen kognitiven Potenzials und guten Noten bzw. niedrigem kognitivem Leistungsniveau und schlechten Leistungen überhaupt von Underachievement gesprochen werden kann. Unstrittig dürfte jedoch sein, dass diese Fälle, je nach Klassifikation (als Achiever oder Underachiever) weiterführende Analysen in unterschiedlicher Weise beeinflussen. Wie die Bewertung und damit die Klassifikation dieser Schüler/-innen ausfällt, hängt entscheidend davon ab, wie Achievement definiert wird: ob als gute bis sehr gute Leistung bezogen auf das Leistungsniveau der Klasse (welche zumeist die Grundlage der Notengebung bildet) oder aber inhaltlich als die Qualität der erzielten Leistungen im Vergleich zu den Leistungen, die von anderen Schülerinnen und Schülern mit vergleichbarem kognitiven Potenzial erzielt werden. Hier ist somit eine weitere Grenze der klassischen Underachievement-Definition erkennbar: die Tatsache, dass zwar definiert wird, was unter erwartungswidrigen Leistungen zu verstehen ist, jedoch keine Aussage darüber gemacht wird, ab wann eine Leistung als erwartungskonform angesehen bzw. ab welcher Leistung von Achievement gesprochen werden kann. Die richtige Definition von Underachievement hängt somit entscheidend von der Wahl des jeweiligen Vergleichsmaßstabes ab.

### 3.4.3 Problemfeld III: Underachievement bezüglich der Prädiktormessung

Unklarheiten bei der Begriffswahl und -bildung ergeben sich zudem daraus, dass dem Konzept des Underachievements nicht selten das Konzept eines ‚Overachievements' gegenübergestellt wird (u. a. Orthmann, 2006). Schon das Konstrukt eines Overachievements ist jedoch fragwürdig. Während es nämlich leicht ist, weniger zu leisten, als man könnte bzw. ein Underachiever zu sein, erscheint es unmöglich, zu einem Overachiever zu werden, wenn dieser Begriff zum Ausdruck bringt, dass man mehr leistet, als aufgrund der zur Verfügung stehenden kognitiven Ressourcen eigentlich möglich wäre. Das Argument, Overachiever wären besonders fleißige Schüler oder aber solche, die über eine besonders intensive Förderung (z. B. Nachhilfestunden) zu erwartungswidrig guten Leistungen gebracht werden, ist demnach nicht haltbar. Auch eine optimale Förderung, die eigentlich allen Kindern zuteil werden sollte, kann nicht Ressourcen ausschöpfen, die nicht vorhanden sind. So können etwa die Lerndefizite eines Kindes, dessen Gehirn nach einem Unfall irreversibel geschädigt wurde, und das in Folge dessen nicht mehr Lesen lernen kann, auch durch ein besonders intensives Training nicht überwunden werden (vgl. etwa Hayden, 1982). Gleichermaßen kann auch die Kapazitätsgrenze eines gesunden Gehirns zwar ausgeschöpft, nicht jedoch überschritten werden. Nach Atkinson (1974) wird der Overachiever daher zu Recht als Underachiever bezüglich der Prädiktormessung bezeichnet. Folgt man dieser Annahme, lassen sich statt Over- und Underachievern nunmehr zwei Gruppen von Underachievern unterscheiden: solche, die im kognitiven Leistungstest, d. h. im Rahmen der Prädiktormessung unter ihren Möglichkeiten bleiben, und solche, die im schulischen Kontext (Kriteriumsmessung) ihr Potenzial nicht voll entfalten.

Theoretisch wäre darüber hinaus noch eine dritte Gruppe von Underachievern denkbar, nämlich jene, die sowohl bezüglich der Prädiktor- als auch Kriteriumsmessung unter ihren Möglichkeiten bleiben. So konnten bereits Kagan und Moss (1962, zit. n. Kemmler, 1975) zeigen, dass bestimmte Umweltvariablen nicht nur die Leistungen im schulischen Kontext, sondern auch die Leistungen in standardisierten Intelligenztests beeinflussen können. Wiederholte Misserfolge und ein geringes Selbstbild der Schüler/-innen können dazu führen, dass mit fortschreitendem Alter und gleichbleibenden Umweltbedingungen nicht nur die Schulleistungen, sondern auch der Intelligenzquotient eines Schülers / einer Schülerin absinken. Diese Schülerinnen und Schüler finden jedoch in der klassischen Diskrepanzdefinition keine Beachtung, da zwischen ihren Leistungen im kognitiven Fähigkeitstest und im schulischen Bereich keine Abweichung erkennbar ist. Es handelt sich folglich um ‚verdeckte Underachiever', die zumeist fälschlicherweise als Achiever auf einem niedrigeren Leistungsniveau angesehen werden. Auch durch sie ergeben sich Verzerrungen in den Ergebnissen, da der Gruppe der Achiever Kinder zugerechnet werden, die eigentlich verdeckte Underachiever (also z. B. aufgrund starker Prüfungsangst Underachiever bezüglich Prädiktor und Kriterium) sind und sich daher systematisch von Achievern unterscheiden.

### 3.4.4 Problemfeld IV: Verwendung von Alters- versus Klassennormen

> Traditionell werden im Bildungskontext Leistungserwartungen an Schüler/-innen gerichtet, die zumeist auf den Leistungen einer national repräsentativen Normstichprobe für eine bestimmte Klassenstufe beruhen. Ein Kind wird also mit einer Gruppennorm z. B. einer Durchschnittsleistung, einem bestimmten Perzentil oder eines Bildungs-Alters verglichen. Die Durchschnittsleistung in einer bestimmten Klassenstufe stellt jedoch keinen gänzlich adäquaten Vergleichsmaßstab dar, denn vielfach ist die Normierungsstichprobe zwar homogen im Hinblick auf die jeweilige Klassenstufe, jedoch sehr heterogen bezüglich anderer Variablen (z. B. Alter, Kognitiver Leistungsfähigkeit, Motivation, Instruktion usw.). (Norman, Clark & Bessemer, 1965, S. 200)

Über die Vorteile von normierten Schulleistungstests gegenüber einer Erfassung des Leistungsstandes mittels subjektiver Verfahren wurde bereits in Abschnitt 3.1 ausführlich berichtet. Ungeachtet der Tatsache, dass sowohl auf Seiten des Prädiktors als auch des Kriteriums objektive Verfahren prinzipiell vorzugswürdig sind, ist festzustellen, dass die Bewertung einer Leistung anhand von Testnormen nicht immer unproblematisch ist, sondern zu systematischen Fehlklassifikationen führen kann. Dies gilt insbesondere dann, wenn eine Leistungsbewertung einmal anhand von Altersnormen und ein anderes Mal anhand von Klassennormen erfolgt. Beispielhaft sei hier der Fall eines Kindes angeführt, das im altersnormierten Intelligenztest einen überdurchschnittlichen Wert erzielt, im Schulleistungstest (dem eine Klassenorm zugrunde liegt) hingegen nur unterdurchschnittliche Leistungen erbringt. Auf den ersten Blick könnte man vermuten, dass es sich hierbei um einen typischen Fall von Underachievement handelt: Eine hohe Intelligenz geht einher mit vergleichsweise niedrigen Schulleistungen, so dass folglich eine Diskrepanz zwischen Intelligenz und schulischer Leistung und somit Grund zu der Annahme besteht, dass vorhandene Begabungsressourcen nicht ausgeschöpft werden. Wüsste man jedoch (z. B. aufgrund einer umfassenden Anamnese), dass das besagte Kind eine Klasse übersprungen hat bzw. vorzeitig eingeschult wurde und demnach wesentlich jünger ist als seine Klassenkameraden und -kameradinnen (und höchstwahrscheinlich auch die Kinder der Normierungsstichprobe), so lässt sich die Diskrepanz zwischen den Intelligenz- und Schulleistungswerten nicht mehr zweifelsfrei als Underachievement interpretieren. Während die Einschätzung der kognitiven Leistungsfähigkeit auf einem Vergleich mit den Leistungen Gleichaltriger beruht (Altersnorm), werden die schulischen Leistungen mit den Leistungen von Schülerinnen und Schülern einer ungewöhnlich hohen Klassenstufe verglichen (Klassennorm). Dies könnte man durchaus als unfair erachten. Würde man die Schulleistungswerte nämlich ebenfalls anhand einer Altersnorm bestimmen, so würde die schulische Leistung des vergleichsweise jungen Kindes mit den Leistungen Gleichaltriger (die üblicherweise eine niedrigere Klassenstufe besuchen und folglich ein geringeres Leistungsniveau aufweisen) verglichen und daher vermutlich deutlich besser bewertet werden. Die Diskrepanz zwischen Intelligenz- und Schulleistungswert würde sich reduzieren bzw. verschwinden.

Wird im Rahmen der Prädiktormessung auf die Verwendung von Altersnormen geachtet, die Schulleistung hingegen anhand von Klassennormen bewertet, ergibt sich jedoch noch ein weiteres Problem. So könnte in diesem Fall Underachievement dadurch ‚kuriert' werden, dass man das betroffene Kind eine Klasse zurückversetzt. Durch die Rückversetzung ändert sich der Bezugsrahmen, zu dem die schulischen Leistungen in Beziehung gesetzt werden. Die Schüler/-innen einer niedrigeren Klassenstufe erzielen im Durchschnitt niedrigere Leistungen als die Schüler/-innen einer höheren Klassenstufe. Die gleiche Leistung führt in einer niedrigeren Klassenstufe folglich zu einer besseren Bewertung. Während eine Rückversetzung auf die über eine Altersnorm bestimmte kognitive Leistungsfähigkeit keinen Einfluss hat, verbessert sich also die Bewertung der schulischen Leistungen. Dies wiederum hat zur Folge, dass sich die vormals vorhandene Diskrepanz zwischen Intelligenz- und Schulleistungswert vermindert oder sogar ganz verschwindet und ein Underachievement nicht länger feststellbar ist. Dass die Rückversetzung eines Kindes keine sinnvolle Maßnahme zur Underachievement-Prävention oder -Intervention darstellen kann, steht außer Frage. Für den vorliegenden Zusammenhang ist jedoch bedeutsam, dass die zugrunde gelegten Normen bzw. die jeweils gewählte Referenzgruppe unter sonst gleichen Bedingungen einmal zu einer Klassifikation als Achiever und ein anderes Mal zu einer Zuordnung zur Gruppe der Underachiever führen können.

Eine ähnliche Problematik ergibt sich im umgekehrten Falle, also dann, wenn im Rahmen der Prädiktormessung Klassennormen zum Einsatz kommen und im Rahmen der Kriteriumsmessung eine Leistungsbewertung anhand von Altersnormen erfolgt. Hier sei wiederum beispielhaft der Fall eines Kindes herangezogen, das aufgrund seiner kognitiven Reife vorzeitig oder aber als so genanntes Kannkind frühzeitig eingeschult wird. Wird die Intelligenz dieses Kindes anhand von Klassennormen bestimmt, so besteht die Gefahr, dass seine intellektuelle Leistungsfähigkeit unterschätzt wird, da dem geringeren Lebensalter und der damit kürzeren Entwicklungszeit nicht angemessen Rechnung getragen wird. Das Unterschätzen der kognitiven Leistungsfähigkeit kann nun zum einen dazu führen, dass ein vorhandenes Underachievement aufgrund der fehlenden Diskrepanz unentdeckt bleibt. Zum anderen besteht die Gefahr, dass aufgrund der fehlerhaften Prädiktormessung der Eindruck eines Overachievements entsteht. Doch nicht nur bei vergleichsweise jungen Schülerinnen und Schülern können sich derartige Probleme ergeben, sondern prinzipiell bei allen Personen, die sich hinsichtlich spezifischer Merkmale (z. B. Sprachfertigkeit, Alter, Motivation etc.) bedeutsam von der Normierungsstichprobe unterscheiden. Im Hinblick auf das Alter ergeben sich folglich auch bei solchen Kindern Probleme, die verspätet eingeschult werden. Im Falle dieser Schüler/-innen besteht allerdings weniger die Gefahr einer Unterschätzung als vielmehr einer Überschätzung der intellektuellen Leistungsfähigkeit. Es wird folglich bei Anwendung einer Klassennorm im Rahmen der Prädiktormessung von einer zu hohen Begabung ausgegangen, was dazu führen kann, dass eine erwartungsgemäße Leistung (auf einem niedrigerem Niveau) fälschlicherweise als Underachievement interpretiert wird.

In den vorangegangenen Beispielen besteht das Problem primär darin, dass für die Prädiktor- und Kriteriumsmessung jeweils unterschiedliche Vergleichsgruppen herangezogen wurden. Werden die erzielten Leistungen anhand einer vergleichbaren Referenzgruppe (z. B. Schülerinnen und Schülern einer spezifischen Klassenstufe) bewertet, so sollten sich die beschriebenen Probleme beheben lassen. Tatsächlich hätte bei einer Verwendung von klassennormierten Tests auf Prädiktor- und Kriteriumsseite ein Vor- oder Rückversetzen des Kindes keinen entscheidenden Einfluss auf die Diskrepanz zwischen Intelligenz- und Schulleistungswert. In beiden Fällen würde sich durch die Veränderung der Referenzgruppe zwar die Bewertung der erzielten Leistung ändern (d. h. aus einem überdurchschnittlich begabten Kind könnte ein normal begabtes Kind werden und umgekehrt). Die Diskrepanz zwischen beiden Messwerten bliebe jedoch konstant. Ob Schwankungen im Fähigkeitsniveau (bzw. die Gefahr von Über- und Unterschätzungen) als problematisch oder unproblematisch erachtet werden, hängt letztlich davon ab, ob es sich (1) um eine Einzelfalldiagnose oder aber einen Gruppenvergleich im Forschungskontext handelt und (2) davon, ob davon ausgegangen werden kann, dass Underachiever unterschiedlicher Fähigkeitslevel sich systematisch voneinander unterscheiden oder nicht. Im Falle einer Individualdiagnose spielt nicht zuletzt mit Blick auf eine adäquate Förderung das tatsächliche Fähigkeitsniveau eine bedeutsame Rolle. Systematische Verzerrungen, wie sie bei Anwendung von Klassennormen auftreten können, sind daher in der pädagogischen bzw. klinischen Praxis nicht akzeptabel. Kommt es im Forschungskontext hingegen nur auf das Vorliegen einer Diskrepanz an, wobei dem jeweiligen Fähigkeitsniveau keine Bedeutung beigemessen wird, spielen Verzerrungen bezüglich des Leistungsniveaus keine Rolle, solange die Diskrepanz stabil bleibt. Anders verhält es sich jedoch, wenn davon ausgegangen werden muss, dass sich nicht nur Achiever und Underachiever systematisch unterscheiden, sondern auch zwischen Underachievern verschiedener Begabungslevel systematische Unterschiede bestehen.

Prinzipiell ist im Falle von Underachievement-Diagnosen Altersnormen der Vorzug zu geben. Allerdings bieten die gängigen Schulleistungstests verständlicherweise keine derartigen Normen an, da der Kenntnisstand eines Schülers bzw. einer Schülerin primär von dessen/deren vorangegangenen Lerngelegenheiten und nicht von der jeweiligen Altersstufe abhängt. Erhält ein Schüler / eine Schülerin keinerlei Lernanregungen, so bleibt er oder sie auch mit zunehmendem Alter auf demselben Kenntnisstand. Erhält er oder sie jedoch mit jeder neuen Klassenstufe neue Lernanregungen, so ist auch mit einem Zugewinn an Wissen und Fertigkeit zu rechnen. Schulleistungstests machen somit Sinn, wenn es darum geht, festzustellen, ob ein Schüler / eine Schülerin einen bestimmten Kenntnisstand besitzt, der es ihm/ihr ermöglicht, dem Unterrichtsgeschehen (auch zukünftig) zu folgen bzw. wenn das Ziel darin besteht, Maßnahmen einzuleiten, die eine dem jeweiligen Wissensstand entsprechende Förderung gewährleisten. Probleme entstehen jedoch, wenn, wie im Falle der herkömmlichen Diskrepanzdiagnose, festgestellt werden soll, ob eine Person so viel weiß, wie sie aufgrund ihrer Begabung wissen könnte. In diesem Falle ist es sinnlos das Begabungsniveau mit einem klassenspezifischen Kenntnisstand zu vergleichen, ohne die spezifische Lerngeschichte des Schülers / der Schülerin in die Bewertung miteinzubeziehen.

Insgesamt ist festzustellen, dass sich die beschriebenen Probleme vor allem bei jüngeren Schülerinnen und Schülern ergeben. Während sich die intellektuellen Fähigkeiten während der Kindheit erst noch entwickeln müssen und das Lebensalter hierbei von großer Bedeutung ist, nähert sich das intellektuelle Niveau mit Beginn der Pubertät und spätestens im Erwachsenenalter asymptotisch einem Höchstwert an, bevor es im Alter wieder leicht abnimmt (u. a. Holling et al., 2004). Obwohl also auch im späteren Leben noch Schwankungen in Abhängigkeit vom Lebensalter zu erwarten sind, stehen diese in keinem Verhältnis zu den fortlaufenden Entwicklungsfortschritten und kognitiven Veränderungen in der Kindheit.[34] Der rasanten kognitiven Entwicklung im Kindesalter wird üblicherweise Rechnung getragen, indem bei jüngeren Kindern Normen erstellt werden, die lediglich für einen kurzen Zeitraum (d. h. einen eng umschriebenen Altersbereich) Gültigkeit besitzen (z. B. für Kinder im Alter von 6 Jahren und 3 Monaten bis zu 6 Jahren und 6 Monaten). Mit zunehmendem Lebensalter werden die Intervalle, in denen es nicht zu einer nennenswerten Veränderung der Leistungsfähigkeit kommt, immer länger. Entsprechend lässt sich auch das Gültigkeitsspektrum der Testnormen auf Personengruppen mit einer größeren Alterspanne ausdehnen (z. B. Personen im Alter von 19-20 Jahren bzw. 21-25 Jahren). Hierdurch kann es zu den oben beschriebenen Verschiebungen und Problemen kommen. Gerade in den unteren Klassenstufen weisen die Kinder, auf deren Basis eine Klassennorm erstellt wird, bedingt durch das Prinzip der Jahrgangsklassen, hinsichtlich des Alters also eine wesentlich größere Streuung auf als Kinder, deren Leistungen die Grundlage von Altersnormen bilden. Die jeweiligen Bezugsgruppen unterscheiden sich also deutlich, was im Falle von Diskrepanzmaßen zu verzerrten Bewertungen führt, weil nicht Gleiches mit Gleichem verglichen wird.

---

[34] Ein altersabhängiger Leistungsanstieg ist selbstverständlich so zu verstehen, dass in der Kindheit mit zunehmendem Alter immer mehr und immer schwierigere Aufgaben gelöst werden können, wobei der Stabilitätsannahme entsprechend angenommen wird, dass der Rangplatz, den ein Kind hinsichtlich seiner Begabung in der Gruppe der jeweils Gleichaltrigen einnimmt, relativ stabil bleibt.

### 3.4.5 Problemfeld V: Regression zur Mitte

Sowohl der Regressionsansatz als auch die Bildung von Leistungsgruppen (z. B. der Quartilansatz) bzw. die Verwendung von spezifischen Cut-Off-Kriterien beinhalten einen Schwachpunkt, der nicht selten übersehen oder aber ignoriert wird: Bekannt ist dieses Problem als Regressionseffekt (vgl. u. a. McLeod, 1979; Thorndike, 1963). Der Regressionseffekt besagt, dass die Wahrscheinlichkeit hoch ist, dass bei einer beliebigen Menge von Messungen ein extremer Messwert in einer Messung mit einem weniger extremen Wert in einer weiteren Messung einher geht. Der erzielte Extremwert wird dabei auf einen Messfehler zurückgeführt. Da Messfehler (nach der klassischen Testtheorie) jedoch als unabhängig gelten, ist nicht davon auszugehen, dass der Messfehler bei einer zweiten Messung zu einem Ausschlag in dieselbe Richtung führt. Es ist also nicht zu erwarten, dass sich zwei Extremwerte in Folge ergeben. Entsprechend ist es auch nicht ungewöhnlich, wenn extreme schulische Leistungen mit weniger extremen Werten in einem Intelligenztest einhergehen und umgekehrt. Abweichungen zwischen Intelligenz- und Leistungswerten können also durchaus erwartbar sein bzw. auf Fehler bei der Messung zurückgehen. In einem solchen Fall von Over- oder Underachievement zu sprechen, wäre geradezu unsinnig (Lavin, 1965; Thorndike, 1963).

Kowitz (1965) vergleicht die Testleistungen eines Schülers bzw. einer Schülerin mit den Leistungen eines Baseballspielers. Stünde man vor der Aufgabe, die Trefferquote des Baseballspielers einzuschätzen, so wäre es sinnvoll, den Durchschnittswert aus mehreren Spielen zu nehmen, da dieser die erwartbare Leistung widerspiegelt. Dabei wäre zu beachten, dass sich dieser Durchschnittswert aus den Leistungen in erfolgreichen Spielen, in denen der Spieler viele Bälle trifft, und den Leistungen aus schlechten Spielen, in denen der Baseballspieler möglicherweise gar keinen Ball trifft, errechnet. Da naturgemäß nicht jedes Spiel gleich verläuft, besteht noch kein Grund zur Sorge, wenn der Spieler in einem von mehreren Spielen trefferlos bleibt. Besorgt sein muss man vielmehr erst dann, wenn der Spieler in einem Formtief steckt und mehrere Spiele in Folge erfolglos bleibt. Problematisch hieran ist, dass im Falle eines Schülers bzw. einer Schülerin oftmals schon auf der Basis von zwei Testungen auf ein Formtief (Underachievement) geschlossen wird, ohne die weitere Leistungsentwicklung abzuwarten.[35] Zu erwarten wäre, dass auf eine besonders schlechte Leistung eine Leistung folgt, die näher an der Durchschnittsleistung des Schülers bzw. der Schülerin liegt. Dieses Phänomen wird als Regression zur Mitte bezeichnet und kann bei der Verwendung von Diskrepanzmaßen zur Underachievement-Diagnose zu Problemen

[35] Ein weiteres Problem entsteht dadurch, dass überhaupt von der Testleistung auf Underachievement geschlossen wird. Schlechte Testleistungen sind nicht gleichbedeutend mit fehlenden Kenntnissen. Es sei hier z. B. an Kinder gedacht, die unter großer Leistungsangst leiden, und daher trotz vorhandener Fähigkeiten und Lerngelegenheiten in Klassenarbeiten an den an sie gestellten Anforderungen scheitern. Für eine Diagnose von Underachievement kann nicht entscheidend sein, ob eine Leistung punktgenau (im Rahmen einer Leistungsstanderfassung) abgerufen werden kann. Wichtig ist vielmehr, ob die geforderten Kenntnisse erworben wurden. Wer also den Stoff beherrscht, in der Testsituation jedoch scheitert (z. B. aufgrund von Leistungsangst), ist kein Underachiever im eigentlichen Sinne, sondern allenfalls Underachiever bezogen auf die Testsituation. Gleiches gilt für Schüler/-innen, die die geforderten Kenntnisse und Fertigkeiten aufweisen, sich jedoch aus Trotz weigern, ihr Wissen in der Testsituation preiszugeben.

führen. Erzielt ein Schüler in einem Fähigkeitstest einen Wert, der den durchschnittlichen Fähigkeitslevel des Schülers widerspiegelt, in einem Leistungstest jedoch eine erwartungswidrig schlechte Leistung, so würde man bei einer einmaligen Messung aus der Diskrepanz auf Underachievement schließen. Dabei würde jedoch unberücksichtigt bleiben, dass aufgrund der statistischen Regression erwartet werden kann, dass der Schüler in einem weiteren Leistungstest einen Wert erzielt, der deutlich näher an seinem Leistungsdurchschnitt oder aber seinem Fähigkeitslevel liegt. Würde es sich bei dem ersten und zweiten Leistungstest um eine Prä- und Posttestmessung der Leistung zur Prüfung der Wirksamkeit eines Interventionsprogramms handeln, so würde ein Trainingsprogramm in solchen Fällen nahezu immer zu einem Erfolg führen. Dies gilt auch dann, wenn für den Schüler nichts oder faktisch nichts Sinnvolles getan wurde. Die aufgrund des Phänomens der Regression zur Mitte erwartbare Leistungsverbesserung würde fälschlicherweise als Trainingserfolg gewertet werden. Eine Möglichkeit dieses Problem zu umgehen, besteht nach Kowitz (1965) darin, Differenzen zwischen Leistungstrends in einer Serie von Tests zu bilden, anstatt der Underachievement-Diagnose lediglich die Differenz zwischen zwei Testwerten zugrunde zu legen. Regressionseffekte treten nach Stelzl (2005, S. 160) „überall auf, wo Variablen nicht perfekt (also zu $r = 1$) korrelieren“.

## 3.5 Möglichkeiten zur Verbesserung der Vorhersage

Die dargestellten Probleme im Rahmen der Operationalisierung werfen die Frage auf, ob es sich hierbei um unüberwindliche methodische Schwierigkeiten handelt, die eine zuverlässige Klassifikation von Achievern und Underachievern unmöglich machen, oder ob sich die bisherigen Vorhersagemöglichkeiten durch eine Modifikation der herkömmlichen Herangehensweise verbessern lassen.

### 3.5.1 Umgang mit Fehlurteilen

Das primäre Ziel der Underachievement-Forschung besteht darin, zuverlässige Erkenntnisse über das Bedingungsgefüge sowie die Ursachen von erwartungswidrigen (schulischen) Leistungen zu gewinnen. Auf der Basis dieser Erkenntnisse gilt es sodann Maßnahmen zu entwickeln, die eine Früherkennung von Underachievement oder aber eine wirkungsvolle Intervention ermöglichen. Eine zuverlässige Ursachenforschung setzt ein methodisch sauberes Vorgehen voraus, welches sowohl die Wahl geeigneter Verfahren als auch einer geeigneten Untersuchungsgruppe einschließt. Darüber hinaus ist ein Klassifikationsverfahren zu wählen, das eine möglichst fehlerfreie Klassifikation von Achievern und Underachievern ermöglicht. Je geringer die Güte des eingesetzten Instrumentariums, desto größer ist die Gefahr, dass Fälle auftreten, in denen die Diagnose Underachievement zu Unrecht gestellt wird (False Positives) bzw. in denen das Vorliegen von Underachievement bei einigen Individuen unentdeckt bleibt (False Negatives). Dieser Zusammenhang ist in Abbildung 4 dargestellt. Prinzipiell sind beide Fehlerarten zu vermeiden, da anderenfalls die erhaltenen Ergebnisse keine geeignete Grundlage für weiterführende Maßnahmen bilden. Wie die möglichen Fehlurteile zu gewichten sind, hängt allerdings im Einzelnen von der spezifischen Zielsetzung der Diagnose ab.

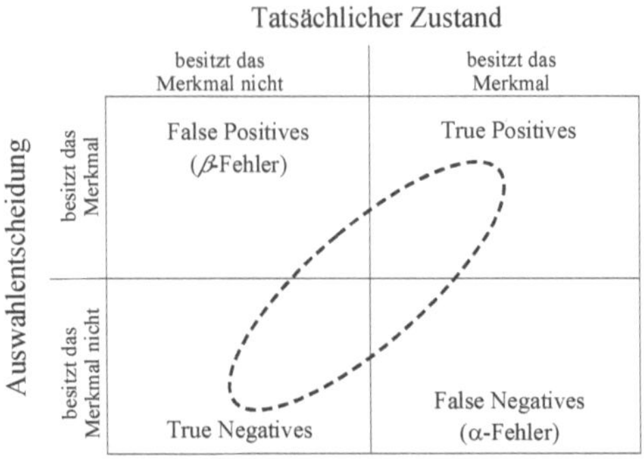


**Abb. 4** Mögliche Fehlerarten bei einer Klassifikation (nach Wiggins, 1988, S. 241)

Um im Forschungskontext statistisch gesicherte Erkenntnisse zu erhalten, insbesondere wenn es darum geht, Unterschiede zwischen verschiedenen Personengruppen aufzudecken, ist es von entscheidender Bedeutung, dass die Gruppenzuweisung korrekt erfolgt. Ist die Güte des Klassifikationsmodells gering, kommt es also zu Fehlklassifikationen und damit zu einer Vermischung von Merkmalsträgern (z. B. Underachievern) und Angehörigen der jeweiligen Vergleichsgruppe (z. B. Achievern), so kann dies die Forschungsergebnisse bedeutsam beeinflussen. Insbesondere in Fällen, in denen von vornherein nur schwache Effekte zu erwarten sind, können falsch klassifizierte Personen verhindern, dass vorhandene Unterschiede überhaupt entdeckt werden. Im Falle von Kontrollgruppendesigns spielt es dabei keine bedeutsame Rolle, welcher Art die Fehlklassifikationen sind. Eine Verzerrung entsteht sowohl dann, wenn der Gruppe der Underachiever fälschlicherweise Achiever zugeordnet werden, als auch im umgekehrten Falle, wenn die Gruppe der Achiever Underachiever enthält.

In Fällen, in denen keine Gruppenvergleiche angestrebt werden und lediglich eine korrekte Selektion von Merkmalsträgern, hier Underachievern, erfolgen soll, fällt der $\beta$-Fehler stärker ins Gewicht als der $\alpha$-Fehler. Werden im Rahmen derartiger Forschungsvorhaben ‚wahre' Underachiever nicht erkannt, stellt dies zwar einen Nachteil dar, nicht zuletzt, weil sich die Stichprobe für weiterführende Analysen reduziert. Kann jedoch davon ausgegangen werden, dass sich jene Schüler/-innen, die nicht als Underachiever erkannt werden, nicht systematisch von korrekt identifizierten Underachievern unterscheiden, so hält sich die Problematik des $\alpha$-Fehlers in Grenzen. Fälle in denen Schüler/-innen fälschlicherweise als Underachiever klassifiziert werden ($\beta$-Fehler), sind jedoch aus den bereits genannten Gründen zu vermeiden.[36]

[36] Im schulischen und klinischen Alltag kann eine derartige Differenzierung nicht erfolgen. Hier ist es weder akzeptabel, dass Schüler/-innen mit erwartungskonformen Leistungen fälschlicherweise das Label ‚Underachiever' oder ‚lerngestört' erhalten (False Positives, $\beta$-Fehler), stigmatisiert werden und eventuell Gelder für eine unnötig initiierte Intervention ausgegeben werden, noch dass Schüler/-innen mit erwartungswidrigen Leistungen von einer Förderung ausgeschlossen werden, weil man ihre Leistungsdefizite nicht erkennt (False Negatives, $\alpha$-Fehler).

### 3.5.2 Hinzunahme zusätzlicher Prädiktoren

Es wurde bereits darauf hingewiesen, dass schulische Leistungen ein multideterminiertes Konstrukt darstellen (u. a. Helmke & Schrader, 2006; Helmke & Weinert, 1997; Simons, 1973). Den stärksten Einfluss auf die schulischen Leistungen eines Individuums üben dabei kognitive Fähigkeiten, metakognitive Kompetenzen und Vorwissen aus, wobei die Intelligenz bzw. kognitive Leistungsfähigkeit einer Person als der beste Einzelprädiktor gilt (vgl. u. a. Helmke & Weinert, 1997; Ingenkamp, 1986; Rindermann & Neubauer, 2004; Schicke & Fagan, 1994; Siegler et al., 2005; Zielinski, 1975). Entsprechend verwundert es nicht, dass auch im Rahmen der Underachievement-Forschung die Vorhersage der schulischen Leistungen in aller Regel über Maße der kognitiven Leistungsfähigkeit erfolgt. Nach Ansicht zahlreicher Autoren (u. a. Heller, 1997) vermögen Begabungsfaktoren Schulleistungsunterschiede allerdings nicht vollständig zu erklären, sondern stellen lediglich eine notwendige, nicht jedoch hinreichende Voraussetzung für treffsichere Schulleistungsprognosen dar. Trost (2002) geht sogar soweit zu behaupten, dass schulische Leistungen das Ergebnis einer Interaktion von individuell sehr unterschiedlichen Variablen darstellen, wobei der kognitiven Leistungsfähigkeit keine größere Bedeutung zukommt als nicht-kognitiven Faktoren. Unabhängig davon, welche Bedeutung kognitiven Faktoren beigemessen wird, werden auf Seiten der nicht-kognitiven Variablen insbesondere motivationale Schülermerkmale und Unterrichtsmerkmale (vgl. Jerusalem, 1997) sowie familiäre Rahmenbedingungen (Heller, 1997) als vorhersagerelevant erachtet. Etwas schwächer wirken sich nach Heller (1997) soziodemographische, schulorganisatorische und bildungspolitische Faktoren aus.

Ist davon auszugehen, dass sich die (erwartbare) Leistung einer Person anhand von kognitiven Faktoren nicht mit ausreichender Genauigkeit vorhersagen lässt, so ist zu erörtern, ob durch die Hinzunahme weiterer Prädiktoren eine höhere Varianzaufklärung und damit eine Verbesserung des Vorhersagemodells erzielt werden kann. Für eine solche Vorgehensweise plädieren u. a. Cattell (1973), Rindermann und Neubauer (2001) sowie Trost (2002): Cattell empfiehlt, neben intellektuellen Fähigkeiten auch Persönlichkeitsmerkmale und Motivationsvariablen in die Vorhersage einzubeziehen. Seiner Ansicht nach erklären intellektuelle Fähigkeiten ca. 25 bis 30 Prozent, stabile Persönlichkeitsmerkmale etwa 40 Prozent und Motivationsvariablen weitere 20 Prozent der Schulleistungsvarianz. Unter Berücksichtigung möglicher Überlappungen der einzelnen Bereiche kann daher auf der Basis dieser Variablen eine Varianzaufklärung von ca. 60 bis 80 Prozent erzielt werden. Trost (2002) schlägt vor, die Schulleistungsvorhersage sowohl auf kognitive Variablen als auch auf Maße zur Erfassung von Kreativität, Interessen, Motivation sowie diversen Persönlichkeitsmerkmalen zu stützen. Nach Rindermann und Neubauer (2001) erweisen sich Skalen des sozialen Selbstkonzeptes, zur Prüfungsangst und zum Interesse als wichtigste Prädiktoren auf Seiten der Persönlichkeitsvariablen. Wie sich im Rahmen ihrer Untersuchungen gezeigt hat, lässt sich die Vorhersage der schulischen Leistungen durch die Hinzunahme dieser Faktoren bedeutsam verbessern. Helmke und Weinert (1997) messen sowohl personenbezogenen als auch situativen Faktoren eine große Bedeutung bei. Sie betrachten Lernschwierigkeiten, Leistungsprobleme, hohe Sitzenbleiberraten und Schulversagen als das Ergebnis des Zusammenspiels von Merkmalen der Schüler, der Schulklasse und des

Schulsystems. Um dem komplexen Bedingungsgefüge schulischer Leistungen Rechnung zu tragen, sprechen sie sich daher dafür aus, neben der Intelligenz sowohl personenbezogene als auch situative Merkmale in die Vorhersage der schulischen Leistungen einzubeziehen. Letztlich weisen auch Lavin (1965) und Simons (1976) auf die Bedeutung nicht-kognitiver Variablen im Rahmen der Schulleistungsvorhersage hin. Sie geben allerdings zu bedenken, dass bezweifelt werden kann, ob es sich bei den als nicht-kognitive Merkmale bezeichneten Faktoren tatsächlich stets um Faktoren handelt, die nicht mit der kognitiven Leistungsfähigkeit einer Person in Zusammenhang stehen. Korrekter wäre es nach Simons (1976) daher von Faktoren zu sprechen, die nicht über Fähigkeitstests erfasst werden. Lavin (1965) stellt darüber hinaus fest, dass es vermutlich nicht so viele verschiedene Einflussfaktoren auf die schulische Leistung gibt, wie oftmals angenommen wird. Vielmehr deuten seine Ergebnisse darauf hin, dass verschiedene, als relevant erachtete Einflussfaktoren dem Namen nach unterschiedliche Konstrukte und Merkmale erfassen, sich bei näherer Betrachtung jedoch als inhaltlich ähnlich oder deckungsgleich erweisen.[37]

Während zahlreiche Ergebnisse somit darauf hinweisen, dass sich die Vorhersage von schulischen Leistungen durch die Berücksichtigung nicht-kognitiver Faktoren verbessern lässt, ist zu prüfen, ob sich eine solche Vorgehensweise auch im Rahmen der Underachievement-Forschung als nützlich erweist. Insbesondere regressionsanalytische Ansätze beinhalten eine Vorhersage von schulischen Leistungen. Die Grundidee dieses Ansatzes besteht schließlich in einem Vergleich von vorhergesagter / erwartbarer und tatsächlich erzielter Leistung, wobei eine negative Abweichung als Underachievement und die Abwesenheit einer Diskrepanz als Achievement gewertet wird. Das Ziel der Vorhersage ist es allerdings, die unter optimalen Bedingungen (maximal) erwartbare Leistung zu ermitteln. Damit unterscheidet sich diese Art der Vorhersage grundlegend von den üblichen Schulleistungsprognosen, deren Zielsetzung in einer realistischen Schätzung der tatsächlich erwartbaren Leistung besteht. Gilt es etwa beim Übergang von der Grundschule in die weiterführende Schule zu beurteilen, welche Leistungen von einem Kind zukünftig zu erwarten sind, so ist es natürlich von Vorteil, im Rahmen der Prognose bereits mögliche (Stör-)Faktoren zu berücksichtigen, wenn Grund zu der Annahme besteht, dass sich diese positiv oder negativ auf die Höhe der schulischen Leistungen auswirken werden. Hierzu bedarf es zum einen verlässlicher Erkenntnisse über die Ursachen von guten bzw. schlechten schulischen Leistungen sowie über die Wirkrichtung potenzieller Einflussfaktoren. Diese können auf unterschiedlichem Wege gewonnen werden. Eine Möglichkeit festzustellen, wodurch sich erfolgreiche und weniger erfolgreiche Schüler/-innen unterscheiden, sehen einige Forscher/-innen in einem direkten Vergleich dieser Schüler/-innengruppen im Hinblick

---

[37] Unabhängig davon, dass solche Befunde die Validität der verwendeten Messinstrumente in Frage stellen, zeigen sie auf, dass sich auch hinter vermeintlich unterschiedlichen Faktoren dasselbe Konstrukt verbergen kann. Ob dies der Fall ist, lässt sich allerdings erst dann zuverlässig prüfen, wenn innerhalb einer Studie nicht nur der Einfluss von zwei oder drei Faktoren, sondern von vielen als relevant erachteten Faktoren gleichzeitig untersucht wird (Multi-Trait-Ansatz). Um Rückschlüsse auf die Güte der verwendeten Messinstrumente ziehen zu können, sollten darüber hinaus verschiedene Erhebungsverfahren zur Erfassung eines bestimmten Merkmals herangezogen werden. Es empfiehlt sich also ein so genannter Multi-Trait-Multi-Method-Ansatz.

auf verschiedene, als relevant erachtete Einflussfaktoren. Eben diese Idee machen sich Forscher/-innen im Bereich des Underachievements zu eigen, wobei allerdings die (intellektuelle) Begabung einer Person als die Messlatte für die maximal erwartbare Leistung angesehen und daher von vornherein kontrolliert wird.

Geht man davon aus, dass sich anhand der Begabung einer Person deren unter optimalen Bedingungen maximal mögliche Leistung bestimmen lässt, so ist es nur konsequent, die Intelligenz einer Person als Prädiktor für die erwartbare Leistung einzusetzen. Kommt es dann in Bezug auf einzelne Schüler/-innen zu Diskrepanzen zwischen Intelligenz und Leistung, so kann daraus geschlossen werden, dass bestimmte Faktoren existieren, die die Umsetzung von allgemeinem Potenzial in konkrete Leistung erschweren oder verhindern. Als mögliche Störfaktoren kommen sowohl Persönlichkeitsmerkmale (z. B. mangelndes Fachinteresse) als auch ungünstige situative Bedingungen (z. B. fehlende Lernanregungen) in Frage. Worauf das Minderleisten zurückzuführen ist, gilt es im Einzelfall zu ermitteln. Bevor allerdings potenzielle Störvariablen Berücksichtigung finden können, müssen zunächst Vergleichsgruppen von Achievern und Underachievern gebildet werden. Es würde folglich einen logischen Bruch darstellen, wollte man bereits im Rahmen von Schulleistungsprognosen, die zur Gruppenbildung dienen, bestimmte Störfaktoren als zusätzliche Prädiktoren für Schulleistungen einsetzen. Die Berücksichtigung von Störvariablen macht erst Sinn, wenn bereits eine Auswahl von Achievern und Underachievern stattgefunden hat. Kommt es nach der Klassifikation zu einem Gruppenvergleich, so kann nun geprüft werden, ob sich die verglichenen Gruppen systematisch unterscheiden. Dabei kann es von Vorteil sein, bestimmte Störvariablen zu kontrollieren – u. a. dann, wenn diese weniger auffällige Merkmale überlagern und deren Entdeckung erschweren. Im Rahmen der Underachievement-Forschung stellt die Hinzunahme weiterer Prädiktoren zur Vorhersage von Schulleistungen aber nicht zwingend einen methodischen Vorteil dar.

Die Berücksichtigung nicht-kognitiver Variablen im Rahmen der Prädiktion ließe sich nur dann rechtfertigen, wenn davon auszugehen wäre, dass neben der Intelligenz noch weitere Faktoren die maximal mögliche Leistung bedingen und zwar im Sinne eines additiven Modells. Das heißt in dem Sinne, dass die Hinzunahme eines weiteren Faktors die aufgrund der Begabung unter optimalen Bedingungen maximal mögliche Leistung erhöht (hier kämen diverse Hilfsmittel in Frage, vgl. Abschnitt 4.4.2). Die oben angeführten Einflussfaktoren sind jedoch Störfaktoren, d. h. Komponenten, die optimale Schulleistung verhindern. Sie stellen selbst keine Komponenten von Schulleistung dar. Wer eine niedrige Begabung aufweist, jedoch maximal an einem Lerngegenstand interessiert ist, wird lediglich Leistungen erzielen können, die im Bereich dessen liegen, was aufgrund der Begabung zu erwarten ist. Eine geringe Begabung kann nicht durch eine hohe Motivation ausgeglichen werden. Dies gilt jedenfalls dann, wenn sich das Leistungsniveau über die Komplexität der Aufgabe und nicht über die Anzahl bearbeiteter Aufgaben definiert. In der Realität handelt es sich somit um ein multiplikatives Modell, wobei der Output im Allgemeinen durch die Variable mit dem niedrigsten Wert definiert wird.[38]

---

[38] **Beispiel 1:** Hohe Intelligenz * niedrige Motivation = niedriger Output
**Beispiel 2:** Niedrige Intelligenz * hohe Motivation = niedriger Output.

### 3.5.3 Vorwissen als Alternative zum Prädiktor Intelligenz

Eine weitere Möglichkeit zur Verbesserung der Vorhersage könnte darin bestehen, den Prädiktor Intelligenz durch einen vorhersagestärkeren Einzelprädiktor zu ersetzen. Als solcher kommt nach Ansicht von Sauer (2006) u. a. das Vorwissen in Betracht. Er weist darauf hin, dass Intelligenzleistungen bei gleichzeitiger Berücksichtigung der bisherigen schulischen Leistungen bei der Vorhersage von Schulerfolg keine bedeutsame Rolle mehr spielen. „Eine gegenüber verbalen und quantitativen Denkfähigkeiten vergleichbare – im Verlauf der Schulkarriere bzw. bei anwachsendem Komplexitäts- und Schwierigkeitsgrad der Lernaufgaben sogar noch zunehmende – Bedeutung kommt dem fachspezifischen Vorwissen als Schulleistungsprädiktor zu. Angesichts der relativ hohen Stabilität individueller Leistungspositionen in der Schulklasse kann dieser Befund kaum überraschen, zumal wenn Lehrerurteile in Form von Schulnoten einmal als (Vorwissens-)Prädiktoren und zum anderen als Kriteriumsvariablen fungieren“ (Heller, 1997, S. 187). Auch Simons (1975 zit. n. Havers, 1981) sowie Weinert und Petermann (1980) kommen zu dem Schluss, dass mit dem Fortschreiten eines Lehrgangs und dem Aufbau von Kenntnissen bzw. dem Entstehen von Kenntnislücken die Intelligenz als Determinante von Lernschwierigkeiten zunehmend zugunsten der Vorkenntnisse zurücktritt. „Diese systematische Veränderung der Lernleistungsdetermination wurde bisher bei der Klassifikation erwartungswidriger Schülerleistungen nicht berücksichtigt“ (Weinert & Petermann, 1980, S. 39). Wie Sauer (2006) anmerkt, darf dies jedoch nicht so interpretiert werden, dass Intelligenz für schulischen Erfolg keine Rolle spielt. Vielmehr wird durch die Berücksichtigung von Vorwissensaspekten (in deren Erwerb ja bereits intellektuelle Leistungen eingeflossen sind) der Anteil der Testintelligenz am Schulerfolg ‚auspartialisiert'. Allerdings gibt Weinert (1975) zu bedenken, dass es beinahe trivial ist, dass die Intelligenz bei fehlendem Vorwissen mit der Zeit immer mehr an Bedeutung verliert: So ist schließlich allgemein bekannt, dass bei einer Lateinarbeit auch eine weit überdurchschnittliche Intelligenz wenig nutzt, wenn dem Schüler notwendige Vokabeln und grammatikalische Regeln fehlen.

Unabhängig davon, wie zuverlässig Schulerfolg durch das Vorwissen eines Schülers / einer Schülerin vorhergesagt werden kann, ist jedoch zu konstatieren, dass es wenig zielführend erscheint, die (intellektuelle) Begabung einer Person als Prädiktor durch deren Vorwissen zu ersetzen. Im Gegensatz zur allgemeinen Denkfähigkeit einer Person ist Vorwissen in hohem Maße abhängig von den vorhandenen Lerngelegenheiten einer Person. So werden Kinder aus bildungsnahen Elternhäusern, deren Eltern sich bemühen, ihren Kindern möglichst viele Lernanregungen zu bieten, vermutlich mehr lernen und daher über ein größeres (Vor-)Wissen verfügen als Kinder, die zwar über eine vergleichbare Intelligenz verfügen, jedoch in einem Elternhaus aufwachsen, das nur wenige schulrelevante Anregungen bietet. Wird nun anstatt der Intelligenz das Vorwissen als Prädiktor eingesetzt, so werden von Kindern, die in einer anregungsarmen Umgebung heranwachsen und aufgrund dessen über ein begrenztes Vorwissen verfügen, folgerichtig auch geringe (schulische) Leistungen erwartet. Dabei handelt es sich zwar um eine Erwartung, die sich nach den obigen Befunden eher erfüllen dürfte, als wenn der Lernerfolg z. B. auf der Basis eines Intelligenztests geschätzt würde. Allerdings ist in diesem Fall auch eine präzise Prädiktion nur von geringem Nutzen, da die Vorhersage auf Basis des Vorwissens nichts darüber auszusagen vermag, zu welchen Leistungen eine Person unter optimalen Bedingungen in der Lage (gewesen) wäre. Das Ziel der Underachievement-Forschung besteht aber gerade darin, verborgenes Potenzial zu entdecken und über geeignete Maßnahmen zur Entfaltung zu bringen. Es geht gerade nicht darum, Schulleistungen möglichst präzise vorherzusagen, sondern darum, Aufschluss darüber zu erhalten, warum bestimmte Personen, ihr Potenzial nicht nutzen (können). Auch die beste Schätzung ist folglich wertlos, wenn sie den anvisierten Zweck nicht erfüllen kann. Genau dies wäre der Fall, wenn statt der Begabung einer Person deren Vorwissen als Prädiktor eingesetzt würde.

## 3.6 Abschließende Bewertung

Das grundlegende Ziel von Forschung besteht darin, Wissen und Erkenntnisse zu sammeln. Die Güte und Verlässlichkeit der gewonnenen Informationen spielen dabei eine wichtige Rolle. Bevor ein empirischer Zusammenhang als gesichert angesehen werden kann, muss sich dieser in wiederholten Beobachtungen zeigen. Dabei müssen Forscher/-innen, die eine Studie replizieren, darauf achten, dass im Rahmen der Replikationsstudie die gleiche oder zumindest eine ähnliche Operationalisierungsform gewählt wird. Ist diese Prämisse nicht erfüllt, erweist sich eine sinnvolle Interpretation von Ergebnisunterschieden als unmöglich bzw. kann allenfalls willkürlich erfolgen. Bevor jedoch eine Einigung über die zu präferierende Operationalisierungsform stattfinden kann, muss das in Frage stehende Forschungsproblem sich erst einmal als operationalisierbar erweisen. Und dies setzt wiederum voraus, dass der jeweilige Forschungsgegenstand klar umschrieben ist. In zahlreichen wissenschaftlichen Forschungsbereichen bestehen keinerlei Zweifel über den Forschungsgegenstand bzw. das jeweilige Forschungsobjekt. So beschäftigt sich etwa die Genforschung mit Genen und die Delfinforschung mit Delfinen. Schwierigkeiten entstehen nach Herrmann (1991) allerdings dann, wenn, wie im Falle der Underachievement-Forschung, mit theoretischen Konstrukten gearbeitet wird.

Der Begriff Konstrukt bezieht sich auf komplexe, nicht unmittelbar beobachtbare Phänomene. Konstrukte sind somit „sprachliche Ausdrücke, die einen ganzen Bereich von Gegenständen repräsentieren, ohne dass jedoch dieser Gegenstandsbereich durch einen umfassenden Gegenstand eindeutig abgrenzbar ist“ (Schneewind, 1969, S. 66). Die Grenzen eines durch ein Konstrukt vertretenen Gegenstandsbereiches können mehr oder minder willkürlich abgesteckt werden. Konstrukte müssen, wenn man sinnvoll mit ihnen arbeiten will, hinreichend operationalisierbar sein, „da nur dann eine Verständigung über das mit dem jeweiligen Konstruktnamen Gemeinte möglich ist. Folglich muss in jedem Fall der fiktive oder faktische Gegenstandsbereich von Konstrukten nachweisbar sein“ (Schneewind, 1969, S. 207). Im Falle von Underachievement besteht das Problem darin, dass keine Einigkeit darüber besteht, was genau unter ‚Underachievement' zu verstehen und wie dieses zu erfassen ist. Wie es Herrmann (1991) in Bezug auf die Persönlichkeitsforschung zum Ausdruck bringt, bestehen zwei miteinander verknüpfte Probleme: (1) Forscher/-innen bezeichnen mit ein und demselben Begriff oftmals höchst unterschiedliche Sachverhalte, ohne daraus jedoch (2) den Schluss zu ziehen, diese Unklarheit des Wortgebrauchs auf seine Ursachen hin zu untersuchen oder den jeweiligen Terminus ganz zu vermeiden. Vielmehr neigen zahlreiche Forscher/-innen dazu, den in Frage stehenden Begriff jeweils für den eigenen

Gebrauch zu definieren, „ohne das Für und Wider anderer Begriffsfassungen eindringlich zu diskutieren“ (Herrmann, 1991, S. 19). Andere wiederum gehen davon aus, ihr individueller Wortgebrauch entspräche der ‚unumstößlichen Wahrheit‘ und setzen voraus, dass jeder wisse, was mit einem bestimmten Begriff gemeint sei und welches Konstrukt sich dahinter verberge.

Nach Lavin (1965) ergibt sich dieses Problem im Bereich der Erfassung von Bedingungsfaktoren schulischer Leistung in besonderem Maße. Viele der hier verwendeten Instrumente tragen den gleichen Namen und messen augenscheinlich das gleiche Konstrukt. Tatsächlich geschieht dies jedoch auf sehr unterschiedliche Weise, mit unterschiedlichen Aufgaben, unterschiedlichen Techniken (Multiple Choice Items vs. Offenen Items) und unterschiedlichen Erhebungsformen (z. B. Einzel- oder Gruppentests). Auf der Basis welcher Daten bzw. unter Zuhilfenahme welcher methodischen Herangehensweise eine zuverlässige Diagnose von Underachievement erfolgen sollte, wurde bis dato nicht eindeutig festgelegt bzw. bleibt bislang der Willkür des einzelnen Forschers / der einzelnen Forscherin überlassen. Hier offenbart sich eines der Hauptprobleme im Rahmen der Underachievement-Forschung, nämlich die Unterschiedlichkeit und mangelnde Präzision der vorhandenen Definitionen, die viel Spielraum für Auslegungen und Interpretationen lassen.

> Die Widersprüchlichkeit mancher Untersuchungsergebnisse zur Bedingungsstruktur der Schulleistung resultiert nicht nur aus teilweise inkompatiblen theoretischen Grundlagen, sondern auch aus einer Reihe von Methodenproblemen, etwa mangelnde Vergleichbarkeit der Stichproben, Indikatorisierungsproblemen, unterschiedlichen Messinstrumenten oder Untersuchungsvariablen, Datenanalysen auf Makro- bzw. Mikroebene sowie uneinheitlichen Kriteriumsdefinitionen. (Heller, 1997, S. 185)

Die Wahl eines bestimmten Prädiktors bzw. Kriteriums beeinflusst sowohl die Art als auch Anzahl von Schülerinnen und Schülern, die der Gruppe der Underachiever zugerechnet werden. Es besteht also keine Stabilität der Gruppenzusammensetzung über verschicdene Messwerte und Messinstrumente hinweg. Weinert (1975, S. 780) drückt dies so aus: „Underachiever […sind…] nicht allgemein unterscheidbar, sondern stets nur im Hinblick auf genau umschriebene Schul- und Intelligenzleistungen“. Nötig sind daher zunächst einmal eine Standardisierung im Hinblick auf die Prädiktor- und Kriteriumsmessung sowie Studien, in deren Rahmen verschiedene Messinstrumente zum Einsatz kommen und die einen Vergleich dieser Messinstrumente im Hinblick auf ihren Gültigkeitsbereich und ihre Messgenauigkeit zulassen. Gefordert sind also stärker als bisher Forschungsvorhaben, die einen Multi-Trait-Multi-Method-Ansatz verfolgen.

Ein weiteres methodisches Problem im Rahmen der Underachievement-Forschung stellt die Auswahl einer geeigneten Stichprobe sowie die Wahl einer Referenz- und Kontrollgruppe dar. Welche Personengruppen im Einzelnen miteinander verglichen werden, hat Auswirkungen darauf, welche Attribute als besonders prägnant wahrgenommen und den jeweiligen Vergleichsgruppen zugeschrieben werden. Dies lässt sich eindrücklich an einem Beispiel von Schlee (1976) verdeutlichen: Sollen die Eigenschaften eines Apfel ermittelt werden, so kann zunächst einmal ein Vergleich angestellt werden zwischen Äpfeln und Nicht-Äpfeln. Da die Gruppe der Nicht-Äpfel alles umfasst, was nicht der Kategorie Äpfel zugerechnet werden kann, ist die Vergleichsgruppe naturgemäß sehr heterogen. Neben anderen Obstsorten umfasst sie Personen, Dinge und Gegenstände aller Art. Eine zuverlässige Beschreibung dessen, was Äpfel von Nicht-Äpfeln unterscheidet, erweist sich unter diesen Umständen als schwierig bzw. unmöglich. Doch auch, wenn die Auswahl der Vergleichsgruppe selektiv erfolgt, also beispielsweise andere Obstsorten zur Abgrenzung von Äpfeln herangezogen werden, ergeben sich Probleme. Die jeweilige Frucht, mit der ein Apfel verglichen wird, verleiht diesem Apfel ein spezifisches Merkmalsmuster. Vergleicht man den Apfel mit einer Zitrone, so schmeckt dieser süß, vergleicht man ihn mit einer Birne, so schmeckt dieser sauer.

Entsprechend kann es auch im Kontext der Underachievement-Forschung nicht überraschen, wenn die Untersuchungsergebnisse in Abhängigkeit von den Merkmalen und Eigenschaften der jeweiligen Untersuchungs- und Vergleichsgruppe variieren. Wie das Beispiel von Schlee (1976) zeigt, sind insbesondere bei der Wahl hoch selektiver Personengruppen (z. B. Hochbegabte, Migrantenkinder, Angehörige ethnischer Minderheiten etc.) widersprüchliche Ergebnisse nicht etwa überraschend, sondern vielmehr erwartbar. Es zeigt sich aber auch, dass konträre Befunde nicht notwendigerweise problematisch sind. Probleme treten vielmehr erst dann auf, wenn Forschungsergebnisse, die unter sehr spezifischen Rahmenbedingungen gewonnen wurden, auf Stichproben und Kontexte übertragen werden, für die sie keine Gültigkeit besitzen. So kann etwa nicht ohne weiteres angenommen werden, dass Merkmale und Verhaltensweisen von hochbegabten Underachievern aus gutsituierten Elternhäusern auch bei normalbegabten Underachievern aus bildungsfernen Elternhäusern zu finden sind. Ein solcher Fehlschluss ist jedoch wahrscheinlich, wenn in Handbüchern und Ratgebern zum Thema Underachievement nur Forschungsbefunde berichtet werden (z. B. Underachiever verfügen nicht über geeignete Arbeitstechniken und weisen Defizite im Bereich der Metakognitionen auf"), ohne die konkreten Umstände zu beschreiben, unter denen diese Erkenntnisse gewonnen wurden.

Neben den genannten Problemen im Rahmen der Operationalisierung ergibt sich eine weitere potenzielle Fehler- und Gefahrenquelle aus der herkömmlichen Underachievement-Definition, der zufolge eine Underachievement-Diagnose immer dann zu stellen ist, wenn eine Person geringere Leistungen erbringt, als ihr jeweiliges Begabungsniveau erwarten lässt. Wie anhand der ausgewählter Problembereiche und Beispiele gezeigt werden konnte, weisen die bislang verbreiteten Definitionen von Underachievement dogmatische Fehler und Ungenauigkeiten auf, die zu einer Modifikation des Begriffsverständnisses zwingen. Bezieht man sich ausschließlich auf die Diskrepanz zwischen kognitiver Leistungsfähigkeit und unerwartet schlechten Schulleistungen, so werden zahlreiche ‚Störfaktoren' sachwidrig ausgeblendet. Dies zeigen insbesondere Fälle, in denen ganze Schüler/-innengruppen aufgrund unangemessener Rahmenbedingungen an der Ausschöpfung ihres kognitiven Potenzials gehindert werden. Aber auch die Diskussion über sog. ‚Decken- und Bodeneffekte' stellt die unkritische und uneingeschränkte Verwendung der Diskrepanzdefinition sowie deren Operationalisierung mittels der gängigen Quantil- und regressionsanalytischen Ansätze in Frage. Dies alles zeigt, dass die herkömmliche Underachievement-Definition der Komplexität des Bedingungsgefüges nicht in vollem Umfang gerecht wird. Es besteht also Bedarf hinsichtlich einer Modifikation des Begriffsverständnisses. Für die nähere Bestimmung von Underachievement muss also zunächst Klarheit über die Begrifflichkeiten geschaffen werden. Dazu sind diejenigen Personen von der Gruppe der Underachiever abzugrenzen, die faktisch erwartungsgemäße (Schul-)Leistungen erbringen – die so genannten ‚Achiever'. Erst auf der Basis einer solchen begrifflichen Vorklärung erscheint es zweckmäßig, über Möglichkeiten und Methoden nachzudenken, anhand derer sich Underachiever klassifizieren und zuverlässig identifizieren lassen. Der theoretische Hintergrund der Underachievementproblematik lässt sich nach Ziegler et al. (2000) in zwei Teilfragen zerlegen: (1) Welche Faktoren definieren das Leistungspotenzial einer Person und (2) welche Faktoren unterliegen der tatsächlich gezeigten Leistung?

# 4 Komplementärbegriff ‚Achievement'

Mit einer Kritik an den vorherrschenden Begrifflichkeiten ist nur wenig erreicht. Hierdurch wird lediglich der Änderungs- bzw. Handlungsbedarf aufgezeigt. Viel wichtiger erscheinen konstruktive Überlegungen dazu, wie dem ohne Zweifel bestehenden Bedarf nach einer klaren Definition Rechnung zu tragen ist. In einem konstruktiven Sinne müssen also die Grundlagen und Rahmenbedingungen ermittelt werden, die für eine sachgerechte Beschreibung des Phänomens Underachievement unverzichtbar sind. So muss sich etwa, wer zuverlässig von Underachievement sprechen will, zur Abgrenzung auch über dessen Komplementärbegriff im Klaren sein, der als Wortbaustein stets notwendig enthalten ist – das so genannte ‚Achievement'. Bevor also von erwartungswidrigen Leistungen gesprochen werden kann, ist in einem ersten Schritt zu definieren, unter welchen Bedingungen von Achievement gesprochen werden kann.

## 4.1 Potenzialnutzung versus Potenzialausschöpfung

Geht man von den eingangs dargestellten herkömmlichen Definitionen von Underachievement aus, so sind zunächst einmal zwei Modelle zu unterscheiden: (1) Wird Underachievement mit einer negativen Diskrepanz zwischen Prädiktor- und Kriteriumsmessung gleichgesetzt (vgl. u. a. Butler-Por, 1987), so kann Achievement als das Erzielen einer aufgrund der Prädiktormessung erwartbaren Leistung angesehen werden. Dabei bleibt zunächst einmal offen, welche Merkmale bzw. Maße sinnvollerweise als Prädiktor und Kriterium einzusetzen sind. (2) Gilt Underachievement in einem weiteren Sinne hingegen als das Nichterbringen einer Leistung, zu der eine Person potenziell in der Lage wäre (vgl. etwa Holling et al., 2004), so entspricht Achievement einer (vollständigen) Potenzialausschöpfung. Beide Definitionen sind nicht zwangsläufig deckungsgleich, schließlich ist es möglich, das eigene Potenzial zu nutzen, um eine konkret geforderte Leistung zu erbringen, ohne dabei sämtliche (Begabungs-)Ressourcen voll auszuschöpfen. Da durch die Wahl eines bestimmten Achievement-Modells der Rahmen für die Auslegung von Underachievement festgelegt wird, sollen zunächst die jeweiligen Vor- und Nachteile der genannten Modelle aufgezeigt werden.

### 4.1.1 Potenzialnutzung: Erzielen einer erwartbaren Leistung

Im Rahmen der Underachievement-Forschung wird im Allgemeinen ein Modell von Underachievement präferiert, demzufolge Underachievement dem Nichterzielen einer erwartbaren Leistung entspricht. Geht man von einem derartigen Modell der adäquaten Potenzialnutzung aus, so stellt sich zunächst die Frage, ab wann eine Leistung als erwartungskonform anzusehen ist. In den Fokus rückt somit die Suche nach einem geeigneten Referenzmaß, zu dem eine Leistung in Beziehung gesetzt und anhand dessen die Qualität der Leistung eingeschätzt werden kann. Neben einem Vergleich der erzielten Leistung mit den Leistungen einer adäquaten Referenzgruppe (soziale Bezugsnorm), kann eine Leistung zu den früheren Leistungen desselben Individuums in Beziehung gesetzt (individuelle Bezugsnorm) sowie mit einem genau festgelegten Kriterium verglichen werden (kriteriale Bezugsnorm). Die Klärung der Frage, welche Vor- und Nachteile mit den einzelnen Vergleichsmaßstäben einhergehen, ist Bestandteil des folgenden Abschnitts.

Die Abhängigkeit von Vergleichsmaßstäben zeigt sich ganz allgemein am Beispiel von Lernschwierigkeiten, zu denen mitunter auch das Underachievement gerechnet wird. Nach Amelang und Zielinski (2002, S. 516) äußern sich individuelle Lernschwierigkeiten gerade „in negativen Abweichungen der Schülerleistungen von klassenbezogenen Normen oder individuellen Erwartungen". Werden diese über einen längeren Zeitraum hinweg deutlich unterschritten, besteht nach Ansicht der Autoren Anlass zu einer diagnostischen Abklärung der jeweiligen Lernschwierigkeiten, um eine zielgerichtete Intervention initiieren zu können. Auch Orthmann (2006) spricht von Lernschwierigkeiten, wenn die Leistungen eines Schülers / einer Schülerin von sozialen, individuellen oder aber objektiven bzw. sachbezogenen Normen abweichen: Bei Anwendung der sozialen Bezugsnorm werden die Leistungen eines Schülers / einer Schülerin mit den Leistungen einer relevanten Bezugsgruppe (z. B. Gleichaltrigen) verglichen. Als lernschwierig bzw. lerngestört gelten jene Schüler/-innen, die am unteren Ende der Leistungsskala rangieren. Von einer individuellen Bezugsnorm wird gesprochen, wenn man die Lernergebnisse einer Person zu deren bisherigen Leistungen in Beziehung setzt. Sind intraindividuelle Verschlechterungen erkennbar, kann dies als Hinweis auf das Vorliegen einer Lernstörung gewertet werden. „Nach der objektiven oder sachbezogenen Bezugsnorm werden Lernschwierigkeiten als Diskrepanz zwischen normativen Anforderungen und tatsächlichen Leistungen definiert" (Orthmann, 2006, S. 422). Von Lernschwierigkeiten wird in diesem Zusammenhang gesprochen, wenn die Leistung bzw. das Lernergebnis eines Schülers / einer Schülerin nicht den gewünschten Anforderungen entspricht. Zielinski (1998) fügt diesen Vergleichsmaßen noch die institutionelle Bezugsnorm hinzu. Institutionelle Bezugsnormen sind spezifische Anforderungen, die von bestimmten Einrichtungen (z. B. verschiedenen Schulformen) gestellt werden. Sie ergeben sich nicht zuletzt dadurch, dass etwa von Gymnasiasten / Gymnasiastinnen bessere Leistungen erwartet werden als von Haupt- oder Sonderschülern / -schülerinnen. „Der Nachteil einer bezugsnormorientierten Definition liegt auf der Hand. Lernschwierigkeiten werden hier nicht anhand eindeutiger Kriterien erfasst, sondern als relative, von der jeweils gewählten Bezugsnorm abhängige Phänomene" (Zielinski, 1998, S. 13).

### *Sozialer Vergleichsmaßstab*

Im Falle einer sozialen Bezugsnorm werden die Leistungen einer einzelnen Person mit den Leistungen einer Referenzgruppe verglichen. Mit Blick auf den schulischen Kontext kommen als derartige Vergleichsgruppen u. a. folgende Personengruppen in Betracht: Schüler/-innen im Allgemeinen, Schüler/-innen eines Staates (z. B. Deutschland), Schüler/-innen innerhalb eines Bundeslandes, Kinder eines bestimmten Schulbezirks und damit Einzugsgebietes sowie Schüler/-innen einer bestimmten Einzelschule und/oder Klasse. Je weiter der Kreis potenzieller Vergleichspersonen gezogen wird, desto eher lassen sich Fälle von ‚kollektivem Underachievement' erkennen, d. h. von Personen, deren Underachievement sich auf Kontextvariablen und schulische Rahmenbedingungen (z. B. defizitäre Schulsysteme oder zu geringe Leistungsanforderungen) zurückführen lässt. Subtilere Ursachen für Underachievement, insbesondere solche auf Personenebene, lassen sich auf diese Weise jedoch nur schwer erfassen. Dies liegt daran, dass die zumeist schwächeren personimmanenten Effekte durch den starken Einfluss der Kontextbedingungen überlagert werden (u. a. Rüesch, 1998). Je enger der Kreis potenzieller Vergleichspersonen gezogen wird, desto eher lassen sich die Rahmenbedingungen konstant halten und damit potenzielle Störvariablen (z. B. abweichende kulturelle Wertvorstellungen und unterschiedliche Schulsysteme sowie Besonderheiten im soziokulturellen Umfeld der verglichenen Kinder wie etwa das durchschnittliche Bildungsniveau der Eltern bzw. der Anteil an Kindern aus Familien mit Migrationshintergrund) kontrollieren. Diesem vermeintlichen Vorteil steht jedoch das Problem gegenüber, dass sich bei einem solchen Vorgehen zahlreiche Formen von Underachievement (etwa aufgrund von Decken- und Bodeneffekten; vgl. Abschnitt 3.4.2) nicht mehr erkennen lassen. Hinzu kommt, dass eine vernünftige und für den Forschungskontext bedeutsame Klassifikation von Achievern und Underachievern durch die Wahl einer hochselektiven Vergleichsgruppe erschwert wird. Das konkrete Leistungsniveau der jeweiligen Referenzgruppe hat einen großen Einfluss auf die Bewertung einer Einzelleistung. Je nach Leistungsniveau der Vergleichsgruppe würden Kinder trotz vergleichbarer kognitiver Voraussetzungen und objektiv gleicher schulischer Leistungen einmal der Gruppe der Achiever zugerechnet und ein anderes Mal als Underachiever klassifiziert werden. Forschungsergebnisse, die auf diesem Wege gewonnen würden, wären daher wenig aussagefähig, da es bei der Wahl einer anderen Referenzgruppe, zu einer abweichenden Klassifikation von Achievern und Underachievern und konträren Ergebnissen kommen könnte.

***Individueller Vergleichsmaßstab***

Neben dem Vergleich der Leistungen des Einzelnen mit den Leistungen einer relevanten Referenzgruppe kommt aus methodischer Sicht der Vergleich der aktuellen Leistung mit früheren Leistungen derselben Person in Betracht (Klauer, 1987). Ein intraindividueller Vergleich hätte auf den ersten Blick den Vorteil, dass in Fällen, in denen eine bestimmte Leistung in der Vergangenheit bereits erzielt werden konnte, zum gegenwärtigen Zeitpunkt jedoch nicht erbracht wird, mit großer Wahrscheinlichkeit auf Underachievement geschlossen werden kann. Eine solche Entwicklung läge etwa dann vor, wenn ein Schüler, der im Unterricht problemlos Brüche addieren konnte, im Rahmen einer Leistungsstandserfassung plötzlich an objektiv gleichwertigen Aufgaben scheitern würde. Da sich das kognitive Ausgangsniveau, wenn sich die Verschlechterung nicht gerade in Folge einer Verletzung oder Krankheit ergibt, nicht geändert haben dürfte, das Potenzial aber nicht in die vormals mögliche Leistung umgesetzt wird, liegt hier die Vermutung nahe, dass es sich um einen Fall von Underachievement handelt.

Als unbrauchbar erweist sich ein intraindividueller Leistungsvergleich zur Bestimmung von Underachievement immer dann, wenn es im jeweiligen Beobachtungszeitraum nicht zu einer Veränderung der Leistung kommt. Die Abwesenheit einer Veränderung als einen Indikator für Achievement zu werten, ist nicht ohne weiteres zulässig. Man stelle sich hierzu den Fall einer Schülerin vor, die aufgrund von Desinteresse und mangelnder Anstrengungsbereitschaft im Beobachtungszeitraum konstant unter ihren Möglichkeiten bleibt. Würde man die Intelligenz mit der gezeigten Leistung in Beziehung setzen, ohne einen Vergleichsmaßstab von außen heranzuziehen, käme man zu dem Schluss, dass dieses Mädchen aufgrund ihrer kognitiven Fähigkeiten nicht mehr leisten kann und somit ihr Potenzial voll ausschöpft. Dass es sich in Wirklichkeit um ein verdecktes Underachievement handelt, wird erst erkennbar, wenn man ein Aussenkriterium heranzieht und betrachtet, welche Leistungen Personen mit einem vergleichbaren IQ erzielen können. Ohne einen solchen Vergleichsmaßstab würde diese Form des ‚verdeckten' Underachievements fälschlicherweise als Achievement gewertet. Ein Ansatz, der auf den Vergleich mit einem Außenkriterium zur Gänze verzichtet, kann somit ebenfalls nicht überzeugen.

### *Kriterialer Vergleichsmaßstab*

Eine weitere Herangehensweise könnte darin bestehen, für jedes kognitive Leistungsniveau eine Mindestleistung festzusetzen, die erzielt bzw. übertroffen werden muss, bevor von Achievement gesprochen werden kann. Diese Mindestleistung könnte der maximal möglichen Leistung auf einem bestimmten Fähigkeitsniveau entsprechen. Da man im schulischen Alltag bereits aufgrund des von vielen Pädagogen praktizierten Einheitsunterrichts (ohne angemessene Differenzierung) schwerlich von optimalen Bedingungen für alle Schüler/-innen ausgehen kann – von systematischen Benachteiligungen einzelner Schüler/-innengruppen einmal ganz abgesehen – erscheint es jedoch sinnvoller, als Zielkriterium eine Leistungshöhe festzulegen, die auch unter nicht ganz optimalen Bedingungen erreicht bzw. übertroffen werden kann. Als realistisches Leistungsmaß für die einzelnen kognitiven Fähigkeitsstufen könnten bei der Verwendung von normierten Testverfahren zur Bestimmung der schulischen Leistungen beispielsweise Normwerte herangezogen werden. Scheitert ein Schüler an der seinem kognitiven Fähigkeitsniveau zugeordneten Leistungshürde, gilt er als Underachiever.

Auch ein solches Vorgehen ist jedoch bedenklich, da bestimmte Schüler/-innengruppen (vgl. Abschnitt 4.4.2) aufgrund des jeweils praktizierten Unterrichtsstils und der gewählten Unterrichtsinhalte möglicherweise gar nicht über das Know-how verfügen, um den aufgrund testökonomischer (testtheoretischer) Gesichtspunkte oft sehr spezifischen Anforderungen normierter Schulleistungstests gerecht zu werden. Bei einem Vergleich der Testergebnisse mit den Leistungen der Normierungsstichprobe bzw. dem jeweiligen Leistungskriterium würden die Leistungen einiger Schüler/-innen daher systematisch unter- und damit die Anzahl der Underachiever überschätzt werden. In diesem Zusammenhang ließe sich zwar argumentieren, dass auch mangelndes Know-how nur eine, wenn auch gegebenenfalls spezifische Form von Underachievement darstellt. Dieser Einwand ist jedoch nur dann gerechtfertigt, wenn er sich auf Fälle bezieht, in denen zwischen dem Know-how gleich begabter Individuen ein Unterschied im Sinne eines Leistungsgefälles zu verzeichnen ist. Von Underachievement kann hingegen nicht uneingeschränkt die Rede sein, wenn sich die Kenntnisse der betroffenen Individuen lediglich auf unterschiedliche Inhaltbereiche beschränken. Erfordert ein Rechtschreibtest für Drittklässler etwa die Beherrschung von Regeln zum Einsatz von ‚ß' und ‚ss', so sind Schüler/-innengruppen klar im Vorteil, deren Lehrerinnen und Lehrer eben diese Regeln im Unterricht ausführlich behandelt haben. Schülerinnen und Schüler, deren Lehrerinnen und Lehrer ausschließlich eine Unterscheidung von Dehnungs-h und Doppelvokalen zum Unterrichtsgegenstand gemacht haben, eine im Schwierigkeitsgrad sicher vergleichbare, wenn nicht sogar anspruchsvollere Rechtschreibregel, werden hingegen im Nachteil sein. Der jeweilige Unterrichtsinhalt und der Zeitpunkt des Kenntniserwerbs können somit in Kombination mit den spezifischen Anforderungen von Schulleistungstests zu systematischen Fehlklassifikationen führen. Bei Anwendung einer kriterialen Bezugsnorm ist also von vornherein darauf zu achten, dass alle Schüler/-innen in der Untersuchungsstichprobe tatsächlich die Chance hatten, die Kenntnisse zu erwerben, die zu einer erfolgreichen Bewältigung der an sie gestellten Aufgaben erforderlich sind. Dabei handelt es sich jedoch um eine Vorgabe, die sich aufgrund der Vielfalt schulischer Bedingungen in der Realität nur schwer erfüllen lassen dürfte.

Letztlich lässt sich durch die Anwendung eines kriterialen Leistungsmaßstabs aber auch das eingangs beschriebene Problem der Bestimmung einer Referenzgruppe nicht lösen. Auch eine Leistungshürde ist erst einmal festzulegen. Damit diese Hürde bestimmt werden kann, ist zumindest im Vorfeld eine Analyse der Leistungen einer als relevant erachteten Referenzgruppe nötig. Doch welche Vergleichsgruppe sollte hierbei ins Auge gefasst werden? Diese Frage lässt sich nicht eindeutig beantworten, da jede Wahl mit Vor- und Nachteilen verbunden ist und letztlich die Klassifikation von Achievern und Underachievern beeinflussen wird.

### 4.1.2 Potenzialausschöpfung

Dem Verständnis von Achievement als definiertem Kriterium bzw. erwartbarer Leistung steht die Möglichkeit gegenüber, Achievement mit einer (vollständigen) Potenzialausschöpfung gleichzustellen. Im Gegensatz zu einem 'willkürlich' definierten Leistungsmaß (s. o.) besteht der Vorteil einer absoluten Leistungsgrenze im Sinne einer Kapazitätsgrenze oder Potenzialausschöpfung darin, dass die Beantwortung der Frage, ob eine maximal mögliche Leistung erreicht wird, zunächst einmal unabhängig ist von Kontextfaktoren und der Zugehörigkeit zu einer bestimmten Nation, Gruppe oder Sozialschicht. Losgelöst von den jeweiligen Lebensumständen würden also bei Personen mit dem gleichen Potenzial dieselben Maßstäbe für Achievement und Underachievement gelten. Diesem Mehr an Fairness stehen jedoch auch Nachteile gegenüber, die im Folgenden näher beleuchtet werden sollen. Dazu zählt insbesondere die Problematik der Definition von Höchstleistung.

#### *Absolute Höchstleistung*

Eine denkbare Vorgehensweise zur Beurteilung der Frage, ob ein vorhandenes kognitives Potenzial voll ausgeschöpft wird oder nicht, kann darin bestehen, auf jeder Fähigkeitsstufe (jedem Intelligenzniveau) jeweils das Individuum mit den besten Leistungen zu identifizieren und sodann dessen Leistungen als Vergleichsmaßstab für alle Gleichbegabten einer Altersgruppe heranzuziehen. Das Ziel einer solchen Vorgehensweise bestünde also darin, die Maximalleistung in dem jeweils interessierenden Fähigkeitsbereich unter Berücksichtigung des Lebensalters und des jeweiligen kognitiven Leistungsniveaus einer Person zu ermitteln. Hierzu könnten zunächst einmal alle Leistungen als Vergleichsgröße herangezogen werden, die bislang von beliebigen Personen in einem bestimmten Alter(sbereich) erzielt wurden. Aus diesen könnten sodann für Personen aller Fähigkeitsstufen die größten Errungenschaften (besten Leistungen) herausgefiltert werden und anschließend als Vergleichsmaß dienen. Dabei wäre es irrelevant, ob die Messlatte von einem Individuum gesetzt würde, das noch lebt, oder aber von einer möglicherweise bereits verstorbenen Person. Entscheidend wäre lediglich, dass bei einem bestimmten kognitiven Ausgangsniveau in einem genau definierten Alter und Aufgabenbereich eine maximale Leistung erzielt worden ist, an der sich nun die Leistungen aller anderen Menschen gleichen Alters und gleicher Intelligenz messen lassen müssten. Dies würde also beispielsweise implizieren, dass sich Physiker mit dem gleichen Intelligenzniveau wie Albert Einstein an dessen Errungenschaften (der speziellen Relativitätstheorie) im Alter von 26 Jahren messen lassen müssten (oder gar an den Leistungen einer noch genialeren Person). Könnten die Leistungen der Vergleichspersonen nicht dem Niveau der Errungenschaften Einsteins standhalten, müsste von Underachievement ausgegangen werden.

Auf den schulischen Kontext bezogen gälten alle Schüler/-innen als Underachiever, die leistungsmäßig bei vergleichbarem Alter und Intelligenzniveau nicht an die (fächerspezifisch) Höchstleistenden heranreichen können. Da nicht zuletzt nach den Ergebnissen der TIMS-Studie (Baumert et al., 2000) in Deutschland auch die Testleistungsstärksten nicht mit der internationalen Leistungsspitze mithalten können, würden die bestmöglichen schulischen Leistungen bei vergleichbarer Intelligenz vermutlich von einem Finnen oder Asiaten erzielt werden, wobei bei einer solchen Behauptung nicht außer Acht gelassen werden dürfte, dass bei weitem nicht alle Schüler/-innen und Nationen an den internationalen Leistungsstudien beteiligt waren. Es könnte also gar nicht mit Sicherheit gesagt werden, dass der/die Leistungsbeste tatsächlich im Rahmen der Vergleichsstudien erfasst wurde. Dies zeigt, dass eine solche Vorgehensweise zu gravierenden Problemen führt, weil in den meisten Fällen nicht bekannt sein dürfte, wer bei einem bestimmten kognitiven Ausgangsniveau und Alter auf dem interessierenden Gebiet die besten Leistungen erzielt (hat). Und selbst wenn diese Information verfügbar wäre, könnte nicht mit Sicherheit gesagt werden, dass die erbrachte Höchstleistung tatsächlich einer vollständigen Ausschöpfung des intellektuellen Potenzials entspricht. Schließlich liegt es durchaus im Rahmen des Möglichen, dass der oder die Höchstleistende noch gar nicht in Erscheinung getreten ist bzw. erst zu einem späteren Zeitpunkt (also in der Zukunft) sein/ihr Können unter Beweis stellen und die Messlatte für Achievement noch höher setzen wird.

Mit der Erkenntnis, dass die Gruppe der Achiever sehr klein ausfallen, während die Gruppe der Underachiever den Großteil der Bevölkerung umfassen würde, ist in diesem Zusammenhang noch ein weiterer Aspekt zu berücksichtigen. So heterogen sich die Zusammensetzung der Underachiever im Hinblick auf Nationalität, Werte, Bildungschancen etc. darstellen würde, so vielfältig wären auch die möglichen Ursachen für das Underachievement. Der Versuch, Personenmerkmale zu identifizieren, die Achiever von Underachievern unterscheiden, wäre bei einem solchen Vorgehen von vornherein aussichtslos, da die jeweiligen Kontextbedingungen, unter denen bestimmte Leistungen erzielt werden, so unterschiedlich wären, dass die Gefahr bestünde, vorhandene Personenunterschiede zu übersehen. Man denke hier alleine an die unterschiedlichen länderspezifischen Rahmenbedingungen (Wohlstand, Schulsysteme etc.). Diese bestimmen maßgeblich, ob ein Individuum überhaupt die Möglichkeit erhält, sein kognitives Potenzial voll auszuschöpfen. Konzepte, die eine Vorstellung von Achievement als absoluter Höchstleistung beinhalten, können daher nicht überzeugen.

***Relative Höchstleistung***

Eine weitere Möglichkeit, Achievement zu definieren, besteht darin, nur solche Personengruppen als Referenzgruppen zuzulassen, die eine bestimmte Leistung unter vergleichbaren Rahmenbedingungen erbringen bzw. erbracht haben. In diesem Fall würde der oder die Höchstleistende also innerhalb einer spezifischen und als relevant erachteten Vergleichsgruppe bestimmt werden. Als derartige Referenzgruppen im Kontext Schule kämen u. a. die bereits in Abschnitt 4.1.1 genannten Personengruppen in Betracht: Schüler/-innen generell, Schüler/-innen eines Staates (z. B. Deutschland), Schüler/-innen innerhalb eines Bundeslandes, Kinder eines bestimmten Schulbezirks und damit Einzugsgebietes sowie Schüler/-innen einer bestimmten Einzelschule und/oder Klasse. Ein solches Vorgehen hätte den Vorteil, dass nunmehr eine realistischere Chance bestünde, tatsächlich den oder die Höchstleistende(n) zu identifizieren. Es bliebe jedoch zum einen das Problem bestehen, dass die Gruppe der Achiever im Vergleich zur Gruppe der Underachiever sehr klein ausfallen würde (wobei sich hier natürlich verhältnismäßig leicht Abhilfe schaffen ließe, indem statt einer punktuellen Höchstleistung ein Intervall erwartungskonformer Leistungen definiert wird), und zum anderen, dass die Wahl einer spezifischen Referenzgruppe wiederum gewissermaßen willkürlich erfolgen könnte (eine Gefahr, die es gerade zu vermeiden gilt).

***Zusammenfassung***

Die Vergleichbarkeit von Forschungsergebnissen setzt eine stabile Klassifikation von Achievern und Underachievern voraus. Werden Personen jedoch je nach Referenzgruppe bzw. Leistungsanforderungen einmal der Gruppe der Achiever und ein anderes Mal der Gruppe der Underachiever zugerechnet, ohne dass sich an der jeweiligen Fähigkeit und Leistung etwas geändert hat, so ist auf die gewonnenen Erkenntnisse kein Verlass. Eigenschaften, die im einen Fall als typisch für Achiever angesehen werden, können im anderen Falle als Indikatoren für Underachievement gewertet werden. Um dies zu verhindern, ist eine allgemeingültige Regelung zu finden, anhand derer sich Achiever und Underachiever sinnvoll und stabil klassifizieren lassen. Dabei scheint jedoch keine der bisher skizzierten Herangehensweisen eine tragfähige Lösung darzustellen. Eine Leistung zur maximal möglichen Einzelleistung (absoluten Höchstleistung) in Beziehung zu setzen, ist zwar naheliegend, gestaltet sich in der Realität jedoch als ausgesprochen schwierig, da es in der Regel unmöglich sein dürfte, den oder die objektiv Höchstleistende(n) zu identifizieren. Ein Vergleich der Einzelleistung mit den Leistungen einer als relevant erachteten Referenzgruppe bzw. den früheren Leistungen des jeweiligen Individuums ist ebenfalls problematisch. Es erscheint daher vorzugswürdig, bezüglich der Achievement-Definition einen kriterialen Vergleichsmaßstab heranzuziehen, da die Verwendung einer individuellen bzw. sozialen Bezugsnorm die Generalisierung und Vergleichbarkeit der Forschungsergebnisse erheblich beeinträchtigen würde. Allerdings ist auch eine kriteriale Bezugsnorm mit Nachteilen verbunden, insbesondere weil durch sie an alle Schüler/-innen mit einem bestimmten kognitiven Ausgangsniveau die gleichen Anforderungen gestellt werden, ohne zu berücksichtigen, dass sich die untersuchten Schüler/-innen in vielerlei Hinsicht, nicht zuletzt bezüglich ihrer individuellen Lerngeschichte, unterscheiden werden. Eine allgemeingültige Definition von Achievement müsste demgegenüber gewährleisten, dass alleine die Fähigkeit und Leistung einer Person und nicht deren Lebensumstände oder Zugehörigkeit zu einer bestimmten Gruppe über eine Klassifikation als Achiever oder Underachiever entscheiden. In diesem Sinne gälte es, Achievement also nicht über die Referenzgruppe bzw. das Referenzmaß, sondern ausgehend vom verfügbaren Potenzial einer Person zu definieren.

## 4.2 Was ist Potenzial?

Insbesondere im Bereich der Hochbegabungsforschung wird diskutiert, ob eine Hochbegabung bereits dann vorliegt, wenn das Potenzial zu einer herausragenden Leistung besteht, oder aber erst dann, wenn die Leistung selbst erbracht wird. Unterschieden wird somit zwischen einer Definition von Begabung als Leistung (begabt sind demnach nur Personen, die eine bestimmte Leistung erbringen) und einer Begabungsdefinition im Sinne einer Potenzialdefinition (begabt sind jene, die eine bestimmte Leistung unter optimalen Bedingungen erbringen könnten, unabhängig davon, ob dieses Potenzial tatsächlich abgerufen wird oder nicht). Tolan (1996) ist der Ansicht, dass Begabung immer nur im Sinne eines Potenzials verstanden werden kann, also losgelöst von der gezeigten Leistung. Sie vergleicht die hohe intellektuelle Leistungsfähigkeit eines Hochbegabten mit den herausragenden läuferischen Fähigkeiten eines Geparden. Obwohl der Gepard als schnellstes Tier der Welt unter optimalen Bedingungen 70 Meilen pro Stunde laufen kann, wird er dies nur in den seltensten Fällen tun. Dies gilt zum einen deshalb, weil er diese Geschwindigkeit nur für eine begrenzte Zeit aufrechterhalten kann und danach eine Regenerationsphase benötigt. Zum anderen wäre es in vielen Situationen gar nicht zielführend, das vorhandene Potenzial voll auszuschöpfen, etwa dann, wenn ein Tier gejagt werden soll, das wesentlich langsamer ist (z. B. ein Hase). Die Tatsache, dass ein Gepard nicht ständig mit maximaler Geschwindigkeit läuft, ändert allerdings nichts an der Tatsache, dass es sich bei ihm um das schnellste Tier der Welt handelt. Für Hochbegabte, aber auch für Personen mit jedem anderen Begabungsniveau, gilt im übertragenen Sinne das Gleiche. Das maximal abrufbare Potenzial definiert das Begabungsniveau unabhängig davon, ob dieses auch in einer entsprechenden Leistung mündet. Im Bereich der Underachievement-Forschung erübrigt sich die Frage, ob eine Begabung als Potenzial oder aber Leistung anzusehen ist. Würde man Begabung über die erzielten Leistungen definieren, so gäbe es naturgemäß kein Underachievement (im Sinne einer Diskrepanz zwischen Potenzial und Leistung), sondern lediglich Achievement auf höherem oder niedrigerem Niveau.

Zu klären ist jedoch, was im Einzelfalle unter Potenzial zu verstehen und ab welchem Umfang eine Potenzialausschöpfung als Achievement anzusehen ist. In diesem Zusammenhang ist ebenfalls zu klären, ob Intelligenz als angeborenes Potenzial (und damit als nahezu unveränderliche Größe), als das Ergebnis von mehr oder weniger förderlichen Umweltbedingungen (und damit als variabel) oder aber einer Mischung aus beidem anzusehen ist. Eine Auseinandersetzung mit dieser Frage ist insofern von Bedeutung, als die Stabilität des Kriteriums (Begabung) Auswirkungen auf die Stabilität der Klassifikation von Achievern und Underachievern hat. Wissenschaftler wie Raph et al. (1966, S. 2) haben in der Vergangenheit wiederholt darauf hingewiesen, dass es nicht zielführend ist, im Kontext von Underachievement einen Vergleich zwischen Potenzial und Leistung anzustreben, da sich das wahre Potenzial eines

Individuums mit den zur Verfügung stehenden Messinstrumenten nicht erfassen lässt: „The broadest definition of underachievement [...] would refer to all those, who for whatever reason, fail to develop their potentialities maximally. Only if it were possible to assess potential with sufficient accuracy to enable prediction of performance for all individuals would such a definition become operationally meaningful". Vernon (1968) ist ebenfalls der Auffassung, dass das Konzept des (intellektuellen) Potenzials nicht den geringsten Wert besitzt, da sich Potenzial weder beobachten noch messen lässt. Diese Ansicht wird letztlich auch von Ford (1996) geteilt, der zu dem Schluss kommt, dass Potenzial mindestens ebenso schwierig zu bestimmen sei, wie das Wetter. Dies mag zwar im Ergebnis zutreffend sein, ist jedoch für die vorliegende Untersuchung zunächst von nachrangiger Bedeutung. Aus wissenschaftstheoretischem Blickwinkel setzt eine logisch stringente Herangehensweise an die Problematik des Underachievements voraus, dass zunächst objektiv der richtige Beurteilungsmaßstab ermittelt wird, bevor es in einem zweiten Schritt dessen Praktikabilität zu überprüfen gilt. Ein logisch falsches Konstrukt ist einem sachlich richtigen, aber schwer messbaren Konstrukt naturgemäß nicht überlegen.

### 4.2.1 Potenzial als angeborene Eigenschaft oder erworbene Fähigkeit?

Die Frage, ob Potenzial als das Produkt der unveränderlichen genetischen bzw. neurologischen Grundausstattung oder als erworbene Fähigkeit anzusehen ist, wurde im Rahmen der Erbe-Umwelt-Debatte immer wieder kontrovers diskutiert (vgl. u. a. Dowling, 2004; Gould, 1996; Quitzow, 1990; Rutter, 2006). Im Extremfall geht es dabei um die Frage, ob Menschen mit den gleichen kognitiven Anlagen geboren werden und sich interindividuelle Unterschiede erst aufgrund von mehr oder weniger förderlichen Umweltbedingungen ergeben, oder ob die Varianz in der kognitiven Leistungsfähigkeit alleine auf Unterschiede in der genetischen Grundausstattung zurückzuführen ist. Betrachtet man die Ergebnisse der Erbe-Umwelt-Forschung, so zeigt sich, dass gute Argumente dafür sprechen, dass letztlich weder die eine noch die andere Sichtweise überzeugen kann. Vielmehr ist davon auszugehen, dass sich die interindividuelle Varianz in der kognitiven Leistungsfähigkeit aus dem Zusammenspiel von genetischer Ausstattung und variierenden Umweltbedingungen ergibt (u. a. Havighurst, 1976), wobei den Genen auf lange Sicht eine wesentlich größere Bedeutung beizumessen ist (Plomin & DeFries, 2000; Plomin, DeFries, McClearn & Rutter, 1999).

Insbesondere für Lehrer/-innen mag die Vorstellung von Potenzial als nahezu vollständig genetisch determiniertem Rahmen auf den ersten Blick erschreckend sein, sehen viele hierin doch ihren Handlungsrahmen und ihre Einflussmöglichkeiten durch Unterricht maßgeblich eingeschränkt. Dieser Furcht liegt, wie im Folgenden anhand eines kurzen Beispiels dargestellt werden soll, jedoch ein Fehlschluss zugrunde. Denn selbst wenn man das Potenzial bzw. die Intelligenz eines Menschen als vollständig genetisch determiniert ansieht, d. h. wenn man Intelligenz als angeborenes intellektuelles Potenzial betrachtet, das nicht überschritten bzw. durch positive Umwelteinflüsse verändert werden kann, sagt dies noch wenig über die tatsächlichen Leistungen einer Person aus, sondern nur etwas darüber, welche Leistung unter optimalen Bedingungen zu erreichen wäre. So kann etwa ein Kind über eine sehr hohe mathematische Begabung verfügen. Wenn es aber nie mit Mathematik in Berührung kommt, werden seine Leistungen in diesem Bereich entsprechend gering ausfallen. Wird über den erb- bzw. umweltbedingten Anteil von Intelligenz bzw. Begabungen diskutiert, geht es also nicht darum, ob eine konkrete Leistung eher durch Gene oder aber durch eine entsprechende Umwelt (z. B. die Wissensvermittlung im Mathematikunterricht) beeinflusst wird. Vielmehr ist die Frage zu beantworten, ob die ‚wahre' Intelligenz (das zur Verfügung stehende Potenzial) sich durch Umweltfaktoren beeinflussen lässt (z. B. in dem durch ein intensives Training neue neuronale Vernetzungen entstehen und dadurch fortan höhere intellektuelle Leistungen erzielt werden können oder indem durch eine ausbleibende Förderung dauerhaft eine Verringerung des vorhandenen Potenzials bewirkt werden kann[39]). Schulische Wissensvermittlung steht damit zu keinem Zeitpunkt im Verdacht, überflüssig zu sein. Schließlich kann auch das vorhandene Potenzial eines schwach begabten Kindes nur durch eine angemessene Förderung voll entfaltet werden. Geht man davon aus, dass die Intelligenz eines Menschen größtenteils genetisch determiniert ist, bedeutet dies lediglich, dass man aus einem schwach begabten Menschen (auch bei optimaler Förderung) keinen Hochbegabten machen kann (es sei denn, es gäbe zukünftig Verfahren, mit denen man die genetische Ausstattung des Menschen manipulieren oder aber neurologische Defizite korrigieren kann). Bis dies gelingt, wird es aber Personen geben, die aufgrund ihrer genetischen Ausstattung bzw. biologischen Anlagen einer Förderung besser zugänglich sind und ein höheres Niveau erreichen können als andere. Von einer Förderung an sich profitieren aber alle. Somit ist die Befürchtung, unveränderliche genetische Unterschiede würden eine schulische Intervention unnötig machen, nicht nur unbegründet; vielmehr ist das Gegenteil der Fall: Gerade hochbegabte Schüler/-innen können das genetisch vorbestimmte Potenzial ohne geeignete Intervention und Förderung durch das Lehrpersonal nicht abrufen. Schulische Förderung bzw. die Bemühungen eines Lehrers / einer Lehrerin wären also nur dann vergebens, wenn eine bestimmte Leistung (z. B. das Lesenlernen) eine gewisses Potenzial voraussetzt, das ein Kind von Natur aus nicht besitzt.

### Exkurs: Erbbedingte Intelligenzkapazität

Dem Forschungsprogramm der erwartungswidrigen Schulleistungen liegt nach Weinert und Petermann (1980) ein selten offengelegter Kern aus Annahmen zugrunde. Hierzu zählt u. a. die Annahme, dass zwischen verschiedenen Menschen „erhebliche, durch aktuelle Erziehungs- und Unterrichtseinflüsse kaum veränderbare Unterschiede in der intellektuellen Ausstattung" bestehen. Die Annahme einer genetischen Determination von Intelligenz wurde immer wieder kritisiert. So werden nach Wahl (1975) v. a. die folgenden Argumente gegen eine erbbedingte Intelligenzkapazität hervorgebracht:

---

[39] In diesem Zusammenhang könnte u. a. auf so genannte sensible Phasen verwiesen werden. Nach der Lenneberg-Hypothese (zit. n. Crystal, 1995) ist die Entfaltung bestimmter Fähigkeiten (in diesem Falle die Sprache) auf bestimmte Zeitfenster begrenzt. Bleiben während dieser kritischen Phase, die zur Entwicklung einer bestimmten Fähigkeit notwendigen Anregungen (z. B. Sprachvorbilder) aus, kann die betroffene Fähigkeit (z. B. die Fähigkeit zur Lautdifferenzierung) zu einem späteren Zeitpunkt auch unter dann optimalen Förderbedingungen nicht mehr erworben werden. Die Theorie der kritischen Phasen ist jedoch sehr umstritten (vgl. u. a. Bruer, 2003).

(1) Es bestehen Zweifel an der Konstanz der Intelligenz, wobei insbesondere auf die Trainierbarkeit bestimmter Intelligenzfacetten hingewiesen wird.
(2) Es wird darauf aufmerksam gemacht, dass Zusammenhänge bestehen zwischen Intelligenz und nicht-intellektuellen Variablen (z. B. elterlichem Erziehungsstil und Motivation), die vermuten lassen, dass die Intelligenz einer Person von diesen Faktoren beeinflusst wird.
(3) Bezüglich der Faktorenstruktur bestehen keine zweifelsfreien Erkenntnisse, die belegen, dass es tatsächlich einen übergeordneten Faktor im Sinne der Allgemeinen Intelligenz (g) gibt.
(4) Es wird kritisiert, dass dieselbe Endleistung in einem Intelligenztest (Summe der bearbeiteten Aufgaben) auf ganz unterschiedliche Weise zustande kommen kann. Folglich bestehen Validitätsprobleme, da das, was der Intelligenztest misst, nicht von Person zu Person invariant bleibt.
(5) Die Erwartung mit einem Intelligenztestwert ließe sich die Schulleistung einer Person vorhersagen, hat sich nicht bestätigt. Beide Maße korrelieren nur unzureichend miteinander.
(6) Personen, die den gleichen Intelligenzwert aufweisen, können sich hinsichtlich ihrer Intelligenz unterscheiden. Zum einen kann sich derselbe Wert aus verschiedenen Aufgabentypen ergeben. Zum anderen können sich Unterschiede in Intelligenzbereichen ergeben, die durch den Test nicht erfasst wurden.

Die aufgeführten Kritikpunkte lassen allerdings allenfalls Zweifel an der Messbarkeit von Intelligenz mittels der herkömmlichen Intelligenztests aufkommen. Die Annahme, die maximal erreichbare schulische Leistung würde durch die angeborene (in diesem Fall aber nicht messbare) Intelligenzkapazität definiert, kann mittels dieser Argumente nicht widerlegt werden. Da im Rahmen der Operationalisierung jedoch nach wie vor auf die Ergebnisse von Intelligenztests zurückgegriffen wird, hat die angeführte Kritik zumindest unter diesem Blickwinkel eine gewisse Berechtigung.

### 4.2.2 Potenzial als permanente oder temporäre kognitive Leistungsgrenze?

Geht man davon aus, dass sich die Höhe des kognitiven Potenzials hauptsächlich auf genetische Faktoren zurückführen lässt, so könnte Potenzial als eine genetisch vorgegebene Leistungsgrenze bzw. als Rahmen angesehen werden, der ausgefüllt, in seiner Größe jedoch nicht verändert werden kann. Das Potenzial einer Person entspräche damit der unter optimalen Rahmenbedingungen und aufgrund der jeweiligen genetischen Grundausstattung maximal möglichen Leistung. Wie im vorangegangenen Abschnitt bereits dargelegt wurde, gibt es jedoch Fälle, in denen die genetische Ausstattung nicht die Obergrenze der individuellen Leistungsfähigkeit definiert, sondern andere Faktoren das kognitive Potenzial einer Person beeinflussen. Derartige Fälle liegen immer dann vor, wenn es nach der Geburt bzw. nach der Zusammenstellung des genetischen Codes zu einer Schädigung der für eine kognitive Leistung nötigen biologischen Strukturen oder Mechanismen kommt.

Im Kontext der Underachievement-Forschung ist dabei zwischen Fällen zu unterscheiden, in denen die Schädigung und/oder Krankheit die kognitive Leistungsfähigkeit irreversibel oder aber temporär beeinträchtigt. Gelänge es, das genetisch determinierte Potenzial einer Person zu bestimmen und dieses einer Underachievement-Diagnose zugrunde zu legen, so würden irreversible Beeinträchtigungen, die erst nach der Geburt auftreten, die Nützlichkeit einer rein auf der Basis genetischer Bedingungen getroffenen Klassifikation in Frage stellen. Würde man nämlich eine Person, die etwa infolge eines Schädel-Hirn-Traumas oder einer Krankheit (z. B. Phenylketonurie[40]) dauerhaft die Fähigkeit verliert, bestimmte kognitive Leistungen zu erbringen, nicht wie eine Person behandeln, die von Geburt an, also aufgrund ihrer genetischen Ausstattung nicht zu einer bestimmten Leistungen in der Lage ist, so würde man aufgrund der verminderten Leistungsfähigkeit und damit Leistung zu einer Underachievement-Diagnose kommen. Eine solche ließe sich zwar rechtfertigen, doch wäre eine Behandlung von vornherein aussichtslos. Sinnvoller erscheint es daher, derartige Personen mit solchen Personen gleichzusetzen, deren Fähigkeitsspektrum und geistiges Niveau von Geburt an beeinträchtigt ist. Entscheidend kann also nur das genetische Potenzial sein, das dem Probanden auch faktisch dauerhaft zur Verfügung steht.

Etwas anderes gilt allerdings im Falle einer reversiblen oder chronisch wiederkehrenden kognitiven Beeinträchtigung, etwa in Folge einer Krankheit. Hier definiert das angeborene Potenzial die Obergrenze und nicht etwa die mit den jeweiligen Krankheitsphasen einhergehenden biologischen Rahmenbedingungen. Kommt es also aufgrund einer temporären Leistungsbeeinträchtigung zu einem Leistungseinbruch, so ist dieser als Underachievement zu werten. Sofern dies möglich ist, sind entsprechende Gegenmaßnahmen zu ergreifen (z. B. die Einnahme von Medikamenten). Bezogen auf den schulischen Kontext wäre entsprechend auch eine Schülerin, die aufgrund starker Prüfungsangst in Leistungssituationen regelmäßig versagt, als Underachieverin anzusehen. Dies gilt auch dann, wenn das Gehirn in sehr stressigen und angstbehafteten Situationen weniger leistungsfähig ist. Wie im Falle einer Krankheit handelt es sich schließlich auch bei einer angstbedingten Leistungseinbuße lediglich um eine situationsspezifische Leistungsbeeinträchtigung und nicht um eine Minderung des unter optimalen Bedingungen verfügbaren Potenzials. Damit sind derartige Fälle gerade nicht gleichzusetzen mit Fällen, in denen infolge eines Unfalls oder einer Krankheit irreversible Schäden entstanden sind und nicht nur die aktuelle Leistungsfähigkeit, sondern das Potenzial beeinträchtigt wurde. Würde man in den hier skizzierten Fällen auf eine Differenzierung zwischen irreversiblen und reversiblen Schädigungen verzichten, hätte dies zur Folge, dass im ersten Falle Personen gegen Underachievement behandelt würden, bei denen eine solche Maßnahme aussichtslos wäre, und im zweiten Falle Personen mit reversiblen Schädigungen eine nötige Behandlung nicht zuteil würde.

[40] Durch einen Mangel an dem Enzym Phenylalanin-Hydroxylase, das die Aminosäure Phenylalanin in Tyrosin umwandelt, entsteht ein Überschuss an Phenylalanin und ein Defizit an anderen wichtigen Aminosäuren. Hierdurch wird die Entwicklung des Zentralnervensystems behindert, was sich in einem verminderten Intelligenzquotienten niederschlägt. Familienstudien deuten auf eine Vererbbarkeit des Enzym-Defektes hin. Das verantwortliche Gen befindet sich auf dem ersten Chromosom. Durch eine lebenslange spezielle phenylalaninarme Diät kann die schädigende Wirkung des genetischen Defektes verhindert werden (nach Gruber, Prenzel & Schiefele, 2001).

Als problematisch an der Festlegung, dass eine kognitive Leistungsbeeinträchtigung infolge einer (unbehandelten) Krankheit (Grippe, Schizophrenie) bzw. eines temporären biologischen Defizits (Müdigkeit, Angst) als Underachievement anzusehen ist, erweist sich die Abgrenzung, ab wann eine Leistungsbeeinträchtigung sinnvollerweise als reversibel bzw. irreversibel anzusehen ist. Reicht für die Bewertung als reversibel bereits aus, dass potenziell die Möglichkeit z. B. einer medikamentösen Behandlung bestünde, auch wenn diese der betroffenen Person faktisch nicht zugänglich ist? Oder muss nicht nur theoretisch, sondern auch tatsächlich eine Behandlung im Rahmen des Möglichen sein? Im ersten Falle wäre jede Person als Underachiever anzusehen, die nicht von leistungssteigernden Mitteln (z. B. einem fiebersenkenden Medikament) Gebrauch macht, und zwar selbst dann, wenn ihr das nötige Mittel (z. B. aufgrund mangelnder finanzieller Ressourcen) praktisch gar nicht zugänglich ist. Für die Annahme von Underachievement würde bereits ausreichen, dass ein entsprechendes Mittel prinzipiell verfügbar wäre. Im zweiten Falle müsste hingegen eine Leistungsbeeinträchtigung infolge einer defizitären Ernährungslage oder Grundversorgung (z. B. in Armutsländern oder Großstadtslums) als Achievement gewertet werden, weil den Personen aufgrund mangelnder finanzieller Ressourcen ein Zugriff auf leistungssteigernde Mittel (höherwertige Nahrungsmittel) praktisch nicht möglich ist. Eine solche Begriffsauslegung wäre jedoch nicht nur ethisch bedenklich, sondern auch in der Sache verfehlt, da es für die Annahme von Underachievement nur darauf ankommen kann, ob dieser defizitäre Zustand denkgesetzlich nach dem Stand der Forschung überhaupt verbessert werden kann, da das Underachievementurteil ansonsten von der ungewissen Prognose abhinge, ob die tatsächlich benötigten Hilfsmittel im Einzelfall nun zufälligerweise beschafft werden könnten oder nicht. Zudem könnte sie fatale Folgen haben, wenn man aus dem vermeintlichen ‚Achievement' den Schluss ziehen würde, dass eine Intervention (z. B. eine Verbesserung der Grundversorgung dieser Personen) nicht nötig sei.

Wie die vorangegangenen Beispiele aufzeigen, ist die Frage, wo Potenzial ansetzt und wo es aufhört, keinesfalls trivial und leicht zu beantworten. Ist die Leistungsgrenze dort erreicht, wo das Individuum selbst keinen Einfluss mehr auf die Verbesserung der biologischen Mechanismen (z. B. durch die Einnahme wirksamer Medikamente) hat? In diesem Falle würden vermutlich vor allem Personen aus sozial und finanziell schwächer gestellten Schichten die nötige Hilfe nicht erhalten. Wäre sie hingegen erst in denjenigen Fällen erreicht, in denen auch unter optimalen Bedingungen keine Leistungssteigerung mehr möglich ist, wäre vermutlich fast jeder Mensch als Underachiever anzusehen. Im Alltag dürfte für die wenigsten Menschen die Möglichkeit bestehen, ihre biologische Leistungsfähigkeit zu optimieren. Selbst wenn sie die Chance dazu hätten, würden wohl die wenigsten von dieser Möglichkeit Gebrauch machen, insbesondere wenn die verbesserte Leistungsfähigkeit, wie etwa im Falle des Dopings, mit gesundheitsschädigenden oder gar lebensverkürzenden Nebenwirkungen einher ginge. Doch auch wenn von derartigen Maßnahmen Gebrauch gemacht würde und somit eine (temporäre) Potenzialausschöpfung erzielt werden könnte, ließe sich eine Achievement-Diagnose in Frage stellen. Würde man nämlich entsprechende Mittel einnehmen, so ließe sich durch diese Maßnahme Underachievement nur zum gegenwärtigen Zeitpunkt reduzieren. Dabei würde jedoch der verkürzten Lebenszeit und damit Schaffensphase nicht angemessen Rechnung getragen. Korrekterweise gälte es in diesen Fällen also im Sinne einer Gesamtbetrachtung nicht nur die aktuelle Leistung mit dem Potenzial einer Person in Beziehung zu setzen, sondern stattdessen die Gesamtleistung über die Lebenszeit hinweg. Hier ist der Maximalwert entscheidend, da ein Quotient aus Leistung zu Lebenszeit ja gerade nicht der verkürzten Schaffensphase Rechnung tragen würde. Eine Erfassung von Achievement gelänge so allerdings naturgemäß nur in der Retrospektive und ein entsprechender Ansatz wäre daher im Forschungsalltag – insbesondere aber im klinischen Kontext – nur wenig praktikabel.[41]

Es bleibt damit festzuhalten, dass sich die Bestimmung des kognitiven Potenzials als außerordentlich schwierig gestaltet. Weder die Definition als permanente / angeborene Leistungsgrenze noch die Definition als temporäre Leistungsgrenze kann letztlich überzeugen. Wie im folgenden Abschnitt zu sehen sein wird, kommt jedoch noch ein weiterer Faktor erschwerend hinzu: Selbst wenn man sich zweifelsfrei auf einen der dargestellten Ansätze einigen bzw. diesen festlegen könnte, ergäben sich Schwierigkeiten dadurch, dass ein entsprechendes kognitives Potenzial durchaus vorhanden sein kann, körperliche Einschränkungen jedoch dessen Umsetzung verhindern.

### 4.2.3 Potenzial als permanente oder temporäre biologische Leistungsgrenze

Im Alltag finden sich zahlreiche Fälle, in denen das Potenzial zu einer bestimmten Leistung ohne Zweifel vorhanden ist, in denen jedoch irreversible biologische Defizite (Behinderungen) eine Ausschöpfung des Potenzials verhindern. Man betrachte der Einfachheit halber den Fall eines begnadeten und erfolgreichen Pianisten, der in Folge eines Unfalles seine Hände nur noch sehr eingeschränkt bewegen kann. Obwohl er auch weiterhin über das Potenzial zum Klavierspielen verfügt, kann er dieses nicht mehr in die vormals mögliche und aufgrund des vorhandenen Potenzials erwartbare Leistung umsetzen. Das Beispiel zeigt damit, dass es nicht ausreicht, nur die kognitiven Ressourcen einer Person zu betrachten. Vielmehr ist es erforderlich, auch dem Vorhandensein bzw. der Funktionsfähigkeit wichtiger Körperteile (hier der Hände) bzw. physiologischer Mechanismen zu dessen Umsetzung Beachtung zu schenken. Um eben diesem Umstand Rechnung zu tragen, setzt eine Diagnose im Bereich der Lernstörungen nach den Richtlinien der ICD-10 (Dilling et al., 2006) voraus, dass das Vorliegen entsprechender motorischer, sensorischer oder aber physischer Beeinträchtigungen im Vorfeld ausgeschlossen wurde. Die Tatsache, dass für Underachievement – im Gegensatz zu den Lernstörungen – bis zum heutigen Tage keine einheitlichen Diagnosekriterien vorliegen, macht es nötig, im Sinne einer umfassenden Behandlung der Potenzialproblematik den Aspekt der nicht-kognitiven körperlichen Beeinträchtigungen noch einmal aufzugreifen.

---

[41] Aus der Annahme, die Einnahme von leistungssteigernden Mitteln (z. B. Mittel zur Gedächtnisverbesserung) könne zu Achievement führen, ergibt sich jedoch noch ein weiteres Problem: Es ist schließlich davon auszugehen, dass sich die Wissenschaft auch im Bereich der leistungssteigernden Mittel stetig weiterentwickelt. Entsprechend wären zum gegenwärtigen Zeitpunkt alle Menschen bereits aufgrund der Tatsache als Underachiever anzusehen, dass ihnen die (verbesserten) Dopingmittel der Zukunft heute noch nicht zur Verfügung stehen. Das Nichtzurverfügungstehen ist nämlich sachlogisch nicht mit einem irreversiblen Schaden, sondern vielmehr mit einer unbehandelten Krankheit gleichzusetzen.

Kann das kognitive Potenzial eines Individuums nicht entfaltet werden, da einer der zur Umsetzung notwendig biologischen Mechanismen dauerhaft und irreversibel geschädigt ist, so stellt sich die Frage, ob dies als eine Potenzialreduktion zu werten ist, auch wenn das kognitive Potenzial faktisch nicht beeinträchtigt ist. Wie das Beispiel des verunglückten Pianisten zeigt, erscheint eine solche Bewertung gerechtfertigt, wenn davon auszugehen ist, dass sich die gestörte Funktion nicht wiederherstellen bzw. der defizitäre körperliche Zustand nicht beheben lässt. Für den betroffenen Pianisten würde dies bedeuten, dass dieser nach seinem Unfall wie eine Person zu behandeln wäre, die von vornherein nicht über die Fähigkeit zum Klavierspielen verfügt hätte. Geht man davon aus, dass der ehemalige Pianist weiterhin sein Bestes gibt, so wäre das resultierende und nach objektiven Maßstäben vermutlich mangelhafte Spiel nicht etwa als Underachievement, sondern vielmehr als Achievement auf niedrigerem Niveau zu werten. Gemäß einer solchen Betrachtungsweise ist das Label ‚Underachievement' also nur in solchen Fällen zu vergeben, in denen eine höhere Leistung theoretisch im Bereich des Möglichen liegt, das heißt durch eine spezifische Intervention, Förderung oder aber vermehrte Anstrengung tatsächlich erzielt werden kann. Dies ist im Falle von irreversiblen physiologischen Störungen bzw. körperlichen Beeinträchtigungen gerade nicht der Fall. Entsprechend erscheint es auch sinnvoll, der Underachievement-Diagnose nicht etwa die aufgrund des vorhandenen (kognitiven) Potenzials überhöhten Leistungserwartungen zugrunde zu legen, sondern vielmehr einen ‚korrigierten Erwartungswert' heranzuziehen, d. h. einen Wert, in dem irreversible körperliche Beeinträchtigungen bereits Berücksichtigung finden.

Wie das Beispiel des verunglückten Pianisten illustriert, ist es möglich, dass ein vorhandenes Potenzial alleine aufgrund eines nicht-kognitiven biologischen Defizits dauerhaft nicht umgesetzt werden kann. Dies zeigt im Umkehrschluss, dass alleine aus der Tatsache, dass eine bestimmte Leistung nicht erbracht wird, noch nicht der Schluss gezogen werden kann, dass ein entsprechendes Potenzial nicht vorhanden ist. So könnte etwa auch ein körperlich behindertes Mädchen das genetische Potenzial zu einer Karriere als herausragende Sportlerin besitzen. Gekoppelt mit ihrer Behinderung reduziert sich jedoch das biologische Potenzial und damit die Möglichkeit, das genetische Potenzial auszuschöpfen. Entsprechend erscheint es vorzugswürdig, Potenzial im Sinne des biologischen Potenzials einer Person zu betrachten, und damit als eine Koppelung von kognitiven Fähigkeiten und dem Vorhandensein der biologischen Möglichkeiten zu deren Umsetzung. Schwierigkeiten bei der Beurteilung von Leistungen im Hinblick auf eine Underachievement-Diagnose können sich allerdings in jenen Fällen ergeben, in denen eine Korrektur des körperlichen Defizits im Rahmen des Möglichen ist. Wie dem nachfolgenden Exkurs entnommen werden kann, sind hierbei verschiedene Formen von reversiblen Schädigungen zu unterscheiden.

**Exkurs: Leistungssteigerung**

Folgt man der Annahme, dass Underachievement nur in solchen Fällen zu diagnostizieren ist, in denen faktisch die Möglichkeit besteht, eine körperliche Beeinträchtigung zu beheben, so ist zwischen solchen Fällen zu unterscheiden, in denen sich eine Beeinträchtigung infolge eines Unfalls, einer Krankheit oder schlicht mangelnder Nutzung ergeben hat, und solchen Fällen, in denen ein Defizit von Geburt an besteht bzw. genetisch determiniert ist. Zu differenzieren ist also zwischen (1) Fällen, in denen die biologischen Anlagen vorhanden sind, die Funktionstüchtigkeit der biologischen Mechanismen aus diversen Gründen jedoch vermindert ist und (2) Fällen, in denen von Natur aus ein bestimmtes Defizit vorhanden ist. Im ersten Falle sei erneut beispielhaft auf die Situation des verunglückten Pianisten verwiesen. Ließe sich die Beweglichkeit seiner Hände, z. B. mittels eines chirurgischen Eingriffs, wiederherstellen, so wäre er bis zu seiner vollständigen Genesung als Underachiever anzusehen. Wäre die Funktionsfähigkeit der Hände hingegen dauerhaft eingeschränkt, so müsste im Sinne einer irreversiblen Schädigung das Potenzial als vermindert angesehen werden. Im zweiten Falle könnte u. a. ein genetisch-bedingt kurzsichtiger Schüler als Beispiel dienen. Bekanntermaßen kann Fehlsichtigkeit heutzutage auf vielfältige Weise kompensiert bzw. behandelt werden, sei es durch das Tragen von Kontaktlinsen, einer Brille oder aber mittels einer Laseroperation. Auch hier handelt es sich somit um eine reversible Schädigung, wobei die Ausgangssituation und somit auch die Bewertung nicht ohne weiters mit der des Pianisten vergleichbar ist. Der kurzsichtige Schüler verfügt von Natur aus nicht über eine optimale Sehfähigkeit. Es geht also nicht (wie z. B. im Falle einer Krankheit oder eines Unfalls) darum, etwas wiederherzustellen, was ursprünglich verfügbar war (z. B. die Beweglichkeit von Händen und Fingern). Vielmehr stellt die Fehlsichtigkeit den natürlichen Zustand dar. Ließe sich diese nicht korrigieren, so wäre das Potenzial als dauerhaft vermindert anzusehen. Auch hier würde also, wie im Falle des Pianisten, ein Achievement auf niedrigerem Niveau vorliegen. Ein Fehlschluss wäre es jedoch, aus der Möglichkeit einer Intervention (Brille, Kontaktlinsen etc.) den Schluss zu ziehen, es handele sich auch im Falle des kurzsichtigen Schülers – zumindest bis zur Korrektur der Fehlsichtigkeit – um einen Fall von Underachievement. Durch die Korrektur der Fehlsichtigkeit erfolgt nämlich keine Wiederherstellung der von Natur aus verfügbaren biologischen Mechanismen. Auch werden nicht, wie etwa im Falle des Gehirndopings, die vorhandenen biologischen Mechanismen zu einer höheren Leistung angeregt. Das genetische Potenzial wird unter Zuhilfenahme spezifischer Hilfsmittel vielmehr erweitert. Die Verwendung einer Brille oder eines anderen Hilfsmittels ermöglicht somit keine höhere Leistung bei gleichem Potenzial. Die Korrektur der Fehlsichtigkeit bewirkt vielmehr eine Erhöhung der Leistungsfähigkeit, was dazu führt, dass fortan von ihm auch höhere Leistungen erwartet werden können. Erbringt er diese Leistungen, ist dies als Achievement auf höherem Niveau zu werten. Im Gegensatz zu dem verunglückten Pianisten ist der Schüler also auch dann nicht als Underachiever, sondern lediglich als Achiever auf einem niedrigeren Niveau anzusehen, wenn er von keiner Möglichkeit zur Sehkorrektur Gebrauch macht.

Eine Bewertung von Achievement und Underachievement daran festzumachen, ob ein Defizit den Anlagen oder aber Umwelteinflüssen zuzuschreiben ist, ist weder willkürlich noch widersprüchlich. Eine solche Unterscheidung besitzt den Vorzug, dass auf diese Weise klar zwischen Personen differenziert werden kann, deren Potenzial es nach einer Einbuße wieder herzustellen gilt, und solchen, die sich durch die Nutzung von Hilfsmitteln einen (unlauteren) Vorteil verschaffen möchten. Gleichzeitig ermöglicht es, solche Personen gleich zu behandeln, die das Potenzial zu einer bestimmten Leistung von Natur aus besitzen, und solche, die erst durch etwaige Hilfsmittel in die Lage versetzt werden, diese Leistung zu erbringen. Dass Überlegungen dahingehend, wie bestimmte Formen der Leistungssteigerung bzw. Kompensation von körperlichen Beeinträchtigungen zu bewerten sind, nicht nur von theoretischem Interesse sind, zeigte unlängst der Fall des 20-jährigen Ausnahmesportlers Oscar Pistorius, der trotz seiner beidseitigen Beinprothesen bei den Olympischen Spielen 2008 in Peking in der Riege der ‚gesunden Athleten' antreten wollte. Dieses Ansinnen sorgte sowohl unter den Funktionären als auch den Sportlerinnen und Sportlern für Furore. Von einem ‚unfairen Vorteil' des behinderten Sportlers gegenüber ‚normalen' Athleten war die Rede (Schmundt, 2007). So wurde kritisiert, dass Pistorius' Prothesen länger seien als seine eigenen Beine es wären, stärker federten und die Gefahr von Verletzungen und Verschleißerscheinungen vermindert wäre. Dahinter steht letztlich die Befürchtung, dass durch die Gleichbehandlung von normalen und ‚behinderten' Sportlern, die technische Hilfsmittel nutzen, Anreize für eine neue Form des ‚technischen' oder ‚prothetischen Dopings' geschaffen würden.

Vor diesem Hintergrund gelangt man zu Überlegungen dahingehend, wie diejenigen Fälle einzuordnen sind, in denen sich die Menschen durch moderne technische Hilfsmittel zu einer unnatürlich hohen Leistungssteigerung verhelfen. Führt die maximal mögliche Leistungssteigerung nämlich zu einem Leistungsniveau, das von Personen ohne Zuhilfenahme eines Hilfsmittels nicht erreicht werden könnte, so würden zwangsläufig alle anderen Personen zu Underachievern ‚degradiert' werden, die nicht von zusätzlichen Hilfsmitteln Gebrauch machen. Sie wären daher, jedenfalls in Wettbewerbssituationenen, wie sie im internationalen Leistungssport herrschen, einem klaren Wettbewerbsnachteil ausgesetzt.

Letztlich erweisen sich derartige Überlegungen jedoch als Scheinproblem, da auf diese Weise logische und moralisch-bewertende Gesichtspunkte miteinander verknüpft werden. Zur Verdeutlichung lässt sich zunächst das Beispiel bilden, dass das Sehvermögen einer Person, die aufgrund ihrer biologischen Anlagen mit einer Sehfähigkeit ausgestattet ist, die 80 Prozent eines perfekten Sehvermögens beträgt, durch eine Augenkrankheit auf nur noch 50 Prozent absinkt. Wenn sich nun durch ein Hilfsmittel, d. h. durch eine Brille oder eine Augenoperation, dieses Defizit nicht nur ausgleichen lässt, sondern sogar eine höhere Sehleistung als zuvor erreicht werden kann (z. B. 95 Prozent), so wird die Person, die eine dementsprechend höhere Sehleistung erzielt, zu einem Achiever auf höherem Niveau. Man könnte in der Tat zu dem Schluss gelangen, dass sie sich einen ungerechtfertigten Wettbewerbsvorteil gegenüber anderen Menschen mit 80-prozentiger Sehfähigkeit verschafft hat. Diese moralische Betrachtungsebene spielt jedoch für die logische Prüfung, ob sie als Underachiever anzusehen ist oder nicht, keine Rolle.

Vergleichbares gilt auch für den oben beschriebenen Fall des Leichtathlethen Oscar Pistorius. Ausgehend von seinem Beispiel ließe sich zugespitzt folgende Frage stellen: Sind auch Menschen, die nach dem Stand der Technik existierende und die natürliche menschliche Leistungsfähigkeit übertreffende Hilfsmittel nicht in Anspruch nehmen, dann als Underachiever einzustufen? Oder anders formuliert: Müssten auch vollkommen gesunde Sportler/-innen sich ihre Beine amputieren und durch hoch leistungsfähige Prothesen ersetzen lassen, wenn ihnen nur auf diese Weise zu ihrem Leistungsmaximum verholfen werden kann? Dass dies keine ernsthafte Forderung sein kann, liegt auf der Hand. Solange Sportler/-innen ihre natürlichen Ressourcen, das heißt die mit ihren gesunden Beinen erzielbare maximale Laufleistung erreichen, sind sie als Achiever auf ihrem natürlich vorgegebenen Niveau anzusehen. Dass ein vergleichbar veranlagter Mensch, der sich leistungssteigernder Prothesen bedient, damit schneller als sie zu laufen imstande ist, mag zwar ethisch-moralisch als ungerecht empfunden werden, sagt aber nichts über die individuelle Potenzialausschöpfung aus.

### 4.2.4 Potenzial als messbares / gemessenes Leistungsniveau?

In der Forschungspraxis wird das Fähigkeitsniveau eines Individuums zumeist über Testleistungen bzw. das Verhalten und den Erfolg einer Person bei der Bearbeitung von Testaufgaben erschlossen. Im Hinblick auf allgemeine Denkleistungen sind Intelligenztests das präferierte Messinstrument.[42] Wie aber ist der Einsatz von Testverfahren zu Beurteilung von Begabungsressourcen zu beurteilen? Der Theorie nach und unter der Voraussetzung, dass ein valides Verfahren zum Einsatz kommt, hat die jeweilige Leistungsfähigkeit einer Person entscheidenden Einfluss auf die gezeigte Testleistung. Sie lässt sich also mittels des eingesetzten Verfahrens zuverlässig bestimmen. In der Praxis bestehen allerdings in vielen Fällen berechtigte Zweifel an der Validität der eingesetzten Verfahren und den Möglichkeiten einer zuverlässigen Messung. Die Erfassung des individuellen Potenzials erfolgt also in aller Regel nicht frei von Messfehlern. Messfehler ergeben sich sowohl aufgrund situativer als auch personenbezogener Störfaktoren (z. B. mangelnder Instruktionsqualität, Ablenkungen, Ratemöglichkeiten, mangelnder Motivation etc.). So konnte etwa gezeigt werden, dass sich im Laufe der Zeit die intellektuellen Leistungen (Testwerte) von Kindern, die schulischen Leistungen eine hohe Bedeutung beimessen, erhöhen, während sich die Leistungen von Kindern, die schulische Leistungen als weniger wichtig erachten, im selben Zeitraum verschlechtern (Siegler et al., 2005).

Verzerrungen der Testergebnisse können sich jedoch auch dadurch ergeben, dass die erfolgreiche Bearbeitung von Intelligenztests häufig spezifische Vorkenntnisse (z. B. Allgemeinwissen) und Fertigkeiten (z. B. die Fähigkeit zum Lesen und Schreiben) voraussetzt. Wurden bzw. konnten die benötigten Kenntnisse (z. B. aufgrund einer mangelhaften Beschulung) noch nicht erworben werden, so wird das Potenzial des getesteten Individuums unterschätzt. So stellten etwa Nickel und Schmidt-Denter (1995) fest, dass der Intelligenzquotient von Kindern aus sozial benachteiligten Familien immer stärker absinkt, je länger diese in einer anregungsarmen Umwelt leben. Durch die Teilnahme an einem vorschulischen Intelligenztraining (insbesondere zur Steigerung der sprachlichen Intelligenz) kann die Intelligenztestleistung hingegen gesteigert werden. Auch im schulischen Kontext konnte beobachtet werden, dass die durchschnittlichen Leistungen in IQ- und Leistungstests im Laufe des Schuljahres an-

[42] In Anbetracht der Vielzahl möglicher Begabungsbereiche ist die Spanne potenzieller Verfahren jedoch selbstverständlich nicht auf kognitive Fähigkeitstests beschränkt. Vielmehr werden, je nach Leistungsbereich, andere Bedingungsmodelle die diagnostischen Bemühungen zur Feststellung von Underachievement leiten (Ziegler et al., 2000, S. 260): „So wird bei sportlichem Underachievement eher auf motorisch-anatomische, bei akademischem (schulischem) Underachievement eher auf intellektuelle Leistungsvoraussetzungen abgehoben". Da Intelligenztests im Rahmen der Prädiktormessung jedoch das am häufigsten eigesetzte Verfahren darstellen, gilt ihnen im vorliegenden Abschnitt das Augenmerk.

steigen und während der Sommerferien absinken (u. a. Ceci, 1991). Dabei zeigen sich jedoch Unterschiede in Abhängigkeit vom sozioökonomischen Hintergrund der Kinder (u. a. Alexander & Entwisle, 1997; Entwisle, Alexander & Steffel Olson, 1997, 2000). Während die kognitiven Leistungen von Kindern aus bildungsnäheren und finanziell besser gestellten Familien nach Ansicht der Autoren während der Schulferien stabil bleiben bzw. leicht anwachsen, sinken die Leistungen von Kindern aus sozialschwächeren Familien. Die Leistungszuwächse während des Schuljahres sind jedoch vergleichbar. Daraus schließen die Autoren, dass das anregende schulische Umfeld insbesondere bei den Kindern aus bildungsferneren Familien kompensierend wirkt.

Ein weiterer Faktor, der eine Potenzialbestimmung auf der Basis von Intelligenztests erschweren dürfte, ist die Tatsache, dass Intelligenz als angeborenes Potenzial weitgehend kulturunabhängig ist. In die Konstruktion von Intelligenztests fließen jedoch stets kulturelle Vorstellungen ein, d. h. es werden Aufgaben ausgewählt, die innerhalb eines bestimmten Kulturkreises als Indikatoren für die kognitive Leistungsfähigkeit eines Individuums gewertet werden. In anderen Kulturen können sowohl andere Denkleistungen als auch Lösungsstrategien als intelligent erachtet werden (u. a. Sternberg, 2003). Dieses Problem kann auch durch die Verwendung der herkömmlichen kulturfairen Tests (z. B. *Coloured Progressive Matrices – CPM*, Raven, Raven & Court, 2002; *Grundintelligenztest Skala 2 CFT-20*, Weiß & Cattell, 1998) nicht beseitigt werden, da auch diese Aufgaben enthalten können, die nur innerhalb eines bestimmten Kulturkreises bzw. von Menschen mit einem bestimmten schulischen und kulturellen Hintergrund eindeutig gelöst werden können. Zudem bedürfen auch kulturfaire Tests einer Instruktion, welche im Allgemeinen über die jeweilige Landessprache erfolgt.

Eine Lösung dieses Problems könnte darin bestehen, als Alternative zu den herkömmlichen Intelligenztests Verfahren einzusetzen, die eher darauf ausgerichtet sind, biologische Prozesse zu erfassen, so etwa Verfahren zur Messung der mentalen Geschwindigkeit. Die Verarbeitungsgeschwindigkeit stellt nach Rindermann und Neubauer, (2004) eine wichtige Quelle der Intelligenz dar. Die Kapazität des Arbeitsgedächtnisses ist limitiert und die Zeitspanne einer möglichen Speicherung begrenzt. Entsprechend wirkt sich die mentale Geschwindigkeit auf die Effektivität des Arbeitsgedächtnisses aus. Eine hohe mentale Verarbeitungsgeschwindigkeit erhöht also die effektive Nutzung des Arbeitsgedächtnisses. Rindermann und Neubauer (2004) geben jedoch auch zu bedenken, dass Tests zur Messung mentaler Geschwindigkeit zwar weniger durch Kultur, Lernerfahrungen und die Persönlichkeit eines Individuums beeinflusst werden als Intelligenztests, insbesondere Verfahren zur Messung von Intelligenz im Sinne des g-Faktors jedoch nicht ersetzen können.

Insgesamt ist festzustellen, dass sich durch Intelligenztests das Potenzial einer Person allenfalls näherungsweise bestimmen lässt, da Intelligenztests neben dem Potenzial bzw. der Leistungsfähigkeit einer Person noch eine Reihe weiterer Faktoren erfassen. Goslin (1963) fasst dies wie folgt zusammen: Das Ergebnis eines Intelligenztests wird beeinflusst vom angeborenen Potenzial einer Person, sowohl im Sinne der Allgemeinen Intelligenz als auch der individuellen Lernfähigkeit und Umwelt, in der das Individuum aufgewachsen ist, den Auswirkungen des kulturellen und sozialen Hintergrundes, von Art und Umfang des formalen Trainings, den früheren Erfahrungen mit ähnlichen Tests sowie dem allgemeinen Gesundheitszustand. Zu den wichtigsten Persönlichkeitsvariablen zählen seiner Ansicht nach die Leistungsmotivation, das Interesse sowie das allgemeine Erregungs- und Angstniveau. Zu den situationalen Faktoren zählen die subjektive Wichtigkeit des Tests, das Selbstvertrauen des Individuums im Hinblick auf eine erfolgreiche Testbearbeitung, die aktuelle (gesundheitliche) Befindlichkeit zum Zeitpunkt des Tests, sämtliche Störungen im Rahmen der Testsituation, Testleitereffekte, die testspezifischen Lernvoraussetzungen, die Anforderungen des Tests bezüglich der Bearbeitungsgeschwindigkeit, Probleme aufgrund fehlerhaft konstruierter oder missverständlicher Items sowie zufällige Variationen in Form von Raten und sonstiger Fehlerarten.

***Zusammenfassung***

Das Potenzial einer Person ist keine festgeschriebene Größe, sondern kann auf sehr unterschiedliche Weise definiert werden. Vor dem Hintergrund der bisherigen Ausführungen ist zunächst zwischen biologischem Potenzial, Leistungsfähigkeit und Testleistungen zu unterscheiden (vgl. Abb. 5). Während das Potenzial eines Individuums dessen biologischer Grundausstattung entspricht und auf diese Weise letztlich den (fixen) Rahmen für die unter optimalen Umständen maximal mögliche Leistung vorgibt, ist die Leistungsfähigkeit einer Person als variable Größe zu verstehen. Sie kann Veränderungen und Schwankungen unterliegen, beispielsweise in Abhängigkeit von der Qualität der Nährstoffversorgung, den vorhandenen Regenerationsmöglichkeiten oder dem allgemeinen Gesundheitszustand. Wird das Potenzial einer Person mit deren Testleistung gleichgesetzt, so wird wissentlich in Kauf genommen, dass Testleistungen nie frei von Messfehlern sind und zahlreiche Faktoren, wie etwa die bisherigen Lernmöglichkeiten oder das aktuelle Befinden eines Individuums, dessen Chancen beeinflussen, in der Testsituation das wahre Potenzial zu zeigen. Hinzu kommt, dass in vielen Fällen zu Recht an der Validität der verwendeten Messverfahren gezweifelt werden kann. Es ist also nicht gewährleistet, dass die eingesetzten Verfahren auch tatsächlich das messen, was sie zu messen vorgeben. Vorzugswürdig erscheint daher eine Potenzial-Definition im Sinne der absoluten biologischen Leistungsgrenze (d. h. der kognitiven Leistungsgrenze unter Berücksichtigung irreversibler Schädigungen von zur Potenzialumsetzung erforderlichen biologischen Strukturen und Mechanismen). Ein solches Maß sollte auch dann als Kriterium angestrebt werden, wenn hierzu bislang die nötigen diagnostischen Verfahren fehlen.[43] Da allerdings nicht anzunehmen ist, dass Verfahren dieser Art in absehbarer Zeit zur Verfügung stehen werden, muss realistischerweise auf die derzeit verfügbaren Messverfahren zurückgegriffen werden. Dabei sollten sich die Nutzer der spezifischen Schwächen dieser Verfahren in Gestalt der Gefahr von systematischen Fehlklassifikationen jedoch stets bewusst sein.

[43] Erste Versuche, Underachiever anhand der Hirnaktivität zu identifizieren, finden sich bei Neubauer (2006) sowie Staudt und Neubauer (2006). Obwohl diese Ansätze sehr vielversprechend sind, muss kritisiert werden, dass die Vorauswahl der Vergleichsgruppen, anhand derer sodann Unterschiede in der Hirnaktivität festgstellt werden konnten, mittels der üblichen und fehleranfälligen Diskrepanzdefinition erfolgte.

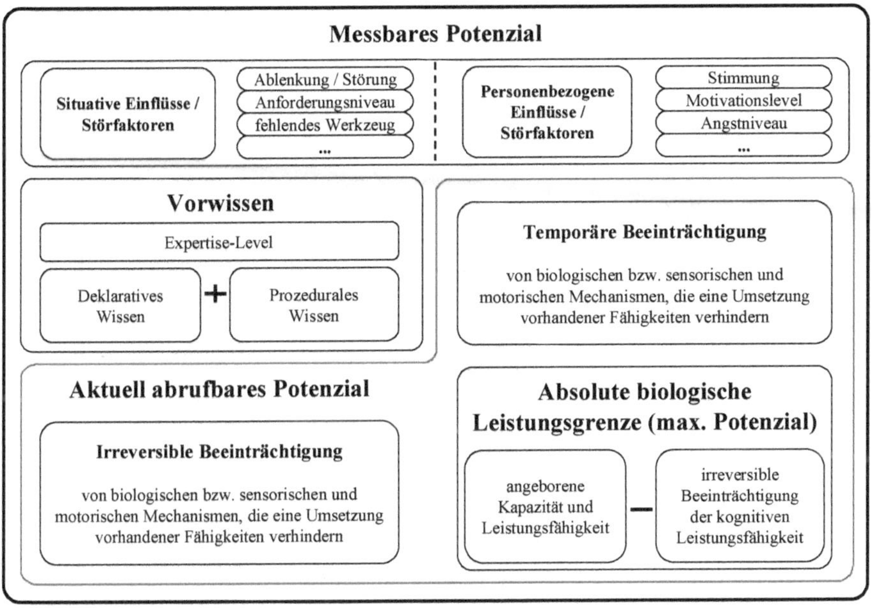


**Abb. 5** Bestimmungsfaktoren des messbaren Potenzials

## 4.3 Was ist Leistung?

Für eine Definition von Achievement reicht die einseitige Betrachtung der Prädiktorseite nicht aus. Neben dem Potenzial einer Person ist zu definieren, ab wann von einer Potenzialausschöpfung bzw. einer erwartbaren Potenzialnutzung gesprochen werden kann. Dies wiederum setzt eine kritische Auseinandersetzung mit dem Begriff Leistung voraus sowie eine Diskussion darüber, zu welcher Leistung das Potenzial einer Person in Beziehung gesetzt werden sollte bzw. ab wann eine Leistung als Achievement gewertet werden kann. Wie im folgenden Abschnitt zu sehen sein wird, sind hier unterschiedliche Herangehensweisen und Interpretationen denkbar. Dass ‚Leistung' nicht gleich ‚Leistung' ist, zeigt sich nicht zuletzt an der unterschiedlichen Verwendung des Begriffs in verschiedenen Fachbereichen. So wird etwa im Bereich der Physik unter Leistung die pro Zeiteinheit umgesetzte Energie oder geleistete Arbeit verstanden (Vogel, 1997). Demgegenüber findet der Begriff im Bereich des Sports eine deutlich weitere Anwendung. Als Leistung gelten hier die erreichten Höhen, Weiten, Geschwindigkeiten oder Wertungspunkte. Auch bezogen auf den schulischen Kontext ist zwischen mehreren Leistungsformen und -resultaten zu differenzieren. So finden sich bei Florek (1999, S. 22 ff.) u. a. folgende acht Leistungsbegriffe:

1. *Physikalische Leistung:* Der bedeutendste Aspekt dieses Begriffs liegt auf der Zeitkomponente. Je mehr Arbeiten innerhalb einer bestimmten Zeit verrichtet werden können, desto höher die Leistung.

2. *Produktorientierte Leistung:* Hier steht das Ergebnis einer Arbeit im Vordergrund. Unberücksichtigt bleiben hingegen alle Handlungen und Schritte, die zur Zielerreichung vonnöten sind.
3. *Prozessorientierte Leistung:* Unabhängig von der Güte des Arbeitsergebnisses wird als Leistung bereits jede Aktion gewertet, die zu einem bestimmten Ergebnis führt.
4. *Individuelle Leistung:* Das Augenmerk liegt hier auf den individuellen zur Zielerreichung unternommenen Bemühungen, unter Berücksichtigung der persönlichen Voraussetzungen und gegenwärtigen Umstände. „Man würdigt die eigentümliche Tätigkeit und die Resultate des einzelnen je nach der Steigerung seiner körperlichen oder geistigen Kräfte" (S. 24).
5. *Kollektive Leistung:* Im Mittelpunkt steht das von allen Mitgliedern einer Gemeinschaft zusammen erreichte Ergebnis.
6. *Wettbewerbs- bzw. konkurrenzorientierte Leistung:* Nach diesem Leistungsverständnis ergibt sich der Wert einer Leistung aus dem Vergleich der individuellen Leistung mit den Leistungen anderer Personen (Konkurrenten). Je besser die persönliche Leistung im Vergleich zu den Leistungen anderer, desto höher ihr Wert.
7. *Soziale Leistung:* Dieser Leistungsbegriff bezieht sich auf alle bedeutenden Handlungen sozialer Art (z. B. die Schlichtung eines Streites oder die Unterstützung eines schwächeren Mitschülers), d. h. auf Handlungen, die sich an den Grundsätzen der Verantwortung, der Mitbestimmung und der Solidarität orientieren.
8. *Dynamische Leistung:* Dieser Begriff erkennt originelle Ideen, Taten und Werke als Leistungen an. „Dazu gehören eigentlich alle Aktionen einer kritischen Analyse, auch alle neuen Methoden, Erfindungen, Überlegungen im Sinne von Problemsensibilität und Kreativität" (S. 25).

Die Praktikabilität solcher, zum Teil unbestimmter Begriffssammlungen ist jedoch gerade im Hinblick auf eine Definition von Achievement begrenzt. So lässt sich an der vorangegangenen Klassifikation u. a. die recht willkürliche Auswahl der als unterscheidungswürdig erachteten Leistungsbegriffe kritisieren. Während nämlich die ‚soziale Leistung' explizit genannt wird, fehlen beispielsweise Hinweise auf andere denkbare und nicht weniger relevante Leistungsbereiche. Darüber hinaus werden zum Teil sehr unterschiedliche Bewertungsebenen miteinander vermischt und Leistungskonzepte einander gegenübergestellt, die deutliche Überschneidungsbereiche aufweisen. Im Rahmen der vorliegenden Untersuchung ist jedoch nicht der Platz, um sich mit den Stärken und Schwächen einer solchen Begriffssammlung intensiv auseinanderzusetzen. Im Folgenden wird daher nur auf jene Leistungskonzeptionen näher eingegangen, die im Hinblick auf eine klare Definition von Achievement von Bedeutung sind. Dabei besteht das Ziel zunächst einmal darin, verschiedene Bewertungsebenen (z. B. Art und Umfang einer Leistung) möglichst eindeutig von einander abzugrenzen.

Eine erste wichtige Unterscheidungsebene, die in Floreks Zusammenstellung keine Berücksichtigung findet, betrifft den Leistungsumfang. Gegeneinander abzuwägen sind hier Einzelleistungen und kumulierte Leistungen, wobei das Augenmerk zunächst einmal auf den Leistungen eines einzelnen Individuums liegt. In einem weiteren Schritt ist zwischen verschiedenen Inhaltsbereichen zu differenzieren. Aufzuzeigen ist, dass eine ausschließliche Fokussierung auf schulische Leistungsbereiche dem Forschungsfeld Underachievement nicht angemessen ist. Es besteht vielmehr die Notwendigkeit, auch außerschulische Leistungsbereiche mit in die Forschungsbemühungen einzubeziehen. Sowohl die Qualität als auch der Umfang eines Lernergebnisses bzw. einer Leistung wird maßgeblich von der verfügbaren, benötigten und genutzten Lernzeit bestimmt. Die zur Verfügung stehende Zeit für schulisches Lernen ist allerdings keine feststehende Größe, sondern ergibt sich aus der Differenz von maximal verfügbarer Zeit und Zeit, die in nicht-schulische Leistungsbereiche (z. B. Hobbys, Arbeiten, Regeneration etc.) fließt. Die schulische Lernaktivität wird folglich maßgeblich von Art und Umfang der außerschulischen Aktivitäten mitbestimmt. Die jeweils benötigte Zeit zur Bewältigung einer Aufgabe ist in erster Linie abhängig von der individuellen Begabung und Expertise sowie von Art und Umfang der jeweils zur Verfügung stehenden Hilfsmittel und Unterstützungssysteme. Wie ausdauernd sich eine Person mit bestimmten Aktivitäten befasst, hängt letztlich davon ab, welche Valenz den möglichen Sachgebieten und Leistungsbereichen zugemessen wird. In der bisherigen Forschung wurden die Aspekte Leistungsumfang, Leistungsbereiche und Lernzeit oftmals vernachlässigt. Im Folgenden soll auf sie daher besonderes Augenmerk gelegt werden. Darüber hinaus spielt für eine Beurteilung von Achievement auch die jeweilige Leistungsart eine wichtige Rolle. Hierbei ist insbesondere zwischen einer reinen Ergebnis- bzw. Produktorientierung und einem Leistungsbegriff im Sinne einer Effizienzorientierung zu differenzieren. Eine solche Effizienzorientierung zeigt sich unter anderem in der von Florek (1999) postulierten ,Physikalischen Leistung', welche den Ertrag zur aufgewendeten Zeit in Beziehung setzt. Die hier vertretene Auffassung von Effizienzorientierung geht jedoch noch über die alleinige Betrachtung der benötigten bzw. verfügbaren Zeit hinaus und bewertet eine Leistung vor dem Hintergrund aller eingesetzten Faktoren (d. h. Zeit, Hilfsmittel, Rahmenbedingungen etc.). Effizient arbeitet nach dieser traditionell wirtschaftswissenschaftlichen Definition derjenige, der ein gesetztes Ziel mit einem möglichst geringen Aufwand erreicht, d. h. dessen Output bei einem gegebenen Input ein Maximum erreicht (vgl. u. a. Whitmore, 1975).

### 4.3.1 Leistungsart

Die Frage, ob das Erreichen einer spezifischen Leistung(-sgrenze) oder das Erzielen einer Leistung innerhalb eines definierten Zeitintervalls als Achievement anzusehen ist, lässt sich nicht ohne weiteres beantworten. Im einen Falle würde Achievement eintreten, wenn der aufgrund des jeweiligen Begabungsniveaus erwartbare Lernerfolg eintritt bzw. Leistungszuwachs zu verzeichnen ist (Bsp.: Das korrekte Lösen von fünf quadratischen Gleichungen). Im anderen Falle wäre darüber hinaus von Bedeutung, wie schnell einer Person die Aufgabenbewältigung gelingt. Als Achiever würden unter dem Gesichtspunkt der Effizienz nur jene Individuen gelten, die das geforderte Leistungsergebnis in einem definierten Zeitrahmen bzw. einem Minimum an Zeit erzielen

(Bsp.: Das korrekte Lösen von fünf quadratischen Gleichungen innerhalb von 15 Minuten).[44] Im Alltag finden sich zahlreiche Bereiche, in denen eine deutliche Präferenz für den einen oder anderen Bewertungsmaßstab besteht. Betrachtet man etwa die Leistungen eines Olympioniken, so erscheint es wenig sinnvoll, diese anhand der investierten Trainingseinheiten zu bewerten. Ein Olympiasieg oder Weltrekord gilt in den Augen der Sportler/-innen, Wertungsrichter/-innen und Zuschauer/-innen als herausragende Leistung – unabhängig davon, wie lange eine Athletin oder ein Athlet für ihren/seinen Erfolg trainieren musste. Gleiches gilt für den Bereich der Wissenschaft. Auch hier steht üblicherweise der Erkenntnisgewinn, d. h. die Ergebnisqualität, im Vordergrund und nicht etwa die zur Lösungsfindung oder Aufgabenbewältigung benötigte Zeit. Nur die wenigsten dürften auf die Idee kommen, den Wert einer Theorie (z. B. der Relativitätstheorie) danach zu beurteilen, wie viel Zeit in ihre Herleitung bzw. Entstehung geflossen ist. Sowohl in der Wissenschaft als auch im Sport, aber auch in vielen anderen Begabungsbereichen (z. B. in der Kunst und Musik) spielt für die Beurteilung einer Leistung – zumindest im Falle von Höchstleistungen – die Zeitkomponente also keine oder allenfalls eine untergeordnete Rolle.[45] Auf der anderen Seite existieren allerdings auch Bereiche, in denen Effizienzaspekten eine größere Bedeutung beigemessen wird, so etwa im Arbeitsalltag. Dort zeigen Schlagworte wie ‚Taktung', ‚Akkordarbeit', ‚Terminarbeit' oder ‚Zeit ist Geld', dass in vielen Arbeitsfeldern die Zeitkomponente eine entscheidende Rolle spielt. Wer zu langsam arbeitet, hält den Produktionsprozess auf; und wer nicht schnell genug mit Innovationen zur Hand ist, wird von der Konkurrenz überholt und verliert unter Umständen wichtige Marktanteile. Schon aus Gründen der Kostenersparnis und Wirtschaftlichkeit haben Unternehmen daher im Allgemeinen ein großes Interesse an der Effizienz von Arbeitsabläufen. Je schneller eine geforderte Leistung erbracht werden kann, umso besser.

Interessanterweise spielt jedoch im Alltag weder im Bereich des Sports, der Wissenschaft noch im Arbeitsalltag die Begabung eine Rolle bei der Leistungsbewertung. Beispielsweise wird im Sport von einem ‚Naturtalent' nicht mehr erwartet als von einem Sportler / einer Sportlerin, die sich ihren Erfolg hart erarbeiten muss. Gleiches gilt im Arbeitsalltag: Solange eine geforderte Leistung erbracht werden kann, spielt es keine Rolle, ob diese rein auf Begabung oder aber Begabung und Anstren-

---

[44] Eine Aufgabenbewältigung in einem ‚Minimum an Zeit' bedeutet nicht zwangsläufig, dass eine Person sich über einen längeren Zeitraum hinweg ununterbrochen mit einer bestimmten Sache befasst. Entscheidend ist vielmehr ob die Summe der Zeiteinheiten, die das Individuum ausschließlich in eine bestimmte Tätigkeit investiert, minimal ist. Klare Unterbrechungen (z. B. durch Tätigkeitswechsel) sind somit aus der Gesamtzeit herauszurechnen.

[45] Eine solche Aussage besitzt jedoch keine uneingeschränkte Gültigkeit. Sowohl im Sport als auch in der Wissenschaft sind selbstverständlich auch Effizienzaspekte von Bedeutung. So gelten etwa im Wettkampf oftmals andere Maßstäbe als in der Vorbereitung. Dies sei beispielhaft am Fall einer Sprinterin erläutert. Unabhängig davon, ob die Läuferin viel oder wenig trainiert, wird von ihr im Wettkampf erwartet, dass sie eine bestimmte Distanz (z. B. 100 Meter) in einem Minimum an Zeit bewältigt. In der konkreten Wettkampfsituation gilt also sehr wohl eine Effizienzorientierung. Und auch in der Wissenschaft ist es vielfach von Bedeutung, dass eine bestimmte Leistung in einem möglichst kurzen Zeitraum erbracht werden kann. Schließlich sind im Arbeitsalltag oftmals genau vorgeschriebene Fristen und Termine einzuhalten. Auch hier spielen die Zeitkomponente und schnelles effizientes Arbeiten folglich eine wichtige Rolle.

gung zurückzuführen ist. Und auch im Schulalltag spielt die Begabung eines Schülers / einer Schülerin bei der Bewertung des Lernergebnisses – wenn überhaupt – nur eine untergeordnete Rolle. Im schulischen Kontext wird vorwiegend ergebnisorientiert gearbeitet. Effizienzaspekte spielen nur eine untergeordnete Rolle. Das Ziel eines Schülers bzw. einer Schülerin besteht darin, eine bestimmte Lerneinheit zu absolvieren. Dabei gibt es natürlich zeitliche Vorgaben für die Leistungserbringung (nicht nur in Klassenarbeiten, sondern aufgrund des Lehrplans auch im Unterricht). Doch die zur Verfügung stehende Zeit ist (von Ausnahmen abgesehen) zumeist so bemessen, dass sie (im Falle eines qualitativ hochwertigen Unterrichts) sowohl durchschnittlich als auch überdurchschnittlich begabten Schüler/-innen die Möglichkeit bietet, sich die Lerninhalte während der Unterrichtszeit anzueignen. Da sich das Anforderungsniveau vielfach an den durchschnittlich bis schwach begabten Schülerinnen und Schülern orientiert, erfordert eine erfolgreiche Aufgabenbewältigung bei den meisten Schülerinnen und Schülern kein maximal effizientes Arbeiten. Dies gilt jedoch nicht für Schüler/-innen mit einem vergleichsweise geringen Begabungsniveau. Werden an alle Schüler/-innen – unabhängig von ihrer jeweiligen Begabung – die gleichen Anforderungen gestellt, so ergibt sich folgendes Problem: Während das definierte Leistungsziel für die einen bequem zu erreichen ist und sich im oberen Leistungsbereich aufgrund des ‚niedrigen' Schwierigkeitsgrads sowie der mangelnden Zeitbegrenzung Deckeneffekte ergeben können, müssen schwächere Schüler/-innen ihre zeitlichen Ressourcen effizient nutzen, um das geforderte Lernziel zu erreichen. Da jedoch auch diesen Schüler/-innen prinzipiell die Möglichkeit offen steht, die Lernzeit über den Unterricht hinweg ausdehnen und mangelnde Kenntnisse über zusätzlichen Unterricht am Nachmittag, häusliches Lernen oder den Besuch von Nachhilfeeinrichtungen auszugleichen, kann auch hier nicht von einer reinen Effizienzorientierung gesprochen werden.

Das Problem einer mangelnden Differenzierung zwischen verschiedenen Begabungsniveaus ergibt sich im Rahmen der Underachievement-Forschung nicht, denn hier besteht das Ziel ja gerade darin, von der Begabung auf die zu erwartende Leistung zu schließen. Es findet also zwangsläufig eine Differenzierung zwischen verschiedenen Begabungsstufen statt, wobei von intelligenteren Schülerinnen und Schülern bessere Leistungen erwartet werden als von weniger intelligenten. Im Forschungskontext liegt dabei das Augenmerk üblicherweise auf dem Leistungsergebnis. Der Effizienz wird hingegen zumeist keine Beachtung geschenkt. Beide Herangehensweisen lassen sich jedoch gleichermaßen mit dem Differenzierungsaspekt vereinbaren, sind also im Forschungskontext gleichermaßen umsetzbar. Allerdings sind, je nachdem welchem Konzept der Vorzug gegeben wird, unterschiedliche Ergebnisse zu erwarten, so dass es notwendig ist, sich ein genaues Bild davon zu machen, unter welchen Umständen die ein oder andere Sichtweise die zuverlässigeren Ergebnisse liefert. Dabei lassen sich aus der Anwendungshäufigkeit beider Bewertungskonzepte im Alltag keine Rückschlüsse darauf ziehen, ob in der Underachievement-Forschung eher eine Ergebnis- oder Effizienzorientierung angestrebt werden sollte. Vielmehr ist im Forschungskontext zunächst zu entscheiden, ob das Augenmerk auf Einzelleistungen oder aber kumulierte Leistungen gelegt werden soll.

Die Vor- und Nachteile der jeweiligen Sichtweise werden im folgenden Abschnitt näher dargelegt. Bereits an dieser Stelle sei jedoch darauf hingewiesen, dass eine Ergebnisorientierung stets nur dann eine sinnvolle Strategie darstellen kann, wenn eine Bewertung von Einzelleistungen bzw. Leistungen in einem umschriebenen Leistungsbereich angestrebt wird. Im Falle von kumulierten Leistungen (z. B. im Sinne der Allgemeinbildung einer Person) kann stets nur eine Effizienzorientierung sinnvolle Ergebnisse liefern. Hier gilt es nämlich zu beachten, dass Zeiteinheiten, die in einen Bereich fließen, für andere Fähigkeitsbereiche nicht mehr zur Verfügung stehen. Es wird also bei einer gegebenen Anzahl verfügbarer Zeiteinheiten derjenige die höchste kumulierte Leistung erzielen und damit sein Potenzial am besten nutzen, der seine Ressourcen in den einzelnen Leistungsbereichen am effizientesten einsetzt.

### 4.3.2 Leistungsumfang

Hinsichtlich des Leistungsumfangs ist zunächst zwischen Einzelleistungen und kumulierten Leistungen zu unterscheiden. Im Falle von Einzelleistungen resultieren die Leistungsdaten aus einer singulären Messung. Im Falle von kumulierten Leistungen existieren Daten aus mehreren Messungen, die zueinander in Beziehung gesetzt bzw. miteinander verrechnet werden können. Ist im Zusammenhang mit Underachievement von kumulierten Leistungen die Rede, so gilt das Augenmerk in aller Regel den Leistungen in einem eng umschriebenen Leistungsbereich (d. h. schulischen Leistungen oder spezifischen Fachleistungen), die wiederholt oder kontinuierlich über einen bestimmten Zeitraum hinweg erfasst und anschließend aufsummiert oder gemittelt werden. Diese Form der Aggregation stellt jedoch nur eine von mehreren denkbaren Alternativen dar.

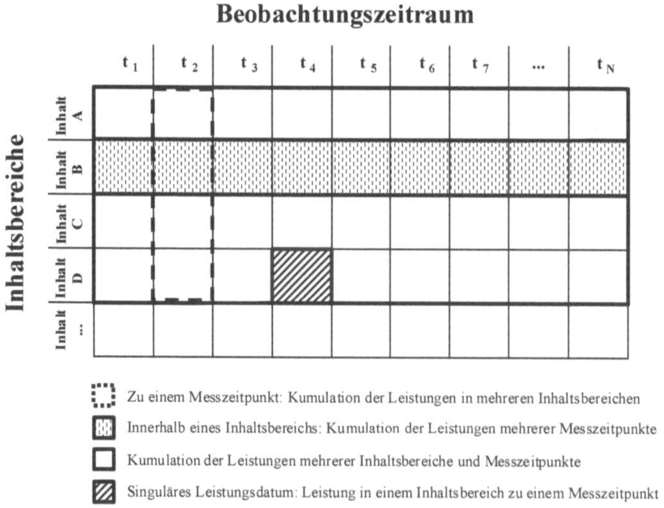


**Abb. 6** Achievement – Möglichkeiten der Kumulation

Wie Abbildung 6 entnommen werden kann, sind bereits im Hinblick auf die Leistungen einer (einzelnen) Person vier grundlegend verschiedene Formen von kumulierten Leistungen zu unterscheiden:

*(1) Kumulation der Leistung innerhalb eines eng umschriebenen Inhaltsbereiches über mehrere Messzeitpunkte hinweg:*

Aggregiert man die Leistungen in einem Inhaltsbereich (z. B. im Fach Mathematik) über mehrere Messzeitpunkte, so lässt sich hierdurch die Vorhersage von Achievement und Underachievement insofern verbessern, als sich die Gefahr einer fehlerhaften Schätzung der Leistungswerte reduziert. Im Vergleich zu Leistungsschätzungen, die auf Einzelleistungen, d. h. auf Daten einer singulären Messung beruhen, sind Einschätzungen, die durch wiederholte Messungen gewonnen wurden, im Allgemeinen weniger fehlerbehaftet. Nach der klassischen Testtheorie sind Messfehler unkorreliert. Sie führen sowohl zu Über- als auch Unterschätzungen der ‚wahren' Messwerte. Bildet man den Mittelwert aus allen Messwerten, so sollten Fehler bei ausreichend vielen Messwiederholungen kaum noch ins Gewicht fallen. Diesem Vorteil steht allerdings der Nachteil gegenüber, dass eine Kumulation über mehrere Messzeitpunkte hinweg eine längsschnittliche Untersuchung erfordert. Insbesondere bei Betrachtung größerer Stichproben ist dies mit einem erheblichen Mehraufwand verbunden. Hinzu kommt, dass sich bei einem langen Untersuchungszeitraum im Laufe der Zeit häufig die Stichprobe reduziert, da einige Personen die Lust an einer weiteren Teilnahme verlieren oder aus anderen Gründen aus der Untersuchung ausscheiden.

*(2) Kumulation von Leistungen zu einem Messzeitpunkt über verschiedene Inhaltsbereiche hinweg*

Kumuliert man die Leistungen aus verschiedenen Inhaltsbereichen (z. B. Deutsch, Mathematik und Geschichte), so hat dies den Vorteil, dass das Konstrukt Schulleistung über eine breitere Basis erfasst wird (vgl. Abschnitt 3.2.2). Fachspezifische Minderleistungen lassen sich auf diese Weise jedoch schlechter erkennen, da geringe Leistungen in einem Leistungsbereich durch hohe Leistungen in einem anderen maskiert werden können. Problematisch an diesem Vorgehen ist darüber hinaus, dass spätestens ab der Sekundarstufe nicht mehr alle Schüler/-innen die gleichen Kurse besuchen und der aggregierte Wert sich daher aus verschiedenen Fächerkombinationen ergeben kann. Man könnte die Spannweite der betrachteten Fächer zwar von vornherein festlegen. Insbesondere in der Oberstufe dürfte die Schnittmenge der von allen besuchten Unterrichtsfächer allerdings sehr gering sein.

*(3) Kumulation von Leistungen über verschiedene Messzeitpunkte und Inhaltsbereiche hinweg*

Im dritten Fall werden die Vorteile der vorangegangenen Verfahren kombiniert. Da nunmehr sowohl über mehrere Messzeitpunkte als auch Inhaltsbereiche kumuliert werden kann, ist zum einen eher damit zu rechnen, dass sich die Messfehler der Einzelschätzungen nivellieren. Zudem ergibt sich eine bessere Schätzung der Gesamtleistung.

*(4) Aggregation von Messwerten zu einem Messzeitpunkt und bezogen auf einen Inhaltsbereich*

Die Verwendung von Multi-Method-Ansätzen bietet eine weitere Möglichkeit der Aggregation, nämlich die Kumulation von Leistungswerten, die zu einem Messzeitpunkt unter Zuhilfenahme verschiedener Erhebungsverfahren gewonnen wurden, sich jedoch auf einen Inhaltsbereich bzw. ein Merkmal beziehen. Ein solches Vorgehen empfiehlt sich vor allem, wenn wie im oben beschriebenen Fall (1) auf eine Einschränkung von Messfehlern geachtet werden soll bzw. die Zuverlässigkeit einzelner Messinstrumente angezweifelt werden muss. Nach Ford (1996) haben sich gerade im Hinblick auf die Feststellung von Underachievement multimethodale Ansätze als geeignet erwiesen, wobei sowohl qualitative als auch quantitative Erhebungsverfahren zum Einsatz kommen sollten. Qualitative Identifikationsstrategien umfassen Portfolios, die Analyse von Arbeitsproben und Biographien, Einschätzungen von Eltern, Lehrerinnen und Lehrern, der Betroffenen selbst und deren Peers, Lernstilinventaren, Motivationsmaßen und Einstellungsfragebogen. Quantitative Daten werden aus Intelligenz-, Kreativitäts- und Leistungstests sowie Verfahren zur Erfassung von Führungsfähigkeiten, sozialer Reife und Verfahren zur Erfassung von Leistungen in Domänen der Bildenden und Darstellenden Kunst gewonnen. Gerade in Fächern wie Kunst oder Sport hat sich zur Einschätzung von Begabung nach Peters et al. (2002) zudem die Verwendung sog. Delphi-Kritrien als geeignet erwiesen. Hierbei handelt es sich um Schätzungen von bereichsspezifischen Experten/Expertinnen, z. B. Sporttrainerinnen und Sporttrainern, die aufgrund ihrer Erfahrung abschätzen können, zu welcher Leistung eine Person unter optimalen Voraussetzungen in der Lage ist. Die Autoren geben jedoch zu bedenken, dass auch die Meinungen von Expertinnen und Experten – wie jede subjektive Schätzung – nicht immer fehlerfrei und frei von Vorurteilen sind.

Eine Sonderform der Aggregation zieht schließlich in Betracht, dass diese auch über die Leistungen mehrerer Personen erfolgen kann. Je nach Fragestellung und Forschungsgegenstand kann es durchaus sinnvoll sein, auch die Leistungen mehrerer Personen zu aggregieren, um etwa feststellen zu können, ob der Unterricht ganzer Klassen erfolgreich verlaufen ist oder nicht (zum kollektiven Underachievement siehe Abschnitt 3.4.1). In diesen Fällen gilt das Interesse also nicht der Leistung eines einzelnen Schülers bzw. einer einzelnen Schülerin, sondern der Leistung des Lehrers / der Lehrerin, welche sich in den kumulierten Leistungen der Schüler/-innen widerspiegelt. Unabhängig davon, welcher Aggregationsform letztlich der Vorzug gegeben wird, steht jedenfalls fest, dass jede dieser möglichen Vorgehensweisen zu einer anderen Auswahl an Achievern und Underachievern führt. Die Unterschiede zwischen den verschiedenen Formen der Kumulation wirken sich aber auch insofern aus, als das jeweilige Leistungsverständnis, wie in Abschnitt 4.5 zu sehen sein wird, Einfluss auf die Kompensierbarkeit von Minderleistungen hat.

### 4.3.3 Leistungsbereiche

Ist von Underachievement die Rede, so bezieht sich dies hauptsächlich auf erwartungswidrige Leistungen im schulischen Kontext, und hier in erster Linie auf erwartungswidrig schlechte Leistungen in den klassischen Hauptfächern (Unterricht in Mathematik, den Fremdsprachen und der jeweiligen Muttersprache). Wesentlich seltener rücken die Leistungen in den sportlich-musischen Fächern in den Blickpunkt des Forschungsinteresses, obgleich auch diese Fächer in den meisten Schulen und Ländern zum Pflichtunterricht zählen. Eine Betrachtung außerschulischer Leistungsbereiche findet demgegenüber fast nie statt. Es erscheint jedoch nicht sachgerecht bei einer Bewertung von schulischem Underachievement primär die Hauptfächer zu betrachten und außerschulische Leistungsbereiche vollständig auszublenden. Dieser Ansicht sind auch Ziegler et al. (2000, S. 260), die ihr Underachievement-Modell auf das Münchner Begabungs-Prozess-Modell stützen, welches „herausragende Leistungen als das Resultat eines langwierigen Lernprozesses ansieht, wobei die Reichweite des Modells keineswegs auf den akademischen Bereich beschränkt ist". Entsprechend wird von ihnen ein erwartungswidriges Minderleisten (Underachievement) prinzipiell in allen Leistungsdomänen (z. B. im Sport oder in der Musik) für möglich erachtet. Den Vorteil einer solchen Auffassung von Underachievement sehen die Autoren nicht nur in der Ausweitung des bislang recht eng gefassten Konstruktes, sondern vor allem auch in der besseren Vereinbarkeit des Konzeptes mit den heutzutage dominierenden multiplen Begabungsmodellen (H. Gardner, 1991, 2002, 2003).

Neben derartigen Erwägungen ist eine ausschließliche Betrachtung eng umschriebener schulischer Leistungsbereiche aber auch deshalb abzulehnen, weil schulische Leistungen stets eng mit außerschulischen Aktivitäten und Lernerfahrungen verwoben sind. Im ,positiven' Sinne ist dabei zunächst einmal an Fälle zu denken, in denen schulisches Lernen durch außerschulische Aktivitäten gefördert bzw. beschleunigt wird. So werden beispielsweise im häuslichen und familiären Kontext vielfach Lernanreize geboten und genutzt, die schulische Lernangebote ergänzen und somit schulische Fortschritte begünstigen. Oftmals geschieht dies, ohne dass dieser Synergieeffekt vom Lernenden selbst oder von dessen Umfeld intendiert wäre. Beispielhaft sei hier etwa an Freizeitaktivitäten wie Lesen, Musikunterricht, Gesellschaftsspiele sowie Theater- und Museumsbesuche gedacht. Doch auch der Kontakt zu Freunden und Familienmitgliedern kann sich positiv auf die schulische Leistungsentwicklung auswirken, so z. B. wenn im Falle bilingual aufwachsender Kinder die Zweitsprache einer der unterrichteten Fremdsprachen entspricht.

Eine ,negative' Interaktion zwischen schulischen und außerschulischen Aktivitäten ergibt sich immer dann, wenn sehr viel Zeit in Tätigkeiten fließt, die keinen direkten Nutzen für das schulische Lernen besitzen. Die zeitlichen Ressourcen eines Menschen sind naturgemäß begrenzt. Aufgrund dessen gelingt es einer Person im Allgemeinen nicht, ihr Potenzial in allen Begabungsereichen gleichermaßen erfolgreich zu entfalten. Vielmehr muss jedes Individuum eine Auswahl treffen und seine zeitlichen Ressourcen auf jene Bereiche konzentrieren, die als besonders wichtig erachtet werden. Dies können sowohl schulische als auch außerschulische Leistungsbereiche sein, wobei es für die vorliegende Betrachtung zunächst einmal keine Rolle spielt, ob sich die Valenz einer Tätigkeit aus intrinsischen oder extrinsischen Anreizen ergibt. Entsprechend ist also der Fall eines Schülers, dessen erwartungswidrig schlechte Mathematikleistungen auf eine Faszination für und exzessive Beschäftigung mit dem Fach Geschichte zurückzuführen sind, ähnlich zu bewerten, wie der Fall einer Schülerin, deren schlechte Mathematikleistungen sich dadurch erklären lassen, dass sie auf

Wunsch der Eltern große Teile ihrer zeitlichen Ressourcen in die Betreuung von jüngeren Geschwistern investiert. In beiden Fällen führt ein Mangel an zeitlichen Ressourcen bzw. die Investition von Zeiteinheiten in als besonders relevant erachteten Aktivitäten zu einer verminderten Lernaktivität im Bereich Mathematik und somit zu erwartungswidrig schlechten Leistungen. Dass derartige Fälle keine Seltenheit sind, ergab u. a. eine Untersuchung von Kemmler (1975). Sie stellte fest, dass leistungsschwache Kinder vielfach mehr Zeit mit außerschulischen Tätigkeiten verbringen, z. B. damit, in ihrer Freizeit Geld zu verdienen oder auf kleinere Kinder aufzupassen. Insgesamt zeigt sich, dass eine Betätigung in nicht erfassten schulischen oder außerschulischen Leistungsbereichen die Ursache von Underachievement sein kann. Diese Tatsache erweist sich als Fehlerpotenzial im Hinblick auf eine angemessene Bewertung von schulischen Minderleistungen und wird daher in Kapitel 5 noch ausführlich behandelt werden.

## 4.4 Moderatoren und Rahmenbedingungen von Achievement

Ob es einer Person gelingt, eine vorhandene Begabung zu entfalten, liegt nicht nur in ihrer Hand, sondern hängt vor allem von der Qualität der zur Verfügung stehenden Ressourcen und Rahmenbedingungen ab. Diese Erkenntnis spiegelt sich u. a. in den gängigen Begabungsmodellen wider (vgl. u. a. Mönks, 1999; Heller, 1995). So werden etwa im Münchner Begabungs-Prozess-Modell „neben den individuellen Begabungsfaktoren im engeren Sinne [...] für die Aktualisierung von Begabung anregende und fördernde Umweltbedingungen sowie leistungsflankierende Persönlichkeitsfaktoren als wichtig erachtet. Damit wird der Einsicht Rechnung getragen, dass sich individuelle Leistungspotentiale nicht automatisch in Leistungen niederschlagen" (Gruber & Ziegler, 1996, zit. n. Ziegler et al., 2000, S. 260). Auch Mönks (1999) misst Kontextfaktoren bei der Umsetzung von Begabung in Leistung eine große Bedeutung bei. Gemäß seines triadischen Interdependenzmodells erfordert Hochleistung nicht nur ein hohes Maß an Intelligenz, Kreativität und Aufgabenzuwendung, sondern zusätzlich die Unterstützung bzw. Förderung durch Familie, Freunde und Schule. Weitere Unterstützungssysteme bzw. Faktoren, die die Höhe einer Leistung bzw. das Ausmaß der Begabungsausschöpfung maßgeblich beeinflussen, werden im Rahmen des folgenden Abschnitts näher erörtert. Dabei wird der Fokus vor allem auf die Qualität und Quantität der verfügbaren Hilfsmittel, Rahmenbedingungen und zeitlichen Ressourcen gerichtet.

### 4.4.1 Qualität und Quantität der zeitlichen Ressourcen

Die wichtigste Grundvoraussetzung für eine erfolgreiche Umsetzung von Begabung in Leistung ist Zeit. Carroll (1963, 1989) war einer der ersten, der im Rahmen seines Leistungsmodells auf die Verbindung zwischen Leistung und benötigter Zeit bzw. zur Verfügung stehender Zeit hingewiesen hat. Weitere Hinweise auf die Bedeutung von zeitlichen Ressourcen finden sich in den Modellen von S. M. Bennett (1978), Bloom (1980), Walberg (1981, 1986) und Walberg, Fraser und Welch (1986). Gemäß Walbergs Modell der Educational Productivity existieren vier Determinanten von schulischer Leistung (Walberg, 1981, 1986): Fähigkeit und Motivation des Individuums sowie Qualität und Quantität der Instruktion. Nach den Grundannahmen dieses Modells können dabei Defizite in einem Bereich durch Überschüsse in einem anderen Bereich ausgeglichen werden. Als weitere Faktoren wurden zu diesem Modell hinzugefügt: die familiäre und schulische Umwelt sowie der Einfluss der Peers und Massenmedien, da diese Faktoren die Zeit beeinflussen, die für potenziell schulisch relevante Tätigkeiten aufgewendet wird (Haertel, Walberg & Weinstein, 1983). Auch im Hinblick auf eine Feststellung von Underachievement kann der Faktor Zeit nicht außer Acht gelassen werden. Denn vieles deutet darauf hin, dass Zeitmangel die bedeutsamste bzw. häufigste Ursache von Underachievement ist. Unabhängig davon, wie förderlich die Umweltbedingungen auch sein mögen, kann eine Begabung nur dann voll entfaltet werden, wenn der oder die Betroffene, über freie zeitliche Ressourcen verfügt, um sich mit seinem/ihrem Begabungsbereich zu befassen. Achievement erfordert folglich die intensive und ausdauernde Beschäftigung mit einem oder mehreren Fähigkeitsgebieten.

Aus der Motivationsforschung ist bekannt, dass die Ausdauer, mit der ein Ziel verfolgt wird, davon abhängig ist, welchen Wert die Erreichung des Ziels für den Einzelnen hat, aber auch davon, für wie wahrscheinlich er oder sie eine Zielerreichung hält. Sie sinkt, wenn das Selbstwertgefühl eines Individuums beeinträchtigt wird oder die zu erledigende Aufgabe als unangenehm erlebt wird, und steigt, wenn eine Belohnung in Aussicht gestellt wird bzw. die negativen Auswirkungen eines Misserfolges verdeutlicht werden (Gage & Berliner, 1996). Der Begriff ‚Ausdauer' bezeichnet die Zeitspanne, während der man sich intensiv und ausschließlich mit einer Aufgabe beschäftigt (Heckhausen, 1989; Heckhausen & Heckhausen, 2006). Atkinson (1980) stellte fest, dass eine fast lineare Beziehung zwischen Motivation und Ausdauer besteht. Ein hoch motivierter Schüler zeichnet sich dadurch aus, dass er ein bestimmtes Ziel vor Augen hat (z. B. das Lösen einer komplizierten Mathematikaufgabe), sich anstrengt, um dieses Ziel zu erreichen und ablenkungsfrei bei der Sache bleibt (Rheinberg, 2002). Moderiert wird die Höhe der Aufgabenzuwendung und Ausdauer u. a. von der Valenz der intendierten bzw. ausgeführten Handlung. Diese wiederum hängt entscheidend von Art und Anzahl der konkurrierenden Handlungsalternativen ab. Wirksames Lernen setzt voraus, dass es einer Person gelingt, ihre Aufmerksamkeit auf den jeweiligen Lerngegenstand zu richten und diese Aufmerksamkeit aufrechtzuerhalten, ohne sich von anderen, mitunter attraktiveren Handlungsoptionen ablenken zu lassen. Mit der steigenden Anzahl konkurrierender Handlungsalternativen wird dies jedoch zunehmend schwieriger. Je attraktiver und vielfältiger die Alternativen sind, desto größer ist die Gefahr, dass wichtige Zeiteinheiten in unnötige Nebentätigkeiten fließen, die von der eigentlichen Tätigkeit ablenken bzw. ein Wechsel zu eventuell attraktiveren Handlungsalternativen erfolgt (u. a. Fries & Dietz, 2007; Hofer, Clausen, Fries & Reinders, 2001; Hofer, Fries, Reinders, Clausen, Dietz & Schmid, 2005; Havers, 1981; Heckhausen & Heckhausen, 2006).

Heckhausen (1989) geht auf das Problem von konkurrierenden Handlungsalternativen im Rahmen seines so genannten Rubikon-Modells näher ein. Hierbei handelt es sich um ein allgemeines Modell zur Erklärung menschlichen Handelns, das sich jedoch problemlos auf die Situation eines Lernenden übertragen lässt. Gemäß dem Rubikon-Modell gliedert sich ein Handlungsprozess in vier Phasen: die prädezisionale, präaktionale, aktionale und postaktionale Phase.[46] Wie das Rubikonmodell (Heckhausen, 1989) zeigt, erfordert erfolgreiches Lernen die ausdauernde Beschäftigung mit den relevanten Lerninhalten. Konkurrierende Handlungsmöglichkeiten gilt es hierbei mittels volitionaler Prozesse auszublenden. Dies erweist sich jedoch nicht immer als leicht (vgl. u. a. Heise, Gerjets & Westermann, 1994; Hofer, Reinders, Fries, Clausen, Schmid & Dietz, 2004; Hofer, 2003). Schwierigkeiten bei der Handlungsausführung ergeben sich z. B. dann, wenn sich zu einem gegebenen Zeitpunkt mehrere konkurrierende Handlungsoptionen gegenüberstehen (u. a. Lewin, 1931, zit. n. Rheinberg, 2002). Ein Appetenzkonflikt liegt vor, wenn eine Person zwischen mehreren Alternativen mit vergleichbarem positiven Aufforderungscharakter wählen muss (Beispiel: Eine Schülerin muss sich zwischen dem Lesen einer spannenden Lektüre für den Literaturunterricht und ihrem Lieblingsfilm entscheiden). Ein Aversionskonflikt entsteht, wenn sich eine Person für eine von mindestens zwei Optionen entscheiden muss, die eine ähnliche negative Valenz besitzen (Beispiel: das Erledigen der Hausaufgaben oder das Aufräumen des eigenen Zimmers). Im Falle eines Appetenz-Aversionskonflikts sieht sich das Individuum einer Situation gegenüber, die sowohl positive als auch negative Aspekte aufweist. Ein Doppelter Appetenz-Aversionskonflikt liegt immer dann vor, wenn eine Person sich für eine von mehreren Alternativen entscheiden muss, die allesamt sowohl Vor- als auch Nachteile aufweisen. Ein Individuum befindet sich insbesondere dann in einer Zwickmühle, wenn die sich bietenden Tätigkeitsalternativen wichtig bzw. attraktiv sind, sich jedoch gegenseitig ausschließen. In einem solchen Fall, sind die einzelnen Handlungsoptionen unter Zuhilfenahme einer rationalen Entscheidungsstrategie abzuwägen bzw. unter Verwendung von entscheidungserleichternden Heuristiken eine Wahl zu treffen.[47] Es wird

---

[46] Die *prädesizionale Phase* umfasst die Intentions- und Zielbildung. In ihrem Verlauf werden potenzielle Handlungsziele gemäß ihrer Wünsch- und Realisierbarkeit gegeneinander abgewogen (Gollwitzer, 1991, 1996). Da sich Wünsche mitunter widersprechen, ist es i. d. R. nicht möglich, alle Ziele (gleichzeitig) zu realisieren. Stattdessen muss eine Auswahl getroffen werden. Dieser Prozess wird im Rahmen sog. Erwartungs-mal-Wert-Modelle näher spezifiziert (vgl. u. a. Vroom, 1964). Die prädezisionale Phase endet mit der Intention, jene Ziele weiterzuverfolgen, die in der Erwartungs-mal-Wert-Kalkulation am besten abgeschnitten haben. In der *präaktionalen Phase* besteht die wesentliche Aufgabe darin, die zu initiierende Handlung unter mehreren miteinander konkurrierenden Zielintentionen auszuwählen. Welche Intention umgesetzt wird, hängt von der Höhe der Fiattendenz ab. Diese ergibt sich aus dem Zusammenwirken von Volitionsstärke und einer günstigen Gelegenheit zur Realisierung des intendierten Ziels (Gollwitzer, 1991). Während der *aktionalen Phase* besteht die Aufgabe der handelnden Person in der erfolgreichen Umsetzung der Zielintention. Die Ausdauer und Intensität, mit der eine Handlung ausgeführt wird, hängt maßgeblich von der Volitionsstärke ab, d. h. von der Fähigkeit, die gegenwärtige Zielintention beizubehalten und gegenüber konkurrierenden Zielen abzuschirmen. Die postaktionale Phase beginnt mit dem Abbruch bzw. dem erfolgreichen Abschluss der Handlung und beinhaltet einen Bewertungsprozess, in dessen Rahmen es zu einem Vergleich der erreichten Handlungsresultate mit dem zuvor spezifizierten Ziel kommt (Heckhausen, 1989).

[47] Muss sich ein Mensch für eine von mehreren Alternativen entscheiden, so tut er dies oft im Hinblick auf die möglichen Konsequenzen, die mit diesen Optionen verbunden sind (Jungermann, Pfister & Fischer, 1998). Den subjektiven Wert einer Konsequenz bezeichnet man als Nutzen (utility). Auf der Kostenseite wird zwischen direkten Kosten und so genannten Opportunitätskosten unterschieden. Unter direkten Kosten sind alle mit der Handlungsplanung und -ausführung verbundenen Aufwendungen zu verstehen (z. B. Zeit und Energie / Anstrengung, Image- und Prestigeverlust

vermutet, dass die Aufnahme und Beibehaltung einer Tätigkeit umso schwieriger ist, je mehr Handlungsalternativen von einer Person gesehen werden. Dabei spielt das Zeitbudget eine entscheidende Rolle. Das eigentliche Dilemma entsteht überhaupt erst dadurch, dass der handelnden Person nicht genug Zeit zur Verfügung steht, um allen Tätigkeiten nacheinander und in voller Länge nachzugehen (Hofer et al., 2001). Stattdessen sind die begrenzten Zeitressourcen optimal einzuteilen. Dieser Versuch kann in unterschiedlichen Zeitmanagement-Strategien resultieren, die sich u. a. darin unterscheiden, ob die zur Verfügung stehende Zeit nur für eine Tätigkeit genutzt oder zwischen mehreren Handlungsmöglichkeiten aufgeteilt wird.

Eine besondere Form der Aufgabenhingabe wird von Csikszentmihalyi (1993, 2008) beschrieben. Er spricht von Flow-Erleben und beschreibt damit einen Zustand, in dem ein Individuum nicht nur ausdauernd bei einer Sache bleibt, sondern vielmehr völlig im Tätigkeitsvollzug aufgeht. Als Komponenten des Flow-Erlebens nennt Csikszentmihalyi (1975, 2005 zit. n. Rheinberg, 2006) zunächst einmal eine optimale Passung zwischen Fähigkeit und Anforderung. Die Anforderungen dürfen also weder zu hoch noch zu niedrig sein und sollten der/dem Handelnden das Gefühl vermitteln, das Geschehen trotz hoher Anforderungen stets unter Kontrolle zu haben. Eine weitere Grundvoraussetzung sieht Csikszentmihalyi in der Klarheit hinsichtlich Anforderungen und Handlungsabfolge. Zu jedem Zeitpunkt muss der/dem Handelnden klar sein, wie die nächsten Schritte auszusehen haben, ohne dass hierüber zuerst nachgedacht werden müsste. Es besteht folglich ein fließender Übergang zwischen einzelnen Handlungsschritten (‚Flow'). Als weitere Besonderheit des Flow-Erlebens ist die intensive Fokussierung auf die ausgeführte Tätigkeit zu sehen. Mit Leichtigkeit wird ein Zustand höchster Konzentration erreicht, in dem alle Gedanken und Eindrücke, die sich nicht unmittelbar auf den Handlungsvollzug beziehen, mühelos ausgeblendet werden. Die/der Handelnde geht vollständig in ihrer/seiner Tätigkeit auf und vergisst alles um sich herum. Dabei kommt es zu einer verzerrten Zeitwahrnehmung. Die Zeit verfliegt, ohne dass die/der Betroffene sich dessen bewusst wäre. Zusammenfassend bezeichnet ‚Flow-Erleben' somit „das selbstreflexionsfreie Aufgehen in einer glatt laufenden Tätigkeit, die man trotz hoher Belastung noch gut unter Kontrolle hat" (Rheinberg, 2004, S. 41) sowie einen Zustand, in dem man sich mit großer Ausdauer und höchster Konzentration der Lösung einer Aufgabe bzw. dem Ausführen einer Handlung widmet.

Geht man davon aus, dass Achievement eine besonders intensive Beschäftigung mit dem individuellen Begabungsbereich erfordert, so dürften Flow-Zustände dem Erreichen von Achievement besonders zuträglich sein, da nach den vorangegangenen Ausführungen davon auszugehen ist, dass im Zustand des Flows die zur Verfügung stehende Zeit besonders effektiv genutzt werden kann. Ob sich häufige Zustände von Flow-Erleben positiv auf die Leistungen eines Individuums auswirken, wurde in zahlreichen Studien untersucht (Csikszentmihalyi, 2004; im Überblick Rheinberg, 2006). Die Ergebnisse zeigen, dass es gute Gründe für die Annahme gibt, dass Flow-Zustände von den Betroffenen nicht nur als besonders angenehm erlebt werden, sondern auch

---

sowie finanzielle Einbußen). Opportunitätskosten ergeben sich aus dem entgangenen Nutzen alternativer, aber nicht gewählter Handlungsmöglichkeiten. Je mehr Handlungsalternativen zur Auswahl stehen und je attraktiver diese für den Betreffenden sind, desto höher fallen die Opportunitätskosten aus und desto mehr sinkt der Nutzen der gewählten Alternative.

leistungssteigernd wirken. Entsprechend ist es von Vorteil, wenn derartige Zustände möglichst oft erreicht werden könnten. Dies ist jedoch nach Ansicht von Csikszentmihalyi (2004, S. 98) nicht möglich, da kein Mensch ununterbrochen im Flow sein kann. Jeder Mensch hat Zeiten, „in denen Streß, Langeweile und gelegentlich auch Verzweiflung sein Bewußtsein überschatten". Trotzdem stellt sich gerade vor dem Hintergrund der effizienten Zeitnutzung die Frage, wie Flow-Zustände entstehen und aufrechterhalten werden können. Nach Csikszentmihalyi (2004, S. 100) stellt sich Flow-Erleben ein, „wenn wir feststellen, daß wir mit den Handlungsanforderungen einer gegebenen Situation und mit unseren in dieser Situation gefragten Fähigkeiten und Fertigkeiten über dem eigenen Durchschnittsniveau liegen". Doch auch ein gewisses Maß an intrinsischer Motivation bzw. Interesse spielt eine bedeutsame Rolle; schließlich widmen Personen ihre Zeit in erster Linie jenen Tätigkeiten, denen sie eine hohe Valenz zurechnen. Diesbezüglich weist Rost (1991) zurecht darauf hin, dass Arbeitsverhalten, Motivation und Interesse sehr stark von pädagogisch beeinflussbaren Rahmenbedingungen abhängen, so etwa von dem Engagement und didaktischen Geschick des Lehrers / der Lehrerin sowie der Passung von Anspruchsniveau, Unterrichtsstil und Lernvoraussetzungen. „Hingabe an eine Aufgabe, Interessen und Motivation werden maßgeblich durch einen abwechslungsreichen und ansprechenden Unterricht geweckt und angebahnt. Interesse und Motivation entwickeln sich aus der persönlichen Auseinandersetzung mit dem Sachverhalt und sollten vor allem als Ergebnis und nicht als Voraussetzung erfolgreicher pädagogischer Bemühungen verstanden werden".

Die Zeit, während der sich ein Schüler / eine Schülerin aktiv mit dem Lernstoff beschäftigt, ist einer der wichtigsten Faktoren für die Erklärung von Schulleistungsunterschieden (Havers, 1981, S. 241). Üblicherweise gilt: Je mehr Anstrengung und Zeit in das Lernen investiert werden, desto bessere Leistungen sind zu erwarten. Dass auch Höchstleistung eine intensive Beschäftigung mit einem spezifischen Fachgebiet erfordert, zeigen nicht zuletzt Untersuchungen an herausragenden Persönlichkeiten bzw. Wunderkindern (Meissner, 1993). Nach Winner (1998, S. 197) sind die meisten hochbegabten Kinder der Ansicht, dass Anstrengung sich auszahlt. „Obwohl sie ihre Leistungen auf ihr Talent schieben könnten, tun sie es nicht". Hochbegabte Kinder führen ihre erzielten Erfolge wesentlich häufiger als durchschnittlich begabte Kinder auf ihre Bemühungen und Anstrengungen zurück. Möglicherweise deshalb, weil hochbegabte und erfolgreiche Kinder oft sehr hart für ihren Erfolg arbeiten. So trainierte etwa das Schachwunderkind Josh Waitzkin mit sechs Jahren nicht minder eifrig für das Schachspiel als ein Collegestudent für sein Abschlussexamen (Waitzkin, 1989; Winner, 1998). Roe (1976) berichtet über den Werdegang und die Leistungen von 64 herausragenden Wissenschaftlern (22 Biologen, 22 Physikern, 20 Sozialwissenschaftlern) und kommt ebenfalls zu dem Schluss, dass der Faktor Zeit im Sinne einer ausdauernden Beschäftigung mit dem jeweiligen Spezialgebiet eine entscheidende Rolle bei der Umsetzung von Begabung in Leistung spielt. "The one thing that all of these 64 scientists have in common is their driving absorption in their work. They have worked long hours for many years, frequently with no vacations to speak of, because they would rather be doing their work than anything else" (S. 223).

Auch Csikszentmihalyi et al. (1993, zit. n. Winner, 1998) untersuchten Teenager mit hohem Fähigkeits- und Leistungsniveau in den Domänen Mathematik, Naturwissenschaft, Malerei, Musik und Sport. Alle Schüler/-innen trugen eine Woche lang einen elektronischen Beeper bei sich, und mussten auf ein Signal hin, das in unregelmäßigen Abständen ertönte, detailliert protokollieren, womit sie sich gerade beschäftigten bzw. worüber sie gerade nachdachten. Die Auswertung der Selbstberichte ergab, dass die untersuchten Jugendlichen gerne in ihrem jeweiligen Begabungsbereich arbeiteten und auch sehr viel Zeit damit verbrachten. Im Durchschnitt beschäftigten sich die untersuchten Teenager mehr als zwei Stunden pro Tag mit diesem Bereich. Dies entspricht ca. 728 Stunden im Jahr oder aber 91 achtstündigen Arbeitstagen. Wer soviel Zeit in die Verbesserung seiner Fähigkeiten investiert, erreicht ein hohes Leistungsniveau. Neben dieser Erkenntnis konnten Csikszentmihalyi et al. (1993, zit. n. Winner, 1998) zudem feststellen, dass die hochbegabten und hochleistenden Jugendlichen ihre restliche Zeit eher dazu nutzten, strukturierten Tätigkeiten (z. B. Lernen, Computerprogrammierungen, Briefmarkensammeln oder einfach Denken) nachzugehen, anstatt die Zeit mit unstrukturierten Aktivitäten (z. B. gemeinsamem Herumhängen) zu verbringen. Auch hier ist zu vermuten, dass Jugendliche, die ihre Zeit in strukturierte Tätigkeiten investieren, aller Wahrscheinlichkeit nach höhere Fertigkeiten entwickeln als Jugendliche, die ihre Zeit mit passiven unstrukturierten Tätigkeiten verbringen (Winner, 1998).

Dies alles macht deutlich, dass der Faktor Zeit als Ursache für Underachievement von großer Bedeutung ist. Prinzipiell gilt: Je länger eine Person sich mit einem bestimmten Inhaltsbereich bzw. einer bestimmten Aufgabe beschäftigt, desto bessere Leistungen sind zu erwarten. Es wäre jedoch unangemessen, hieraus den Schluss zu ziehen, dass sich die Leistung einer Person schon alleine deshalb verbessert, weil man ihr zur Aufgabenbearbeitung einen größeren Zeitraum zubilligt. Tatsächlich reicht das bloße Vorhandensein von zeitlichen Ressourcen nicht aus. Die zur Verfügung stehende Zeit muss von der betroffenen Person auch sinnvoll genutzt werden. Um es an einem Beispiel zu erläutern: Ein Schüler schreibt nicht zwangsläufig eine bessere Mathearbeit, nur weil ihm statt 45 Minuten 1,5 Stunden zur Verfügung gestellt werden. So ist zum einen der Fall denkbar, dass ein Schüler eine optimale Leistung bereits in 45 Minuten oder weniger abrufen kann, und zum anderen, dass er in beiden Fällen aufgrund einer zu geringen Begabung oder Vorbereitung an der Komplexität der Aufgaben scheitert. In beiden Fällen dürfte der betroffene Schüler also wenig bzw. nicht von den zusätzlichen 45 Minuten profitieren. Vorstellbar ist aber auch der Fall eines Schülers, dem die Zeitverlängerung zwar prinzipiell etwas nutzen könnte, der jedoch unkonzentriert arbeitet, sich leicht ablenken lässt und die zur Verfügung gestellte Zeit mit ‚unwichtigen' Nebentätigkeiten vergeudet. Während im Falle der mangelnden Begabung auf den ersten Blick ein Underachievement ausgeschlossen scheint, könnte man ein solches im Falle des ersten und dritten Schülers schon eher vermuten. Tatsächlich lässt sich ein solches jedoch in allen drei Fällen rechtfertigen. Im ersten Falle könnte das Underachievement darin bestehen, dass in der zur Verfügung stehenden Zeit noch mehr Aufgaben hätten gelöst werden können, der Schüler hieran aber aufgrund eines zu niedrigen Schwierigkeitsgrads bzw. der zu geringen Aufgabenzahl gehindert wurde (zum ‚Verhinderten Achievement' aufgrund von Deckeneffekten siehe

Abschnitt 3.4.2). Im zweiten Falle könnte argumentiert werden, dass eine Beschäftigung mit Aufgaben, deren Lösung objektiv ein höheres Begabungsniveau erfordert, Zeitverschwendung ist und die hierzu aufgewendeten zeitlichen Ressourcen in einem anderen Tätigkeitsgebiet besser angelegt wären. Im Falle des unkonzentrierten bzw. unmotivierten Schülers ließe sich schließlich auch nach der herkömmlichen Diskrepanzdefinition ein Underachievement diagnostizieren, dessen Ursache möglicherweise abgeklärt werden sollte.

Zusammenfassend lässt sich festhalten, dass nicht jeder Underachiever in gleichem Maße von zusätzlichen Zeitressourcen profitiert. Dies gilt sowohl für Zeitressourcen, die, wie im vorangegangenen Fall, in den Abruf einer Leistung investiert werden (z. B. im Rahmen eines Mathematiktests), als auch für Zeiteinheiten, die in den Erwerb von bestimmten Fertigkeiten oder Kenntnissen fließen. Sind Fähigkeitslevel und Schwierigkeitsgrad nicht aufeinander abgestimmt, so kann nicht ohne weiteres erwartet werden, dass ein Mehr an Zeit auch zu einem Mehr an Leistung führt. Zeit ist darüber hinaus aber auch nicht gleich Zeit. In vielen Tätigkeitsbereichen ist nämlich nicht nur die Quantität der verfügbaren Zeiteinheiten, sondern auch deren Qualität bzw. Aufteilung von Bedeutung. Man denke etwa an zwei gleich befähigte Schülerinnen, die gebeten werden, zwei komplizierte Denksportaufgaben zu lösen. Während die eine Schülerin die Möglichkeit erhält, sich zunächst eine Stunde mit Aufgabe 1 und anschließend eine weitere Stunde mit Aufgabe 2 zu befassen, erhält die zweite Schülerin zwar ebenfalls zwei Stunden zur Aufgabenbearbeitung, wird jedoch dazu angehalten, alle zehn Minuten zwischen Aufgabe 1 und Aufgabe 2 zu wechseln. Es ist leicht vorstellbar, dass trotz vergleichbarer identischer Bearbeitungszeit, Schülerin 1 unter sonst gleichen Bedingungen das bessere Ergebnis erzielen wird, da sie sich im Gegensatz zu Schülerin 2 nicht alle zehn Minuten wieder in eine andere Aufgabe eindenken muss. Gleiches gilt im Falle von zwei Schülern. Man nehme an, beide müssten ihre eigenen Hausaufgaben erledigen und darüber hinaus ihre jüngeren Geschwister bei deren Hausaufgaben unterstützen. Der erste Schüler bemüht sich beides gleichzeitig zu erledigen, der zweite erledigt zuerst seine Hausaufgaben und kümmert sich anschließend um seine Geschwister. Auch hier kann angenommen werden, dass Schüler 2 seine Hausaufgaben vermutlich schneller erledigt und weniger Fehler macht als Schüler 1. Schüler 1 muss zwei Dinge gleichzeitig tun, was sich in der Qualität der einzelnen Arbeiten niederschlagen dürfte. In diesem Falle wäre also ein kontinuierliches Arbeiten einer Zerstückelung der zeitlichen Ressourcen und somit einem Multitasking bzw. Springen zwischen den Tätigkeiten vorzuziehen. Obwohl also in vielen Fällen größere zusammenhängende Zeiteinheiten von Vorteil sein dürften, soll hier nicht der Eindruck erweckt werden, dass nicht auch der umgekehrte Fall zutreffend sein kann. So können etwa schnelle Tätigkeitswechsel vor allem bei wenig anspruchsvollen Tätigkeiten auch für Abwechslung sorgen und eventuell zu erwartenden Ermüdungserscheinungen oder Langeweile vorbeugen. Eine zuverlässige Beurteilung von der Bedeutung zeitlicher Ressourcen kann folglich immer nur mit Blick auf die spezifischen Rahmenbedingungen erfolgen.

### 4.4.2 Qualität und Quantität der (außer-)schulischen Rahmenbedingungen

Qualität und Quantität der schulischen und außerschulischen Rahmenbedingungen lassen sich aufgliedern in allgemeine Förderbedingungen (ihnen wird im Folgenden das Augenmerk gelten) und die in der konkreten Leistungssituation verfügbaren bzw. zugelassenen Hilfsmittel. Hilfsmittel sind in diesem Zusammenhang nicht nur als sächliche Mittel im Sinne von Werkbänken, technischen Geräten, Arbeitsmaterialien und -utensilien zu verstehen, sondern auch im Sinne von Unterstützungssystemen, d. h. Personen, die einem als Mentorinnen / Mentoren, Expertinnen / Experten oder aber Arbeitskräfte zur Verfügung stehen. Dass eine objektive Leistungsbeurteilung nicht möglich ist, wenn die situativen Rahmenbedingungen außer Acht gelassen werden, ist naheliegend. Schließlich versteht es sich von selbst, dass ein Schüler unter Zuhilfenahme eines Taschenrechners komplizierte Rechenaufgaben vermutlich schneller und mit einer geringeren Fehlerwahrscheinlichkeit lösen wird als ein Schüler, dem dieses Hilfsmittel nicht zur Verfügung steht. Ebenso kann eine Schülerin mit einer scharfen Säge ein Werkstück höchstwahrscheinlich besser bearbeiten als mit einer stumpfen. Für die jeweilige Leistung und Leistungsbewertung spielen Qualität und Quantität der zur Verfügung stehenden bzw. zugelassenen Hilfsmittel folglich eine wichtige Rolle. Findet ein Vergleich statt zwischen den Leistungen von zwei gleich begabten Individuen, von denen eines bei der Leistungserbringungen auf Hilfsmittel bzw. Unterstützungssysteme und das andere rein auf die ihm zur Verfügung stehenden Begabungsressourcen zurückgegriffen hat, so muss dies bei der Leistungsbewertung selbstverständlich Berücksichtigung finden. Wer sich durch die Hinzunahme von leistungssteigernden Hilfsmitteln einen Vorteil verschafft, dessen Ressourcen (Begabung + Hilfsmittel) lassen nunmehr eine höhere Leistung erwarten als bei Personen, deren Begabung die einzige Ressource darstellt, auf die in der Leistungssituation zurückgegriffen werden kann.[48] Dieser Tatsache sind sich Testentwickler natürlich bewusst. Entsprechend sind in den Testhandbüchern der gängigen Schulleistungstests die zugelassenen Hilfsmittel und Durchführungsmodalitäten genau festgelegt. Wäre dies nicht der Fall, könnten Zufälligkeiten und Unterschiede in den Rahmenbedingungen (z. B. Art und Umfang der Instruktion) die Leistung eines Individuums stark beeinflussen.

Nicht standardisiert und kontrolliert werden können hingegen die allgemeinen Förder- und Rahmenbedingungen, die auf den Lernprozess und folglich auf die gezeigte Leistung wirken. Hier spielen sowohl schulische als auch außerschulische Lerngelegenheiten und Unterstützungssysteme eine Rolle (u. a. Anderson & Keith, 1997; S. M. Bennett, 1978; Griffin, 1988; Helmke & Weinert, 1997; Meier, 2004; Rüesch, 1998; Salcher, 2008; Ulich, 1988; Weinert, Schrader & Helmke, 1989). Ohne Zweifel dürften Schüler/-innen, die einen qualitativ hochwertigen und anspruchsvollen Unterricht erhalten, schneller bestimmte Fertigkeiten oder Kenntnisse erwerben als Schülerinnen

[48] Hier lassen sich Parallelen zu den verfügbaren zeitlichen Ressourcen ziehen. Denn natürlich wird bei gleicher Leistungsfähigkeit auch von jener Person eine höhere Leistung erwartet, der zur Leistungserbringung ein größerer Zeitraum zur Verfügung steht – immer vorausgesetzt natürlich, dass die zusätzlichen Zeitressourcen und / oder Hilfsmittel tatsächlich einen Vorteil darstellen. Sind von einem Abiturienten Additionsaufgaben im Zahlenraum bis 10 zu lösen, so ist kaum erwartbar, dass die Benutzung eines Taschenrechners (Begabung + Hilfsmittel) gegenüber dem Kopfrechnen (Begabung) einen Vorteil darstellt.

und Schülern, denen ein schlechter Unterricht zuteil wird.[49] Ebenso wird ein Kind mit schlechten Sprachvorbildern bei gleichem Potenzial vermutlich schlechtere sprachliche Leistungen erzielen als ein Kind, das von hervorragenden Sprachvorbildern lernen kann. Die oft überdauernden Rahmenbedingungen beinhalten jedoch noch weitere Faktoren: den psychologischen Support, den eine Person erhält, die Erwartungen, die an das Kind gestellt werden, die Passung aus Fähigkeitslevel und Aufgabenschwierigkeit sowie die psychologische Unterstützung durch Familie, Schule und Peers. Nur unter idealen Rahmenbedingungen sind auch optimale Leistungen zu erwarten. So haben etwa Wunderkinder im Allgemeinen bereits früh in ihrem Leben exzellente Möglichkeiten, sich mit ihrem Spezialgebiet zu befassen, besitzen professionelle Unterstützung sowie Zeit und Gelegenheit zum Üben, pflegen Kontakte zu Gleichgesinnten und werden durch sie in ihren Bemühungen bestärkt (Pressey, 1976).

Ein gravierendes Problem bezüglich einer vollständigen Ausschöpfung des Potenzials stellt die Ungleichheit der Chancenverteilung dar (J. W. Gardner, 1976; Havighurst, 1976). Die Qualität und der Umfang einer Ausbildung, die ein Kind erhält, hängen von dessen sozialem Status ab. Wenn es in eine gut situierte Familie mit Rang und Namen hineingeboren wird, stehen ihm die Türen zu einer guten Ausbildung offen. Dies gilt demgegenüber nicht bei Kindern aus niedrigeren sozioökonomischen Schichten. Vor diesem Hintergrund sind auch die Ergebnisse von Terman und Oden (1947) zu sehen. Im Rahmen seiner Hochbegabungsstudie verglich er die 150 beruflich erfolgreichsten Teilnehmer seiner Langzeitstudie mit den 150 am wenigsten erfolgreichen Teilnehmern und stellte fest, dass die Zahl der College-Absolventen unter den weniger erfolgreichen Männern wesentlich niedriger war als unter den erfolgreichen. Gleiches galt für die Väter der Untersuchungsteilnehmer: Während die Hälfte der Väter in der Gruppe der beruflich Erfolgreichen über einen College-Abschluss verfügten, traf dies in der Gruppe der weniger Erfolgreichen nur auf 16 Prozent der Väter zu. Entsprechend verwundert es auch nicht, dass Studien über herausragende Persönlichkeiten übereinstimmend ergeben, dass diese zumeist aus privilegierten Familien stammen (u. a. Cox, 1976; Havighurst, 1976; Roe, 1976).

Bevor sich das Potenzial eines Individuums in erwartbar hohen Leistungen niederschlagen kann, muss es von Schule und Elternhaus allerdings erkannt und angemessen gefördert werden. Hierbei scheinen Schüler/-innen aus bildungsfernen bzw. sozioökonomisch schlechter gestellten Familien systematisch benachteiligt zu werden. Die finanziellen und familiären Lebensverhältnisse, unter denen ein Kind aufwächst, beeinflussen sowohl die Chancen einer Früherkennung als auch die Möglichkeiten einer angemessenen Förderung (u. a. Bos & Pietsch, 2004; Bourdieu, 1982, 1983; Ditton, 1992; H. Esser, 1990; Meulemann, 1979; OECD, 2004; Zöller, Roos & Schöler,

---

[49] Nach Weinert et al. (1989) zeichnet sich ein qualitativ hochwertiger Unterricht durch folgende Merkmale aus: ein klares Rollenverständnis auf Seiten von Lehrenden und Lernenden, Aufgabenorientierung, curriculare Anbindung des Unterrichts, eine sinnvolle Aufteilung der zeitlichen Ressourcen auf die einzelnen Unterrichtsinhalte, eine effiziente Klassenführung, ein angemessenes Anforderungsniveau, welches fortwährende Erfolge zulässt, aktives Unterrichten im Gegensatz zu einem Laissez-faire-Stil. „A core requirement for effective teaching seems to be the adaptation of instruction to students' entry characteristics, especially with respect to prior knowledge" (Weinert et al., 1989, S. 904).

2006). Wird das Potenzial des Kindes erkannt (und dies ist keinesfalls selbstverständlich), so ergibt sich nicht selten das Problem, dass die Eltern von Kindern aus bildungsfernen Familien weder die notwendigen fachlichen Kompetenzen besitzen, um ihre Kinder bei der Entfaltung ihrer Fähigkeiten anzuleiten, noch über die finanziellen Ressourcen verfügen, um fremde Hilfe in Anspruch nehmen zu können. Hingegen steht der ‚Einkauf von Expertise' in bildungsnahen Elterhäusern zumeist hoch im Kurs (Hollenbach & Meier, 2004; Hurrelmann & Klocke, 1995). Die größere Häufigkeit von Lernschwierigkeiten bei Kindern der Unterschicht (im Vergleich zu Mittelschichtkindern gleicher Intelligenz) dürfte sich daher zum Teil darauf zurückführen lassen, dass Unterschichteltern seltener als Eltern der Mittelschicht Defizite und mangelnde Vorkenntnisse ihrer Kinder durch Nachhilfeunterricht oder gezielte Kontrolle der Hausaufgaben kompensieren (Havers, 1981). Die sozialen Verhältnisse, unter denen Kinder heranwachsen, haben also beträchtlichen Einfluss auf Schulerfolg und Bildungschancen.

Doch nicht nur ungünstige familiäre Lernbedingungen tragen zu geringeren Entwicklungschancen bei. Auch im schulischen Kontext lässt sich eine systematische Benachteiligung von Kindern aus bildungsfernen Schichten beobachten (u. a. Baumert & Schümer, 2001). Schümer (2004) sieht darin folgerichtig eine doppelte Benachteiligung. Schüler/-innen, die unter ungünstigen familiären Bedingungen leben, haben im Vergleich zu ihren Altersgenossen aus privilegierten Familien nicht nur schlechtere Start- und Bildungschancen, sondern werden „aufgrund ihrer Herkunft noch einmal benachteiligt, wenn sie – selektionsbedingt – Schulen mit hohen Anteilen an Schülern besuchen, die ebenfalls unter ungünstigen familiären Bedingungen aufwachsen und – diesen Bedingungen entsprechend – bislang wenig erfolgreich in der Schule gewesen sind". Als problematisch erweist sich hier vor allem die Annahme vieler Lehrkräfte, dass Kinder aus der Unterschicht zu guten oder gar außergewöhnlichen intellektuellen Leistungen auch bei optimaler Förderung nicht in der Lage sind. Hieraus ergibt sich das Problem, dass eine Vielzahl fähiger Individuen bereits deshalb systematisch hinter ihren Möglichkeiten zurückbleibt, weil die Anforderungen und Erwartungen an Lernende zu niedrig, begrenzt, eng oder stereotyp sind (Montgomery, 1996; Rimm, 1997). Interessanterweise können Benachteiligungen von Kindern aus bildungsfernen Familien vor allem hinsichtlich theoretisch-geistiger Fähigkeitsbereiche beobachtet werden, während die Möglichkeit einer Begabung im psychomotorischen, also handwerklichen und sportlichen Bereich erfahrungsgemäß wesentlich seltener angezweifelt wird (u. a. Pressey, 1976).

In Deutschland ergibt sich eine Benachteiligung von Schülerinnen und Schülern aus bildungsfernen Schichten insbesondere beim Wechsel auf die weiterführende Schule (u. a. Lehmann & Nikolova, 2005; Lehmann & Peek, 1997; Weinert & Schneider, 1999; Weißhuhn & Rövekamp, 2004). Dies gilt zwar unabhängig davon, ob die Wahl der Schulart durch die Eltern oder die Grundschullehrer/-innen erfolgt. Sowohl Lehrkräfte als auch Eltern lassen sich bei ihrer Entscheidung nicht selten von nichtkognitiven Merkmalen, z. B. vom Bildungsniveau der Eltern bzw. dem eigenen Bildungshintergrund, leiten. Die Gründe sind jedoch verschieden: Während im Falle von Lehrerinnen und Lehrern zumeist die oben beschriebenen Erwartungseffekte wirksam werden, lassen sich Eltern zum einen von der vermeintlichen ‚Expertise' und diagnostischen Kompetenz der Lehrpersonen beeinflussen und verfügen zum anderen oftmals nur über niedrige Bildungsaspirationen. Eltern, die selbst ,lediglich' die Haupt- oder Realschule absolviert haben, sehen auch bei ihren Kindern häufig keine Veranlassung, nach einem höheren Bildungsabschluss zu streben. Hinzu kommt, dass sich diese Eltern nicht selten außer Stande sehen, ihre Kinder bei auftretenden Schulschwierigkeiten zu unterstützen. Infolgedessen entscheiden sie sich von vornherein für eine weniger anspruchsvolle Schulart, um ihren Kindern ein mögliches Versagen zu ersparen. Möglicherweise ist diese Befürchtung sogar als berechtigt anzusehen, wenn man die Ergebnisse von Geissler und Schneider (1982), Hurrelmann und Klocke (1995) sowie Kamm (1980) betrachtet, denen zufolge die Eltern von Gymnasiastinnen und Gymnasiasten in besonderem Maße durch Hausaufgabenbetreuung in Anspruch genommen werden. Geissler und Schneider (1982) gehen sogar so weit zu behaupten, dass das Ausmaß der elterlichen Unterstützung bei den Hausaufgaben den Schulerfolg eines Kindes entscheidend beeinflusst.

Es ist allerdings auch der umgekehrte Fall denkbar, in dem fälschlicherweise vom gesellschaftlichen Status und vermeintlich hohen Begabungsniveau der Eltern auf die Leistungsfähigkeit des Kindes geschlossen und beispielsweise eine Empfehlung für das Gymnasium ausgesprochen wird, obwohl das Kind aufgrund seiner mangelnden Begabung den dortigen Anforderungen nicht gerecht werden kann. Auch in diesem Falle ist nicht mit einer optimalen Potenzialausschöpfung zu rechnen, da eine solche gemäß den Erkenntnissen der Motivationsforschung eine optimale Passung zwischen Begabung und Anforderungsniveau erfordert. Nach der Yerkes Dodson Regel (Yerkes & Dodson, 1908, zit. n. Entin, 1974) besteht ein u-förmiger Zusammenhang zwischen Aktivationsniveau (Erregungsniveau und Aufgabenschwierigkeit) und Leistungsfähigkeit. Eine optimale Leistung kann demnach nur dann erzielt werden, wenn die Anforderungen weder zu niedrig noch zu hoch sind.[50] Ungeachtet dessen erscheint es – bezogen auf die Rahmen- und Förderbedingungen – eher im zweiten Falle, also der Überforderungssituation, möglich, von einer Potenzialnutzung auszugehen, auch wenn das Kind die jeweiligen Klassenziele letztlich nicht erreichen kann. Entsprechend erscheint für eine Vermeidung von Underachievement ein anspruchsvolles Lernumfeld (z. B. Gymnasium) geeigneter als ein Lernumfeld, in dem das Anforderungsniveau zu niedrig ist. Dies gilt natürlich nur dann, wenn davon ausgegangen werden kann, dass auch auf dem Gymnasium die Anforderungen stetig gesteigert werden und nicht von Beginn an auf einem sehr hohen Niveau gestartet wird.

---

50 Solch ein kurvilinearer Verlauf impliziert, dass die Effektivität und das Leistungsniveau ansteigen, wenn die Motivation von einem niedrigen auf ein mittleres Niveau ansteigt. Wenn allerdings die Stärke der Motivation über einen optimalen Level hinaus weiter zunimmt, sinkt die Effizienz der kognitiven Abläufe. Das optimale Motivationsniveau ist das, an dem die Effizienz 100 % beträgt und das Individuum von seinen Fähigkeiten optimalen Gebrauch macht. Höhere und niedrigere Motivationslevel verursachen einen ineffizienten Gebrauch der kognitiven Fähigkeiten. Der zweite Teil der oftmals vernachlässigten Yerkes-Dodson Regel besagt, dass der optimale Motivationslevel von der Aufgabenschwierigkeit abhängt; je schwieriger die Aufgabe, desto niedriger der optimale Motivationslevel, je niedriger der optimale Level, desto größer die Gefahr, übermotiviert zu sein (Lens & Rand, 2000, S. 195).

Der Vorteil von Gymnasien (bzw. anspruchsvollen Schulen) liegt jedoch nicht nur in den höheren Anforderungen, die es auch Schülerinnen und Schülern mit hohen Fähigkeiten ermöglichen, ihre Leistungsfähigkeit unter Beweis zu stellen. Gymnasien bieten, vor allem in Städten, auch meist ein reichhaltigeres Angebot an unterschiedlichen Fächerprofilen und außercurricularen Aktivitäten. Dieses breite Spektrum an begabungsspezifischen Fördermöglichkeiten bietet sich Haupt- und Realschülerinnen und -schülern nicht im gleichen Maße. Dem Übergang von der Grundschule auf die weiterführende Schule kommt somit eine kaum zu überschätzende Bedeutung für die weitere Schullaufbahn zu (Trautwein & Baeriswyl, 2007, S. 119):

> „Zum einen stellen die weiterführenden Bildungsgänge differenzielle Entwicklungsmilieus dar (Baumert, Köller & Schnabel, 2000), in denen sich ein unterschiedlich ausgeprägter Leistungszuwachs beobachten lässt (Becker, Lüdtke, Trautwein & Baumert, 2006; Neumann et al., in Druck). Zum anderen steht den Absolventen der leistungsstärksten Züge eine besonders breite Palette von Ausbildungsoptionen zur Verfügung, zu der auch der uneingeschränkte Zugang zu Hochschulen gehört".

Doch nicht nur Schüler/-innen aus bildungsfernen Schichten werden Opfer von Unterforderung. Auch besonders leistungsstarke und begabte Schüler/-innen können in ihren Leistungen gebremst werden. Dies geschieht zum Teil systematisch aufgrund der verbreiteten Annahme, dass Leistungsunterschiede zwischen Schülerinnen und Schülern nach Möglichkeit verringert und ein Aufgehen der Leistungsschere unter allen Umständen verhindert werden sollte. Nach Heckhausen (1974, S. 126) „ist und bleibt es Aufgabe der Schule, die außerschulisch bedingten Divergenzen der Schülerströme auf mehr Konvergenz zu bringen". Klauer (1975, S. 16) schreibt: „Gleichheit der Bildungschancen wird erst dann verwirklicht sein, wenn z. B. Akademikerkinder keine besseren Erfolgsaussichten mehr haben als Arbeiterkinder. Intelligenztests können dabei hinderlich sein, und es mag notwendig werden, nicht nur Arbeiterkinder zu fördern, sondern auch Akademikerkinder in der Entwicklung zu bremsen". Diskutiert werden solche Vorstellungen zumeist unter der Überschrift ‚Egalisierung versus Qualifizierung'. Dabei ist unter Egalisierung eine Varianzreduktion und unter Qualifizierung eine begabungsgerechte Förderung zu verstehen (u. a. Baumert, Roeder, Sang & Schmitz, 1986; Baumert, Schmitz, Roeder & Sang, 1989; Baumert, Schmitz, Sang & Roeder, 1987; Helmke, 1988; Roeder & Sang, 1991; Treiber & Weinert, 1985; Weinert, 1988).

Lehrer/-innen können sich nicht darauf beschränken, Begabungsunterschiede zu ignorieren und einen Einheitsunterricht für alle anzubieten. Schülerinnen und Schülern müssen vielmehr unter verschiedenen Gesichtspunkten jeweils individuelle Chancen zugewiesen werden. Die Zuweisung von Bildungschancen kann nach Schwippert (2001b, S. 12) „u. a. daran beobachten werden, wie intensiv sich Lehrer um einzelne Schüler oder Schülergruppen bemühen. Da der Unterricht, in dessen Rahmen der Lehrer agiert, zeitlich begrenzt ist, steht der Lehrer vor der Frage, wie er seine fachliche Kompetenz einsetzen soll, das heißt, er steht vor einem Allokationsproblem". Wie ein Lehrer / eine Lehrerin ihrer begrenzten Ressourcen einsetzt, hängt letztlich davon ab, welche übergeordneten Ziele er/sie verfolgt. Geht es ihr/ihm darum, die Leistungen von schwächeren Schüler/-innen auf ein Basisniveau anzuheben, so wird er/sie entsprechend viel Unterrichtszeit in die Förderung der Leistungsschwachen investieren. Heckhausen (1981) spricht in diesem Zusammenhang von einem ‚Bedürftigkeitsprinzip'. Sieht die Lehrkraft ihre Aufgabe darin, ein möglichst hohes Leistungsniveau zu erzielen, so wird sie ihre Aufmerksamkeit vor allem auf jene Schüler/-innen richten, von denen besonders gute Leistungen erwartet werden können (Billigkeitsprinzip; Heckhausen, 1981).[51] Im ersten Falle geht es also primär darum, die Schwächeren zu fördern und bestehende Leistungsunterschiede auszugleichen (Egalisierung), im zweiten Falle darum, ein möglichst hohes Leistungsniveau zu erzielen (Qualifizierung).

Egalisierung im Sinne einer Unterschiedsreduktion zwischen den Leistungen einzelner Schülerinnen und Schüler kann in der Praxis allerdings nur mit Underachievement einhergehen. Geht man nämlich davon aus, dass zwischen der Leistungsfähigkeit und Leistung einer Person eine direkte positive Beziehung besteht, sowie davon, dass die interindividuellen Unterschiede in der kognitiven Leistungsfähigkeit zwischen den Schülerinnen und Schülern genetisch bedingt sind, dann kann ein Angleichen der Leistungsfähigkeit von unterschiedlich begabten Schülerinnen und Schülern nur zu Lasten der Leistungsstärkeren und potenziell Befähigteren erfolgen. Doch auch wenn man der genetischen Veranlagung im Hinblick auf das Potenzial eine geringe Bedeutung beimisst und die Lernumwelt als gleichermaßen relevante Bestimmungsgröße der Leistung ansieht, lassen sich Unterschiede nicht reduzieren, ohne die Gruppe der Leistungsstarken an einer Potenzialausschöpfung zu hindern. Denn bei optimaler Förderung könnte theoretisch bei allen Schülerinnen und Schülern derselbe Leistungszuwachs erzielt werden.[52] Die vorhandenen genetischen Unterschiede blieben jedoch bestehen und ebenso eventuelle Unterschiede, die sich durch die familiäre Lernumwelt ergeben und somit außerhalb des Einflussbereichs der Schule liegen. Und selbst dann, wenn man von der (zugegebenermaßen abwegigen) Annahme ausginge, dass alle Menschen hinsichtlich ihrer kognitiven Leistungsfähigkeit mit denselben ge-

---

[51] Eine Orientierung am Bedürfnispinzip sieht eine Güterverteilung gemäß der Bedürfnisse der Betroffenen vor (Heckhausen, 1981). Gemäß dieses Prinzips hat jeder Mensch ein Anrecht auf ein Mindestmaß an materiellen und kulturellen Lebenschancen, sofern er selbst diese Lebenschancengüter nicht nutzen kann, sei es, weil er noch zu jung ist, bereits zu alt, prinzipiell nicht dazu fähig oder aber vorübergehend (z. B. aufgrund einer Notlage) nicht dazu im Stande. Als gerecht wird demnach auch eine ungleiche Verteilung der Ressourcen angesehen. Gemäß des Gleichheitsprinzips sollten Güter, unabhängig von Bedürfnis oder Investition, gleich verteilt werden (Witte, 1994). Jede Person erhält folglich dieselbe Zuteilung an Ressourcen und Chancen unabhängig davon, ob und in welchem Umfang sie diese zu nutzen vermag (Heckhausen, 1981). Dem Investitionsprinzip zufolge soll das Verhältnis von Investition und Belohnung gleich sein. Es soll also jener Person ein Mehr an weiterführenden Bildungschancen, Verantwortlichkeit, Entscheidungsfreiheit, Produktionsmitteln etc. zugeteilt werden, die daraus am meisten machen kann. Andernfalls würden begrenzte Ressourcen ineffizient genutzt bzw. vergeudet werden und im Gesamtergebnis wäre der Nutzen für das Allgemeinwohl geringer (Heckhausen, 1981). Wer also viel investiert, soll auch viel erhalten. Bekannt ist dieses Prinzip auch als Leistungs- bzw. Billigkeitsprinzips.

[52] Praktisch ist ein identischer Leistungszuwachs unter optimalen Förderbedingungen allerdings nicht zu erwarten, da begabtere Schüler/-innen den Lernstoff schneller bewältigen sollten als weniger begabte und der daraus resultierende Kenntnis- und Wissensvorsprung wiederum den Erwerb neuer Lerninhalte erleichtert. (Dies entspricht dem so genannten ‚Matthäus-Effekt', in Anlehnung an Mt 25,29: „Denn wer da hat, dem wird gegeben werden, daß er Fülle habe; wer aber nicht hat, von dem wird auch genommen, was er hat".)

netischen Anlagen geboren würden und sich Unterschiede alleine aufgrund der jeweiligen Umweltbedingungen ergäben, könnte Egalisierung in der Schule nur zu Lasten jener Kinder erreicht werden, die von Haus aus eine optimale Förderung erhalten haben. Denn würden ab dem Schuleintritt alle Kinder maximal und optimal gefördert werden, blieben auch in diesem Fall alle diejenigen Unterschiede bestehen, die durch die vorschulischen und häuslichen Rahmenbedingungen entstehen bzw. entstanden sind. Eine Ausnahme von dieser Regel ergäbe sich nur dann, wenn anzunehmen wäre, dass es auch auf Basis der Umwelt ein zu erreichendes Maximalniveau an Leistung gäbe, das nicht überschritten werden könnte und zu dem man all' jene Kinder führen könnte, die dieses Niveau nicht schon von Haus aus erreichen.

Ungeachtet dessen wird immer wieder auf die Existenz so genannter ‚Optimalklassen' hingewiesen, in denen es angeblich gelingt, die Leistungsstreuung zu reduzieren und gleichzeitig das Leistungsniveau aller zu steigern bzw. auf einem hohen Niveau zu halten (u. a. Schwippert, 2001a, 2001b; Treinies & Einsiedler, 1996). Wie die vorangegangenen Ausführungen gezeigt haben, ist es unter idealen Bedingungen jedoch nicht möglich, beide Ziele (Egalisierung und Qualifizierung) miteinander zu vereinen, ohne dass die Leistungsstärksten an einer vollständigen Entfaltung ihrer Ressourcen gehindert werden. Zu dieser Erkenntnis kommt auch Helmke (1988). Seiner Auffassung nach ist leistungsegalisierender Unterricht stets mit einer suboptimalen Leistungsentwicklung der leistungsstärkeren und begabteren Schüler/-innen verbunden, ohne dass begabungsschwächere Schüler/-innen von einem solchen Unterricht profitieren würden (anders verhält es sich mit Schülerinnen und Schülern, deren niedriges Leistungsniveau auf defizitäre Vorkenntnisse zurückzuführen sind). Auch Baumert et al. (1986, S. 654 f.) stellen fest, dass Egalisierungsbemühungen wider Erwarten Schülerinnen und Schülern mit ungünstigen Eingangsvoraussetzungen nur wenig nützen, „während die Lernfortschritte der Schüler des oberen Leistungsdrittels merklich beeinträchtigt werden". Schwippert (2001b, S. 14) unterscheidet daher zwischen ‚idealen' Optimalklassen, in denen sowohl die weniger guten als auch besseren Schüler ihr maximales Leistungsniveau erreichen, und ‚realistischen' Optimalklassen, in denen „zwar das Niveau niedriger liegt als bei der beschriebenen ‚idealen' Optimalklasse, die sich aber beide in Bezug auf die Leistungsstreuung der Schüler nicht unterscheiden". Seine Analysen beziehen sich ebenso wie die Untersuchungen von Treiber und Weinert (1985) ausschließlich auf realistische Optimalklassen, womit letztlich auch diese Autoren eingestehen, dass eine optimale Förderung unter Verfolgung beider Ziele (Egalisierung und Qualifizierung) nicht zu Höchstleistung bei allen Schülerinnen und Schülern führen kann.

**Exkurs: Mangelhafte Förderbedingungen als Ausschlusskriterium**

Sowohl im Rahmen des DSM-IV (Saß et al., 2003) als auch der ICD-10 (Dilling et al., 2006) gelten fehlende oder mangelhafte Lernmöglichkeiten als Ausschlusskriterium für eine Lernstörungsdiagnose. Die Überzeugungskraft einer solchen Vorgehensweise hängt allerdings davon ab, ob Lernstörungen als Teilleistungsstörungen oder aber als bereichsspezifische Minderleistungen verstanden werden (siehe Abschnitt 2.2). Im Falle der Teilleistungsstörung besteht ein bereichsspezifisches Begabungsdefizit, das im betroffenen Leistungsbereich zu erwartungsgemäß niedrigen Leistungen führt. Hier ist es bei einer eindeutigen Diagnose angebracht, solche Fälle, in denen eine biologische Beeinträchtigung besteht, von den übrigen Fällen abzugrenzen, in denen eine höhere Leistung unter optimalen Bedingungen erbracht werden könnte. Im Falle von Teilleistungsstörungen ist es folglich sinnvoll, Leistungsdefizite infolge mangelhafter Beschulung als Ausschlusskriterium zuzulassen. Im Zusammenhang mit Lernstörungen im Sinne von Minderleistungen ist eine solche Vorgehensweise hingegen abzulehnen. Ein solches Minderleisten lässt sich von einem bereichsspezifischen Underachievement nicht unterscheiden. Infolgedessen gilt hier wie dort, dass eine mangelhafte Beschulung gleichermaßen als Ursache für Underachievement in Betracht gezogen werden muss.

Aufgrund der konzeptionellen Nähe von Lernstörungen und Underachievement im herkömmlichen Sinne ließe sich bei unbefangener Betrachtung somit die Frage stellen, ob nicht eine entsprechende Einschränkung auch im Falle von Underachievement vorzunehmen ist. Schließlich wird sowohl im Falle von Lernstörungen als auch in Bezug auf die Feststellung von Underachievement üblicherweise von einer Diskrepanz zwischen Allgemeiner Intelligenz und (bereichsspezifischen) Schulleistungen ausgegangen (Dilling, 2006; Saß et al., 2003). Die vorangegangenen Ausführungen im Rahmen dieser Untersuchung zeigen allerdings auf, dass Defizite in der Unterrichtsqualität, mangelhafte Förderbedingungen sowie eine fehlende Passung zwischen Begabung und Leistungsniveau gerade zu den Hauptursachen von schulischem Underachievement zählen. Würde man Underachievement nur in solchen Fällen anerkennen und als interventionsbedürftig einstufen, in denen seine Ursachen im Individuum selbst verankert sind, so würde man Lehrer/-innen letztlich aus der Verantwortung für das Scheitern von Schüler/-innen nehmen und ihnen eine Art „Freifahrtsschein" für mangelhaften Unterricht erteilen.

## 4.5 Einmal Underachiever, immer Underachiever?

Mit der Frage, ob Underachievement ein vorübergehendes Phänomen darstellt und Underachiever nach einem temporären Formtief wieder zur Gruppe der Achiever aufschließen können, haben sich u. a. McCall et al. (1992) sowie Stamm (2008a, 2008b) beschäftigt. Im Rahmen ihrer Untersuchung konnte Stamm (2008b) feststellen, dass ehemalige schulische Underachiver im Rahmen ihrer beruflichen Ausbildung zwar eine deutliche Leistungszunahme aufweisen können. Es gelingt ihnen allerdings nicht, leistungsmäßig zu den ehemaligen Hochleistenden aufzuschließen. Zu einem vergleichbaren Ergebnis kommen McCall et al. (1992) anhand eines Vergleichs des höchsten erreichten Bildungsabschlusses sowie der Höhe des Gehalts ehemaliger Highschool-Underachiever und -Achiever. Auch sie stellen fest, dass Underachievement in den meisten Fällen überdauernd ist. Bei gleicher Begabung liegen fast alle der in der Highschool identifizierten Underachiever auch 13 Jahre nach Beendigung der Highschool leistungsmäßig hinter den ehemaligen Achievern zurück. Die wenigen ‚Late Bloomer' (Spätentwickler), denen es nach Aussage von McCall et al. (1992) gelungen ist, zur Gruppe der Achiever aufzuschließen, unterscheiden sich von den ‚stabilen' Underachievern in punkto Bildungsaspirationen, Selbstvertrauen, aber auch hinsichtlich familiärer Merkmale, so etwa bezüglich des elterlichen Bildungsniveaus. Für ‚erfolgreiche Underachiever' besitzt Bildung einen höheren Stellenwert. Sie nehmen insgesamt an mehr außercurricularen Aktivitäten teil, trauen sich eher zu, erfolgreich das College zu absolvieren und haben Eltern mit einem hohen Bildungsniveau. Mit der Aussage, dass schulisches Underachievement nicht selten überdauernd ist, stehen McCall et al. (1992) nicht alleine. Auch nach Ansicht von Butler-Por (1987) lässt sich Underachievement nur schwer kompensieren. Ihrer Ansicht nach ist schulisches Versagen kumulativ, verstärkt sich mit der Zeit und sollte daher so früh wie möglich entdeckt und behandelt werden. Bleibt eine Intervention hingegen aus, so setzen viele Underachiever ihren schulischen Abwärtskreisel fort und enden als High School- oder College-Abbrecher (Rimm, 1995). Trotz dieser recht pessimistischen Aussichten sind viele Autoren, zu denen auch die eben genannten zählen, der Ansicht, dass eine Intervention erfolgversprechend ist. Dies gilt insbesondere dann, wenn Underachievement bereits früh erkannt und die Ursachen zeitnah beseitigt werden können. Auch Rimm (1995), Butler-Por (1987) und McCall et al. (1992) sind also der Auffassung, dass sich Underachievement (zumindest in gewissem Umfang) kompensieren lässt, allerdings nur unter der Voraussetzung, dass die Gründe für die erwartungswidrigen Leistungen erkannt und im Rahmen einer Intervention erfolgreich ausgeschaltet werden. Im Folgenden soll daher geprüft werden, ob Underachievement sich tatsächlich kompensieren lässt, aus Underachievern also Achiever werden können.

### 4.5.1 Kompensierbarkeit von Underachievement

Der Einfachheit halber beginnt die Prüfung mit den soeben dargestellten Forschungsergebnissen von McCall et al. (1992). Die Autoren kommen zu dem Schluss, dass es – langfristig gesehen – zumindest einigen Underachievern gelingt, in punkto Ausbildungsdauer (höchstem Bildungsabschluss) und Höhe des Einkommen zur Gruppe der Achiever aufzuschließen. Dieses Ergebnis lässt sich ohne eine Prüfung des Datenmaterials nicht anzweifeln und soll daher zunächst einmal als Tatsache festgehalten werden. Die weitere Schlussfolgerung der Autoren, dass die ehemaligen Underachiever ihr Underachievement kompensieren können und zu Achievern werden, ist jedoch fraglich. Dass ein ehemaliger Highschool-Underachiever 13 Jahre nach Beendigung der Highschool dasselbe Gehalt wie die ehemaligen Achiever erhält bzw. einen ähnlichen Bildungsabschluss vorzuweisen hat, bedeutet nämlich keineswegs, dass deshalb aus dem Underachiever ein Achiever geworden ist. Ebenso kann es kein Zeichen für überdauerndes Underachievement sein, wenn einer der ehemaligen Underachiever diese Kriterien nicht erfüllt. Für eine derart weitreichende Schlussfolgerung erscheinen die zugrunde gelegten Kriterien zu eng gefasst. Wird Achievement am Gehalt einer Person festgemacht, so wird dabei außer Acht gelassen, dass sich Gehälter bereits von einer Berufsgruppe zur nächsten deutlich unterscheiden. Möglicherweise befinden sich ja gerade in der Gruppe der ehemaligen Underachiever besonders viele Personen, die ihre Begabung in weniger gut bezahlten Berufen entfalten. Dies bedeutet jedoch nicht, dass sie deshalb keine Achiever sind, da Achievement faktisch in jedem Beruf möglich ist. Ebenso besagt der Erwerb eines höheren Bildungsabschlusses noch nichts über Achievement oder Underachievement, da man für viele Berufe (z. B. handwerkliche Tätigkeiten) keinen College- oder Studienabschluss benötigt. Hier könnte es vielmehr geradezu als Underachievement gewertet werden, wenn ein Maler oder Schreiner vor Beginn seiner beruflichen Laufbahn erst einen Universitäts-Abschluss erwirbt, der ihn Zeit kostet, ihm jedoch in seinem beruflichen Alltag keinerlei Vorteile bringt.

Auch würde eine Person nach dieser Definition von Achievement erst dann zu einem Achiever, wenn ihre Leistung von anderen bzw. der Gesellschaft anerkannt wird. Eine solche Prämisse ist jedoch von zweifelhaftem Nutzen. Man denke nur an Künstler, die erst nach ihrem Ableben Berühmtheit erlangen (z. B. Van Gogh oder Gaugin) oder deren Talent und Werke gar nicht erst bekannt werden. Ein Autor, der großartige Bücher schreibt, ohne dass eines davon jemals seine Schreibtischschublade verlässt, steht nicht hinter den Leistungen von Autoren zurück, deren Bücher große Popularität erlangen und werbewirksam vermarktet werden. Ebenso dürften sich viele Theaterakteure zu Recht gegen den Vorwurf wehren, schlechtere Schauspieler zu sein als die weithin bekannten Hollywood-Stars, nur weil letztere für ihre Kunst ein Vielfaches an Gage erhalten. Gehalt ist lediglich eine Anerkennung von Leistung. Achievement setzt allerdings nicht voraus, dass die eigene Leistung von anderen oder einem selbst wahrgenommen wird. Ausschlaggebend für die Unterscheidung von Achievement und Underachievement ist lediglich die objektive Leistung, d. h. die Qualität der erzeugten Werke und nicht die Höhe des Gehaltsschecks oder des persönlichen Ruhmes.

Neben der Kritik an der Auswahl der Achievement-Kriterien lassen sich durchaus Gründe dafür anführen, dass Underachievement sich tatsächlich nur schwer kompensieren lässt. In diesem Sinne verwundert es weniger, dass nach McCall et al. (1992) nur wenige den Anschluss zur Gruppe der Achiever finden, sondern vielmehr, dass sich überhaupt sog. ‚Late Bloomer' finden lassen. Denn geht man von einem Modell aus, in dem sich die gleichbefähigten Achiever zeitgleich mit den ehemaligen Underachievern weiterentwickeln, so kann ein Underachiever, nachdem er einmal zurückgefallen ist, theoretisch gar nicht wieder zu den Achievern aufschließen, da diese sich in derselben Zeit ja ebenfalls weiterentwickeln. Selbstverständlich stimmt diese Aussage nur dann, wenn für ein Individuum überhaupt die Möglichkeit einer stetigen Weiterentwicklung seiner Fähigkeiten bzw. Verbesserung seiner Leistungen besteht. Würde Achievement hingegen nur an einer bestimmten Leistung (z. B. dem Memorieren sämtlicher Länder und Hauptstädte) festgemacht werden, wie dies gerade im schulischen Kontext nicht selten der Fall sein dürfte, so könnte es einem Underachiever, wenn auch mit einer gewissen zeitlichen Verzögerung, durchaus gelingen, zu den Achievern aufzuschließen. Dieser Fall ist allerdings keinesfalls unproblematisch, da bei einer rein inhaltlichen Festlegung von Leistungszielen (Ergebnisorientierung) ohne Berücksichtigung der Zeitkomponente die Gefahr von Deckeneffekten groß ist. Es kann also bei einem zu niedrigen Schwierigkeitsgrad nicht mehr zwischen Achievern, Underachievern sowie Achievern auf niedrigerem Niveau unterschieden werden, da sie bei ausreichendem Zeitaufwand sämtlich in der Lage sind, das Leistungsziel zu erreichen. Eine solche Achievement-Definition ist allerdings auch insofern problematisch, weil sie dazu führen kann, dass hochleistende Schüler/-innen ihr Potenzial gar nicht voll entfalten müssen und es aus diesem Grunde auch nicht tun (Warum sollte man mehr leisten, als nötig, um eine sehr gute Note zu erhalten?).

Wird hingegen in der Bewertung von Achievement die Zeit berücksichtigt, die Schüler/-innen mit gleicher Befähigung benötigen, um ein gesetztes Leistungsziel zu erreichen (Effizienzorientierung), so besteht keine Möglichkeit, einen Zeitverlust (Underachievement) auszugleichen (aufzuholen). Dies gilt jedenfalls dann, wenn andere Gleichbefähigte die gestellte Aufgabe mit maximaler Effizienz (Output pro Zeiteinheit) bewerkstelligen. In diesem Falle könnte der Underachiever das Leistungsziel zwar ebenfalls erreichen, allerdings zeitlich verzögert, was auf eine schlechtere Effizienz der Ressourcennutzung und damit wiederum auf Underachievement hindeuten würde. Unter diesen Umständen kann ein Underachiever also nur dann zu einem Achiever aufschließen, wenn die Effizienz des Achievers nachlässt. Dies würde allerdings streng genommen auch nur bedeuten, dass in diesem Falle aus dem Achiever ein Underachiever, nicht jedoch, dass der ehemalige Underachiever zu einem Achiever wird. Vor diesem Hintergrund ließen sich nun aber die Befunde von McCall et al. (1992) erklären, nach denen Underachiever nicht nur schlechter in die Arbeitswelt starten, sondern auch im System langsamer voranschreiten: „Underachievers not only get off to a poorer start in the job market, but do not progress as fast thereafter" (McCall et al., 1992, S. 140).

***Möglichkeiten der Kompensation***

Es wäre allerdings zu einseitig zu behaupten, dass Underachievement unter keinen Umständen auszugleichen sei. Vielmehr gilt, wie im Folgenden zu sehen sein wird, dass es unter spezifischen Voraussetzungen durchaus möglich ist. Die Möglichkeiten der Kompensation von Underachievement hängen davon ab, ob eine Einzelleistung (d. h. die Leistung in einem Inhaltsbereich zu einem Messzeitpunkt) oder aber kumulierte Leistungen (d. h. die Leistungen in einem Inhaltsbereich zu mehreren Messzeitpunkten, die Leistungen in mehreren Inhaltsbereichen zu einem Messzeitpunkt oder aber die Leistungen in mehreren Inhaltsbereichen zu mehreren Messzeitpunkten) betrachtet werden (vgl. Abb. 7).

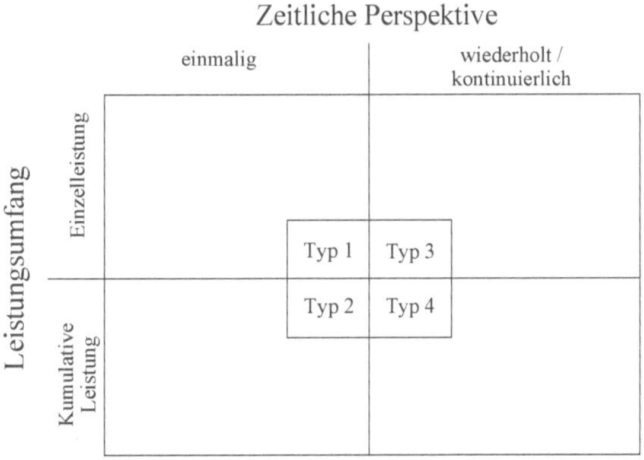


**Abb. 7** Achievement-Typen in Abhängigkeit von den verschiedenen Möglichkeiten der Kumulation

*Typ 1:* Betrachtet man die Einzelleistung zu einem Messzeitpunkt, z. B. die Leistungen in einer Mathematikarbeit, so besteht keine Möglichkeit, eine erwartungswidrige Leistung zu kompensieren, es sei denn, die Zeit zur Bearbeitung der Aufgabe ist, wie im vorangegangenen Abschnitt ausgeführt, so großzügig bemessen, dass man sich ab einem bestimmten Fähigkeitsniveau eine suboptimale Arbeitsweise leisten kann.

*Typ 3:* Betrachtet man die Leistungen in einem Inhaltsbereich kontinuierlich oder aber zumindest über mehrere Messzeitpunkte hinweg, so ist es möglich, dass ein Formtief durch eine spätere gute Leistung ausgeglichen wird, insbesondere dann, wenn man davon ausgehen kann, dass die Leistungsfähigkeit einer Person (z. B. krankheitsbedingt) nicht immer optimal ist und dies auch für alle gleich befähigten Schüler/-innen gilt.

*Typ 2:* Betrachtet man die Leistungen zu einem Messzeitpunkt jedoch in mehreren Leistungsbereichen, so kann ein Achievement nunmehr auch dann vorliegen, wenn die Durchschnittsleistung aus allen Bereichen einem Achievement entspricht. Dies gilt unabhängig davon, aus welchen Einzelleistungen sich dieser Durchschnittswert zusammensetzt. Ein Schüler, der hervorragende Mathematik-, aber schlechte Deutschleistungen erzielt, könnte damit ebenso ein Achiever sein, wie eine Schülerin, die in beiden Bereichen nur mittelmäßige Leistungen erbringt. Finden neben schulischen auch außerschulische Leistungsbereiche Beachtung, so könnte eine schlechte schulische Leistung zudem durch eine sehr gute außerschulische (z. B. sportliche Leistung) kompensiert werden.

*Typ 4:* Geht man letztlich so weit, Achievement als die kumulativen Leistungen aus mehreren Inhaltbereichen und über mehrere Messzeitpunkte hinweg zu betrachten, so ergeben sich entsprechend Kompensationsmöglichkeiten durch Leistungen in einem Inhaltsbereich, die zu einem anderen Zeitpunkt erzielt wurden, sowie durch Leistungen, die aus anderen Inhaltsbereichen stammen.

Dieses Modell trifft allerdings nur dann zu, wenn man tatsächlich davon ausgehen kann, dass auch die Leistungen von Achievern gewissen Schwankungen unterliegen, d. h. auch Achiever manchmal bessere bzw. schlechtere Leistungen erzielen. Geht man hingegen davon aus, dass Achiever sich dadurch auszeichnen, dass sie kontinuierlich auf dem für ihren Fähigkeitslevel spezifischen maximalem Niveau arbeiten, ist eine Kompensation in allen Fällen ausgeschlossen oder allenfalls in Zusammenhang mit dem Bedürfnis nach Regeneration möglich. So ist es, wie das folgende Beispiel zeigen soll, in Ausnahmefällen möglich, dass Underachiever, die kurzzeitig hinter die Gruppe der Achiever zurückfallen, wieder zu diesen aufschließen. Ein solcher, zugegebenermaßen konstruierter Fall liegt etwa vor, wenn ein Achiever schläft und ein anderer wach ist. Während der Regenerationsphase des einen kann der andere Achiever weiterarbeiten und so die Leistungen des Schlafenden übertreffen. Letzterer wird also temporär zu einem Underachiever. Da aber auch der wache Achiever sich irgendwann wieder regenerieren muss, kann aus dem nun ausgeschlafenen Underachiever wieder ein Achiever werden. Im Normalfall ließe sich eine einmal entstandene Lücke allerdings nicht mehr schließen, da der zusätzliche Zeitaufwand, der hierfür nötig wäre, von anderen bereits für eine Weiterentwicklung ihrer Fähigkeiten genutzt werden könnte. Geht man allerdings davon aus, dass ein einmal aufgetretenes Underachievement bedeutet, dass man stets ein Underachiever bleibt, erübrigen sich Diskussionen über die Stabilität des Konstruktes. Denn selbst wenn aufgrund der geringen Reliabilität der Messinstrumente oder aber eines anderen Messfehlers Verschiebungen in der Klassifikation auftreten würden, so bliebe davon doch die theoretische Annahme unberührt, dass ein Underachiever stets ein Underachiever bleibt.

### 4.5.2 Vermeintliche Kompensierbarkeit: Fehlerquellen im schulischen Alltag

Wie kommt es nun aber dazu, dass im schulischen Alltag tatsächlich des öfteren der Eindruck entsteht, dass sich Underachiever nach einem Formtief wieder fangen und ihre vorherigen Minderleistungen ausgleichen können? Zum einen dürfte dies daran liegen, dass sich bei der ausschließlichen Betrachtung eines eng umschriebenen Leistungsbereichs (dem Bereich der schulischen Leistungen) eine Minderleistung durchaus kompensieren lässt. Erhält ein Kind beispielsweise Nachhilfeunterricht, um fehlendes Wissen auszugleichen, und opfert hierfür seine Freizeit bzw. Zeiteinheiten, die ansonsten in außerschulische Fähigkeitsbereiche geflossen wären, so ist es durchaus möglich, den Anschluss an die Gruppe der Achiever wiederzufinden. In diesem Falle wird Achievement jedoch einseitig als das Erreichen schulischer Anforderungen definiert, wobei außerschulisches Achievement (sachwidrig) unberücksichtigt bleibt (s. o.).

Ferner entsteht der Eindruck einer Kompensierbarkeit jedoch auch fälschlicherweise aufgrund der Tatsache, dass Unterrichtsinhalte desselben Faches häufig nicht direkt aufeinander aufbauen. Hat ein Schüler / eine Schülerin etwa mit einem Formtief bzw. mangelndem Interesse in Mathematik zu kämpfen und versäumt es daher, wichtige Unterrichtsinhalte (z. B. im Bereich der Mengenlehre) zu erlernen, so macht sich dies in nachfolgenden Klassenarbeiten nur dann bemerkbar, wenn in diesen Lerninhalte abgefragt werden, für die Kenntnisse der Mengenlehre die Grundlage zum Lösen der Aufgaben bilden. Wurde zwischenzeitlich, wie dies im schulischen Lernkontext nicht selten der Fall sein dürfte, zu einem neuen Inhaltsbereich (z. B. zum Bruchrechnen oder zur Geometrie) gewechselt, besteht zunächst einmal kein Grund zu der Annahme, das Underachievement (in Form des Wissensdefizits im Bereich der Mengenlehre) könne sich auch hier bemerkbar machen. Natürlich soll es Schülerinnen und Schüler geben, die sich für das Fach Mathematik an sich nicht interessieren und somit möglicherweise dauerhaft im Unterricht nur unzureichend aufpassen und mitarbeiten. Bezieht sich bzw. erstreckt sich das mangelnde Interesse oder Formtief jedoch nur auf einen Inhaltsbereich (die Mengenlehre), so könnten im Bruchrechnen durchaus gute Leistungen erzielt werden. Dies bedeutet jedoch nicht, dass er oder sie das Underachievement kompensieren konnte, denn dass das motivationsbedingte Underachievement trotz zwischenzeitlich guter Leistungen nicht ausgeglichen wurde, wird sich spätestens dann bemerkbar machen, wenn Unterrichtsinhalte besprochen werden, für die die Kenntnisse der Mengenlehre relevant sind.

Während man im Bereich der Mathematik noch argumentieren könnte, dass die meisten Inhalte aufeinander aufbauen, ein gravierendes Underachievement sich also spätestens in der Endnote und wahrscheinlich auch in der nächsten Klassenstufe bemerkbar macht, verhält sich dies in den typischen Lernfächern, in denen der Fokus auf dem Erwerb von Faktenwissen liegt, ganz anders. Wer beispielsweise in Geschichte nicht gelernt hat, in welcher Epoche die Dinosaurier die Erde bevölkerten, kann ohne weiteres lernen, wann es zur französischen Revolution kam. Ebenso werden im Biologieunterricht Kenntnisse über die Anatomie der Kuh nicht für das Verständnis vom menschlichen Körper benötigt. Wissensdefizite bzw. Leistungsdefizite machen sich hier also gegebenenfalls in der Endnote (Durchschnittsleistung) einer Klassenstufe bemerkbar, zumeist jedoch nicht darüber hinaus, da die Unterrichtsinhalte vielfach nicht aufeinander aufbauen. Somit gilt der Grundsatz ‚neues Spiel, neues Glück', was dazu führt, dass sich Wissensdefizite zwar über die Zeit kumulieren können, sich jedoch nicht in den jeweiligen Noten, sondern allenfalls im mangelnden Allgemeinwissen der betroffenen Person bemerkbar machen. Bei genauerer Betrachtung gelangt man daher zu der Schlussfolgerung, dass sich stabiles Underachievement aufgrund kumulativer Lerndefizite (d. h. in dem Sinne, dass, wer einmal den Anschluss verloren hat, diesen nicht wieder finden kann, ohne dass zuvor fehlende Grundlagen aufgefüllt werden) leichter an Leistungen erkennen lässt, die das implizite Gedächtnis betreffen, als an Leistungen, die das Faktenwissen einer Person anbelangen.

Ein weiteres Problem ergibt sich daraus, dass im schulischen Kontext die zeitliche Perspektive oft eine untergeordnete Rolle spielt. Der Schwierigkeitsgrad einer Aufgabe sowie die zur Verfügung stehende Zeit zu deren Lösung sind im Allgemeinen so bemessen, dass der Großteil der Schüler/-innen das gesetzte Lernziel erreicht. Bewertet wird lediglich die Richtigkeit der Lösung, nicht jedoch die benötigte Zeit oder die Effizienz des Ressourceneinsatzes. So wird ein Schüler bzw. eine Schülerin keine bessere Note erhalten, nur weil er bzw. sie die gestellten Mathematikaufgaben stets zehn Minuten vor den gleich befähigten Klassenkameradinnen und Klassenkameraden löst. Underachievement im Sinne eines ineffizienten Ressourceneinsatzes (Output pro Zeiteinheit) bleibt somit unentdeckt. Zu diesem Problem kommt es hauptsächlich aufgrund der Tatsache, dass im Unterricht hinsichtlich des Schwierigkeitsgrads der Aufgaben nach oben hin zu wenig differenziert wird. Deckeneffekte bzw. zu geringe Anforderungen verhindern, dass die Zeitkomponente zum Tragen kommt. Wäre eine Mathematikarbeit vom Schwierigkeitsgrad her so aufgebaut, dass auch die Besten und Schnellsten nicht vor der Zeit fertig wären, würde man das Underachievement der gleich befähigten aber langsameren Schüler/-innen erkennen.

Allerdings sind die vorangegangenen Ausführungen vor allem von theoretischem Wert, denn letztlich darf nicht außer Acht gelassen werden, dass bei weitem nicht alle Informationen, die von einer Person aufgenommen und verarbeitet werden, dieser auch dauerhaft zur Verfügung stehen. Werden bestimmte Informationen über einen längeren Zeitraum hinweg nicht genutzt, so kann es passieren, dass diese Informationen in Vergessenheit geraten und mit der Zeit nur noch schwer oder aber gar nicht mehr zugänglich sind. Ebenso wie bestimmte Fertigkeiten verloren gehen, wenn sie nicht kontinuierlich trainiert oder aufgefrischt werden, kann auch Wissen mit der Zeit abhanden kommen. Dieser natürliche Prozess des Vergessens bzw. der Leistungseinbuße bietet eine Möglichkeit zur Kompensation. Wird eine Fertigkeit verlernt oder werden Wissenseinheiten vergessen, so gibt dies anderen Personen die Chance, leistungsmäßig aufzuschließen. Im realen Leben wird es keinem gelingen, stets alle Fähigkeiten und Fertigkeiten auf dem höchsten jeweils erreichten Niveau zu halten. Vielmehr führt jede Vernachlässigung bzw. jedes Nachlassen in den Bemühungen, eine bestimmte Fertigkeit oder Wissenseinheit beizubehalten, zu einem Leistungsabfall. Erworbene Kenntnisse gehen wieder verloren, das Leistungsniveau sinkt und wird somit für andere Personen wieder erreichbar. Denn auch das Aufrechterhalten eines bestimmten Leistungsniveaus erfordert Zeit und die Möglichkeit einer stetigen Beschäftigung mit dem betreffenden Tätigkeitsgebiet. Aufgrund der begrenzten zeitlichen Ressourcen ist dies jedoch im Allgemeinen nicht realisierbar. Hinzu kommt etwa im Falle von Sportlerinnen und Sportlern, dass das maximale Leistungsniveau bereits aufgrund biologischer Prozesse nicht dauerhaft gehalten werden kann. Je nach Sportart liegt der Leistungshöhepunkt zumeist zwischen 15 und 30 Jahren. Die schwächer werdenden Leistungen dürfen jedoch nicht mit Underachievement verwechselt werden. Folgt man der Annahme, dass das Potenzial einer Person durch die biologischen Ressourcen (d. h. die körperliche Leistungsfähigkeit) begrenzt wird, so wäre nach dem 30. Lebensjahr von einem verminderten Potenzial auszugehen und somit auch die damit einhergehenden schwächeren Leistungen als Achievement (auf niedrigerem Niveau) anzusehen. Erst wenn die Leistungseinbuße sich nicht mehr alleine über die sich verändernden körperlichen Bedingungen erklären lässt, sondern einem ausbleibenden Training zugeschrieben werden muss, liegt Underachievement vor.

Nun könnte also argumentiert werden, dass Underachievement im Sinne eines Lernrückstandes immer dann kompensiert bzw. aufgeholt werden kann, wenn damit gerechnet werden muss, dass bestimmte Kenntnisse / Fertigkeiten mit der Zeit wieder vergessen bzw. verlernt werden. Gerade Wissensdefizite scheinen sich also unter Umständen nicht langfristig auszuwirken. Dabei darf jedoch nicht außer Acht gelassen werden, dass Vergessensprozesse zwar natürlich sind, sich allerdings bei Personen, die viel wissen, weniger stark auswirken, als bei Personen mit einem geringen Erfahrungsschatz, da erstere aufgrund des größeren Vorwissens Lerninhalte tiefer verarbeiten, besser verknüpfen und damit besser vor dem Zerfall bzw. dem Vergessen schützen können (im Überblick, Anderson & Funke, 2007; Baddeley, 2001). Insofern bleibt also wiederum ein gewisser Vorteil bestehen. Auch fällt es im Allgemeinen leichter, einmal gelernte Dinge wieder aufzufrischen, als Sachverhalte von Grund auf neu zu lernen. ‚Nicht gelernt' ist also qualitativ nicht gleichbedeutend und gleichwertig mit ‚gelernt und wieder vergessen'.

**Exkurs: Implizites versus explizites Wissen**

Einschlägige Befunde (z. B. aus der Amnesieforschung) legen eine Trennung zwischen deklarativem (wissen, dass …) und prozeduralem Gedächtnis (wissen, wie …) nahe (im Überblick Pinel, 1997). Während im deklarativen Gedächtnis Fakten und Ereignisse gespeichert werden, die entweder zum Weltwissen oder der Biographie einer Person gehören, beinhaltet das prozedurale Gedächtnis u. a. Fertigkeiten und Gewohnheiten, deren Einsatz automatisiert erfolgt, d. h. ohne dass sich der oder die Betroffene der stattfindenden Prozesse im Einzelnen bewusst wäre (z. B. Fahrradfahren). Faktenwissen (z. B. Historische Daten) und Fertigkeiten (z. B. Klavier spielen) werden allerdings nicht nur in verschiedenen Gedächtnissystemen gespeichert. Es erscheint darüber hinaus wahrscheinlich, dass auch die Lernkurven beider Wissensbereiche Unterschiede aufweisen. So ist etwa aus der Experten-Novizen-Forschung bekannt

(u. a. Charness, 1976; De Groot, 1978; im Überblick Anderson, 1996), dass es sehr schwierig ist, sich ein neues Wissensgebiet zu erschließen, wenn kein Vorwissen vorhanden ist. Je mehr Wissen bereits vorhanden ist, desto leichter fällt es hingegen, neue Wissenselemente in das bereits vorhandene Wissensnetzwerk zu integrieren. Während die Lernkurve zu Beginn des Wissenserwerbs also relativ flach verlaufen und nur geringfügig ansteigen dürfte, sollte die Steigung der Lernkurve mit dem Anstieg der Menge bereits gelernter Wisseneinheiten und der Zunahme an Verknüpfungsmöglichkeiten stetig zunehmen. Dabei vollzieht sich vielfach nicht nur ein quantitativer Anstieg in der verfügbaren Wissensmenge, sondern auch ein qualitativer Anstieg, der sich aus den Verknüpfungen der einzelnen Wisseneinheiten ergibt und somit mehr und mehr Zusammenhänge erkennen lässt. Übertragen auf den schulischen Kontext bedeutet dies, dass sich ein Wissensvorsprung bei Schülerinnen und Schülern in einer höheren Lernrate bemerkbar macht. Wer zurückbleibt und es versäumt, bestimmte Wissensinhalte zu erwerben, für den wird es hingegen schwer sein, den Wissensvorsprung der anderen Schüler/-innen aufzuholen (vgl. auch Abschnitt 4.5).[53]

Im Falle von Fertigkeiten (z. B. beim Klavierspielen) ist mit einem umgekehrten Lernverlauf zu rechnen. Während zu Beginn des Kenntniserwerbs ein schneller Anstieg an Fingerfertigkeit zu erwarten ist, muss man, je länger und besser man spielt, mit immer geringeren Leistungszuwächsen pro investierter Zeiteinheit zu rechnen. Die Fertigkeiten näheren sich asymptotisch der maximal möglichen Leistung an (vgl. Abb. 8), welche maßgeblich durch biologische Mechanismen (z. B. anatomische und physiologische Charakteristika des Einzelnen) bestimmt sein dürfte.

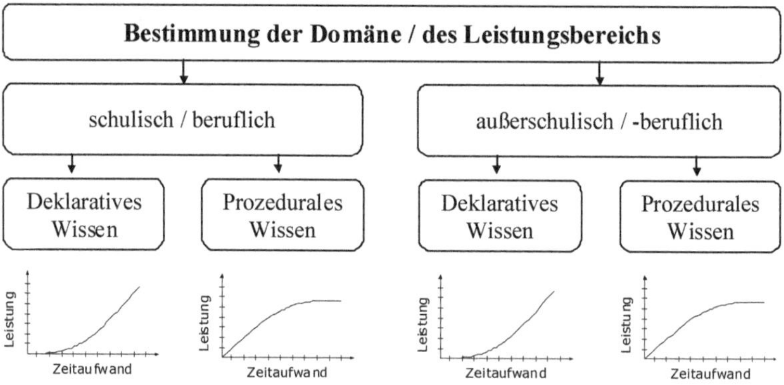


**Abb. 8** Verhältnis von Zeitaufwand und Leistungszuwachs in den einzelnen Leistungsbereichen

[53] Diese Annahme gilt natürlich nur, wenn man davon ausgehen kann, dass das Wissensgebiet genug Wisseneinheiten bietet, um den Lernzuwachs entsprechend verfolgen zu können. Umfasst das zu erschließende Wissensgebiet nur eine begrenzte Anzahl an Wisseneinheiten (so wäre zum Beispiel die Anzahl europäischer Hauptstädte auf 46 begrenzt) und werden diese beherrscht, müsste der Lernprozess hier mit einem weiteren (möglichst) verwandten Wissensgebiet fortgesetzt werden.

Betrachtet man beide Lernkurven unter Effizienzgesichtspunkten, so muss man zu dem Schluss kommen, dass mit Fortschreiten der Zeit der Zugewinn pro eingesetzter Zeiteinheit im Falle von ‚Faktenwissen' größer ist als im Falle von ‚Fertigkeiten'. Während es sich also auch dann noch (bzw. erst recht) lohnt, weiteres Wissen zu erwerben, wenn man bereits auf einen reichen Erfahrungsschatz zurückgreifen kann, ist es hingegen fraglich, ob es sich im Sinne einer optimalen Potenzialausnutzung lohnt, eine Fertigkeit auch dann noch zu trainieren, wenn nur noch mit minimalen Verbesserungen bzw. einem Halten des gegenwärtigen Niveaus gerechnet werden kann. Unter Effizienzgesichtspunkten müsste man zu dem Schluss kommen, dass sich der Aufwand, den es bedarf, um eine Fertigkeit zu perfektionieren, nicht lohnt, insbesondere wenn man bedenkt, dass in der hierzu benötigten Zeit, große Fortschritte beim Erwerb einer weiteren Fertigkeit gemacht werden könnten.

Beispielhaft sei dies am Fall einer Person illustriert, die neben ihrer Muttersprache eine weitere Sprache erlernt und diese mittlerweile fließend, aber nicht perfekt spricht. Es würde ohne Zweifel eines beträchtlichen Zeitaufwands bedürfen, die Zweitsprache perfekt zu beherrschen, wenn dies überhaupt zu schaffen ist. In der hierzu erforderlichen Zeit könnte die betroffene Person jedoch alternativ auch mit dem Erlernen einer zweiten oder gar dritten Fremdsprache beginnen. Hier stellt sich letztlich die Frage, was bedeutsamer ist: die Fähigkeit, sich in mehreren Sprachräumen problemlos verständigen zu können, oder aber zwei Sprachen (die eigene Muttersprache und eine Fremdsprache) perfekt zu beherrschen. Diese Frage lässt sich nicht ohne weiteres beantworten, da die Bedeutsamkeit einer Leistung immer auch von bestimmten Kontextfaktoren abhängig ist. In der Regel würde man wohl argumentieren können, dass drei sehr gut beherrschte Fremdsprachen nützlicher sind, als eine perfekt beherrschte Fremdsprache. Dies gilt aber nicht immer, z. B. nicht in Fällen, in denen es aus beruflichen Gründen wichtig ist, in den Augen eines Geschäftspartners als Muttersprachler aufzutreten (Bsp.: Lehrer/-innen).[54]

Aus den vorangegangenen Ausführungen lässt sich ableiten, dass im Falle von Fertigkeiten die Effizienz sinkt, sobald die eigene Leistungsgrenze nahezu erreicht ist. Im Vergleich zu den Verbesserungen zu Beginn des Fertigkeitserwerbs fällt der Ertrag für jede zusätzlich eingesetzte Zeiteinheit im Laufe der Zeit immer geringer aus. Vor diesem Hintergrund könnte es ab einem gewissen Qualifikationsniveau sinnvoll sein, die Ressourcen in einen (neuen) Tätigkeitsbereich zu investieren, der pro Zeiteinheit eine größere Leistungszunahme erwarten lässt. Im Falle des Faktenwissens gilt dies nur dann, wenn das gesamte relevante Wissen eines Inhaltsbereichs bereits beherrscht wird. Hier lässt sich die Frage stellen, ob es sinnvoll ist, die Effizienz anderer Personen zu steigern (z. B. als Lehrer/-in oder Experte / Expertin), wenn die eigene Effizienz nicht mehr gesteigert werden kann. Wenn man selbst an der Kapazitätsgrenze

---

[54] Der Nutzen bestimmt sich beispielsweise über die Seltenheit bzw. Gebräuchlichkeit der Sprache. Wird eine Sprache erlernt, die nur von wenigen Menschen beherrscht wird, so kann dies den Nutzen bzw. Marktwert dieser Fähigkeit deutlich erhöhen. Dies gilt allerdings nur dann, wenn es sich um eine gefragte Fähigkeit handelt. Wenn man etwa eine äußerst seltene Sprache beherrscht, dieses Wissen jedoch weder gefragt noch von persönlichem Nutzen ist, so wäre es unter Umständen sinnvoller, wenn man Zeiteinheiten in das Erlernen der englischen Sprache steckt, welche einem in vielen Alltagssituationen nützlich sein kann.

arbeitet, ist eine Leistungssteigerung streng genommen nicht mehr erwartbar. Man kann sich dann nur noch in unterschiedlichen Bereichen verbessern, oder aber man nutzt sein Wissen (z. B. als Lehrer/-in), um andere an ihre Leistungsgrenze heranzuführen.

Dies alles zeigt, dass man auch im Rahmen einer Effizienzbeurteilung letztlich stets an normative Grenzen stößt. Ob der Einsatz von individuellen Ressourcen auf die eine oder andere Weise vorzugswürdig erscheint, ist letztlich keine objektiv naturwissenschaftlich beantwortbare Frage, sondern Gegenstand einer Bewertung. Und Bewertungen hängen zwangsläufig mit subjektiven Faktoren, etwa dem sozialen Umfeld im Hinblick auf die betrachtete Person zusammen. Es gibt also hinsichtlich des Einsatzes von Ressourcen kein Richtig oder Falsch, sondern nur ein individuell Sinnvoll oder weniger Sinnvoll. Allerdings ist damit noch nicht entschieden, welche Personen oder Instanzen darüber entscheiden, was eine sinnvolle Leistung ist. Dies wird Gegenstand der Betrachtungen in Kapitel 5.2 sein.

## 4.6 Abschließende Bewertung

Wird unter Achievement das Ausschöpfen vorhandener Begabungsressourcen verstanden, so besteht das Hauptproblem darin, festzulegen, was als Potenzial angesehen werden kann und ab welcher Leistung ein Potenzial als ausgeschöpft gelten sollte. Die Möglichkeiten der Begriffsauslegungen reichen im Falle des individuellen Potenzials von der aufgrund der genetischen Anlagen maximal möglichen Leistung bis hin zu dem, was mittels der gängigen diagnostischen Verfahren an Begabungspotezialen erfasst werden kann. Dabei gilt es zu beachten, dass durchaus große Unterschiede zwischen der gemessenen und der aufgrund der genetischen Anlagen maximal möglichen Leistungsfähigkeit bestehen können. Dies liegt unter anderem daran, dass eine Person ihr ‚wahres Potenzial' üblicherweise nicht passgenau in der Test- bzw. Messsituation abrufen kann. So besteht gerade im Falle der handelsüblichen Intelligenztests das Problem, dass im Rahmen der Testung Aufgaben zum Einsatz kommen, die zum einen eine gewisse Vertrautheit mit der jeweiligen Landessprache erfordern und zum anderen Wissensanteile enthalten, die spezifische (schulische) Kenntnisse und Fertigkeiten voraussetzen. Kommt es z. B. aufgrund mangelhafter schulischer und familiärer Förderbedingungen zu Wissensdefiziten, so reduziert dies die Chancen, in der Testsituation die maximal mögliche Leistung zu erfassen und damit letztlich auch die Wahrscheinlichkeit, ein vorhandenes Underachievement zu entdecken.

Testwerte reflektieren allenfalls das aktuell (d. h. in der Testsituation tatsächlich) verfügbare und nicht notwendigerweise das maximal mögliche Potenzial. Dies muss jedoch kein Nachteil sein, denn nicht in allen Fällen erweist sich das anlagebedingte Potenzial einer Person als geeignete Grundlage zur Schätzung der erwartbaren Leistungen. So kann das aktuell bzw. situativ verfügbare Potenzial (z. B. im Falle von irreversiblen biologischen Defiziten) eine (näherungsweise) korrekte Schätzung für das (dauerhaft nutzbare) Potenzial und damit auch die zu erwartende Leistung einer Person darstellen. Man denke etwa an den Fall des hochbegabten Pianisten, dessen Fingerfertigkeit irreversibel beeinträchtigt wurde. In seinem Falle wäre es geradezu unsinnig, das genetische Potenzial als Prädiktor für die erwartbare Leistung heranzuziehen, da die biologischen Möglichkeiten zur Potenzialentfaltung dauerhaft und unwiederbringlich verloren sind. Es besteht für ihn also gar nicht die Möglichkeit, das anlagebedingte Potenzial abzurufen. Infolgedessen wäre es unangemessen, aufgrund der Diskrepanz zwischen anlagebedingtem Potenzial und erzielter Leistung auf Underachievement zu schließen. Underachievement ist nur dann zu diagnostizieren, wenn potenziell die Möglichkeiten einer Intervention bzw. Potenzialausschöpfung gegeben sind. Dies unterscheidet Underachievement grundlegend von Leistungsbeeinträchtigungen, die auf ein vermindertes Potenzial zurückzuführen sind (z. B. Leistungsdefizite im Falle einer geistigen Behinderung).

Während es in Ausnahmefällen also durchaus sinnvoll sein kann, die Leistungsschätzung im Rahmen der Achievement- bzw. Underachievement-Diagnose auf das messbare (bzw. aktuell verfügbare) Potenzial zu stützen, ergeben sich in all' jenen Fällen Probleme, in denen Personen ihr Potenzial nur in der Testsituation nicht entfalten können, z. B. aufgrund spezifischer Charakteristika der verwendeten Aufgabenarten. Neben den oben beschriebenen Wissensdefiziten können diverse körperliche Beeinträchtigungen zu einer Fehleinschätzung der vorhandenen Begabungsressourcen führen. So könnte etwa einer blinden Person aufgrund ihrer schlechten Leistungen in einem üblichen Paper-Pencil-Test fälschlicherweise eine niedrige sprachliche Begabung attestiert werden. Gleiches gilt für Fälle, in denen Personen aufgrund von temporären biologischen Defiziten (z. B. aufgrund einer Krankheit oder sonstiger körperlicher und psychischer Erschöpfungszustände) ihre maximal mögliche Leistung nicht abrufen können. Auch in diesen Fällen führt die Verwendung der gängigen Testverfahren vielfach zu einer Unterschätzung des Potenzials und erhöht damit die Gefahr, ein vorhandenes Underachievement zu übersehen. Um solchen Fehleinschätzungen vorzubeugen, erscheinen daher Begriffsauslegungen vorzugswürdig, in denen Potenzial im Sinne des biologischen Potenzials aufgefasst wird, wobei neben der (anlagebedingten) Leistungsfähigkeit auch die biologischen Möglichkeiten zu deren Umsetzung berücksichtigt werden. Dies gilt aus theoretischer Sicht auch dann, wenn derzeit noch keine Verfahren und Möglichkeiten existieren, die eine valide Erfassung des biologischen Potenzials gewährleisten können.[55]

Doch nicht nur auf der Seite des Prädiktors besteht die Notwendigkeit einer eindeutigen Definition. Auch auf Seiten des Kriteriums zeigt die Vielzahl der existierenden Definitionen, dass unter dem Begriff Leistung mitunter sehr unterschiedliche Dinge verstanden werden. Im Hinblick auf eine einheitliche Definition von Achievement erscheint es notwendig, zwischen Einzelleistungen und kumulierten Leistungen zu unterscheiden, wobei sich hinter beiden Leistungsformen sowohl Leistungen in schulischen also auch außerschulischen Leistungsbereichen verbergen können. Eine

[55] In der Forschungspraxis ist gegenwärtig ein Verzicht auf die herkömmlichen diagnostischen Verfahren nicht möglich. Dies gilt gerade im Hinblick auf Verfahren zur Erfassung der kognitiven Leistungsfähigkeit. Angesichts der dargestellten Schwierigkeiten ist allerdings mehr denn je darauf zu achten, dass neben den reinen Testleistungen stets auch die individuelle Lerngeschichte sowie die spezifischen körperlichen bzw. biologischen Defizite und Besonderheiten in die Bewertung der Leistungsfähigkeit einbezogen werden. Auf ein solches Vorgehen, das in der psychologischen bzw. pädagogischen Praxis Standard ist bzw. sein sollte, wird in der Forschungspraxis aufgrund ökonomischer Erwägungen vielfach verzichtet, u. a. aufgrund der Annahme, dass es sich in den problematischen Fällen um vernachlässigbare Einzelfälle handelt. Dies ist jedoch nicht der Fall.

Differenzierung zwischen den genannten Leistungsformen erweist sich aus mehreren Gründen als sinnvoll. Zum einen ist es notwendig, Achievement bzw. Underachievement als Phänomene zu betrachten, die sowohl im schulischen als auch außerschulischen Kontext auftreten können. Zum anderen spiegelt sich hierin die Erkenntnis wider, dass Underachievement in spezifischen schulischen Leistungsbereichen nicht losgelöst von anderen schulischen bzw. außerschulischen Leistungsbereichen betrachtet werden kann. Die zeitlichen Ressourcen einer Person sind naturgemäß begrenzt und müssen daher mittels einer Kosten-Nutzen-Abwägung sinnvoll auf schulische und außerschulische Aktivitäten aufgeteilt werden. Zeiteinheiten, die in schulisches Lernen fließen, stehen für die Beschäftigung mit außerschulischen Interessensbereichen nicht mehr zur Verfügung und umgekehrt. Sowohl die Differenzierung zwischen Einzelleistungen und kumulierten Leistungen als auch zwischen schulischen und außerschulischen Leistungen ist darüber hinaus eng verknüpft mit einer weiteren Unterscheidungsebene: der Differenzierung zwischen Leistung im Sinne einer Produktorientierung und Leistung im Sinne einer Effizienzorientierung. Im Falle der Produktorientierung gilt das Augenmerk der Qualität des Leistungsergebnisses. Im Falle der Effizienzorientierung spielt das Leistungsprodukt zwar ebenfalls eine wichtige Rolle. Die Beurteilung der Qualität erfolgt allerdings unter Berücksichtigung der zur Leistungserbringung eingesetzten Ressourcen. Entscheidend für eine positive Beurteilung ist ein möglichst effektiver Ressourcen-Einsatz, d. h. ein maximaler Output für den jeweils geleisteten Input. Wie die einzelnen Leistungsfacetten ineinandergreifen, soll im Folgenden anhand eines Beispiels näher erläutert werden.

Es gehört zum Grundwissen eines jeden Maschinenführers, dass eine Maschine, die bei gleicher Intensität länger läuft als eine vergleichbare Maschine, auch einen höheren Output erzielt. Überträgt man dieses Prinzip auf einen Schüler oder eine Schülerin, so ist davon auszugehen, dass die Leistung umso höher ausfällt, je intensiver und länger sich ein Schüler oder eine Schülerin mit einem bestimmten Leistungsbereich befasst. Dabei ist selbstverständlich zu beachten, dass eine Maschine bei stets gleichbleibender Intensität in vielen Fällen rund um die Uhr laufen kann. Die zeitlichen Ressourcen eines Schülers bzw. einer Schülerin sind hingegen begrenzt (nicht zuletzt durch die Notwendigkeit, sich zu regenerieren). Die maximal mögliche Leistung, die in einer gegebenen Zeitspanne erzielt werden kann, hängt von der Leistungsfähigkeit der Maschine bzw. des Individuums ab. Es gilt somit[56]: Je höher die Leistungsfähigkeit (Begabung), desto höher der maximal mögliche Output. Prinzipiell lässt sich eine Leistungssteigerung auf zwei verschiedenen Wegen erreichen: (1) durch eine Erhöhung der Laufzeit bzw. zusätzliche zeitliche Ressourcen und (2) durch eine Erhöhung der Leistungsfähigkeit bzw. des Potenzials. Letzteres lässt sich im Allgemeinen nur schwer beeinflussen. Im Falle der Maschine ist dies allenfalls durch Zusatzmodule

[56] Je nach Schwierigkeitsgrad der zu bearbeitenden Aufgabe erscheint es zu einem gewissen Grad möglich, mangelnde Begabung durch zusätzliche Zeitressourcen zu kompensieren. Dies gilt allerdings nur dann, wenn die Komplexität der Aufgabe nicht die verfügbare Leistungsfähigkeit übersteigt und die Qualität der erbrachten Leistung sich über die produzierte Menge (z. B. die Anzahl richtig gelöster Aufgaben) definiert. Übersteigt das Komplexitätsniveau einer Aufgabe hingegen die Begabung, so führen unter Umständen auch zusätzliche Zeiteinheiten nicht zu einem zufriedenstellenden Ergebnis.

oder die Verbesserung der Hardware und im Falle des Schülers / der Schülerin höchstens durch die Verwendung von Hilfsmitteln (z. B. eines Taschenrechners) oder die Inanspruchnahme von ,Expertinnen / Experten' (z. B. besseren Mitschülerinnen/ -schülern) möglich. Die Erhöhung der Laufzeit lässt sich leichter manipulieren. Allerdings sind den zeitlichen Ressourcen sowohl im Produktionsprozess als auch im Hinblick auf das schulische Lernen Grenzen gesetzt, und es muss daher in Kauf genommen werden, dass Ressourcen, die in Produkt A fließen, für die Produkte B, C, D, … nicht mehr zur Verfügung stehen.

Neben Zeit und persönlichen Ressourcen spielen noch weitere Faktoren (z. B. die situativen Rahmenbedingungen) eine bedeutsame Rolle für die Umsetzung von Potenzial in Leistung. So hängt etwa der Output einer Maschine maßgeblich von der Kompetenz und Zuverlässigkeit des Maschinenführers und Wartungspersonals sowie von der Quantität und Qualität der verarbeiteten Rohstoffe oder Werkstücke ab. Werden Fehler in der Handhabung gemacht, mangelhafte Materialien verwendet oder gehen die Rohstoffe aus, kommt es zu Störungen bzw. Unterbrechungen im Produktionsprozess und die Maschine kann nicht mehr ihre maximale Leistung erbringen. Ebenso ergeht es einem Schüler bzw. einer Schülerin, der/die im schulischen und familiären Kontext nur eine unzureichende Förderung erfährt. Auch hier kann angesichts der mangelnden Anregungen und Lernmöglichkeiten nicht mit einer maximalen Leistung gerechnet werden. In besonderem Maße betroffen sind von mangelhaften Lernbedingungen Kinder aus bildungsfernen Schichten. Aber auch sehr leistungsstarke Schüler/-innen erhalten oftmals keine angemessene Förderung, da sich der Einheitsunterricht vieler Lehrkräfte an den durchschnittlich begabten bzw. schwächeren Schüler/ -innen orientiert. Oftmals werden in Schüler/-innen aber auch schlicht und ergreifend zu geringe Erwartungen gesetzt, was letztlich ebenfalls dazu führen kann, dass vorhandene Begabungsressourcen nicht abgerufen werden. Dies entspricht einer Maschine, die stets nur mit halber Leistung läuft, weil man befürchtet, bei voller Leistung eventuell den Motor zu überhitzen und zu beschädigen. Wird jedoch nie der Versuch unternommen, eine Person oder Maschine an ihre Leistungsgrenze zu führen, so lässt sich diese weder genau bestimmen noch feststellen, ob eine höhere Leistung aufgrund der zu geringen Erwartungen von vornherein verhindert wird.

Ob eine Leistung als Achievement zu werten ist oder nicht, hängt letztlich aber auch von dem jeweils zugrunde gelegten Bewertungsmaßstab ab. In der bisherigen Forschung galt üblicherweise ein Vergleich von Potenzial und erzielter Leistung (im Sinne des Leistungsproduktes) als Grundlage für die Bestimmung von Achievement und Underachievement. Nicht in allen Fällen ist es jedoch ausreichend, den Blick nur auf das Leistungsprodukt zu richten. Im Allgemeinen ist vielmehr zu prüfen, ob das gewünschte Ergebnis auch in einer erwartbaren Zeitspanne erzielt werden kann bzw. falls nicht, auf welche Ursachen die Verzögerung zurückzuführen ist. Benötigt eine Maschine zur Herstellung eines Produkts doppelt so lange wie eine andere Maschine des gleichen Typs, so stellt sich natürlich die Frage, warum die Effizienz der einen Maschine höher ausfällt als die der anderen. Als mögliche Ursache kommt u. a in Betracht, dass auf einer der beiden Maschinen (I) zwei verschiedene Produkte (A und B) parallel gefertigt werden, während von Maschine II lediglich Produkt A hergestellt wird. Da die Hälfte der Ressourcen von Maschine I in Produkt B fließt, ist es nicht verwunderlich, dass Maschine I für die Erstellung einer bestimmten Menge von Produkt A doppelt soviel Zeit benötigt, wie Maschine II, deren Ressourcen vollständig in die Herstellung von Produkt A fließen. Vergleichbares gilt im übertragenen Sinne für eine Schülerin, die neben dem schulischen Lernen noch sehr viel Zeit mit diversen außerschulischen Aktivitäten verbringt. Ob eine solche Ressourcenaufteilung als Underachievement zu betrachten ist, hängt zum einen davon ab, ob die Herstellung von Produkt B bzw. die außerschulischen Aktivitäten der Schülerin als sinnvoll erachtet werden, und zum anderen davon, ob lediglich das Erzielen eines bestimmten Leistungsergebnisses oder aber die möglichst effiziente Nutzung der verfügbaren Ressourcen als wichtig erachtet wird.

Besteht die Aufgabe darin, eine bestimmte Menge des Produktes A in möglichst kurzer Zeit zu fertigen, so lässt sich selbstverständlich bemängeln, dass Maschine I in der selben Zeit eine geringere Anzahl des Produktes A erstellt als Maschine II. Gilt das Augenmerk hingegen rein der produzierten Stückzahl, so spielt dieser Zeitverlust zunächst einmal keine Rolle. Solange beide Maschinen das gewünschte Ziel erreichen (wenn auch zu unterschiedlichen Zeitpunkten), erzielen sie im Falle einer reinen Ergebnisorientierung auch beide eine erwartungsgemäße Leistung. Besteht das Ziel allerdings darin, die gewünschte Menge in einem Minimum an Zeit zu produzieren, spielt also die Effizienz eine Rolle, so könnte der verminderte Output (pro Zeiteinheit) der Maschine A als Minderleisten gewertet werden. Eine solche Interpretation ist jedoch allenfalls dann zulässig, wenn man die gleichzeitige Herstellung des Produktes B als nutzlos erachtet. Lässt man diese Wertungsebene außer Acht und richtet das Augenmerk rein auf das Verhältnis von Output zu Input, so fällt auf, dass Maschine I im Vergleich zu Maschine II zwar nur die Hälfte des gewünschten Outputs an Produkt A erzielt. Allerdings fließt streng genommen auch nur die Hälfte der Ressourcen in die Herstellung dieses Produkts. Rein rechnerisch erzielen beide Maschinen eine vergleichbare Effizienz, denn die Hälfte der Ressourcen verhält sich zur Hälfte des maximalen Outputs (Maschine I) ebenso wie der vollständige Ressourceneinsatz zum maximalen Output (Maschine II). Geht man weiterhin davon aus, dass die Produkte A und B gleichermaßen nützlich sind, so lässt sich der Output der Maschine I für die Produkte A und B zusammenfassen und als kumulierter Gesamtwert dem Output der Maschine II gegenüberstellen. Auch dieses Vorgehen führt letztlich zu dem Schluss, dass beide Maschinen eine vergleichbare Leistung erzielen und in beiden Fällen eine erwartbare Leistung zu verzeichnen ist.

Anders verhält es sich jedoch, wenn die niedrigere Effizienz der einen Maschine auf eine mangelhafte Auslastung oder diverse Störungen im Produktionsprozess zurückzuführen ist. Zählt lediglich das Ergebnis (also die Tatsache, dass eine bestimmte Menge von Produkt A hergestellt wird), so ist es wiederum unbedeutend, ob die eine Maschine zur Herstellung der gewünschten Stückzahl mehr Zeit benötigt als die andere. Sofern es letztlich beide schaffen, die geforderte Menge zu erstellen, ist ihre Leistung gleich zu bewerten. Ein solcher Fall liegt im übertragenen Sinne vor, wenn zwei gleichbefähigte Schüler/-innen zur richtigen Lösung einer Aufgabe kommen, wobei der/die eine dazu wesentlich länger benötigt als der/die andere. Im Sinne einer Effizienzorientierung wäre im vorliegenden Falle allerdings ein anderes Fazit zu ziehen. Benötigt eine der Maschinen für die gleiche Leistung deutlich länger als die andere, verbraucht diese also mehr (zeitliche) Ressourcen, so macht sich dies in einer geringeren Effizienz und vermutlich höheren Kosten bemerkbar. Es kommt also zu einem unerwünschten Minderleisten. Gleiches gilt für Schüler/-innen, die aufgrund von schlechtem Unterricht ihr Potenzial nicht voll entfalten können. Auch hier macht sich das Minderleisten nur in der (im Vergleich zu optimal unterrichteten Klassen) mangelnden Effizienz bemerkbar und nicht zwangsläufig im Nichterlernen einer bestimmten Fertigkeit. Gelernt wird auch bei vielen Wiederholungen – aber langsamer!

Letztlich zeigt dieses Beispiel, dass es für eine sinnvolle Bewertung von Achievement nicht ausreichen kann, lediglich das Leistungsergebnis zu betrachten. Leistungseinschätzungen sind nur dann von Nutzen und über mehrere Personen hinweg vergleichbar, wenn die Leistungserbringung unter vergleichbaren Rahmenbedingungen erfolgt. Um dies zu gewährleisten, gilt es nicht nur das Leistungsprodukt, sondern darüber hinaus auch das Verhältnis von Input zu Output zu beachten. Es ist also zu berücksichtigen, welche Ressourcen aufgewendet und welche Unterstützungssysteme aktiviert wurden, um ein bestimmtes Ergebnis zu erzielen, und welche Hilfsmittel dabei eventuell zum Einsatz kamen. Darüber hinaus sind im Hinblick auf eine Feststellung von Achievement von vornherein diejenigen Fälle, in denen die verfügbaren Ressourcen zwar effizient genutzt werden, jedoch in unterschiedliche Bereiche (z. B. schulische und außerschulische Aktivitäten) fließen, von solchen Fällen zu unterscheiden, in denen es aufgrund diverser Störmechanismen (z. B. eines ineffizienten Unterrichts) zu einer suboptimalen Ressourcenausschöpfung kommt. So mag zwar in beiden Fällen ein schulisches Minderleisten vorliegen; nur im Falle der ineffizient genutzten Ressourcen macht sich dies jedoch in einer Reduktion der kumulierten Leistungen bemerkbar. Erachtet man schulische und außerschulische Aktivitäten als gleichermaßen wichtig, so können ‚Leistungsdefizite' im schulischen Bereich durch Leistungen in außerschulischen Bereichen ergänzt werden, womit sich in der Summe die gleiche kumulierte Leistung ergibt, wie bei Schülerinnen und Schülern, die sämtliche Ressourcen in das schulische Lernen investieren.

## 5 Man kann nicht Nicht-Underachiever sein

Entgegen der herrschenden Meinung wird im Rahmen der vorliegenden Arbeit die Auffassung vertreten, dass Achievement und Underachievement sich nicht gegenseitig ausschließen, sondern untrennbar miteinander verbunden sind. Achievement als erstrebenswertes Ziel geht stets mit Underachievement einher. Es ließe sich sogar behaupten, dass Achievement ohne Underachievement nicht denkbar ist und daher die Underachievementquote stets 100 Prozent betragen muss. Auf welche Argumente sich eine solche Behauptung stützen lässt, gilt es im Folgenden näher darzustellen. In diesem Zusammenhang wird zum einen dargestellt werden, warum selbst ein Genie wie Einstein als Underachiever betrachtet werden muss. Zum anderen geht es um die Klärung der Frage, warum Underachievement im Sinne des Nichtausschöpfens eines vorhandenen Potenzials zu höchst wünschenswerten Ergebnissen führen kann.

### 5.1 Underachievement als Begleiterscheinung von Höchstleistung

Eine Potenzialausschöpfung kann auf unterschiedlichen Wegen erreicht werden. Dabei ist theoretisch zwischen zwei Extremformen zu unterscheiden (vgl. Abb. 9): (1) einer maximalen Spezialisierung sowie (2) einer maximalen Diversifikation. Im ersten Falle werden die zur Verfügung stehenden Ressourcen und Anstrengungen auf einen Bereich konzentriert. Alle anderen Leistungsbereiche werden zugunsten dieser Spezialisierung vernachlässigt. Im zweiten Falle wird eine möglichst breit gefächerte Aufteilung des (intellektuellen) Potenzials angestrebt. Die zur Verfügung stehenden Ressourcen werden also auf möglichst viele verschiedene Fähigkeitsbereiche aufgeteilt. Im Alltag dürfte sich in dieser extremen Form weder das eine noch das andere Modell realisieren lassen. Vielmehr ist mit Mischformen zu rechnen. Die Vor- und Nachteile beider Modelle lassen sich jedoch anhand der Extremformen deutlicher herausarbeiten. Ihnen wird daher im Rahmen der nachfolgenden Darstellungen der Vorzug gegeben.

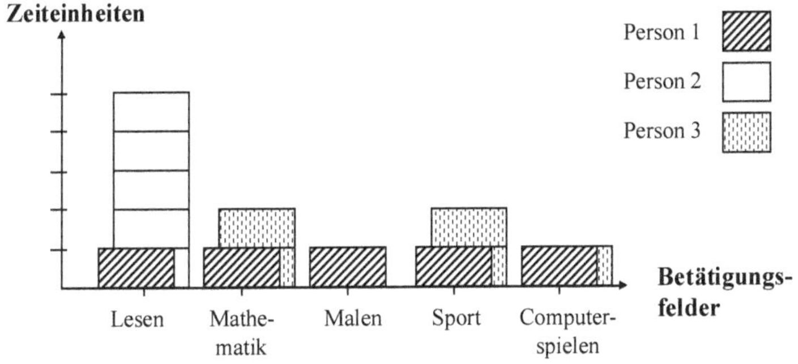


**Abb. 9** Spezialisierung versus Aufteilung der persönlichen Ressourcen

### 5.1.1 Ressourcenkonzentration (Spezialisierung)

Geht man davon aus, dass eine maximale Leistung nur unter Einsatz von maximalen persönlichen (Anstrengung) und zeitlichen Ressourcen möglich ist, so kann eine Höchstleistung stets nur bereichsspezifisch sein, da einer einzelnen Person bei maximalem Ressourceneinsatz in einem Bereich keine Ressourcen mehr für eine Spezialisierung auf einem anderen Gebiet zur Verfügung stehen (vgl. Abb. 9). Auch wenn die Begabung in einem anderen Tätigkeitsbereich vergleichbar wäre, könnte sie nicht mehr voll entfaltet werden – es käme also zu einer partiellen Höchstleistung bei Inkaufnahme von Underachievement in fast allen anderen Fähigkeitsbereichen. Was auf den ersten Blick für Pädagogen und Pädagoginnen erschreckend erscheinen mag – hieße dies doch, dass das Potenzial von Schülerinnen und Schülern in vielen Bereichen zugunsten des Spezialgebiets ungenutzt bleiben oder gar verkümmern würde – kann auf den zweiten Blick durchaus von persönlichem und/oder gesellschaftlichem Nutzen sein. Dies gilt für diejenigen Fälle, in denen die Spezialisierung zu einem Ergebnis führt, das für den Einzelnen oder die Gesellschaft bedeutsam ist bzw. sein wird. Man denke etwa an einen Schüler, der eine hohe mathematische Begabung besitzt, außerhalb des Unterrichts jedoch nahezu jede freie Minute beim Fußballtraining verbringt. Er erzielt sportliche Höchstleistungen, seine schulischen Leistungen sind jedoch nur unterdurchschnittlich, da ihm schlicht keine Zeit mehr bleibt, sich neben dem Fußballtraining noch intensiv mit dem Unterrichtsstoff bzw. seinen Hausaufgaben zu beschäftigen. Angesichts der hohen mathematischen Begabung bei gleichzeitig unterdurchschnittlichen Mathematikleistungen, würde dieser Junge (im Forschungskontext[57]) bei Anwendung eines Diskrepanzmodells als Underachiever klassifiziert werden. Tatsächlich würde dieser Junge jedoch an der persönlichen Leistungsgrenze arbeiten, wäre also ein Underachiever aufgrund begrenzter Ressourcen und damit nicht behandlungsbedürftig. Auch wäre diese Form von Underachievement möglicherweise sogar (gesamt-)gesellschaftlich wünschenswert. Hier ist eine Kosten-Nutzen-Abwägung vorzunehmen, in deren Rahmen es zu Fragen wie der folgenden kommen könnte: „Besitzt die Aussicht auf eine Karriere als Profifußballer einen höheren Wert als eine gute Mathematiknote?“ Oder im künstlerischen Bereich: „Wiegen zehn vollendete Picasso-Gemälde die Tatsache auf, dass Picasso in der für das Malen benötigten Zeit seine Fähigkeiten nicht durch das Studium einer Fremdsprache erweitern konnte?“

Das Ergebnis dieser Abwägungen (Sport statt Schule; Bildende Kunst statt Fremdsprachenkenntnisse) wäre dabei erheblich durch gesellschaftliche Normen und kulturelle Werte geprägt. Käme man zu dem Ergebnis, dass die Gemälde von größerem Wert sind als profunde Fremdsprachkenntnisse (wenn auch vielleicht nicht für Picasso selbst, dann doch aber für die Gesellschaft), so müsste man folgern, dass eine Spezialisierung bei gleichzeitigem Underachievement äußerst wünschenswert ist und

[57] Hier bietet es sich an, zwischen dem schulischen Alltag und dem Forschungskontext zu unterscheiden. Liegt eine vollständige Kapazitätsauslastung zugunsten eines schulfremden Bereiches vor, dürfte dies den Eltern und zumeist auch den unterrichtenden Lehrpersonen bekannt sein. Im Alltag käme hier also wahrscheinlich niemand auf die Idee, den entsprechenden Schüler oder die entsprechende Schülerin als einen Underachiever zu klassifizieren. Im Forschungskontext, in dem zumeist nur unzureichende Informationen über das Umfeld, Freizeitbeschäftigungen etc. vorliegen, kann es jedoch leicht zu einer vorschnellen oder fehlerhaften Klassifikation kommen.

zudem möglichst frühzeitig einsetzen sollte, da der Output umso größer sein dürfte, je mehr Zeit in das Spezialgebiet fließt. So kommt etwa Simonton (1997) in einer Studie von herausragenden Persönlichkeiten zu dem Schluss, dass es in vielen Leistungsbereichen ausreichen kann, wenn grundlegende Kenntnisse vorhanden sind, die den Erwerb wichtiger Kenntnisse und Fähigkeiten ermöglichen, so etwa die Fähigkeit zu schreiben. Darüber hinaus kann die detaillierte Beschäftigung mit bestimmten akademischen Bereichen die Erreichung der eigentlich wichtigen Ziele verzögern. Die Implikationen sind eindeutig: Wenn die formale Schulausbildung nicht direkt auf die Entfaltung der vorhandenen Begabungen bzw. die Beherrschung und den Erwerb spezifischer Fertigkeiten und Kenntnisse ausgerichtet ist, so hat sie zwangsläufig eine Verzögerung von deren Entwicklung zur Folge (Simonton, 1997).

### 5.1.2 Ressourcenaufteilung (Diversifikation)

Eine weitere Möglichkeit, das Begabungspotenzial einer Person auszuschöpfen, könnte darin bestehen, eine – anhand der jeweils vorhandenen persönlichen und zeitlichen Ressourcen – möglichst breit gefächerte Ausschöpfung der Fähigkeiten anzustreben (vgl. Abb. 9). Das Ziel würde also darin bestehen, in möglichst vielen Bereichen ein gutes Ergebnis zu erzielen (vgl. generelle Ausbildung, Allgemeinbildung oder im oberen Leistungsbereich die Heranbildung von ‚Universalgenies'). Doch auch bei einem solchen Vorgehen könnte ein Underachievement letztlich nicht vermieden werden, da auch hier aufgrund der aufgeteilten Ressourcen auf den Einzelgebieten keine Höchstleistungen im Sinne einer absoluten Höchstleistung erbracht werden können. Das dem so ist, zeigt sich unter anderem im Bereich der Hochbegabungsforschung. Hier konnte festgestellt werden, dass Jungen deutlich häufiger als hochbegabt identifiziert werden als Mädchen, was unter anderem darauf zurückgeführt wird, dass Jungen sich eher spezialisieren und durch ihre Höchstleistungen im jeweiligen Interessensgebiet schneller auffallen als Mädchen, die eher dazu neigen ihre Ressourcen aufzuteilen und so in vielen verschiedenen Gebieten gute, aber in keinem Gebiet herausragende Leistungen erbringen (u. a. Jost, 1999; Kerr, 1994). Insgesamt zeigt dies, dass auch im Falle einer (maximalen) Diversifikation Underachievement nicht ausgeschlossen werden kann.

### Exkurs: Persönliche vs. definierte Leistungsgrenze – ein Gedankenspiel

Ob Achievement als das Erreichen der persönlichen Leistungsgrenze oder einer definierten Leistungshürde angesehen wird, hat Auswirkungen auf die Leistungsbeurteilung und Feststellung von Underachievement. Man nehme an, vier Personen besäßen das gleiche Fähigkeitsprofil und verfügten über die gleichen zeitlichen Ressourcen, verteilten diese jedoch ganz unterschiedlich auf die einzelnen Fähigkeitsbereiche. Wie die nachfolgende Abbildung 10 zeigt, kann ein und dieselbe Person je nach Sichtweise einmal als Achiever und das andere Mal als Underachiever klassifiziert werden. Vertritt man die Auffassung, dass Achievement stets dann vorliegt, wenn eine Person die ihr zur Verfügung stehenden Ressourcen vollständig ausschöpft (unabhängig davon, in welche Bereiche die Ressourcen fließen), so wären alle vier Personen als Achiever anzusehen, sofern sie ihre Ressourcen effizient nutzen. Eine Diversifikation wäre in diesem Falle also ebenso als Achievement zu werten wie eine Spezialisierung.

Etwas anderes gilt jedoch, wenn für die einzelnen Fähigkeitsbereiche ein bestimmtes Leistungsniveau definiert wird, das es zu erreichen bzw. zu übertreffen gilt (gestrichelte Linie). Zu unterscheiden ist hier zwischen einer definierten Leistungshürde (z. B. in Form eines bestimmten Curriculums oder definierter Prüfungsanforderungen) und der mit Hilfe der verfügbaren Ressourcen maximal möglichen Leistung (im Sinne der individuellen Leistungsgrenze). Man gehe zunächst einmal davon aus, die gestrichelten Linien in Abbildung 10 repräsentierten das jeweils geforderte Leistungsziel, das unter Einsatz einer bestimmten Menge an zeitlichen Ressourcen von allen Personen erreicht werden kann. Zählt ausschließlich der effiziente Einsatz der verfügbaren Ressourcen, so wären alle Personen als Achiever anzusehen (s. o.). Liegt das Augenmerk hingegen auf der Erreichung des jeweils definierten Leistungsziels, so wären die Personen 3 und 4 als Achiever zu betrachten (weil sie zumindest in einem der Bereiche die geforderte Leistung erzielen), wohingegen die breite Streuung der Ressourcen von Person 1 und das Nichterreichen der Leistungsgrenze von Person 2 als Underachievement zu werten wäre. Interessanterweise wäre also im vorliegenden Beispiel Person 4, die sich auf den Bereich der Mathematik konzentriert, als Achiever anzusehen, obwohl sie zur Erreichung dieses Ziels nicht alle Ressourcen aufwenden muss, während Person 2 trotz ihrer Ressourcenausschöpfung als Underachiever zu betrachten wäre, da sie Ressourcen in einen Bereich investiert, in dem ein Achievement mit den zur Verfügung stehenden Ressourcen (hier fünf statt der benötigten sechs Zeiteinheiten) von vornherein ausgeschlossen ist. Es ergibt sich also ein Paradoxon, wonach Achievement am ehesten dann erreicht wird, wenn eine Person ihre Ressourcen in jenen Bereichen konzentriert, in denen die geringsten Anforderungen gestellt werden. Würde also Person 1 zwei Zeiteinheiten in Geschichte statt in das Lesen investieren, so könnte sie nunmehr dort ebenfalls den Achievern zugerechnet werden. Gleichermaßen könnten natürlich alle Personen zu Achievern werden, wenn die jeweiligen Anforderungen in den einzelnen Bereichen auf ein Minimum reduziert würden. Eine solche Vorgehensweise wäre jedoch sowohl für die Gesellschaft als auch das Individuum selbst von zweifelhaftem Nutzen, da ein solches Achievement lediglich vordergründig einen erstrebenswerten Zustand abbilden könnte, objektiv jedoch verschleiern würde, dass das Leistungsniveau insgesamt niedrig ist. Zudem gilt es in allen genannten Fällen zu beachten, dass unabhängig davon, welcher Verteilungsstrategie letztlich der Vorzug gegeben wird, das Leistungsziel nie in allen Bereichen verwirklicht werden kann. Maximal kann Achievement in einzelnen Bereichen erzielt werden, wodurch man jedoch automatisch zum Underachievern in den jeweils nicht gewählten Bereichen wird.

Was geschieht nun aber, wenn statt einer (mehr oder weniger willkürlich) festgelegten Leistungshürde, das Erreichen der individuellen bzw. persönlichen Leistungsgrenze als Maß für Achievement angesetzt wird? In diesem Falle ist zu differenzieren zwischen Leistungsbereichen, in denen die maximal mögliche Leistung von vornherein begrenzt ist und Leistungsbereichen, in denen dem Wissenserwerb keine natürliche Grenze gesetzt ist. Es ist also zwischen Fällen zu unterscheiden, in denen die maximal mögliche Leistung von den verfügbaren Ressourcen einer Person abhängt, und Fällen, in denen die Anzahl erlernbarer (Wissens-)Einheiten (z. B. die Anzahl der europäischen Hauptstädte) die bereichsspezifische Höchstleistung definiert.

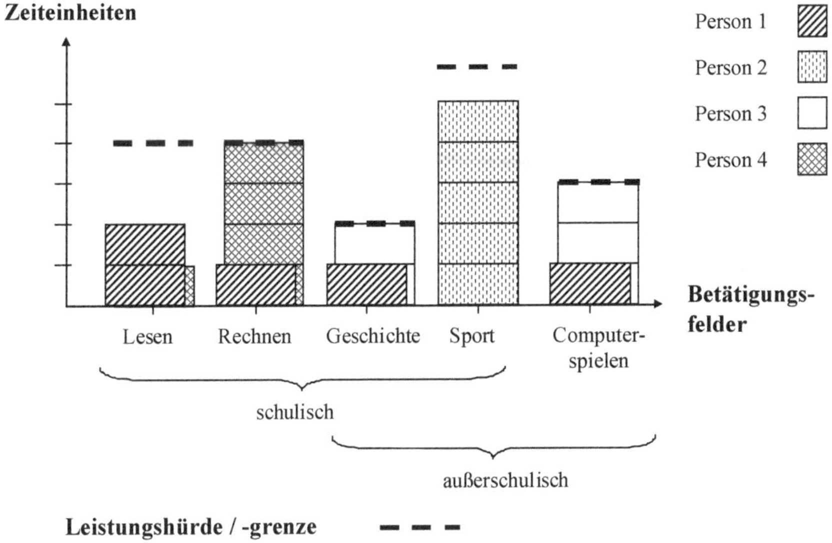


**Abb. 10** Spezialisierung versus Aufteilung der persönlichen Ressourcen

Im Falle der europäischen Hauptstädte (und vielen anderen schulischen Wissenseinheiten) gilt das Gleiche wie im Falle der oben beschriebenen definierten Leistungsgrenzen: Es kommt in jenen Bereichen, die sich durch ein Minimum an ‚leicht' erlernbaren Wissenseinheiten auszeichnen, am schnellsten zu einem Achievement. Im Falle von Leistungsbereichen ohne ‚natürliche' Grenzen, immer dann also, wenn der individuelle Ressourceneinsatz den Unterschied macht, ist nur im Falle einer Ressourcenkonzentration (Spezialisierung) mit einer absoluten (bereichsspezifischen) Höchstleistung zu rechnen.[58] Achievement selbst kann dabei in allen Leistungsbereichen erzielt werden. Dies gilt unabhängig von der bereichsspezifischen Begabung. Allerdings führt die Investition von Zeit und Anstrengung in Gebieten, für die nur eine geringe Begabung besteht, letztlich zu einem niedrigeren Output als in jenem Bereich, in dem das Individuum über die höchste Begabung verfügt. Problematisch hieran sind zwei Dinge: Erstens ist der gesellschaftliche Nutzen nicht notwendigerweise dann maximal, wenn die individuelle Leistung ein Maximum erreicht. Es muss also aus gesellschaftlicher Sicht nicht von Vorteil sein, wenn alle Ressourcen in jenen Bereich investiert werden, in dem ein Individuum objektiv das größte Potenzial besitzt. So ist auch J. W.

[58] Eine Diversifikation kann hingegen lediglich zu einer relativen (bereichsspezifischen) Höchstleistung führen – das heißt einer Höchstleistung relativ zu den jeweils eingesetzten Ressourcen.

Gardner (1976) der Ansicht, dass eine Potenzialausschöpfung nur in jenen Bereichen anzustreben ist, die einen Nutzen für die Allgemeinheit haben[59]:

> Nothing contributes more damagingly to the unemployment of educated talent than rigid specialization and rigid attitudes supporting this specialization. The future is necessarily hazardous for the individual who trains himself to do a specific job, receives an advanced degree for that line of work and believes that society owes him a living doing it. (Gardner, 1976, S. 290)

Zweitens basieren die dargestellten Befunde auf der Annahme, dass Leistungseinheiten sich aufsummieren lassen und an der Höhe der kumulierten Leistungen der maximale Output abgelesen werden kann. Diese Vereinfachung erweist sich im vorliegenden Kontext als notwendig, um die Komplexität des Problemfeldes ‚Achievement' mit seinen zahlreichen Facetten zu reduzieren. Dabei darf jedoch nicht übersehen werden, dass sich die tatsächliche Leistung einer Person und deren Wert in der Realität nicht nur aus der Summe der aufaddierten Wissenseinheiten, sondern auch aus den jeweiligen Verknüpfungs- und Transfermöglichkeiten, d. h. den Wechselwirkungen zwischen den erlernten Kenntnissen und Fertigkeiten ergibt. So wird etwa im folgenden Abschnitt zu zeigen sein, dass das Ganze oft mehr ist als die Summe seiner Teile. Zudem wurde bereits in Abschnitt 4.5 darauf hingewiesen, dass der Anstieg an Leistung pro investierter Zeiteinheit nicht linear verläuft, sondern je nach Betätigungsfeld mit zunehmender Expertise sowohl steigen als auch abnehmen kann. Auch dies ist bei einer Bewertung von Höchstleistungen zu berücksichtigen.

### 5.1.3 Das Ganze ist mehr als die Summe seiner Teile

Die Frage, ob einer Spezialisierung oder einer möglichst breiten Fächerung an Kenntnissen und Fertigkeiten der Vorzug zu geben ist, lässt sich nicht pauschal beantworten. So hält etwa Wolfle (1976) den Nutzen für die Gesellschaft im Falle einer möglichst starken Spezialisierung für am größten. Er begründet dies u. a. damit, dass auf dem Arbeitsmarkt Spezialisten dringend gebraucht werden. Entsprechend steigt auch der Wert von speziellen Kenntnissen und Fertigkeiten mit jeder erreichten Qualifikationsstufe überproportional an. Das heißt vereinfacht: Verdoppelt man die Fähigkeit bzw. Fertigkeit einer Person, so steigt der Wert des resultierenden Qualifikationsniveaus (überwiegend ausgedrückt durch das Gehalt) um mehr als das Doppelte. Dies gilt nach Wolfle (1976) zumindest bis zu einem gewissen Grad. Im Falle von Personen mit extrem seltenen und herausragenden Fähigkeiten erfolgt die Demonstration von Wertschätzung oftmals nicht mehr über das Gehalt, sondern in Form von Ehrungen, der Verleihung von Medaillen etc. Vom Standpunkt des sozialen und wirtschaftlichen Wertes aus stellt ein Maximum an Spezialisierung (in dem Sinne, dass jedes Individuum seine gesamten Ressourcen in jenem Bereich konzentriert, in dem es die größte Begabung besitzt) das Ideal dar. Doch wie viele andere Ideale ist auch dieses Ideal

---

[59] **Übersetzung der Autorin:** „Nichts trägt nachhaltiger zur Arbeitslosigkeit von gut ausgebildeten und begabten Personen bei als eine strikte Spezialisierung und rigide Vorstellungen bezüglich des Nutzens der jeweiligen Spezialisierung. Die Zukunft birgt zwangsläufig Gefahren für jene Personen, die sich für eine hochspezialisierte Ausbildung entscheiden, einen höheren Abschluss erzielen und daraufhin glauben, die Gesellschaft hätte nun die Pflicht, ihnen die Ausübung der angestrebten Tätigkeit zu ermöglichen".

nicht zu erreichen. In der realen Welt muss sich auch der brillanteste Mathematiker oder Poet ab und zu mit etwas anderem als der Mathematik bzw. Dichtkunst beschäftigen. Die Tatsache, dass eine Spezialisierung in diesem extremen Sinne unrealistisch ist, ändert allerdings zunächst einmal nichts an der Logik des zugrunde liegenden Prinzips.

Nicht alle Autoren sind jedoch von dem Nutzen einer Spezialisierung überzeugt. So zeigen nicht zuletzt die Ergebnisse zur Effizienzsteigerung in Unternehmen, dass eine strikte Arbeitsteilung bzw. Spezialisierung nicht zwangsläufig zu einer Maximierung des Outputs führt (vgl. u. a. Morse, 2007). Gerade in der Wirtschaft hat sich das tayloristische Prinzip der Leistungssteigerung bzw. Effizienzerhöhung durch Spezialisierung langfristig nicht bewährt. Neben motivationalen Defiziten, die bei einer eintönigen Arbeit letztlich zu einer Leistungsreduktion anstelle einer Leistungssteigerung führen, muss beachtet werden, dass es zu Fehlern im Prozess kommen kann, wenn im Zuge einer rigorosen Spezialisierung von den bereichsspezifischen Expertinnen / Experten das Gesamtbild aus den Augen verloren wird. Denn wie bereits Aristoteles feststellte, ist das Ganze oft mehr als die Summe seiner Teile. Und dies gilt nicht nur für den Produktionsprozess, in dem letztlich die Taktung und damit auch Umfang und Qualität des Outputs durch das schwächste Glied in der Kette diktiert werden. Auch wenn eine Leistung nur von einer Person zu erbringen ist, kann es äußerst nützlich sein, wenn durch eine Spezialisierung nicht die Urteilsfähigkeit und Handlungsqualität beeinträchtigt wird. Man kann sich dies z. B. am Fall eines Facharztes verdeutlichen, der auf seinem Spezialgebiet (z. B. der Gefäßchirurgie) eine Koryphäe ist, jedoch den Blick auf den gesamten Patienten verloren hat. Hier kann es zu einem Leistungsdefizit im Sinne einer fehlerhaften Behandlung kommen, wenn operiert wird, ohne dass zuvor geprüft wurde, ob durch die Operation eventuell eine andere und möglicherweise wesentlich gravierendere Krankheit noch verschlimmert wird und dieses Problem zuerst behoben werden müsste, bevor die Expertise des Gefäßchirurgen sich positiv auswirken kann. In vielen Fällen ist (ein gewisses Maß an) Diversifikation also durchaus sinnvoll. Dies gilt insbesondere dann, wenn breite(re) Kenntnisse die Grundlage für Fehlervermeidung und Spitzenleistung darstellen.

## 5.2 Maßstab für ‚sinnvolle' Leistungen

Die gesamte Underachievement-Forschung spiegelt die besondere Wertschätzung wider, die Schule und schulischen Leistungen in der heutigen Zeit zuteil wird. Wie sonst wäre zu erklären, dass jährlich große Summen in die Erforschung der Ursachen und Bedingungsfaktoren von erwartungswidrigen Schulleistungen investiert werden. Es besteht also trotz kritischer Stimmen (u. a. Benjamin, 1949; Holt, 2004; Llewellyn, 2007) Einigkeit darüber, dass Schule wichtig ist, im Unterricht sinnvolles Wissen vermittelt wird und Schüler/-innen zu ihrem eigenen Wohle bzw. dem Wohle der Gesellschaft die Aufgabe haben, sich die geforderten Kenntnisse und Fertigkeiten anzueignen. Es wird also angenommen, dass Schüler/-innen vom Schulbesuch profitieren und zwar mehr als von der Beschäftigung mit anderen alternativen Tätigkeiten und Aktivitäten. Warum sonst sollte es eine allgemeine Schulpflicht geben und z. B. Heimunterricht nur in Ausnahmefällen zulässig sein (wobei in diesen Ausnahmefällen selbstverständlich ebenfalls ein vorgegebenes Curriculum einzuhalten ist).

### 5.2.1 Uneinheitlichkeit nationaler und internationaler Curricula

Von wem und nach welchen Kriterien wird nun aber entschieden, welche Leistungen zu würdigen und welche Begabungsbereiche zu fördern sind? Die Vorlieben und Gepflogenheiten einer Gesellschaft dürften nach Ansicht von Pressey (1976) bei der Entfaltung von Talent eine tragende Rolle spielen. Wie sonst wäre zu erklären, dass in bestimmten Bereichen, Umgebungen und zu bestimmten Zeiten besonders viele Wunderkinder in Erscheinung treten. So gab es in Europa vor 100 bis 200 Jahren zahlreiche herausragende Musiker und Komponisten (Händel, Haydn, Mozart, Chopin, Liszt, Verdi, Schubert, Rossini, Mendelsohn, Debussy, Wagner etc.). Die Häufung bestimmter Talente zu bestimmten Zeiten spiegelt die Präferenzen der jeweiligen Gesellschaft und Zeit wider. Während im Mittelalter die Fähigkeit eines Ritters, seinen Gegner mit der Lanze vom Pferd zu stoßen oder im Bodenkampf mit dem Schwert zu besiegen, wesentlich mehr geschätzt wurde als Kenntnisse der Schriftsprache (Salcher, 2008), wurde in Europa vor 100 bis 200 Jahren musikalisches Talent besonders hoch angesehen und entsprechend gefördert (Pressey, 1976). In den vergangenen 50 Jahren galt das öffentliche Interesse in den USA und anderorts hingegen vor allem der Entfaltung sportlicher Fähigkeiten (Coleman, 1965; Pressey, 1976) sowie dem technologischen Fortschritt und den damit einhergehenden Kenntnissen und Fertigkeiten (Salcher, 2008). Der Stellenwert, der unterschiedlichen Begabungen einräumt wird, variiert somit nicht nur zwischen verschiedenen Gesellschaften und Kulturkreisen, sondern kann sich auch von einer Epoche zur nächsten verändern. J. W. Gardner (1976, S. 289) drückt dies so aus[60]: „We have said that talent is very much in demand in our own society today. But it is not in demand in all societies today. It was not always in demand in our society. And not all kinds of talent are in demand at any one time". Je nachdem in welcher Umgebung sich eine Person bewegt, kann eine Begabung als nützlich und förderungswürdig angesehen werden oder aber nicht.

Das Hauptziel von Schule und Unterricht besteht in der Vermittlung von grundlegenden Kenntnissen und Fertigkeiten, die die Alltagsbewältigung sowie den Berufseintritt erleichtern. In Abhängigkeit von den Besonderheiten und Wertvorstellungen des jeweiligen kulturellen Umfeldes können allerdings sehr unterschiedliche Dinge als wissenswert und vielfältige Fertigkeiten als relevant erachtet werden. In Anbetracht dieser Tatsache stellt sich die Frage, ob es überhaupt Fächer und Wissenseinheiten gibt, die in allen Kulturen und Gesellschaften als essenziell wichtig und wertvoll erachtet werden und daher Teil der Allgemeinbildung aller Menschen sein sollten. In Frage kommen hier u. a. die Kulturtechniken Lesen, Schreiben und Rechnen. Tatsächlich weisen die schulischen Curricula verschiedener Länder und Kulturen diesbezüglich Überschneidungsbereiche auf (Salcher, 2008): An der Spitze der Hierarchie stehen stets Mathematik und Sprachen, gefolgt von den Naturwissenschaften. Die künstlerischen Bereiche stehen, wenn überhaupt, ganz am Ende und werden einem ungeschriebenen Gesetz zufolge bei Budgetproblemen als erste gestrichen. Hieraus den Schluss

---

60 **Übersetzung der Autorin:** „Wir haben bereits darauf hingewiesen, dass Begabung in unserer heutigen Gesellschaft einen hohen Stellenwert besitzt. Dies gilt allerdings weder für alle anderen Gesellschaften noch für unsere Gesellschaft zu allen Zeiten. Und schließlich auch nicht für alle Begabungsformen zu einem bestimmten Zeitpunkt".

zu ziehen, dass Schüler/-innen verschiedener Länder und Kulturen im Laufe ihrer Schullaufbahn ein ähnliches Wissen erwerben, wäre jedoch falsch. Trotz der dargestellten Überschneidungen ergeben sich jeweils große Spielräume bei der inhaltlichen Ausgestaltung der fachspezifischen Curricula bzw. der Auswahl als besonders wichtig erachteter Fakten und Fertigkeiten. Die Erkenntnis, dass weder Einigkeit darüber besteht, was in der Schule gelehrt und erlernt werden sollte, noch darüber, wann der richtige Zeitpunkt für eine Kenntnisvermittlung vorliegt, wird durch die Erfahrungen im Rahmen der Planung und Durchführung internationaler Schulvergleichsstudien gestützt. So erwies es sich u. a. im Rahmen der PISA-Studie trotz vergleichbarer Fächer als nahezu unmöglich, die Curricula der teilnehmenden Länder ‚inhaltlich unter einen Hut zu bringen' und Aufgaben abzuleiten, die von Schülerinnen und Schülern aller Teilnehmerstaaten zu einem bestimmten Zeitpunkt gelöst werden können (Baumert et al., 2002b). Curriculare Unterschiede zeigen sich jedoch nicht nur im internationalen Vergleich. Auch innerhalb Deutschlands bewirkt nicht zuletzt die Länderhoheit in Kultusangelegenheiten sowie das in den meisten Bundesländern übliche dreigliedrige Schulsystem, dass sich die Curricula und Fächerkombinationen verschiedener Schulsysteme und Schularten mitunter stark unterscheiden. Benjamin (1949) stellt daher zutreffend fest, dass kein Gegenstand und Fach aus pädagogischer Sicht heilig ist, egal welchen patriotischen oder religiösen Status es besitzen und von welchen Nützlichkeitserwägungen es getragen sein mag.

### 5.2.2 Systemimmanente Defizite der Begabungsförderung

Damit sich eine Begabung entfalten kann, muss diese im Allgemeinen von der Umwelt erkannt, geschätzt und gefördert werden. Eine solche Förderung kommt praktisch im Rahmen der Familie, vor allem aber im schulischen Kontext in Betracht. Nicht alle Schulen bieten jedoch die gleichen Förderbedingungen an. Dies gilt sowohl für die Qualität des Unterrichts als auch die Breite des Fächerangebots. Eine optimale Förderung kann allerdings nur dann gewährleistet werden, wenn sich die Lerninhalte mit den individuellen Neigungen und Begabungen decken. Insbesondere in größeren Städten dürften Schüler/-innen des Gymnasiums gegenüber Hauptschülern und Hauptschülerinnen hinsichtlich der Förderbedingungen im Vorteil sein. Während vielerorts Hauptschüler/-innen die nächstgelegene Schule besuchen müssen, können die Eltern von Kindern mit Gymnasialempfehlung (sofern möglich) frei zwischen mehreren Einzelschulen des gleichen Schultyps wählen. Hierdurch kommt es zu einer Konkurrenzsituation zwischen den einzelnen Schulen, die nicht selten dazu führt, dass die konkurrierenden Bildungseinrichtungen den Versuch unternehmen, sich durch eine besondere Schwerpunktsetzung oder ein spezifisches Fächerangebot von den anderen Schulen gleicher Schulart abzugrenzen. Diese Profilbildung ermöglicht es wiederum den Eltern, die Schule den Begabungen ihres Kindes entsprechend auszuwählen. So kann zumindest in größeren Städten (mit einem großen Angebot an Schulen) ein musikalisch oder sportlich begabtes Kind auf ein Gymnasium mit Musik- bzw. Sportprofil, ein Kind mit Interesse an Sprachen auf eine Schule mit bilingualem Zug bzw. einem fremdsprachlichen Schwerpunkt gehen. Diese Möglichkeiten bieten sich Hauptschülerinnen und Hauptschülern nicht (oder zumindest nicht im gleichen Maße). Doch auch Schülerinnen und Schülern, die in ihrem Heimatort nicht zwischen mehreren Schulen desselben Schultyps wählen können, bleibt zumeist nichts anderes übrig, als sich an die Gegebenheiten vor Ort anzupassen. Ob es unter diesen Voraussetzungen zu einer Passung zwischen individueller Begabung sowie persönlichen Interessensschwerpunkten und schulischem Förderangebot kommt, hängt in erster Linie vom Zufall ab.

Obwohl der Übertritt auf die Hauptschule zumeist in Fällen erfolgt, in denen es in der Grundschule zu Problemen in einem oder mehreren Hauptfächern gekommen ist, wird den betroffenen Schüler/-innen interessanterweise nicht nur in diesen Fächern ein weniger anspruchsvoller Unterricht erteilt; sie erhalten auch in den typischen Profilfächern (z. B. Musik, Sport, Sprachen, Naturwissenschaften) nur begrenzte Möglichkeiten, eine vorhandene Begabung zu entfalten. Salcher (2008) beklagt daher zu Recht, dass auf außercurriculare bzw. spezifische Fähigkeiten und Begabungen vieler Schüler/-innen keine Rücksicht genommen wird. Nach den Schulgesetzen der Länder (z. B. § 1 Abs. 1 SchulG BW; Dürig, 2008) hat jeder junge Mensch das Recht auf eine seiner Begabung entsprechende Erziehung und Ausbildung. Nicht zuletzt aufgrund der eingeschränkten Fächerauswahl (und den bereits dadurch begrenzten Fördermöglichkeiten) ist es Kindern faktisch jedoch nicht möglich, sich in allen sie interessierenden Fähigkeitsbereichen zu spezialisieren. Dies ist allerdings auch nicht beabsichtigt. Schließlich ist das Schulsystem darauf ausgerichtet, einer möglichst großen Anzahl an Personen das als erforderlich erachtete Minimum an Bildung zukommen zu lassen. Das Ideal des deutschen Schulsystems besteht folglich nach Salcher (2008) in der Ausbildung von Kindern und Jugendlichen zu mittelmäßigen ‚Zehnkämpfern', die in allen geforderten Disziplinen möglichst gute Leistungen erbringen. Interessen und Sonderbegabungen spielen dabei keine oder allenfalls eine untergeordnete Rolle. „Viele kreative Kinder, die über ganz andere als die einseitig hoch bewerteten intellektuellen Fähigkeiten verfügen, scheitern in diesem System schon sehr früh und haben nie die Chance, an eine Universität zu kommen. Ihre Talente gehen daher unserer Gesellschaft auch für immer verloren" (Salcher, 2008, S. 18). Dies gilt insbesondere bei solchen Kindern, denen entsprechende Fördermöglichkeiten auch nicht durch das Elternhaus oder das außerschulische Umfeld zur Verfügung gestellt werden (können).

Diese eingeschränkten Entfaltungsmöglichkeiten, die durch das familiäre und gesellschaftliche Umfeld mitbestimmt sind, führen letztlich zu einem Brachliegen von Begabungen und damit zu Underachievement. Vorhandene Fähigkeiten werden nicht abgerufen, weil man sie entweder als nutzlos und damit nicht förderungswürdig ansieht oder aber weil man die Mühe und Kosten scheut, den Unterricht an spezifischen Begabungen der Schüler/-innen anzupassen. Wesentlich einfacher erscheint es, das existierende System unverändert beizubehalten und immer neue Generationen von Schülerinnen und Schülern an die Gegebenheiten anzupassen. „Das Denkmodell, auf dem unser gesamtes Schulsystem aufgebaut ist, basiert [...] auf der industriellen Massenproduktion. Die Geschwindigkeit des Fließbandes erlaubt nur eine Sortierung nach der Norm oder auszusonderndem Ausschuss" (Salcher, 2008, S. 15). Bis heute ist dabei der Einfluss des Industriezeitalters allgegenwärtig:

> Schulen sind [...] eine der von Menschen geschaffenen Institutionen, die am stärksten den Fließbändern ähneln. Das ganze System baut auf getrennten Stufen auf, die man Klassen nennt, und in die man Kinder streng nach Alter getrennt einteilt. Es wird erwartet, dass jeder Schüler in der dafür vorgesehenen Zeit Stufe um Stufe auf-

> steigt. Jede Klasse hat einen zugeteilten Aufseher, der in der Schule Lehrer heißt. Zu bestimmten, genau festgelegten Zeiten bereitet man in den Klassen zwischen 20 und 40 Schüler auf Prüfungen vor. Die ganze Schule ist danach konstruiert, in einem ganz strikten Zeitschema zu arbeiten, das durch Glocken, exakt festgelegte Erholungspausen und strikte Arbeitszeiten zentral vorgegeben ist. Jeder Lehrer weiß genau, was von ihm erwartet wird, damit sich das Fließband in der vorgeschriebenen Geschwindigkeit bewegen kann. Natürlich lieferte dieses Modell von Schule sehr effektiv viele Menschen, die die wichtigsten Dinge wie Lesen, Schreiben und Rechnen auf einmal beherrschten, was durchaus einen Fortschritt gegenüber dem dumpfen Analphabetismus des Agrarzeitalters darstellte. Dieses industrielle Modell von Schule trug aber auch bereits den Keim aller Probleme [...]. Es selektierte in dumme Kinder und kluge Kinder und verkannte die Individualität jedes Menschen. Jene, die nicht genau in der vorgeschriebenen Zeit lernten, wurden entweder ausgesondert oder gezwungen, in einem für sie unnatürlichen Tempo zu lernen. Heute bezeichnet man diese Kinder als lerngestört. (Salcher, 2008, S. 19 f.)

Es ist durchaus fraglich, ob ein solches System auch heute noch den gewünschten Erfolg bringt, bzw. ob es dazu taugt, auch heute noch qualifizierte Fachkräfte für die sich immer schneller entwickelnden Märkte zu liefern. Auf der Basis einer Kosten-Nutzen-Abwägung müsste daher neu entschieden werden, ob die Förderung von Begabung in den klassischen Unterrichtsfächern ausreichend ist bzw. welche zusätzlichen Bereiche für die Fortentwicklung der Gesellschaft von Bedeutung sind. Eine Förderung von Begabung wäre zunächst einmal in jenen Bereichen besonders wertvoll, in denen im ökonomischen Sinne ein großer Bedarf an Fachkräften besteht oder zukünftig bestehen wird. Geht man jedoch bei der Bewertung dessen, was als sinnvolle und nutzbringende Leistung anzusehen ist, von der Allgemeinheit und nicht vom Individuum selbst aus, so treten schnell Probleme auf, wenn etwa von einem Individuum (inhaltliches) ‚Neuland' betreten wird und ein Nutzen für die Gesellschaft zum Zeitpunkt der Spezialisierung möglicherweise (noch) nicht erkennbar ist.

Nach Salcher (2008, S. 39 f.) ist es für das langfristige Überleben der Menschheit notwendig, möglichst „alle unterschiedlichen Fähigkeiten zu erhalten und zu entwickeln. Und das betrifft eben nicht nur jene Qualitäten, die wir im Augenblick als sehr wichtig einschätzen [...], sondern gerade jene, deren Nutzen wir im Augenblick beim besten Willen nicht erkennen können". Er verweist dabei auf eine Aussage des IBM-Gründers Thomas Watson der im Jahre 1943, also vor kaum mehr als 60 Jahren, auf der ganzen Welt einen Markt für gerade einmal fünf Computer sah. Wie dieser Irrtum eindrücklich zeigt, können auch exotische Produkte und Begabungen in kurzer Zeit eine zunächst ungeahnte Bedeutung erlangen. Salcher (2008, S. 39) hat also Recht, wenn er feststellt, dass möglichst viele Begabungen gefördert werden sollten, da langfristig niemand abschätzen kann, „ob im 21. Jahrhundert nicht [z. B.] die Philosophie oder die Kunst mit ihren ungeheuren Möglichkeiten viel wichtiger für die Menschheit sein werden, als wir derzeit glauben". Diese Ansicht wird auch von Benjamin (1949) und Wolfle (1976) vertreten. Auf die Frage, wie viel Unterschiedlichkeit und Vielfalt eine Gesellschaft im Sinne des Fortschritts zulassen sollte bzw. benötigt, antwortete Benjamin (1949)[61]:

---

61 **Übersetzung der Autorin:** „Es sind gerade so viel Unterschiedlichkeit, so viele einzigartige Spitzenleistungen und gerade so viel Vielfältigkeit erforderlich, wie die Erreichung der gesetzten Ziele

> It requires just as much deviation, just as many uniquely developed peaks of ability, just as much idiosyncrasy as the attainment of its goals will allow and need. All societies are wasteful of the capacities of their people. That society which comes closest to developing every socially useful idiosyncrasy in every one of its members will make the greatest progress toward its goals. (S. 36 f.)

Nach Wolfle (1976) erreicht der Wert der intellektuellen Ressourcen einer Nation oder die Gesamtheit der Leistungen / Errungenschaften ein Maximum, wenn die Vielfalt und Entfaltung der Fähigkeiten innerhalb eines Individuums bzw. zwischen Individuen maximiert wird. Viele Verfahren, die auf eine Anwendung im Gruppenkontext abzielen, haben zur Folge, dass die Variabilität zwischen den Gruppenmitgliedern reduziert wird (so z. B. Einheitsunterricht für alle Schüler/-innen). Benjamin (1949) beschreibt die Folgen eines Einheitsunterrichts unter Missachtung interindividueller Unterschiede in Fähigkeitsniveau und Begabungsprofil besonders treffend. Er ergänzt und erweitert hierzu unter anderem die Fabel ‚Animal School' (‚Die Schule der Tiere') von George H. Reavis (1999). „Unterliegt ein Lehrer nicht dem Missverständnis der einheitlichen intellektuellen Befähigung des Individuums, so wird er sich gerade bei den leistungsschwachen Schülern bemühen, jene Fähigkeiten zu identifizieren, die bessere Leistungen ermöglichen. Auf diese Weise könnten den meisten Schülern, die jetzt als durchgängige Versagen gelten, wenigstens partielle Kenntnisse und damit Erfolgserlebnisse vermittelt werden" (Weinert, 1975, S. 774).

### 5.2.3 Bedeutung sozialer Ziele und außerschulischer Leistungsbereiche

Auf welchem Tätigkeitsgebiet ein Individuum seine Fähigkeit zur Entfaltung bringt, ist nicht nur abhängig von den jeweiligen Förderbedingungen und Begabungsprofilen, sondern darüber hinaus von seinen spezifischen Interessen und/oder Motiven (z. B. dem Wunsch, Macht auszuüben, Menschen zu helfen, Wissen zu erwerben etc.) sowie der Valenz konkurrierender Handlungsalternativen. So zeigen etwa die Ergebnisse von Hofer et al. (2004, S. 341), „dass schulische und außerschulische Ziele negativ miteinander verknüpft sein können". Häufig kann ein Ziel nur auf Kosten eines anderen erreicht werden. Im Kontext der Underachievement-Forschung werden erstrebenswerte Leistungen zumeist mit akademischen Leistungen gleichgesetzt, wobei systematisch außer Acht gelassen wird, dass bedeutsame Leistungen auch in vielen anderen, wenn nicht gar in allen Lebensbereichen erzielt werden können. Gelingt es einer Person etwa, stabile Freundschaften aufzubauen und auf diesem Wege ein glückliches Leben zu führen, so kann dies als eine wichtige Errungenschaft im zwischenmenschlichen Bereich angesehen werden.

Die Tatsache, dass eine Person das Potenzial zu einer guten bzw. herausragenden (akademischen) Leistung besitzt, ist nicht gleichbedeutend mit dem Wunsch, dieses zu entfalten. Aus Sicht des Einzelnen besitzen schulische Erfolge gegenüber Leistungen in anderen Bereichen nicht zwangsläufig die höhere Valenz (vgl. u. a. Maslow,

---

zulässt und erfordert. Jede Gesellschaft geht verschwenderisch mit den Kapazitäten ihrer Mitglieder um. Jene Gesellschaft, die der Entfaltung der maximal möglichen Zahl an sozial verträglichen und nützlichen Begabungen in jedem einzelnen ihrer Mitglieder am nächsten kommt, wird den größten Fortschritt im Hinblick auf die gesteckten Ziele verzeichnen können".

1954, 1970; Whitmore, 1986; Wild, Hofer & Pekrun, 2001). So ergab etwa eine Befragung im Rahmen von Termans Langzeitstudie, dass hohe akademische Leistungen und beruflicher Erfolg zwar von einigen, jedoch durchaus nicht von allen Hochbegabten als erstrebenswertes Ziel angesehen wurden (Terman & Oden, 1976). Als mindestens ebenso wichtig im Hinblick auf persönlichen Erfolg und Lebensfreude wurden stabile Partnerschaften, familiäres Glück, finanzielle Sicherheit, aber auch der Wunsch angesehen, anderen zu helfen, einen nützlichen Beitrag zur Fortentwicklung der Menschheit zu leisten sowie Zufriedenheit, emotionale Reife und ein angenehmes Wesen zu erlangen. In diesem Zusammenhang sei insbesondere auf die Orientierung an Bezugspersonen sowie auf die Bewertung der eigenen Person durch Bezugspersonen hingewiesen. Im günstigsten Fall kann das Verfolgen leistungsthematischer Ziele gleichzeitig der Erreichung sozialer Ziele dienen. Dies ist etwa der Fall, wenn die antizipierte Anerkennung durch Eltern, Dozentinnen/Dozenten, Kommilitoninnen/Kommilitonen und/oder Freundinnen/Freunde die Anstrengungsbereitschaft des Lernenden erhöht (u. a. Wild et al., 2001). Allerdings kann es auch zu Konflikten zwischen sozialen und leistungsbezogenen Zielen kommen, etwa dann, wenn ein großes Engagement beim Lernen als ‚Strebertum' abgetan wird und die Orientierung an den Verhaltensnormen der Mitschüler/-innen zu einer verminderten Leistungsbereitschaft führt (u. a. Breidenstein & Meier, 2004; Pelkner & Boehnke, 2003; Pelkner, Günther & Boehnke, 2002). In vielen Situation erstrecken sich die Auswirkungen einer Leistung nicht nur auf das handelnde Individuum, sondern auch auf andere Personen (White, Sanbonmatsu, Croyle & Smittipatana, 2002). So bestimmt in vielen Wettbewerbssituationen die Leistung des einen auch den relativen Rangplatz der anderen Mitstreiter. Die Bedeutung der individuellen Leistung geht damit weit über den persönlichen Bereich hinaus und kann sowohl die Gefühle als auch das Selbstwertgefühl von anderen Personen beeinflussen. Vor diesem Hintergrund verwundert es nicht, dass sich vor allem hochbegabte Mädchen vielfach diesem sozialen Druck beugen und versuchen, mit ihren Leistungen nicht aufzufallen (vgl. u. a. Kerr, 1994, 1995). Und auch Whitmore (1986) stellte fest, dass Underachievement bei hochbegabten Mädchen nicht selten darauf zurückzuführen ist, dass diese soziale Akzeptanz als wichtiger erachten als hohe akademische Leistungen.

Die persönlichen Ressourcen können jedoch nicht nur in die Erreichung sozialer Ziele investiert werden, sondern vielmehr in die gesamte Bandbreite außercurricularen Aktivitäten. Die Tatsache, dass bestimmte Kenntnisse und Fertigkeiten nicht Teil des schulischen Curriculums sind, bedeutet nicht, dass diese als nutzlos anzusehen sind. Wird von der Umwelt allerdings eine solche Auffassung vertreten, kann dies den Erwerb der als überflüssig erachteten Kenntnisse erschweren. Dies gilt insbesondere dann, wenn es sich um Fertigkeiten und Kenntnisse handelt, die sich Schüler/-innen nur unter fachkundiger Anleitung aneignen können und/oder wenn es sich um Kenntnisse und Fertigkeiten handelt, die den Einsatz bestimmter Geräte, Instrumente oder Hilfsmittel (z. B. Sportgeräte, Musikinstrumente oder wissenschaftliche Geräte wie Mikroskop, Teleskop, Computer) erfordern, welche von dem Individuum selbst nicht finanziert werden können.

Kowitz kommt bereits 1965 zu dem Schluss, dass der Frage, ob eine Leistung als Underachievement angesehen werden kann oder nicht, ein philosophisches Problem innewohnt, das in den meisten Studien keine oder nur wenig Beachtung findet. Es handelt sich hierbei um die Problematik der Berücksichtigung von individuellen Rechten und Freiheiten. Im Allgemeinen wird angenommen, dass jeder Schüler / jede Schülerin die Verpflichtung hat, nach maximalen akademischen / schulischen Leistungen zu streben, unabhängig von persönlichen Wünschen und Interessen. Obwohl natürlich nicht bestritten werden soll, dass jedes Mitglied einer Gesellschaft eine Verpflichtung gegenüber den Bedürfnissen der Gruppe besitzt, basiert die besondere soziale Philosophie (der westlichen Gesellschaft) seiner Ansicht nach auf der Idee, dass jedes Individuum zudem das Recht besitzt, selbst über sein Schicksal zu bestimmen. Ob eine Person (ein Schüler / eine Schülerin) letztlich davon abgehalten werden kann, ihre Fähigkeiten in einem Bereich zu entfalten, der auf den ersten Blick nur für die Person selbst einen Wert besitzt, nicht aber für das Umfeld (z. B. die Schule) ist daher fragwürdig, insbesondere mit Blick auf das Grundgesetz, das in Art. 2 Abs. 1 jedem Menschen das Recht zusichert, sich frei zu entfalten. Solange die Entfaltung der individuellen Begabung nicht zum Schaden anderer erfolgt, besitzt daher jeder das Recht, auch ungewöhnlichen Interessen nachzugehen (Sartorius, 2008).

## 5.3 Underachievement als Erfolgsstrategie?

In den vorangegangenen Abschnitten wurde wiederholt darauf hingewiesen, dass Achievement ohne Underachievement nur schwer vorstellbar ist. Von der Feststellung, dass zumindest partielles Underachievement immer dann zu begrüßen ist, wenn es die Grundlage von Höchstleistungen bildet, ist es letztlich nicht mehr weit zu der Erkenntnis, dass Underachievement in einigen Fällen einem Achievement sogar vorzuziehen ist. Dies gilt, wie im Folgenden zu sehen sein wird, sowohl mit Blick auf das Wohl des Einzelnen als auch der Gesellschaft. Schon aus diesem Grunde erscheint es unangemessen, Underachievement generell abzulehnen oder Underachiever pauschal zu stigmatisieren und ihnen moralische Schwäche, Desinteresse oder andere negative Eigenschaften zuzuschreiben. Die Gründe dafür, dass eine Person nicht leistet, wozu sie zu leisten imstande wäre, können so vielfältig sein, dass die bloße Tatsache, dass Potenzial unausgeschöpft bleibt, noch keine negative Bewertung zulässt. Dennoch stellen gerade in den Augen von Lehrerinnen und Lehrern „Schüler/-innen, die vermeintlich könnten, wenn sie nur wollten [bis dato] ein noch größeres Ärgernis dar als Schüler/ -innen, denen die zur erfolgreichen Aufgabenbewältigung nötigen Fähigkeiten fehlen" (Simons, 1976, S. 54).

### 5.3.1 Mangelnde Schulbildung: (k)ein Karrierehindernis?

Von wenigen Ausnahmen abgesehen (vgl. u. a. Kahl, 2006; Riegel, 2004), weisen (deutsche) Schulen nur ein sehr eingeschränktes Fächerangebot auf und bieten selten Raum für die Entfaltung von Sonderbegabungen. Dementsprechend kann es nicht verwundern, dass einige Schüler/-innen sich nur halbherzig am Unterrichtsgeschehen beteiligen oder die Unterrichtszeit dazu nutzen, attraktiveren Tätigkeiten nachzugehen. Als prominentes Beispiel sei Walt Disney angeführt, der nach eigenen Angaben sowie

Berichten seiner ehemaligen Lehrerinnen und Lehrer viele Unterrichtsstunden damit verbrachte, Zeichnungen von Comicfiguren anzufertigen, anstatt den Ausführungen seiner Lehrerinnen und Lehrer zu folgen (Sampson, 2007). Seine ständige Unaufmerksamkeit brachte ihm zahlreiche Strafen ein und führte letztlich sogar dazu, dass er die zweite Klasse wiederholen musste. Walt Disney dürfte diesbezüglich kein Einzelfall sein. Nach Fries und Dietz (2007) bzw. Hofer et al. (2005) entspricht es vielmehr der Regel, dass schulische Leistungen an Attraktivität verlieren, wenn ihnen weitere attraktive Handlungsalternativen gegenüberstehen. Im Allgemeinen wird der Tätigkeit mit der höchsten Valenz der Vorzug gegeben, und dies muss, wie etwa im Falle von Walt Disney, nicht immer eine schulische relevante Handlung sein. Da in den meisten Schulen wenig Toleranz gegenüber der Verfolgung schul- und fachfremder Interessen besteht, nutzen einige Personen trotz guter Begabung die erste sich bietende Gelegenheit, um der Schule ganz den Rücken zuzukehren und stattdessen die verfügbare Zeit in die als wichtiger erachteten Tätigkeiten zu investieren.

Dass ein früher bzw. vorzeitiger Schulabbruch – ob er nun aus freien Stücken oder aber gezwungenermaßen erfolgt, z. B. weil die finanzielle und familiäre Situation eine Fortsetzung der Schulausbildung nicht gestattet – den beruflichen und privaten Erfolg nicht schmälern muss, zeigt die lange Liste der berühmten Schulabbrecher und schulischen Underachiever. Sie umfasst Persönlichkeiten der unterschiedlichsten Sparten und Professionen, von denen hier nur einige wenige aufgeführt werden sollen (Musall, 2005; Racass Medien & Content Verlag, 2008): Aus dem Bereich des Sports seien beispielhaft genannt Boris Becker (Tennis), Björn Borg (Tennis), George Foreman (Boxen) und Pele (Fußball). Unter den Schriftstellern und Literaten lassen sich Jane Austen, Agatha Christie, Samuel L. Clemens (Mark Twain), Joseph Pulitzer, George Bernard Shaw und William Shakespeare als prominente Beispiele anführen. In der Wirtschaft taten sich trotz geringer Schulbildung (zum Teil nur Grundschule) John D. Rockefeller Sr, Frederick Henry Royce, Soichiro Honda und Henry Ford hervor. Auf der politischen Bühne agierten Schulabbrecher wie Joschka Fischer (dt. Außenminister von 1998-2005), Arthur Henderson (brit. Politiker; Träger des Friedensnobelpreises), John Major (brit. Premierminister von 1990-1997) und Benjamin Franklin (amerik. Wissenschaftler und Staatsmann; einer der Gründerväter der USA). In der Wissenschaft lassen sich schließlich Albert Einstein, Thomas Edison, Michael Faraday sowie die Gebrüder Wright nennen, im künstlerischen Bereich Walt Disney, George Gershwin, Louis Armstrong, Gérard Depardieu und Harry Houdini.

Nur in wenigen der genannten Fälle wurde das individuelle Potenzial in Bereichen entfaltet, die üblicherweise Teil der schulischen Ausbildung sind. In allen Fällen wurden Leistungen erzielt, die weit über das Niveau hinausgehen, das üblicherweise durch den Besuch einer staatlichen Bildungseinrichtung (einschließlich Universitäten) erzielt werden kann. Tatsächlich beendeten jedoch einige der genannten Personen ihre Schulkarriere bereits mit dem Abschluss der Grundschule (so etwa John D. Rockefeller, Pele, Walt Disney, Samuel L. Clemens und Gerard Depardieu). Dass die jeweils spezifische Begabung und Leistung der einzelnen Personen, wenn vielleicht auch nicht auf den ersten Blick erkennbar, im Nachhinein als durchaus wichtig zu erachten ist, zeigt der Platz, den die genannten Persönlichkeiten im gesamthistorischen Kontext einnehmen. Vom Erlernen der grundlegenden Kulturtechniken einmal abgesehen, hat dabei die jeweils erhaltene Schulbildung keinen erkennbaren Einfluss auf die späteren Errungenschaften gehabt. Daraus lässt sich schließen, dass für den Erfolg in bestimmten Leistungsbereichen zwar gewisse Grundkenntnisse (z. B. des Lesens, Schreibens und Rechnens) unumgänglich sind. Im Übrigen kommt es jedoch vor allem auf die individuelle Auseinandersetzung mit den Gegenständen des jeweiligen Begabungsbereiches an. Diese Überzeugung findet sich auch bei Benjamin (1949), wenn er darauf hinweist, dass nur wenige Menschen jemals zu großen Historikern oder guten Bürgern wurden, in dem sie sich in ihrem ersten College-Jahr mit den Eckdaten der Geschichte befasst haben. Gleiches gilt für herausragende Persönlichkeiten vieler anderer Domänen (z. B. Juristen, Maler, Wirtschaftswissenschaftler oder Musiker). Auch sie erreichten ihre Einmaligkeit und herausragende Stellung nicht durch Unterricht bzw. ein Studium, dessen Ziel darin besteht, ein möglichst breites Spektrum an Basiskenntnissen und Basisfertigkeiten zu erwerben. Man kann sogar behaupten, dass sich in zahlreichen Fällen eine spezielle Begabung nicht durch die Schule, sondern trotz des Schulbesuchs entfaltet hat. Diese Erkenntnis findet sich in besonders plastischer Formulierung in dem Buch ‚Unter dem Rad' von Hermann Hesse (2007). Dort heißt es:

> Ein Schulmeister hat lieber einige Esel als ein Genie in seiner Klasse und genau betrachtet, hat er ja recht, denn seine Aufgabe ist es nicht, extravagante Geister heranzubilden, sondern gute Lateiner, Rechner und Biedermänner. [...] Wir haben den Trost, dass bei den wirklich Genialen fast immer die Wunden vernarben, und daß aus ihnen Leute werden, die der Schule zum Trotz ihre guten Werke schaffen und welche später, wenn sie tot und vom angenehmen Nimbus der Ferne umflossen sind, anderen Generationen von ihren Schulmeistern als Prachtstücke und edle Beispiele vorgeführt werden. Und so wiederholt sich von Schule zu Schule das Schauspiel des Kampfes zwischen Gesetz und Geist, und immer wieder sehen wir Staat und Schule atemlos bemüht, die alljährlich auftauchenden paar tieferen und wertvolleren Geister an der Wurzel zu knicken. Und immer wieder sind es vor allem die von den Schulmeistern Gehaßten, die Oftbestraften, Entlaufenen, Davongejagten, die nachher den Schatz unseres Volkes bereichern. Manche aber – und wer weiß wie viele? – verzehren sich in stillem Trotz und gehen unter. (S. 92 f.)

### 5.3.2 Höchstleistung und ihre Schattenseiten

> To seek perfection is to be cursed to find fault in the perfectly adequate, enjoyable, or even just plain good. (R. Bennett, 2006, S. 37)[62]

Höchstleistungen im Sinne des maximalen Outputs (bei einem gegebenen Input) entsprechen einem Ideal, das selbst unter optimalen Bedingungen nur schwer zu erreichen ist. Solche Höchstleistungen, wenn sie nicht gerade mit einer brillanten Idee bzw. einem Geistesblitz gleichgesetzt werden, erfordern auf Seiten des Handelnden zumeist eine hohes Maß an Anstrengungsbereitschaft und Aufgabenhingabe. Das Streben nach Höchstleistung und Perfektion in einem bestimmten Bereich ist dabei nicht selten davon geprägt, dass andere Lebensbereiche sowie die Befriedigung grundlegender Bedürfnisse vernachlässigt werden. Langfristig gesehen kann dies zu gravierenden Prob-

[62] **Übersetzung der Autorin:** Nach Perfektion zu streben, bedeutet, dazu verdammt zu sein, an Dingen einen Mangel zu entdecken, die absolut akzeptabel, schön oder schlicht gut sind.

lernen führen, so dass stets abgewogen werden sollte, ob das angestrebte Leistungsziel auch tatsächlich die eingesetzten Mittel und zu erwartenden Nebenwirkungen lohnt. Dass Weniger oft Mehr ist, zeigt sich in vielen Bereichen und stellt keine neue Erkenntnis dar. Bereits in der Antike wies beispielsweise Aristoteles darauf hin, dass die Grundvoraussetzung eines glücklichen und erfolgreichen Lebens darin besteht, dass dauerhaft die Mitte zwischen einem Zuviel (Übermaß) und einem Zuwenig (Mangel) gefunden wird (Aristoteles, 2006). Gemäß seiner Metapher ‚der goldenen Mitte' wirken sowohl Übermaß als auch Mangel zerstörerisch. „Angestrebt sei [hingegen] eine gute, d. h. eine maßvolle Lebensführung: maßvolles Essen, maßvolles Trinken, maßvolles Sporttreiben […]. Was die jeweilige Mitte ist, wird von der rechten Vernunft bestimmt" (Reichenbach, 2007, S. 56) und hängt von den jeweiligen Umständen ab.

Überträgt man diese Kernannahme der nikomachischen Ethik des Aristoteles auf die Underachievement-Problematik, so müsste man zu dem Schluss kommen, dass Achievement im Sinne der maximal möglichen Leistung oder Potenzialausschöpfung immer dann abzulehnen ist, wenn sich die Fixierung auf einen Leistungsbereich – langfristig betrachtet –negativ auf andere Lebensbereiche auswirkt. So wird sich etwa ein Übermaß an Fleiß, Anstrengung und Arbeit mittelfristig in hohen Leistungen niederschlagen. Langfristig wird jedoch der Verzicht auf ein Minimum an Entspannung und Erholung mit gesundheitlichen Beeinträchtigungen und möglicherweise sogar mit einer insgesamt verkürzten Schaffensphase einhergehen. Es scheint also auch im Hinblick auf Leistung und Achievement ein Übermaß zu geben, das sich langfristig als wenig erstrebenswert erweist. Dies lässt sich anhand einer Reihe von alltagsnahen Beispielen belegen:

***Sport.*** Weitestgehend Einigkeit dürfte darüber bestehen, dass sich ein gewisses Maß an sportlicher Betätigung förderlich auf das Wohlbefinden und den allgemeinen Gesundheitszustand auswirkt . Wie viel ist jedoch ‚ein gewisses Maß', und ab wann fängt sportliche Betätigung an, genau das Gegenteil zu bewirken, nämlich den allgemeinen Gesundheitszustand zu beeinträchtigen, anstatt ihn zu verbessern. Hier scheiden sich die Geister: Was für Trainer/-innen, Sportmediziner/-innen und Athletinnen / Athleten im Bereich des Leistungssports auf dem Weg zu Spitzenleistungen noch vertretbar sein mag, kann im Bereich des Breitensports bereits als unzumutbar und gesundheitsschädigend gewertet werden. Beispielhaft sei hier eine Sonderform der Essstörungen – die Anorexia Athletica – genannt, welche insbesondere in solchen Sportarten verbreitet ist, in denen ein niedriges Körpergewicht einen wettbewerbsspezifischen Vorteil darstellt. Hierzu zählen u. a. die ästhetischen und gewichts(klassen)abhängigen Sportarten sowie die Lauf- und Sprungdisziplinen (im Überblick Tappauf, Scheer, Trabi & Dunitz-Scheer, 2007). Eine dauerhafte Gewichtsreduktion mag dabei kurzfristig einen Wettbewerbsvorteil darstellen. Langfristig gesehen, kann diese jedoch sowohl leistungsmindernd als auch gesundheitsschädigend wirken (u. a. Bee, 2008; Clasing, Herpertz-Dahlmann & Marx, 1997; Sudi, Ottl, Payerl, Baumgartl, Tauschmann & Müller, 2004). So besteht im Falle von (jungen) Athletinnen beispielsweise die Gefahr einer Amenorrhö und vorzeitigen Osteoporose, während im Falle von männlichen Sportlern mitunter ein vermindertes Größenwachstum zu verzeichnen ist (u. a. Beals & Hill, 2006; Herpertz-Dahlmann & Müller, 2000; Tapplauf, Sudi & Scheer, 2007).

Doch das Streben nach sportlicher Höchstleistung hat noch weitere Schattenseiten. Probleme ergeben sich immer dann, wenn nicht darauf geachtet wird, dass Trainingsintensität und körperliche Leistungsfähigkeit in einem ausgewogenen Verhältnis zueinander stehen. Eine dauerhafte Überbeanspruchung des Körpers kann den allgemeinen Gesundheitszustand und damit auch die generelle Leistungsfähigkeit vermindern. Während zahlreichen Befunden zufolge ein moderates Ausdauertraining die Abwehrkräfte von Sportler/-innen steigert, können hohe Trainingsumfänge und -intensitäten das Immunsystem bedeutsam schwächen (u. a. Baum & Liesen, 1998; Froboese, 2007; im Überblick Gabriel, 2004). In Frage zu stellen ist der Nutzen einer übermäßigen Trainingsintensität aber auch im Hinblick auf die Gefahr eines so genannten ‚Übertrainings' (im Überblick Hörtnagl & Neumayer, 2004). Hierbei handelt es sich um einen anhaltenden Abfall der sportspezifischen Leistung „als Folge eines chronischen Missverhältnisses zwischen aktueller Gesamtbeanspruchung (Training ± andere Stressoren) und aktueller Belastbarkeit" (S. 168). Die Leistung sinkt also trotz weitergeführtem oder sogar intensiviertem Training, weil dem Körper nicht genügend Zeit zur Regeneration eingeräumt wird.

Darüber hinaus wird gerade im Leistungssport die oft intensive und einseitige Belastung bestimmter Körperteile als problematisch erachtet, da diese nicht selten zu chronischen Beschwerden führt. Dies gilt insbesondere im Kindes- und Jugendalter. Entsprechend warnen Experten vor einer zu frühen Spezialisierung auf eine Hauptsportart, das heißt einer Spezialisierung vor dem 10. Lebensjahr: „Je nach Sportart tragen 5-35 Prozent der Hochleistungssportler langfristig Schäden davon und haben Beschwerden" (Schmitt, 2005). Sportarten, bei denen die Wirbelsäule überdehnt wird, erhöhen nach Ansicht von Schmitt das Risiko von dauerhaften Schädigungen in besonderem Maße. Als typische Beispiele können hier Disziplinen wie Eiskunstlauf, Kunstturnen und diverse Wurfdisziplinen genannt werden. Doch auch Spielsportarten bergen Gefahren und können u. a. zu frühzeitigen Verschleißerscheinungen in den Gelenken führen. Wie die vorangegangenen Beispiele zeigen, kann ein Leistungsstreben um jeden Preis dem Sportler / der Sportlerin zwar kurzfristig Höchstleistungen ermöglichen; langfristig gesehen ist es jedoch zumeist mit gesundheitlichen Schäden bzw. einer Leistungsminderung verbunden. Achievementformen, die kurzfristigen Erfolg garantieren, sich jedoch langfristig negativ ausführen, sind allerdings prinzipiell abzulehnen. Wäre dies nicht der Fall, würde man Tür und Tor öffnen für Szenarien, in denen Personen von Trainern, Staat und Familie an ihre Leistungsgrenzen getrieben werden – und zwar ohne Rücksicht auf Verluste und ohne Bedenken bezüglich möglicher Spätfolgen. Paradebeispiele, in denen dies bereits passiert (ist), sind die typischen ‚Kaderschmieden des Sports', in denen bereits kleine Kinder ‚zum Wohle der Gesellschaft' zu Maximallleistungen ‚gezwungen' werden (u. a. Hartmann, 1997; Kirchner, 2008; Schlatter, 2008; Schweikle, 2007; Swyter, 2005).

***Schule / Studium.*** Dass Weniger oft Mehr ist, zeigt sich jedoch nicht nur im Bereich des Sports. Auch im schulischen und universitären Bereich können übersteigerter persönlicher Ehrgeiz, Perfektionismus sowie der oft immense Druck durch Eltern, Lehrer/-innen oder die Gesellschaft dazu führen, dass Schüler/-innen und Studierende mit allen Mitteln versuchen, Höchstleistungen zu erzielen, auch wenn sie hierzu an ihre

Leistungsgrenzen stoßen oder diese durch die Einnahme von Medikamenten oder unerlaubten Mitteln überschreiten. Als ‚Ritalin-Partys' wird beispielsweise der neue Trend in den USA bezeichnet, wonach Studierende amerikanischer Universitäten regelmäßig Ritalin und andere Stimulanzien einnehmen, um in Prüfungszeiten, ihre Konzentrationsfähigkeit, Stimmung und Wachheit zu steigern (Hall, 2004). Von ‚Gehirn-Doping' ist in der Presse die Rede (u. a. Geipel, 2008; Schuh, 2007). Neurowissenschaftler/-innen sprechen von Neuroenhancement oder therapeutischer Neuromodultaion (u. a. Knecht, 2008). Die präferierten Mittel, zu denen neben Ritalin auch Ephedrin, Amphetamin, Modafinil und Levodopa gehören, sind dabei keineswegs als Lifestyle-Droge zur Leistungssteigerung von gesunden Personen gedacht, sondern lediglich als Medikamente zur Behandlung von diversen Demenzerkrankungen, Depressionen, Aufmerksamkeits- oder Schlafstörungen zugelassen (Knecht, 2008; Sonnabend, 2007). Auch existieren keine gesicherten Erkenntnisse dahingehend, dass die genannten Arzneimittel bei gesunden Personen tatsächlich stets zu einer Leistungssteigerung führen (Hall, 2004). Nach Knecht (2008) erweist sich Gehirndoping zwar gemeinhin als effektiv, insbesondere, wenn der Körper ein insgesamt niedriges Aktivierungsniveau aufweist. „Befindet sich der Organismus jedoch bereits in einem erhöhten Aktivierungszustand, kann eine weitere Aktivierung die Leistung wieder vermindern" (S. 514). Hinzu kommt, dass die Einnahme von Stimulanzien beträchtliche Nebenwirkungen nach sich ziehen kann. Hierzu zählen u. a. Hypertonie (Bluthochdruck), Appetitmangel, Schlaflosigkeit, Wachstums-störungen und Übelkeit (Sonnabend, 2007). Neben diesen medizinischen Risiken sind bei einer Leistungssteigerung mittels Neuroenhancement jedoch auch rechtliche Fragen zu berücksichtigen. Gerade in Deutschland fallen die meisten der präferierten Medikamente unter das Betäubungsmittelgesetz. Ihr Besitz ist unter den dort aufgeführten Vorraussetzungen ohne medizinische Indikation daher strafbar.[63]

Dies scheint jedoch nach Ansicht vieler Schüler/-innen und Studierenden ein akzeptables Risiko auf dem Weg zu besseren Leistungen zu sein. So lässt beispielsweise Martha Farah, Neuropsychologin an der University of Pennsylvania, in einem Interview verlauten, dass schätzungsweise 10 Prozent der Highschool-Schüler/-innen und 20 Prozent der College-Studenten und Studentinnen regelmäßig Leistungsförderer einnehmen (zit. n. Schuh, 2007). Und auch hierzulande besteht die Befürchtung, dass gerade „reiche Eltern ihre Kinder mit Pillen durchs Abitur schleusen" (Traufetter, 2003, S. 71). Diese Gefahr ist nach Ansicht von Reichertz (2008) derzeit allerdings noch nicht so groß, wie es aktuellen Medienberichten zufolge den Anschein hat. Dass Neuroenhancement im öffentlichen und wissenschaftlichen Diskurs überhaupt einen so großen Stellenwert einnimmt, führt er darauf zurück, dass insbesondere in den westlichen Gesellschaften der Wunsch verbreitet ist, die menschliche Befindlichkeit zu maximieren:

[63] Die Einnahme von ‚Doping-Mitteln' vor einer Prüfung stellt nach deutschem Recht im Übrigen keine strafbare Handlung dar und kann mangels Verbotsnorm auch nicht als Täuschungsversuch gewertet werden (Zimmerling & Brehm, 2008).

> Der eigene Körper, das eigene Vermögen, die eigene Leistungskraft, aber noch mehr der Körper, das Vermögen und die Leistungskraft der eigenen Kinder sollen möglichst optimal entwickelt werden. Dazu gehört zum einen, den menschlichen Körper vor schädlichen Einflüssen (z. B. Alkohol, Nikotin, Süßigkeiten, Fleisch, Drogen) zu bewahren, zum anderen gehört dazu, ihn mit allen zur Verfügung stehenden Mitteln zu optimieren. (Reichertz, 2008, S. 521)

Hierzu ist prinzipiell festzustellen, dass die Anforderungen im deutschen Schulsystem nicht so hoch sind, dass nur eine kleine Anzahl von besonders begabten und hochleistenden Individuen zufriedenstellende Leistungen erzielen können. Vielmehr ist davon auszugehen, dass das erforderliche Mindestmaß an Kenntnissen und Fertigkeiten unter der Voraussetzung eines qualitativ hochwertigen Unterrichts von einem Großteil der Schüler/-innen erworben werden könnte. Allerdings fällt es nicht allen Schülerinnen und Schülern gleichermaßen leicht, den schulischen Anforderungen gerecht zu werden. Während einige Schüler/-innen aufgrund ihrer Begabung nicht gezwungen sind, ihre Ressourcen voll auszuschöpfen, um das gewünschte Leistungsziel zu erreichen, ist das gleiche Leistungsniveau von anderen Schülerinnen und Schülern nur bei maximaler Anstrengung zu erreichen. Doch auch dies ist in einigen Fällen nicht genug, um die eigenen Erwartungen bzw. die Ansprüche der Umwelt zu befriedigen. Nicht wenige Kinder werden daher nicht nur im Unterricht, sondern zusätzlich mittels häuslicher Übungseinheiten und Nachhilfeunterricht zu Maximalleistungen angetrieben. Ob ihnen hierdurch die Zeit genommen wird, sich mit Dingen zu beschäftigen, die sie (mehr) interessieren und für die sie gegebenenfalls eine höhere Begabung besitzen, spielt für die Umwelt häufig keine Rolle. Ebenso wie bei Leistungssportlern, die nicht das rechte Maß für ihre Aktivitäten einhalten, ist auch im Falle der schulischen Überforderung mit psychischen oder gesundheitlichen Schäden zu rechnen. Demnach treiben der Ehrgeiz vieler Eltern und der gesellschaftliche Druck (z. B. durch die allgegenwärtige Knappheit von Arbeitsplätzen) einige Schüler/-innen und Studierende an ihre Leistungsgrenzen (und darüber hinaus).

### 5.3.3 Wenn Unwissenheit zum Vorteil wird

Eines der Hauptziele von Schule besteht darin, Kinder und Jugendliche mit dem auszustatten, was man eine solide Allgemeinbildung nennt. Es geht also darum, eine möglichst breite Wissensgrundlage zu schaffen, die in Beruf und/oder Studium weiter ausgebaut werden kann. Nicht in allen Situationen ist es jedoch hilfreich, viel zu wissen. So gibt es beispielsweise Dinge und Sachverhalte, die man zweifellos besser nicht wüsste. Hierzu zählen nicht nur die zahlreichen falschen Informationen, die man im Laufe seines Lebens erhält, sondern vor allem auch traumatische Erfahrungen bzw. Kenntnisse die bei den Betroffenen Unwohlsein auslösen. Hinweise darauf, dass Weniger, Mehr sein kann, liefern aber auch zahlreiche Untersuchungen aus dem Bereich der Urteils- bzw. Heuristikforschung (im Überblick Gigerenzer 2007; Gigerenzer, Todd & the ABC Research Group, 1999). Ein anschauliches Beispiel ist der so genannte ‚less-is-more-effect' (Goldstein & Gigerenzer, 1999), welcher Bedingungen aufzeigt, unter denen Personen mit geringen Kenntnissen von einem Sachverhalt besser schlussfolgern, als Personen mit fundiertem Wissen in dem jeweils betroffenen Entscheidungsbereich. Diese erstaunliche Tatsache wurde mehrfach experimentell bestätigt, so z. B. mittels einer Studie von Gigerenzer und Goldstein im Jahre 1995, in der amerikanische und deutsche Probanden aufgefordert wurden, in einer paarweisen Auflistung amerikanischer oder deutscher Städte die jeweils größere der beiden auszuwählen (Gigerenzer & Goldstein, 2000). Hierbei zeigte sich, dass die Anzahl korrekter Urteile umso höher war, je weniger die Versuchspersonen über das jeweilige Problemfeld wussten. Die Einwohnerzahl deutscher Städte wurde also von amerikanischen Probanden erfolgreicher geschätzt. Hingegen erzielten die Deutschen beim Vergleich der US-Städte bessere Resultate.

In einer neuerlichen Studie (Borges, Goldstein, Ortmann & Gigerenzer, 1999) wurde gezeigt, dass begrenztes Wissen selbst in einem so vielschichtigen Bereich wie dem internationalen Finanz- und Aktienmarkt von Vorteil sein kann. Ausgangspunkt der Untersuchung bildete eine schriftliche Befragung von 360 Laien (180 Deutsche + 180 US-Amerikaner/-innen) sowie 120 Expertinnen / Experten (wiederum je zur Hälfte Deutsche und US-Amerikaner/-innen), mit dem Ziel herauszufinden, welche und wie viele von insgesamt 500 amerikanischen und 298 deutschen Aktiengesellschaften den Probanden namentlich bekannt waren. Als Laie galt dabei, wer nicht mehr als 1/6 der Unternehmen kannte; als Experte wurde bezeichnet, wem mindestens die Hälfte der Firmennamen geläufig war. Anschließend wurden von den Versuchsleitern anhand der erhaltenen Wiedererkennungsraten Aktienfonds angelegt. Auf nationaler Ebene bedeutete dies, dass man nur in solche Aktien investierte, die von mindestens 90 Prozent der Versuchspersonen wiedererkannt wurden. Da man Laien und Expertinnen / Experten getrennt betrachtete, wurden hier also bereits vier Kategorien unterschieden: deutsche Laien – deutsche Aktien; deutsche Experten / Expertinnen – deutsche Aktien; amerikanische Laien – US-Aktien; amerikanische Experten / Expertinnen – US-Aktien. Im internationalen Vergleich wurden jeweils die zehn bekanntesten Wertpapiere gewählt und folglich weitere vier Gruppen unterschieden: deutsche Laien – US-Aktien, deutsche Experten / Expertinnen – US-Aktien, amerikanische Laien – deutsche Aktien, amerikanische Experten / Expertinnen – deutsche Aktien. Die Dauer des Experiments belief sich auf sechs Monate. Man erwartete, dass gemäß des Wiedererkennungsprinzips und des less-ist-more-Effekts die Auswahl der Laien in jeder Bedingung die der Expertinnen / Experten gewinnmäßig übertreffen würde. Darüber hinaus nahm man an, dass die Gewinne im internationalen Feld (vgl. oben: deutsche Laien – US-Aktien, ...) ein Maximum erreichen würden. Diese Vermutung erwies sich als zutreffend. Ferner verglich man die Gewinne, die durch das Wiedererkennungsprinzip erzielt wurden mit maßgeblichen Kennwerten des Börsengeschehens (natürlich wiederum begrenzt auf den Zeitraum der Untersuchung): den allgemeinen Kurszuwächsen gemessen an den Marktindizes DAX 30 und DOW 30, das heißt an den durchschnittlichen Kursgewinnen der 30 marktstärksten Unternehmen, den Einnahmen professioneller Investmentfonds, den Gewinnen einer zufälligen Aktienauswahl, den Erfolgen zufällig gewählter individueller Investmentstrategien und den Erträgen einer Zusammenstellung der gemäß den Umfragedaten am wenigsten bekannten Wertpapieren. Auch hier erzielten die nach dem Wiedererkennungsprinzip ermittelte Aktienauswahl der Laien die höchsten Gewinne. Dies galt für den nationalen ebenso wie für den internationalen Markt.

### 5.3.4 Potenzialausschöpfung als Gefahr

Bei aller Bewunderung von (hoher) Begabung und dem verständlichen Wunsch, diese zu entfalten, darf nicht übersehen werden, dass Begabung auch eine Kehrseite besitzt. Diese besteht darin, dass sie sowohl zum Wohle einer Gesellschaft als auch zu deren Schaden beitragen kann (Tannenbaum, 2002). Auch Benjamin (1949, S. 36) weist darauf hin, dass es selbstverständlich notwendige Einschränkungen bezüglich der persönlichen Entfaltungsmöglichkeiten geben muss, und zwar immer dann, wenn durch die Entfaltung der eigenen Begabung die Grundrechte anderer Personen (zum Beispiel das Recht auf körperliche Unversehrtheit; Art. 2 Abs. 2 Satz 1 GG) verletzt werden. In diesem Falle ist es die Aufgabe der Gesellschaft das Individuum zu führen und darin anzuleiten, seine Fähigkeiten in einer allgemein verträglichen Art und Weise zu entfalten. „The child with an idiosyncrasy of aggression cannot be permitted to develop it into an idiosyncrasy for brutality, mayhem, or murder. He must instead be helped to develop it into an idiosyncrasy for fighting disease through the practice of medicine, battling hunger by farming […], or doing some other aggressive job commensurate with his pattern of abilities" (S. 36).[64] Nach J. W. Gardner (1976) wird eine Gesellschaft niemals die Möglichkeit bieten, jegliche Art von Begabung zur Entfaltung zu bringen. Es versteht sich seiner Meinung nach von selbst, dass z. B. die Entfaltung von kriminellen Fähigkeiten nicht unterstützt werden kann bzw. unterbunden werden muss. Es kann allerdings nicht, wie etwa Ford (1996) annimmt, eine Leistung nur deshalb als Underachievement gewertet werden, weil sie den ethischen und moralischen Prinzipien einer Gesellschaft zuwiderläuft. Ein Computer-Cracker, der sein Potenzial voll ausschöpft, indem er hochkomplexe Programme entwickelt, um mit deren Hilfe Straftaten zu begehen, muss ebenso als Achiever angesehen werden wie eine Person, die ein Achievement in einem sozial erwünschten Bereich erzielt. Zu einem vergleichbaren Schluss kommt auch Tannenbaum (2002). Ihm zufolge gehören auch Individuen wie Dr. Joseph Mengele, Leni Riefenstahl und viele andere Verbrecher und zwielichtige Zeitgenossen zur Liga der brillanten Geister, ungeachtet dessen, dass die jeweils vorhandenen Begabungen in zum Teil höchst menschenverachtender und moralisch verwerflicher Weise genutzt und umgesetzt wurden. Hieraus muss jedoch letztlich der Schluss gezogen werden, dass Achievement auch in diesen Bereichen nicht erwünscht sein kann, d. h. in Fällen, in denen das Achievement des einen eine Gefährdung von anderen bedeutet.

### 5.3.5 Underachievement als Mittel zum Zweck

Was nach außen hin wie Underachievement wirkt, kann in Wahrheit Achievement sein. Dies gilt dann, wenn sich die gezeigte Handlung auf ein anderes Ziel richtet als jenes, das bei oberflächlicher Betrachtung vermutet wird. Spielen etwa zwei Kinder

[64] **Übersetzung der Autorin:** „Das Kind mit einem besonderen Hang zur Aggression darf nicht die Möglichkeit erhalten, diesen in Form von Brutalität, Zerstörungswut und Mordlust auszuleben. Ihm muss vielmehr dabei geholfen werden, seine Aggressionen auf die Verfolgung eines nützlichen Zieles auszurichten, so z. B. die Bekämpfung von Krankheiten im Rahmen einer medizinischen Tätigkeit, der Bekämpfung von Hunger durch Landwirtschaft oder die Ausübung einer anderen Tätigkeit, in der die Aggressionen sinnvoll kanalisiert werden können".

unterschiedlichen Alters miteinander Schach, und das jüngere der Kinder gewinnt, so könnte es für einen außenstehenden Betrachter so aussehen, als ob das siegreiche Kind, in diesem Falle also das jüngere Kind, die bessere Leistung erzielt hat. Wüsste man ferner, dass beide Kinder in etwa die gleiche Begabung für das Schachspielen besitzen, könnte man das ältere Kind für einen Underachiever halten. Tatsächlich könnte es sich jedoch um einen älteren Bruder handeln, der seinen jüngeren hat gewinnen lassen, um diesen mittels eines Erfolgserlebnisses zu vermehrter Anstrengung zu motivieren. In diesem Falle hätte der ältere Bruder nie die Absicht gehabt, eine hervorragende Leistung im Schachspiel zu zeigen, sondern statt dessen die Intention, seinen kleinen Bruder möglichst nicht wissen zu lassen, dass er absichtlich schlechter gespielt hat, als er gekonnt hätte. In diesem Falle würde es sich zwar um Underachievement hinsichtlich des Schachspiels handeln, jedoch um Achievement hinsichtlich des Versuchs, dem kleinen Bruder ein Erfolgserlebnis zu verschaffen.

Ein anderes Szenario könnte so aussehen, dass ein begabtes und ein weniger begabtes Kind in der Schule die gleichen Leistungen erzielen. Auch hier kann leicht der Verdacht eines Underachievements entstehen. Schließlich sollte man (von Deckeneffekten einmal abgesehen) vermuten, dass das begabtere Kind bessere Leistungen erbringt. Tatsächlich könnte es jedoch sein, dass das begabtere Kind einen beträchtlichen Teil seiner Ressourcen darauf verwendet, dem schwächeren Kind zu helfen, oder aber es verbirgt seine Fähigkeiten, um mit dem anderen Kind in einer Leistungsgruppe zu arbeiten. Auch in diesem Fall ist das Underachievement nur vordergründig. Dahinter verbirgt sich jeweils ein Achievement, das sich jedoch nicht darauf richtet, die maximal mögliche Leistung zu erzielen. Problematisch an diesen Beispielen ist, dass es für einen Außenstehenden natürlich schwer erkennbar ist, welche Absicht eine Person verfolgt. Diese muss gezielt erfragt werden, was in vielen Leistungssituationen, deren Resultate die Grundlage von Forschungsstudien bilden, nicht der Fall ist. Hierdurch entsteht die Gefahr, aus einem gefundenen Ergebnis die falschen Schlüsse zu ziehen.

## 5.4 Abschließende Bewertung

Zusammenfassend lässt sich festhalten, dass unausgeschöpfte Begabungsreserven nicht per se einen Nachteil darstellen. Dies gilt sowohl für den schulischen als auch außerschulischen Bereich. So ist Underachievement beispielsweise immer dann wünschenswert, wenn es eine Begleiterscheinung von Achievement darstellt. Tatsächlich lässt sich Underachievement im Falle von Höchstleistungen gar nicht verhindern. Dies gilt sowohl im Falle einer Ressourcenkonzentration (bzw. einer bereichsspezifischen Höchstleistung) als auch Ressourcendiversifikation (d. h. der Aufteilung vorhandener Ressourcen auf mehrere Leistungsbereiche). Bereits aufgrund der naturgemäß begrenzten zeitlichen Ressourcen wird es einer Person nicht möglich sein, in allen Begabungsbereichen das individuelle Potenzial auszuschöpfen. (Höchst-)Leistung in einem Bereich wird vielmehr stets mit Minderleistung in anderen Begabungsbereichen einhergehen. Dies gilt unabhängig von Art und Umfang der vorhandenen Begabung(en), denn auch die Entfaltung einer geringen Begabung erfordert schließlich Zeit. Der Unterschied zwischen einer hohen und einer niedrigeren Begabung besteht folglich nicht darin, dass eine geringere Begabung leichter ausgeschöpft werden kann, sondern darin, dass eine weniger begabte Person in der gleichen Zeitspanne eine geringere Leistung erzielen wird als eine begabtere Person. Es gilt also für das Underachievement das Gleiche wie nach Watzlawick (Watzlawick et al., 2007, S. 53) für die menschliche Kommunikation: Underachievement lässt sich nicht verhindern oder „Man kann nicht Nicht-Underachiever sein".

Korrekterweise dürften daher auch Forschungsfragen nicht lauten: „Wie kommt es zu Underachievement?", sondern vielmehr: „Unter welchen Bedingungen ist Achievement möglich und wünschenswert?" Dabei stellt sich zunächst die Frage, ob sich Achievement sowohl mittels einer Spezialisierung als auch Diversifikation erreichen lässt. Die Antwort hängt davon ab, ob man Einzelleistungen oder kumulierte Leistungen betrachtet und davon, ob Achievement als effiziente Potenzialnutzung oder aber das Erzielen eines bestimmten bzw. maximal möglichen Leistungsergebnisses verstanden wird. So kann etwa im Falle der Diversifikation von Höchstleistung nur dann gesprochen werden, wenn die Leistungen aus allen Tätigkeitsbereichen kumuliert und zu einem Gesamtleistungswert verrechnet werden. Werden hingegen Einzelleistungen betrachtet, so kann auf der Basis einer Diversifikation im Allgemeinen nicht dasselbe Leistungsniveau erzielt werden, wie auf der Grundlage einer Spezialisierung. Gleichermaßen kann eine effiziente Ressourcennutzung sowohl im Rahmen einer Spezialisierung als auch Diversifikation zu Achievement führen. Steht hingegen das reine Leistungsergebnis im Fokus der Betrachtung, so düfte im Falle einer Spezialisierung mit einer höheren Leistung und somit eher mit Achievement zu rechnen sein.

Achievement alleine reicht im Alltag jedoch nicht aus. Während es für die theoretische Betrachtung unerheblich ist, auf welchem Gebiet eine Leistung erbracht wird, spielt der Nutzen für den Einzelnen und die Gesellschaft im täglichen Leben durchaus eine wichtige Rolle. Nicht jede Form von Achievement ist nützlich und/oder wünschenswert. Dies gilt zunächst einmal unabhängig davon, ob sich der Einzelne für eine Ressourcenkonzentration oder -diversifikation entscheidet. Denn hoch spezialisierte Expertinnen / Experten sind in vielen Bereichen ebenso wertvoll wie Generalisten / Generalistinnen (bzw. Personen mit einem breiteren Leistungsspektrum). Dies sei beispielhaft anhand einer Fußballmannschaft dargestellt: Ohne Zweifel dürfte es für eine Mannschaft von Vorteil sein, wenn alle wichtigen Positionen mit Spezialisten besetzt werden können. Hätte ein Trainer die Wahl, im Angriff einen erstklassigen Stürmer oder einen Spieler einzusetzen, der zwar nicht die Klasse der jeweiligen Spezialisten besitzt, jedoch auf allen Positionen eingesetzt werden kann, so würde sich der Trainer vermutlich für den Stürmer entscheiden. Sollen stets alle Positionen mit Spezialisten besetzt werden, so erfordert dies allerdings einen Kader, in dem für jede Position neben den jeweiligen Spielern mindestens ein weiterer Spezialist als Reservist zur Verfügung steht. Schließlich kann es jederzeit zu einem verletzungs- oder krankheitsbedingten Ausfall kommen. Theoretisch werden also mindestens elf spezialisierte Reservisten benötigt, um das Team im Verletzungsfalle einsatz- und konkurrenzfähig zu halten. Hingegen erfordert es nur einen guten Generalisten, um einen verletzten Spieler auf jeder Position ersetzen zu können. Wenn dieser leistungsmäßig auch nicht an die Spezialisten heranreichen kann, so ist er doch in der Lage, eine zufriedenstellende Leistung zu erbringen und die entstandene Lücke zu füllen. Darüber hinaus ist es selbstverständlich ökonomischer, die Mannschaft durch wenige Generalisten zu verstärken als durch viele Spezialisten, die möglicherweise gar nicht oder nur selten zum Einsatz kommen und letzen Endes aufgrund mangelnder Motivation keine Höchstleistung mehr erbringen können und/oder aufgrund fehlender Spielpraxis ihre Form verlieren. Hinzu kommt, dass es auch aus taktischen Gründen sinnvoll sein kann, einen Generalisten einzusetzen, da dieser in der Spielgestaltung flexibler eingesetzt werden kann und für den Gegener daher weniger berechenbar ist.[65]

Ob sich eine Spezialisierung lohnt, hängt letztlich vom Umfang der Begabung ab. Eine Spezialisierung ist jedenfalls immer dann riskant, wenn die Ressourcen in einen Bereich investiert werden, in dem das Angebot an befähigten Personen die Nachfrage deutlich übersteigt. In diesem Falle kann aus dem breiten Angebot nämlich derjenige oder diejenige ausgewählt werden, der/die über die größte Begabung / Expertise verfügt. Ist also schon von vornherein klar, dass ein Individuum auch bei maximaler Anstrengung nicht mit den Mitbewerberinnen und Mitbewerbern wird mithalten können, sollten die Ressourcen eher in einen Bereich investiert werden, in dem ein günstigeres Angebot-Nachfrage-Verhältnis besteht. Dies gilt auch dann, wenn die betroffene Person in diesem Bereich eine geringere Begabung aufweist. Daraus folgt: Personen können zwar in jenem Bereich, in dem sie die höchste Begabung besitzen, die individuell größten Leistungen erbringen. Diese sind jedoch nur dann von Nutzen, wenn auch ein Bedarf an dieser Fähigkeit besteht.

Welche Begabungen sollten nun aber gefördert werden und welche sind als vernachlässigenswert anzusehen? Wie die Lebens- und Erfolgsgeschichten vieler berühmter Persönlichkeiten zeigen, wäre es zu einfach, schulisches Wissen für beruflichen Erfolg per se als wichtiger zu erachten als außerschulische Kenntnisse und Fertigkeiten. Ohne Zweifel gibt es gewisse Grundfertigkeiten, die den Alltag und das Berufsleben sowie den Erwerb von Wissen erleichtern. So eröffnet etwa die Fähigkeit zu Lesen den Zugang zu jeder Art von Printmedien. In einer Zeit, in der Computer per Touchscreen bedient, gesprochene Worte automatisch in Textdateien umgewandelt und beim Abruf vom Computer vorgelesen werden können, verlieren jedoch selbst die Kulturtechniken Lesen und Schreiben mehr und mehr an Bedeutung. Dennoch sind Schulen unverzichtbare Einrichtungen, da sie insbesondere jenen Schülerinnen und Schülern essentielle Basiskenntnisse vermitteln können, denen außerhalb des Unterrichts keine entsprechenden Lernmöglichkeiten geboten werden. Unglücklicherweise bieten jedoch auch Schulen nicht für alle Schüler/-innen optimale Förderbedingungen.

---

[65] Nicht nur im Fußball, sondern auch in anderen Arbeitsfeldern kann es von Vorteil sein, über ein breites Spektrum an Fertigkeiten zu verfügen. So dürften gerade Personen in Führungspositionen davon profitieren, dass sie nicht nur vertiefte Kenntnisse in einem Spezialgebiet besitzen, sondern profunde Kenntnisse in allen Bereichen, die ihrem Arbeitsfeld zugeordnet sind. Nach dem so genannten Peter-Prinzip verlieren Spezialkenntnisse und Expertise sogar umso mehr an Bedeutung, je höher man in der Führungshierarchie aufsteigt (Peter & Hull, 1984). Paradoxerweise steigen jedoch Spezialisten bzw. Individuen, die sich durch herausragende Leistungen hervortun, in der Führungshierarchie schneller auf, als Personen mit mäßigeren Leistungen. Personen, die ein niedrigeres Leistungsniveau aufweisen, verbleiben hingegen auf den unteren Stufen und erledigen ihre Arbeit weiterhin mit niedrigerer Kompetenz. Letztendlich hat dies zur Folge, dass die Leistung und Qualität der Arbeit insgesamt sinkt, denn auf der höheren Ebene kommt die Expertise der Führungskrafte nicht mehr zur Geltung und auf der unteren Ebene verbleiben jene Personen, die von vornherein weniger gute Leistungen erbracht haben (Peter & Hull, 1984).

Dies liegt vor allem daran, dass auch das schulische Curriculum üblicherweise sehr eingeschränkt und der Unterricht eher darauf ausgerichtet ist, Grundwissen anstatt vertiefter Kenntnisse zu vermitteln. Im Sinne einer optimalen Begabungsförderung ist dies insofern zu kritisieren, als Schüler/-innen bis zu einem gewissen Alter gezwungen sind, einen großen Teil ihrer zeitlichen Ressourcen in die Teilnahme am Schulunterricht zu investieren, und zwar auch dann, wenn ihre eigentliche Begabung in einem außerschulischen Bereich liegt. Zeit, die in den Schulunterricht fließt, steht allerdings für andere Tätigkeiten nicht mehr zur Verfügung. Dass Schüler/-innen systematisch daran gehindert werden, sich mit Dingen zu befassen, für die sie gegebenenfalls mehr Interesse und Talent besitzen, lässt sich allenfalls damit rechtfertigen, dass die in der Schule gelehrten Inhalte für das Vorankommen des Einzelnen und/oder der Gesellschaft wichtiger sind als jene Tätigkeiten, die ein Individuum aus eigenem Antrieb ausüben würde. Dies ist jedoch nicht zwangsläufig der Fall. Somit ist zu konstatieren, dass Schule die Entfaltung von Begabungen in einigen Fällen nicht nur nicht unterstützt, sondern diese im Einzelfall sogar verhindern kann. Auch das Argument, in der Schule würde den Kindern aufgrund der vorhandenen Anregungen erst bewusst werden, welche Begabungen sie besitzen, lässt sich in Anbetracht des doch sehr eingeschränkten Curriculums in dieser Allgemeinheit nicht rechtfertigen. So kann allenfalls bei einem kleinen Anteil an Schülerinnen und Schülern davon ausgegangen werden, dass deren Begabungen und Interessen sich mit dem schulischen Angebot decken und damit im Schulalltag entdeckt werden können.

Selbstverständlich wäre es unangemessen, von Schule und Gesellschaft zu verlangen, jede Form der Begabung zu fördern. Begabungsförderung hat notwendigerweise dort ihre Grenzen, wo die Potenzialentfaltung eine Gefahr für das Individuum selbst oder andere darstellt. Auch ist es natürlich dem Wohle einer Gesellschaft nicht zuträglich, wenn jeder seine individuelle Begabung maximiert, das dabei erworbene Wissen jedoch keinen Wert besitzt. Grenzen in der individuellen Begabungsförderung ergeben sich somit immer dann, wenn die Gesellschaft für Menschen aufkommen muss, die sich zwar ihrer Begabungsausschöpfung widmen, damit jedoch weder ihren Lebensunterhalt sicherstellen können noch einen Beitrag zum Wohle der Gemeinschaft leisten. Es ist also korrekt, wenn J. W. Gardner (1976) feststellt, dass es nicht die Aufgabe einer Gesellschaft sein kann, jede Art von Begabung zu fördern.

> The truth is that no society will ever provide a living for every kind of talent. We need not dwell on the fact that some kinds of talent – for pick pockets, let us say – have to be discouraged; nor that other kinds – the capacity to imitate birdcalls, for example – are trivial. Even in the case of genuinely important gifts – the gifts of the artist, writer, composer, architect or sculptor – the individual can never assume that society will support him in the exercise of his talent. Talent is one thing and marketability of talent is something else. The latter will depend upon the kind and degree of talent involved, the attitudes of society towards that talent, the prosperity of the society and many other things. It will never be easy for the gifted individual who is ahead of his time (or behind the times) or who exercises his talent in a way that does not coincide with the fashion of the moment. (J. W. Gardner, 1976, S. 291)[66]

---

[66] **Übersetzung der Autorin:** „Es ist eine Tatsache, dass keine Gesellschaft jede Form von Begabung unterstützen und fördern wird. Auch versteht es sich von selbst, dass einige Talente – z. B. zum Ta-

Für die Feststellung von Achievement spielt der Nutzen der erbrachten Leistung jedoch zunächst einmal keine Rolle. Dies zeigt sich nicht zuletzt am Beispiel eines Straßenkindes, das mit kriminellen Mitteln sein Überleben sicher. Während andere Kinder die Schule besuchen, um Lesen und Schreiben zu lernen, perfektioniert dieses Kind möglicherweise seine Geschicklichkeit im Trickdiebstahl. Fließen sowohl Zeit und Begabung in diese Tätigkeit, so handelt es sich diesbezüglich um Achievement, unabhängig davon, dass es für den Bestohlenen und die Gesellschaft sicher keinen Vorteil darstellt, wenn Straßenkinder ihre kriminellen Fähigkeiten perfektionieren. Dass diese Fertigkeit nutzlos ist, kann jedoch nicht ohne weiteres behauptet werden, denn was für die Gesellschaft schlecht ist, kann für den Einzelnen durchaus von Nutzen sein. So kann es etwa auch im vorliegenden Falle für die Überlebenschancen des Straßenkindes wichtiger sein, Touristen mit einem perfekt ausgeführten Taschenspielertrick das Portemonnaie aus der Tasche zu ziehen und so zu Geld und Nahrung zu kommen, als seine Zeit damit zu verbringen, Lesen und Schreiben zu lernen. Kowitz (1965) stellt diesbezüglich fest:

> Thus, human behavior is not a matter of choice among action or no action but rather a matter of choice among several courses of action in response to systems of needs. The underachiever, rather than being a person who chooses not to use his academic abilities, may be a person who must attend to needs more basic than assigned, academic activities.[67] (S. 466)

Diese Aussage deckt sich mit den Erkenntnissen von Maslow (1954, 1970), dem zufolge fünf hierarchisch angeordnete Motivklassen zu unterscheiden sind. Bevor die Bedürfnisse auf einer der höheren Ebenen erfüllt werden können, müssen zunächst die Bedürfnisse der darunter liegenden Ebenen befriedigt werden. Bezogen auf den schulische Lernkontext und/oder vergleichbare Leistungssituationen bedeutet dies, dass etwa die physiologischen und emotionalen Bedürfnisse eines Kindes befriedigt sein müssen, bevor Bedürfnisse auf einer höheren Stufe (z. B. das Bedürfnis Wissen zu erwerben) angesprochen werden können.

---

schendiebstahl – unterdrückt werden sollten und andere – beispielsweise die Fähigkeit Vogelstimmen zu imitieren – trivial sind. Und sogar im Falle tatsächlich bedeutsamer Begabungen – so etwa der Begabungen von Künstlern, Schriftstellern, Komponisten, Architekten und Bildhauern – besteht auf Seiten des Einzelnen kein Grund zu der Annahme, dass die Gesellschaft ihn bei der Entfaltung seines Talentes unterstützen wird. Talent ist das eine und die Vermarktbarkeit von Talent etwas anderes. Letzteres ist abhängig von Art und Umfang der jeweiligen Begabung, dem Wohlstand und den Vorlieben der Gesellschaft und vielen anderen Faktoren. Es wird niemals leicht sein für eine begabte Person, die ihrer Zeit voraus ist (bzw. hinterher hinkt) oder die ihr Talent in einer Weise nutzt, die nicht mit dem jeweiligen Zeitgeist entspricht".

[67] **Übersetzung der Autorin:** „Daher stellt menschliches Verhalten nicht das Ergebnis der Wahl zwischen ‚Handeln' und ‚Nicht-Handeln' dar, sondern vielmehr das Ergebnis einer Wahl zwischen zahlreichen Handlungsalternativen unter Berücksichtigung der vorliegenden Bedürfnisse. Damit ist der Underachiever keine Person, die sich dazu entschließt, ihre akademischen Fähigkeiten nicht einzusetzen, sondern möglicherweise eine Person, die zunächst wesentlich grundlegendere Bedürfnisse befriedigen muss, als die Erledigung der von ihr verlangten schulischen Aktivitäten".

# 6 Fazit

In wissenschaftlichen Publikationen und Stellungnahmen wird immer wieder auf die methodischen und theoretischen Fallstricke hingewiesen, denen sich die Underachievement-Forschung gegenübersieht. Insbesondere wird Kritik an der mangelhaften Operationalisierbarkeit des Konstrukts geäußert sowie auf Schwierigkeiten hingewiesen, die mit dem Einsatz eines Diskrepanzmaßes zur Bestimmung von Achievern und Underachievern verbunden sind. Ungeachtet dessen erfreut sich Underachievement als Forschungsgegenstand großer Beliebtheit. Dies lässt sich zum einen darauf zurückführen, dass die Vorstellung von Personen, die hinter ihren Möglichkeiten zurückbleiben, intuitiv ebenso überzeugend wirkt, wie die Vorstellung, dass Underachievement einen negativen Zustand darstellt, den es zu vermeiden bzw. zu beheben gilt. „Je stärker die Kernannahmen eines psychologischen Konstruktes im naiven Überzeugungswissen verankert sind, umso widerstandsfähiger und änderungsresistenter ist es gegenüber kritischen Einwänden“ (Weinert & Petermann, 1980, S. 23). Zum anderen entspricht der Wunsch nach Begabungsförderung dem gesellschaftlichen Zeitgeist. So zeigt sich der hohe Stellenwert, den Begabung, Talent und Wissen in der heutigen Gesellschaft genießen, nicht nur am allabendlichen Fernsehprogramm aus Quizshows und Talentwettbewerben. Auch in der Werbung und in populärwissenschaftlichen Ratgebern werden Eltern durch die Botschaft bedrängt, dass eine Begabungsförderung nicht früh genug beginnen kann – nach Möglichkeit bereits vor der Geburt.

Im schulischen und universitären Bereich zeugen verstärkte Bemühungen um die Förderung von besonders befähigten Personen im Rahmen von Kinder- und Schülerakademien, Kinder-Unis, Eliteförderungsprogrammen und Eliteuniversitäten von dem allgemeinen Bestreben, vorhandene Begabungen möglichst frühzeitig zu erkennen und zu entfalten. Diese Bestrebungen werden gerade im Hinblick auf schulisches Lernen noch durch die für das deutsche Bildungssystem enttäuschenden Ergebnisse internationaler Schulvergleichsstudien sowie die Tatsache einer prekären Situation auf dem Arbeitsmarkt verstärkt. Gute schulische Leistungen sind der Schlüssel zu einer Vielzahl an Aus- und Weiterbildungsmöglichkeiten und erleichtern auf diese Weise den erfolgreichen Einstieg in das Berufsleben. Wer konkurrenzfähig bleiben möchte, kann es sich auf Dauer nicht leisten, vorhandene (geistige) Ressourcen ungenutzt zu lassen. Dies gilt sowohl für die Gesellschaft als auch den Einzelnen und führt zu dem verständlichen Wunsch vieler Eltern, Schüler/-innen und Lehrer/-innen, das (intellektuelle) Potenzial der Schüler/-innen in maximale schulische Leistungen umzusetzen. Nicht in allen Fällen gelingt dies jedoch gleichermaßen gut. Wie zahlreiche Studien belegen, gibt es hinsichtlich des Leistungsniveaus und der Begabungsausschöpfung- von Schülerinnen und Schülern deutliche Unterschiede zwischen Ländern, Bundesländern, Einzelschulen und sogar Klassen (im Überblick Jerusalem, 1997; Rüesch, 1998). Nationale und internationale Vergleichstudien zeigen, dass gerade deutsche Schulen in vielen Fällen nicht in der Lage sind, die Begabungen der Schüler/-innen in ausreichendem Maße zu erkennen und zu entfalten. Somit kann es kaum verwundern, dass die Nachfrage nach außerschulischen Bildungs- und Förderangeboten stetig steigt. Damit verbinden sich zugleich umfangreiche Bemühungen, gerade in Fällen von erwartungswidrig schlechten Leistungen nach den jeweiligen Ursachen zu forschen und aus den diesbezüglichen Erkenntnissen effektive Interventionsmöglichkeiten abzuleiten.

Aus welchen Gründen speziell Schüler/-innen leistungsmäßig hinter ihren Möglichkeiten zurück bleiben, wird im Rahmen der Underachievement-Forschung seit den 1960er Jahren intensiv untersucht. Die gewonnenen Erkenntnisse sind dabei ebenso zahlreich und vielfältig wie die zugrunde liegenden Untersuchungstechniken. Neben mangelhafter familiärer und schulischer Förderung werden insbesondere Personmerkmale wie geringe Anstrengungsbereitschaft, fehlendes Interesse, Ängste, mangelnde Arbeitstechniken und diverse motivationale Defizite für die Minderleistungen verantwortlich gemacht. Dass sich die jeweils gefundenen Forschungsergebnisse oftmals widersprechen, ist u. a. darauf zurückzuführen, dass bislang keine Einigkeit darüber besteht, was inhaltlich unter dem Begriff ,Underachievement' zu verstehen und wie dieses zu erfassen ist. Wahl wies bereits im Jahr 1975 darauf hin, dass lediglich festgelegt ist, „dass von einem Prädiktor, der Intelligenz repräsentieren soll, eine Vorhersage auf das Kriterium Schulleistung gemacht wird, wobei Unterschiede zwischen vorhergesagter und tatsächlich erreichter Schulleistung als erwartungswidrig bezeichnet werden" (S. 35). Wie die Prädiktoren und Kriterien des Konstrukts im Einzelnen beschaffen sein müssen, wird jedoch nicht näher spezifiziert und bleibt der Interpretation – und damit in gewissem Umfang auch der Willkür – des einzelnen Forschers / der einzelnen Forscherin überlassen.

Vor weiteren methodischen Problemen steht die Underachievement-Forschung im Zusammenhang mit der Auswahl einer geeigneten Stichprobe sowie der Wahl einer Referenz- und Kontrollgruppe. Welche Personengruppen im Einzelnen miteinander verglichen werden, hat Auswirkungen darauf, welche Attribute als besonders prägnant wahrgenommen und den jeweiligen Vergleichsgruppen zugeschrieben werden. Insofern ist auch im Kontext der Underachievement-Forschung eine erhebliche Varianz der Untersuchungsergebnisse in Abhängigkeit von den Merkmalen und Eigenschaften der jeweiligen Untersuchungs- und Vergleichsgruppe zu beobachten. Wie ein Beispiel von Schlee (1976) zeigt, sind insbesondere bei der Wahl hoch selektiver Personengruppen (z. B. Hochbegabten, Migrantenkindern oder Angehörigen ethnischer Minderheiten) widersprüchliche Ergebnisse gerade nicht überraschend, sondern vielmehr von vornherein erwartbar. Zwar gilt der Grundsatz, dass konträre Befunde per se noch nicht als problematisch anzusehen sind. Schwierigkeiten treten jedoch dann auf, wenn Forschungsergebnisse, die unter spezifischen Rahmenbedingungen gewonnen wurden, auf Stichproben und Kontexte übertragen werden, für die sie keine Gültigkeit besitzen. So kann beispielsweise nicht ohne weiteres angenommen werden, dass Merkmale und Verhaltensweisen von hochbegabten Underachievern aus gutsituierten Elternhäusern auch bei normalbegabten Underachievern aus bildungsfernen Elternhäusern zu finden sind. Ein solcher Fehlschluss liegt jedoch nahe, wenn – was verbreiteter Praxis in Handbüchern und Ratgebern zum Thema Underachievement entspricht – nur Forschungsbefunde berichtet werden, ohne die konkreten Umstände zu beschreiben, unter denen diese Erkenntnisse gewonnen wurden.

In der täglichen Test- und Forschungspraxis hat dies zur Folge, dass immer wieder Personen fälschlicherweise als Underachiever etikettiert werden, während anderen eine dringend benötigte Förderung vorenthalten wird. Vor diesem Hintergrund ist es erforderlich, das Augenmerk erneut auf die vielfältigen Probleme im Bereich der Underachievement-Forschung zu richten und die in der Vergangenheit bereits vorgebrachten Kritikpunkte aufzugreifen und zu ergänzen. Anhand alltagsnaher Beispiele lässt sich ohne weiteres darstellen, dass mittels der herkömmlichen Diskrepanzdefinition zahlreiche Underachievementfälle nicht erfasst werden können und die bislang verbreiteten Definitionen von Underachievement dogmatische Fehler und Ungenauigkeiten aufweisen, die zu einer Modifikation des Begriffsverständnisses zwingen. Bezieht man sich ausschließlich auf die Diskrepanz zwischen kognitiver Leistungsfähigkeit und unerwartet schlechten Schulleistungen, so werden zahlreiche ‚Störfaktoren' sachwidrig ausgeblendet. Dies zeigen insbesondere Fälle, in denen ganze Schüler/-innengruppen aufgrund unangemessener Rahmenbedingungen an der Ausschöpfung ihres kognitiven Potenzials gehindert werden. Aber auch ‚Decken- und Bodeneffekte' stellen eine unkritische und uneingeschränkte Verwendung der Diskrepanzdefinition in Frage (Dies gilt unabhängig davon, ob die Identifikation der Underachiever letztlich über Quantil- oder regressionsanalytische Ansätze erfolgt). Bestehen allerdings derartige massive Defizite im Bereich der Operationalisierung, so verhindert dies nicht nur die sinnvolle Interpretation und Generalisierung von Forschungsergebnissen, sondern stellt auch Diagnosen und Interventionsmaßnahmen in Frage, die auf der Grundlage der fehlerhaften Forschungsbefunde entwickelt werden. Konstrukte müssen, wenn man sinnvoll mit ihnen arbeiten will, hinreichend klar definiert sein, da nur dann eine Verständigung über das mit dem jeweiligen Konstruktnamen Gemeinte möglich ist. Folglich muss in jedem Fall der fiktive oder faktische Gegenstandsbereich von Konstrukten nachweisbar sein (Schneewind, 1969). Diese Voraussetzung ist im Falle von Underachievement nicht erfüllt. Es bestehen vielmehr zwei miteinander verknüpfte Probleme (Herrmann, 1991): (1) Forscher bezeichnen mit ein und demselben Begriff höchst unterschiedliche Sachverhalte, ohne daraus (2) das Bedürfnis abzuleiten, diese Unklarheit des Wortgebrauchs auf seine Ursachen hin zu untersuchen oder den Terminus ganz zu vermeiden.

Wie die vorangegangenen Ausführungen zeigen, ist das Underachievement-Modell schon angesichts der fehlenden Präzision seines theoretischen Fundaments Bedenken ausgesetzt. Dieser Eindruck erhärtet sich weiter, wenn man sich vor Augen führt, dass es auch an einer klaren Definition von Achievement als natürlichem Komplementärbegriff fehlt. Es wird also faktisch von erwartungswidrigen Leistungen bzw. Underachievement gesprochen, ohne dass überhaupt Einigkeit darüber besteht, in welchen Fällen eine erwartungskonforme Leistung bzw. Achievement zu diagnostizieren ist. Die Brisanz einer solchen Vorgehensweise wird mit Blick auf den Praxisalltag rasch deutlich. Nach Weinert und Petermann (1980) werden die Abweichungen von der postulierten Übereinstimmung von Intelligenz und Lernleistung in erster Linie nicht-kognitiven Persönlichkeitsmerkmalen zugeschrieben. Diese sollen identifiziert und pädagogisch-psychologisch so behandelt werden, dass Widerstände, Blockierungen und Barrieren beseitigt und die betroffenen Schüler/-innen in die Lage versetzt werden, ihr vorhandenes Lernpotenzial zu entfalten. Das Ziel im Falle eines diagnostizierten Underachievements besteht also darin, den unerwünschten Ausgangszustand (die erwartungswidrigen Leistungen) in den gewünschten Zielzustand (erwartungskonforme Leistungen) zu überführen. Dies erweist sich jedoch als unmöglich, wenn der Zielzustand nicht klar definiert ist, also keine Einigkeit darüber besteht, wann von einem Achievement gesprochen werden kann.

Ebenso wie Underachievement kann auch Achievement in unterschiedlicher Weise definiert werden, wobei die jeweils gewählte Achievement-Definition Auswirkungen auf Art und Anzahl der zu erwartenden Underachiever hat. Zu unterscheiden ist zum einen zwischen einer Vorstellung von Achievement als dem Erreichen eines bestimmten Leistungsergebnisses (Outputs) und Achievement als dem Erzielen einer definierten Leistung unter Aufwendung spezifischer Ressourcen (Output / Input). Dabei gelten als Input neben der individuellen Begabung und den zur Potenzialumsetzung nötigen biologischen Möglichkeiten vor allem die benötigte bzw. aufgewendete Zeit sowie die zur Verfügung stehenden Unterstützungssysteme und Hilfsmittel. Zum anderen ist zu berücksichtigen, dass Achievement sowohl in schulischen als auch außerschulischen Bereichen auftreten kann, wobei sich beide Leistungsbereiche gegenseitig beeinflussen. Angesichts der begrenzten zeitlichen Ressourcen, die einer Person zur Verfügung stehen, ist es für sie ausgeschlossen, in allen Begabungsbereichen Höchstleistungen zu erzielen. Vielmehr ist jedes Individuum gezwungen, seine Ressourcen möglichst effektiv auf die einzelnen Begabungsbereiche zu verteilen, wobei Ressourcen, die in einen Bereich fließen, für andere Bereiche nicht mehr zur Verfügung stehen. Unabhängig davon, ob die zur Verfügung stehenden Ressourcen auf einen oder wenige Bereiche konzentriert und alle anderen Begabungsbereiche vernachlässigt werden, oder ob die Ressourcen in möglichst viele Leistungsbereiche investiert werden und damit auf Höchstleistungen in einzelnen Begabungsbereichen verzichtet wird, muss es zwangsläufig zu Underachievement kommen. Daraus folgt, dass Achievement und Underachievement sich in Wirklichkeit nicht gegenseitig ausschließen, sondern selbst im Falle von Höchstleistungen miteinander einhergehen. Somit gilt für das Phänomen Underachievement entsprechend, was Watzlawick (2007) für die menschliche Kommunikation postuliert hat: Es lässt sich nicht verhindern oder: „Man kann nicht Nicht-Underachiever sein". Zudem lässt sich feststellen, dass es für die Annahme von Underachievement (unabhängig von Begabungsbereichen und Verteilungsstrategie) nicht alleine auf die Diskrepanz zwischen intellektuellem Potenzial und erbrachter Leistung in fachspezifischen Teilbereichen ankommen kann. Im Wege einer Gesamtbetrachtung ist vielmehr der ‚optimale' Einsatz bzw. die effiziente Nutzung der zur Verfügung stehenden Ressourcen maßgeblich.

Im Bereich der Underachievementforschung ist somit ein Umdenken erforderlich. Anstatt den Fokus auf die Suche nach den Bedingungsfaktoren von Underachievement zu richten, gilt es die Frage zu beantworten, unter welchen Voraussetzungen Achievement möglich und wünschenswert ist. In diesem Zusammenhang ist u. a. zu klären, ob es sinnvoller ist, alle Ressourcen auf einen Bereich zu konzentrieren, oder die vorhandenen Ressourcen auf möglichst viele Leistungsbereiche zu verteilen. Fest steht, dass nur im Falle einer Ressourcenkonzentration eine absolute bereichsspezifische Höchstleistung erbracht werden kann. Entspricht der gewählte Leistungsbereich gleichzeitig dem Bereich, in dem ein Individuum die größte Begabung aufweist, so ist in diesem Falle unter optimalen Bedingungen mit der individuell größtmöglichen Leistung zu rechnen. Dies würde dafür sprechen, Kinder vor allem in jenen Bereichen zu fördern, in denen sie die individuell größten Begabungsressourcen aufweisen. Ob sich eine Spezialisierung lohnt oder nicht, hängt jedoch nicht nur vom Umfang der Begabung und der erbrachten Leistung ab. Auch wirtschaftliche Gesichtspunkte spielen hier eine Rolle, insbesondere das bereichsspezifische Verhältnis von Angebot und Nachfrage. Besitzt eine Person ihre individuell größte Begabung in einem Bereich, in dem das Angebot an befähigten Personen die Nachfrage deutlich übersteigt, so ist damit zu rechnen, dass im Bedarfsfall aus dem breiten Angebot derjenige oder diejenige ausgewählt wird, der/die über die größte Begabung / Expertise verfügt. Ist also schon von vornherein klar, dass ein Individuum auch bei maximaler Anstrengung nicht mit den Mitbewerbern / Mitbewerberinnen wird mithalten können, sollten die Ressourcen eher in einen Bereich investiert werden, in dem ein günstigeres Angebot-Nachfrage-Verhältnis besteht. Dies gilt auch dann, wenn die betroffene Person in diesem Bereich (bezogen auf ihr persönliches Begabungsprofil) eine geringere Begabung aufweist. Eine Spezialisierung ist darüber hinaus aber auch dann riskant, wenn sie zu früh erfolgt (also zu einem Zeitpunkt, zu dem noch gar nicht aus allen möglichen Fähigkeitsbereichen das Feld zukünftiger Expertise ausgewählt werden kann, und damit gerechnet werden muss, dass in einem anderen Bereich möglicherweise noch viel größere Leistungen erbracht werden können). Daraus folgt: Personen können zwar in jenem Bereich, in dem sie die höchste Begabung besitzen, die größten Leistungen erbringen. Diese sind jedoch nur dann von Nutzen, wenn auch ein Bedarf an dieser Fähigkeit besteht. Werden Ressourcen auf viele unterschiedliche Bereiche verteilt, so kann sich dies zum einen als Nachteil auswirken, nämlich dann, wenn der oder die Betroffene nicht mit den Leistungen der bereichsspezifischen Spezialisten mithalten kann. Ein breites Fertigkeits- und Wissensspektrum eröffnet jedoch andererseits die Möglichkeit, in unterschiedlichen Tätigkeitsfeldern aktiv zu werden.

Für die Entscheidung, ob im Einzelfall eine optimale Potenzalnutzung eher über eine Ressourcenaufteilung oder -konzentration erreicht werden kann, ist es zunächst einmal von Bedeutung, dass einem Individuum überhaupt die Chance gegeben wird, die eigenen Begabungen zu entdecken und in möglichst vielen Tätigkeitsbereichen zu erproben. Gelegenheit hierzu bietet sich theoretisch sowohl im schulischen als auch außerschulischen Bereich, wobei insbesondere im Falle kostenintensiver Aktivitäten (z. B. dem Erlernen eines Musikinstruments) den Entfaltungsmöglichkeiten im außerschulischen bzw. familiären Bereich vielfach Grenzen gesetzt sind. Gerade Kinder aus sozioökonomisch schlechter gestellten Familien sind folglich auf ein möglichst breites schulisches Fächerangebot angewiesen. Im Allgemeinen ist das Spektrum der schulischen Lerninhalte jedoch auf wenige – als besonders wichtig erachtete – Wissens- und Fachbereiche begrenzt. Dass die in der Schule erzielten Leistungen gegenüber außerschulischen Aktivitäten und Errungenschaften als bedeutsamer eingestuft werden, entspricht dabei lediglich allgemeinen gesellschaftlichen Konventionen. Wie nicht zuletzt die Biographien zahlreicher herausragender Persönlichkeiten der Zeitgeschichte zeigen, ist der Wert von schulischem Wissen für bedeutungsvolle Leistungen und Errungenschaften faktisch oftmals nur gering. Umso erstaunlicher ist es, dass im Bereich der Underachievementforschung außerschulischen Leistungsbereichen und Aktivitäten keine oder lediglich eine geringe Beachtung geschenkt wird.

Ebenfalls kritisch zu sehen, ist die Tatsache, dass Underachievement fast ausschließlich als etwas Negatives wahrgenommen wird. Das Nichtausschöpfen vorhandener Begabungsressourcen kann jedoch (sowohl für den Einzelnen als auch die Gesellschaft) durchaus von Vorteil sein und unter bestimmten Umständen stellt Underachievement sogar einen erstrebenswerten Zustand dar. Dies gilt zum einen im Falle von Höchstleistungen, aber auch dann, wenn für eine Potenzialausschöpfung gegebenenfalls eine dauerhafte Überforderung und somit gesundheitliche Schäden in Kauf genommen werden müssten. Darüber hinaus entspricht es einer verbreiteten Fehleinschätzung, dass Begabung stets etwas Positives ist und deren Entfaltung stets zu erstrebenswerten Resultaten führt. Dass dies nicht zutrifft, zeigt sich etwa am Beispiel von genialen Straftätern, deren ‚Leistungen' angesichts des damit an den Tag gelegten, kreativen Potenzials und unabhängig von gesellschaftlichen Normen auch als Achievement gewertet werden könnten, jedoch allenfalls aus Sicht des Kriminellen selbst einen erstrebenswerten Zustand darstellen.

Letztlich ist noch darauf hinzuweisen, dass es bislang nicht gelungen ist, das ‚Störungsbild Underachievement' und dessen Bedingungsfaktoren eindeutig zu beschreiben. Die Vielzahl unterschiedlicher Symptombilder im Kontext Underachievement legt den Schluss nahe, dass, wenn man dieses Konstrukt überhaupt anerkennt, zwischen unterschiedlichen Underachievementsyndromen bzw. -störungen zu unterscheiden ist. Bei näherer Betrachtung ist Underachievement – wenn überhaupt – aber nur ein Symptom, das aus vielerlei Gründen und im Zusammenhang mit zahlreichen weiteren Symptomen in Erscheinung treten kann. Dabei stellt Underachievement weder das Hauptsymptom noch selbst eine Störung bzw. Krankheit dar. Die Forschungsbemühungen auf Underachievement zu konzentrieren, anstatt die jeweils zugrunde liegenden Störungen in den Blick zu nehmen, kann sich daher als gefährlicher Um- und Irrweg erweisen.

Insgesamt lässt sich damit festhalten, dass Underachievement eher als defizitäres Konstrukt als das Konstrukt eines Defizits zu bezeichnen und in seiner gegenwärtigen Form nicht dazu geeignet ist, tatsächlich Minderleistungen in ihrer gesamten Vielfalt und mit sämtlichen Facetten zu erfassen. Die Underachievement-Forschung in ihrer herkömmlichen Form stellt aus wissenschaftlicher Sicht eine Sackgasse dar und ist demzufolge im Ergebnis abzulehnen. Gleiches gilt für die Übertragung von entsprechenden Forschungsergebnissen in die Praxis. Dies gilt schon deshalb, weil die Flut der existierenden Forschungsergebnisse eine nicht bestehende Wissenschaftlichkeit suggeriert und den Anschein erweckt, Underachievement müsse bzw. könne in allen Fällen behandelt werden. Die Underachievement-Forschung erfährt ihre Daseinsberechtigung bislang vor allem durch die Argumentation, dass durch sie wichtige Grundlagenarbeit für die psychologische und pädagogische Praxis geleistet werde. Betrachtet man diese Annahme jedoch als widerlegt, so kann eine weitere Durchführung von Underachievementstudien allenfalls über die Notwendigkeit von Untersuchungen begründet werden, die Aufschluss über die allgemeine Bildungsmisere und die Gründe für das Nichtausschöpfen von Begabungen geben. Diesbezüglich existieren jedoch bereits zahlreiche alternative Forschungsansätze, die eine Analyse der Bedingungsfaktoren schulischer Leistung wesentlich zuverlässiger und weniger fehleranfällig ermöglichen.

### *Ausblick*

> We are, almost all of us, underachievers. [...] We are not living in a time or in a society that demands total performance [...] almost all of us are specialists, and are not expected to perform to the maximum of our abilities in more than a few limited areas [...]. Only from a few groups do we expect maximum performance. (Fine, 1967, S. 233)[68]

Es gibt und wird immer Personen geben, die hinter ihren Möglichkeiten zurückbleiben. Underachievement im Sinne einer Diskrepanz zwischen Potenzial und Leistung lässt sich faktisch nicht verhindern. Weder kann ein Mensch – sei er auch noch so begabt – in allen Begabungsbereichen Höchstleistungen erbringen, noch wäre es stets wünschenswert, dass jede Form der Begabung (zu jedem Preis) in die maximal mögliche Leistung umgesetzt wird. Es entspricht somit einem verbreiteten Irrglauben, dass Underachievement per se etwas Negatives ist. Selbstverständlich bedeutet dies nicht, dass motivationale Defizite von Schülerinnen und Schülern sowie andere Ursachen für erwartungswidrige Leistungen nicht ernstzunehmen sind. Schon die Ursachen von Motivationsdefiziten können aber so vielfältig sein, dass sich allein aus der Erkenntnis, dass ein motivational bedingtes Underachievement vorliegt, noch keine sinnvollen Strategien zu dessen Behebung ableiten lassen. Für andere Personenmerkmale gilt dies gleichermaßen. Aussichtsreicher erscheint es daher, das Augenmerk auf die situativen Rahmenbedingungen (insbesondere die schulischen Förderbedingungen) zu richten. In Anbetracht der theoretischen und vor allem methodischen Mängel des Underachievement-Modells sollte es jedoch weniger um die Frage gehen, warum einzelne Personen erwartungswidrige Leistungen erbringen, als vielmehr darum, wie eine Begabungsförderung aussehen kann, die sowohl dem Einzelnen als auch der Gesellschaft dienlich ist. Schließlich besteht nicht nur die Aufgabe des Einzelnen, sich anzustrengen, um seine Begabungen zu entfalten, sondern vor allem eine Verspflichtung der Allgemeinheit, die nötigen Rahmenbedingungen zu schaffen, damit sich (zumindest die als wertvoll und/oder nützlich erachteten) Begabungen überhaupt entfalten können. Diese Erkenntnis besitzt Gültigkeit für alle Fähigkeitsstufen, nicht nur für die Spitzenbegabungen und findet sich bereits in einem Ausspruch von John F. Kennedy aus dem Jahre 1963: "[...] not every child has an equal talent or an equal ability or equal motivation, but they should have the equal right to develop their talent and their ability and their motivation, to make something of themselves".[69]

In Deutschland vertraut man auf das dreigliedrige Schulsystem und darauf, dass die begabungsgerechte Aufteilung auf die einzelnen Schultypen den Schülerinnen und Schülern die notwendigen Bedingungen dafür liefert, sich in einer begabungshomoge-

---

[68] **Übersetzung der Autorin:** „Wir sind nahezu alle Underachiever. [...] Wir leben weder in einer Zeit noch in einer Gesellschaft, die maximale Leistung erfordert [...] Wir sind fast alle Spezialisten und niemand erwartet, dass wir unsere Fähigkeiten in mehr als ein paar eingeschränkten Bereichen voll entfalten [...]. Lediglich von einigen wenigen Personengruppen erwarten wir maximale Leistung".

[69] **Übersetzung der Autorin:** "[...] Nicht alle Kinder verfügen über die gleiche Begabung, die gleiche Fähigkeit oder die gleiche Motivation, aber sie sollten das gleiche Recht haben, ihre Begabung, ihre Fähigkeit und ihre Motivation zu entwicklen, um etwas aus sich zu machen".

nen Gruppe angemessen zu entfalten. Dabei wird jedoch übersehen, dass eine Aufteilung auf die weiterführenden Schulen in der Praxis oftmals nicht zu homogenen Lerngruppen führt. Dies liegt u. a. daran, dass die Grundlage der Schulwahl oder Bildungsempfehlung zumeist das Zeugnis der 4. Klasse darstellt. Gleiche Noten können jedoch im konkreten Einzelfall ganz unterschiedliche Leistungen repräsentieren. Über Begabungen sagen schulische Leistungen ohnehin nur wenig aus (vgl. Kap. 3). Hinzu kommt, dass in der Regel vor allem die Hauptfachnoten für den Erwerb weiterer Bildungschancen maßgeblich sind. Wessen Begabungen (einseitig) in anderen Bereichen liegen (z. B. im Bereich der Physik, die in der Grundschule noch gar nicht gelehrt wird, wodurch ein Talent in diesem Bereich vor der weiterführenden Schule nur schwer feststellbar ist), dessen Entwicklungsmöglichkeiten werden z. B. durch einen Übertritt in die Hauptschule massiv eingeschränkt. Denn dem Konzept der leistungshomogenen Lerngruppen liegt die Annahme zugrunde, dass Individuen stets über ausgeglichene Fähigkeitsprofile verfügen. Wer also in den Hauptfächern mangels Begabung keine guten Leistungen erbringen kann, dem werden auch in allen anderen Fächern nur mäßige Leistungen zugetraut. Gleichmäßige Fähigkeitsprofile sind jedoch eher die Ausnahme als die Regel (u. a. Simons, 1976), was dazu führt, dass durch die Zuweisung zu einem weniger anspruchsvollen Schultyp zwar möglicherweise eine ‚begabungsgerechte' Förderung in den Hauptfächern möglich wird, Begabungen in anderen Leistungsbereichen jedoch nicht mehr in vollem Umfang abgerufen werden.

Das Ziel in der Bildungsforschung muss allerdings auch weiterhin darin bestehen, vorhandene Begabungsressourcen so gut wie möglich zu erkennen, zu fördern und zu entfalten. Dabei gilt es, eine möglichst große Vielfalt an Begabungsformen zuzulassen und zu unterstützen (Benjamin, 1949), und nach Möglichkeit an den Stärken eines Individuums anzusetzen. Um Schülerinnen und Schülern verschiedener Begabungsprofile gerecht zu werden, müsste beispielsweise allen ein Kurssystem offen stehen, in dem unabhängig vom Alter, aber in Abhängigkeit von Interessen und Begabungen Kurse in verschiedenen Schwierigkeitsgraden angeboten werden. Je mehr Begabungsbereiche dabei gefördert und angesprochen würden, desto besser stünden die Entwicklungschancen für den Einzelnen. Zur Aufnahme eines Studiums müsste dann das Erreichen eines bestimmten Expertiselevels in spezifischen Bereichen bzw. Kombinationen von Leistungsbereichen nachgewiesen werden. Dies würde Personen mit Spezialbegabungen selbst bei einer niedrigen allgemeinen Begabung nicht von Vornherein von einer professionellen Weiterbildung ausschließen.

Im Allgemeinen obliegt es der Gesellschaft bzw. den Schulen, für eine angemessene Begabungsförderung zu sorgen. Dies gilt insbesondere dann, wenn davon auszugehen ist, dass die familiären Rahmenbedingungen eine außerschulische Förderung nicht zulassen. Gerade in Deutschland scheint es jedoch häufig nicht zu gelingen, Schülerinnen und Schülern aus bildungsfernen Schichten die gleichen Chancen zu eröffnen, wie sie Schüler/-innen aus sozial besser gestellten Familien und Familien mit einem höheren elterlichen Bildungshintergrund besitzen. Kinder aus bildungsfernen Schichten werden nicht selten benachteiligt, indem ihre Wissensdefizite aufgrund mangelhafter außerschulischer Förderung mit Begabungsdefiziten gleichgesetzt werden. Dies führt wiederum dazu, dass die Anforderungen an sie zu gering gehalten werden, anstatt das Niveau hoch anzusetzen und auf diese Weise dafür zu sorgen, dass die Wissensdefizite (zumindest zu einem gewissen Grad) ausgeglichen werden können.

> Während in unserer Gesellschaft ansonsten meist die Dienstleistungen beurteilt werden, und nicht deren Empfänger, ist es in der Schule genau umgekehrt. Dort stellen Lehrkräfte durch ihren Unterricht ein Lehrangebot bereit, dessen primäres Ziel darin besteht, Kulturtechniken zu vermitteln. Für den Erfolg ihrer Bemühungen werden jedoch in erster Linie die Schüler verantwortlich gemacht. Sie erhalten für den Nutzen, den sie aus dem geleisteten Service ziehen können, Benotungen. Profitieren sie vom Angebot des jeweiligen Lehrers nicht im erhofften Ausmaß, attestiert ihnen dieser eine mangelnde Lernfähigkeit. Die fachliche Qualität seiner Dienstleistung steht hingegen kaum zur Debatte. (Linderkamp & Grünke, 2007, S. 15)

Als Beleg dafür, dass gerade bei Kindern aus bildungsfernen Schichten aufgrund niedriger Erwartungen viele Begabungspotenziale ungenutzt bleiben, kann exemplarisch der Fall des Lehrers Ron Clark dienen, der an einer Grundschule im New Yorker Stadtteil Harlem trotz ungünstiger Rahmenbedingungen (sehr niedriger sozioökonomischer Status und geringes Bildungsniveau der Eltern, unzureichende familiäre Förderbedingungen, geringe Motivation der Schüler/-innen etc.) sehr hohe Erwartungen an alle seine Schüler/-innen stellte, sie bei der Erfüllung dieser Erwartungen individuell unterstützte und entsprechend hohe Leistungen erzielen konnte (Clark, 2003, 2004). Entgegen aller Erwartungen und Prognosen seitens des Kollegiums und der Schulleitung schaffte er es, die Leistungen seiner Schüler/-innen vom unteren Ende der Leistungsskala auf ein Niveau anzuheben, das selbst von den Begabtenklassen (Honor Classes) des Schulbezirks nicht erreicht werden konnte. Das Fundament seines Erfolges bildeten neben einem großen persönlichen Engagement 55 Regeln, deren Einhaltung nach Ansicht von Ron Clark für eine produktive Zusammenarbeit und ein positives Lernklima unerlässlich sind. Die so genannten „Essential 55" umfassen neben allgemeinen Grundregeln der Höflichkeit auch die Forderung nach Respekt gegenüber anderen Menschen und die Wertschätzung von deren Leistung sowie den Appell an die Schülerinnen und Schüler, stets das Beste zu geben und auch nach vermeintlich unerreichbaren Zielen zu streben (Clark, 2003).

Dass Erfahrungen wie diese keinen Einzelfall darstellen, zeigen auch die Biographien und Erfolge weiterer Personen, denen es ebenfalls gelungen ist, das bis dato schlafende bzw. unerkannte Potenzial von Schülerinnen und Schülern zu wecken. Zu nennen seien hier u. a. Erin Gruwell, die ihre „nicht-erziehbaren Risiko-Schüler/-innen" zu erfolgreichen Autoren macht (Freedom Writers, 1999), Sir Simon Rattle, der zusammen mit dem Choreographen Royston Maldoom Berliner Schülerinnen und Schülern (Musik- und Tanzlaien) neben Disziplin die Liebe zur Musik und zum Tanz vermittelt (Grube & Sánchez Lansch, 2005), Roberta Guaspari, die den Schülerinnen und Schülern einer Grundschule im gewalttätigsten Stadtteil von New York die Schönheit des Geigenspiels näherbringt und über die hierzu nötige Disziplin auch deren sonstigen schulischen Werdegang positiv beeinflusst (Craven, 1999), der Basketball-Trainer Ken Carter, dem es über den Sport gelingt, die Disziplin der Schüler sowie deren schulische Leistungen zu verbessern (Carter, 2004). Das Besondere an diesen Beispielen sind allerdings nicht etwa die Methoden, mit denen das Potenzial der Schülerinnen und Schüler im jeweiligen Einzelfall entfaltet wird. Vielmehr verkünden alle diese Fälle, wenn auch jeder auf seine eigene Weise, dieselbe eindringliche Botschaft: Schüler/-innen erbringen vielfach nicht jene Leistungen, zu denen sie aufgrund ihrer Begabung im Stande wären, weil man ihnen keine geeigneten Bedingungen für eine Potenzialentfaltung bietet.

Aus diesen Beispielen folgt letztlich auch die entscheidende Botschaft für eine zeitgemäße Schule und Lehrer/-innenausbildung: die Erkenntnis, dass es zur Aktivierung brachliegenden Potenzials nicht nur hochbegabter Schüler/-innen und Lehrer/-innen bedarf, dass ein solches Potenzial auch in außerschulischen Bereichen oder doch zumindest außerhalb der Hauptfächer verborgen sein kann, dass die spezifischen Voraussetzungen jedes einzelnen Schülers / jeder einzelnen Schülerin und seine/ihre individuelle Leistungsfähigkeit in den Blick genommen werden müssen und dass eine erfolgreiche Förderung auch voraussetzt, nach Wegen und Möglichkeiten außerhalb wie auch immer gearteter, vielleicht sogar willkürlicher gesellschaftlicher Normen und Konventionen zu suchen. Nur dann wird Underachievement nicht nur im Hinblick auf die Schüler/-innen, sondern auch in Bezug auf Schule selbst vermieden. Und nur dann besteht auch eine realistische Chance, um die letzte und wohl wichtigste, der von Ron Clark aufgestellten Regeln zu verwirklichen: „Be the best person you can be“!

# 7 Literatur


Alexander, K. L. & Entwisle, D. R. (1996). Schools, and children at risk. In A. Booth & J. Dunn (Eds.), *Family-school links: How do they affect educational outcomes?* (pp. 67-88). Mahwah, NJ: Lawrence Erlbaum Associates.

Amelang, M. & Zielinski, W. (2002). *Psychologische Diagnostik und Intervention.* Heidelberg: Springer.

Anderson, E. S. & Keith, T. Z. (1997). A longitudinal test of a model of academic success for at-risk high school students. *The Journal of Educational Research, 90*, 259-268.

Anderson, J. R. (1996). *Kognitive Psychologie*. Heidelberg: Spektrum.

Anderson, J. R. & Funke, J. (2007). *Kognitive Psychologie*. Heidelberg: Spektrum.

Aristoteles (2006). *Die Nikomachische Ethik.* München: dtv.

Atkinson, J. W. (1974). Motivational determinants of intellective performance and cumulative achievement. In J. W. Atkinson & J. O. Raynor (Eds.), *Motivation and achievement* (pp. 389-410). Washington, DC: Winston & Sons.

Atkinson, J. W. (1975). *Einführung in die Motivationsforschung.* Stuttgart: Klett.

Atkinson, J. W. (1980). Motivational effects on so-called tests of ability and educational achievement. In L. J. Fyans (Ed.), *Achievement motivation – Recent trends in theory and research* (pp. 9-21). New York, NY: Plenum Press.

Atkinson, J. W. & Lens, W. (1980). Fähigkeit und Motivation als Determinanten momentaner und kumulativer Leistung. In H. Heckhausen (Hrsg.), *Fähigkeiten und Motivation in erwartungswidriger Schulleistung* (S. 129-192). Göttingen: Hogrefe.

Baddeley, A. (2001). *Human memory – Theory and practice.* Hove: Taylor and Francis.

Baum, M. & Liesen, H. (1998). Sport und Immunsystem. *Deutsches Ärzteblatt, 95*, A-538-A-541.

Baumert, J., Artelt, C., Klieme, E., Neubrand, M., Prenzel, M., Schiefele, U., Schneider, W., Tillmann, K.-J. & Weiß, M. (Hrsg.). (2002a). *PISA 2000 – Die Länder der Bundesrepublik Deutschland im Vergleich.* Opladen: Leske & Budrich.

Baumert, J., Artelt, C., Klieme, E., Neubrand, M., Prenzel, M., Schiefele, U., Schneider, W., Tillmann, K.-J. & Weiß, M. (Hrsg.). (2003). *PISA 2000 – Ein differenzierter Blick auf die Länder der Bundesrepublik Deutschland.* Opladen: Leske & Budrich.

Baumert, J., Artelt, C., Klieme, E. & Stanat, P. (2002b). PISA – Programme for International Student Assessment: Zielsetzung, theoretische Konzeption und Entwicklung von Messverfahren. In F. E. Weinert (Hrsg.), *Leistungsmessungen in Schulen* (S. 285-310). Weinheim: Beltz.

Baumert, J., Bos, W. & Lehmann, R. (2000). *TIMSS/III: Dritte Internationale Mathematik- und Naturwissenschaftsstudie – Mathematische und Naturwissenschaftliche Bildung am Ende der Schullaufbahn. Band 2: Mathematische und physikalische Kompetenzen am Ende der gymnasialen Oberstufe.* Opladen: Leske & Budrich.

Baumert, J., Klieme, E., Neubrand, M., Prenzel, M., Schiefele, U., Schneider, W., Stanat, P., Tillmann, K.-J. & Weiß, M. (2001). *PISA 2000 – Basiskompetenzen von Schülerinnen und Schülern im internationalen Vergleich.* Opladen: Leske & Budrich.

Baumert, J., Lehmann, R., Lehrke, M., Schmitz, B., Clausen, M., Hosenfeld, I., Köller, O. & Neubrand, J. (1997). *TIMSS – Mathematisch-naturwissenschaftlicher Unterricht im Internationalen Vergleich.* Opladen: Leske & Budrich.

Baumert, J., Roeder, P. M., Sang, F. & Schmitz, B. (1986). Leistungsentwicklung und Ausgleich von Leistungsunterschieden in Gymnasialklassen. *Zeitschrift für Pädagogik, 32*, 639-660.

Baumert, J., Schmitz, B., Roeder, P. M. & Sang, F. (1989). Zur Optimierung von Leistungsförderung und Chancenausgleich in Schulklassen. *Zeitschrift für Entwicklungspsychologie und Pädagogische Psychologie, XXI*, 201-222.

Baumert, J., Schmitz, B., Sang, F. & Roeder, P. M. (1987). Zur Kompatibilität von Leistungsförderung und Divergenzminderung in Schulklassen. *Zeitschrift für Entwicklungspsychologie und Pädagogische Psychologie, XIX*, 249-265.

Baumert, J. & Schümer, G. (2001). Familiäre Lebensverhältnisse, Bildungsbeteiligung und Kompetenzerwerb. In J. Baumert, E. Klieme, M. Neubrand, M. Prenzel, U. Schiefele, W. Schneider, P. Stanat, K.-J. Tillmann & M. Weiß (Hrsg.), *PISA 2000. Basiskompetenzen von Schülerinnen und Schülern im internationalen Vergleich* (S. 323-407). Opladen: Leske & Budrich.

Baumert, J. & Schümer, G. (2002). Familiäre Lebensverhältnisse, Bildungsbeteiligung und Kompetenzerwerb im nationalen Vergleich. In J. Baumert, C. Artelt, E. Klieme, M. Neubrand, M. Prenzel, U. Schiefele, W. Schneider, K.-J. Tillmann & M. Weiß (Hrsg.), *PISA 2000 – Die Länder der Bundesrepublik Deutschland im Vergleich* (S. 159-202). Opladen: Leske & Budrich.

Beals, K. A. & Hill, A. K. (2006). The prevalence of disordered eating, menstrual dysfunction, and low bone mineral density among US collegiate athletes. *International Journal of Sports Nutrition and Exercise Metabolism, 16*, 1-23.

Beardsley, T. (2003). Mißbrauch einer Kurve. *Spektrum der Wissenschaft Spezial, 5*, 32-34.

Bee, P. (2008). Anorexia athletica, the price that many female athletes pay for gold. *The Times*. Verfügbar unter: www.timesonline.co.uk/tol/life_and_style/health/article4445180.ece [03.11.2008].

Benjamin, H. (1949). *The cultivation of idiosyncrasy*. Cambridge, MA: Harvard University Press.

Bennett, R. (2006). *An underachiever's manifesto – The guide to accomplishing little and feeling great*. San Francisco, CA: Chronicle Books.

Bennett, S. M. (1978). Recent research on teaching: A dream, a belief, and a model. *British Journal of Educational Psychology, 48*, 127-147.

Birkel, P. (1994). *Weingartener Grundwortschatz. Rechtschreib-Test für zweite und dritte Klassen*. Göttingen: Hogrefe.

Birkel, P. (1995). *Weingartener Grundwortschatztest. Rechtschreib-Test für erste und zweite Klassen*. Göttingen: Hogrefe.

Birkel, P. & Birkel, C. (2002). Wie einig sind sich Lehrer bei der Aufsatzbeurteilung? *Psychologie in Erziehung und Unterricht, 49*, 219-224.

Bloom, B. S. (1980). The new direction in educational research: Alterable variables. *Phi Delta Kappan, 61*, 382-385.

Blossfeld, H.-P., Bos, W., Lenzen, D., Müller-Böling, D., Oelkers, J., Prenzel, M. & Wößmann, L. (2007). *Bildungsgerechtigkeit – Jahresgutachten 2007*. Wiesbaden: Verlag für Sozialwissenschaften. Verfügbar unter: www.aktionsrat-bildung.de/fileadmin/Dokumente/Bildungsgerechtigkeit_Jahresgutachten_2007_-Aktionsrat_Bildung.pdf [13.04.2008].

BMBF (2007). *Begabte fördern – Talente entdecken*. Berlin: Bundesministerium für Bildung und Forschung. Verfügbar unter: www.bmbf.de/de/762.php [04.12.2007].

Borges, B., Goldstein, D. G., Ortmann, A. & Gigerenzer, G. (1999). Can ignorance beat the stock market? Name recognition as a heuristic for investing. In G. Gigerenzer, P. M. Todd & the ABC Research Group (Eds.), *Simple heuristics that make us smart* (pp. 59-72. New York, NY: Oxford University Press.

Borislow, B. (1965). Self-evaluation and academic achievement. In M. Kornrich (Ed.), *Underachievement* (pp. 24-38). Springfield, IL: Charles C. Thomas.

Borkowski, J. C., Carr, M., Rellinger, M. & Pressley, M. (1990). Metacognition, attribution, and cognitions. European Journal of Education of Psychology, 56, 68-75.

Bortz, J. (2005). *Statistik für Human- und Sozialwissenschaftler*. Heidelberg: Springer.

Bos, W., Lankes, E.-M., Schwippert, K., Valtin, R., Voss, A., Badel, I. & Plaßmeier, N. (2003). Lesekompetenzen deutscher Grundschülerinnen und Grundschüler am Ende der vierten Jahrgangsstufe im internationalen Vergleich. In W. Bos, E.-M. Lankes, M. Prenzel, K. Schwippert, G. Walther & R. Valtin (Hrsg.), *Erste Ergebnisse aus IGLU* (S. 69-142). Münster: Waxmann.

Bos, W. & Pietsch, M. (2004). *Erste Ergebnisse aus KESS 4 – Kurzbericht*. Hamburg: Behörde für Bildung und Sport. Verfügbar unter: www.erzwiss.uni-hamburg.de/kess/kurzbericht.pdf [09.07.2005].

Bos, W., Voss, A., Lankes, E.-M., Schwippert, K., Thiel, O. & Valtin, R. (2004). Schullaufbahnempfehlungen von Lehrkräften für Kinder am Ende der vierten Jahrgangsstufe. In W. Bos, E.-M. Lankes, M. Prenzel, K. Schwippert, R. Valtin & G. Walther (Hrsg.), *IGLU – Einige Länder der Bundesrepublik im nationalen und internationalen Vergleich* (S. 191-228). Münster: Waxmann.

Bourdieu, P. (1982). *Die feinen Unterschiede: Kritik der gesellschaftlichen Urteilskraft*. Frankfurt a. M.: Suhrkamp.
Bourdieu, P. (1983). Ökonomisches Kapital, kulturelles Kapital, soziales Kapital. In R. Kreckel (Hrsg.), *Soziale Ungleichheiten – Soziale Welt* (Sonderband 2, S. 183-198). Göttingen: Schwartz.
Breidenstein, G. & Meier, M. (2004). „Streber“ – Zum Verhältnis von Peer-Kultur und Schulerfolg. *Pädagogische Rundschau, 58*, 549-563.
Breuer, H. & Weuffen, M. (2004). *Lernschwierigkeiten am Schulanfang*. Weinheim: Beltz.
Bricklin, B. & Bricklin, P. M. (1967). *Bright child – poor grades: The psychology of underachievement*. New York, NY: Delacorte.
Brophy, J. E., Good, T. L. & Ulich, D. (1976). *Die Lehrer-Schüler-Interaktion: Das Wechselspiel von Erwarten, Verhalten und Erfahren im Klassenzimmer. Folgerung für Unterricht, Forschung und Lehrerausbildung*. München: Urban & Schwarzenberg.
Bruer, J. T. (2003). *Der Mythos der ersten drei Jahre. Warum wir lebenslang lernen*. Weinheim: Beltz.
Bruns, J. H. (1992). *They can but they don't*. New York, NY: Viking Penguin.
Butler-Por, N. (1987). *Underachievers in school: Issues and intervention*. New York, NY: John Wiley & Sons.
Butler-Por, N. (1993). Underachieving gifted students. In K. A. Heller, F. J. Mönks & A. H. Passow (Eds.), *International handbook of research and development of giftedness and talent* (pp. 649-668). Oxford: Pergamon.
Carr, M., Borkowski, J. G. & Maxwell, S. E. (1991). Motivational components of underachievement. *Developmental Psychology, 27*, 108-118.
Carroll, J. B. (1963). A model for school learning. *Teachers College Record, 64*, 723-733.
Carroll, J. B. (1989). The Carroll Model: A 25-year retrospective and prospective view. *Educational Researcher, 18*, 26-31.
Carroll, J. B. (1993). *Human cognitive abilities – A survey of factor-analytic studies*. New York, NY: Cambridge University Press.
Carter, T. (2004). *Coach Carter*. Los Angeles, CA: Paramount.
Cattell, R. B. (1963). The theory of fluid and crystallized intelligence: A critical experiment. *Journal of Educational Psychology, 54*, 1-22.
Cattell, R. B. (1973). *Die empirische Erforschung der Persönlichkeit*. Weinheim: Beltz.
Cattell, R. B., Weiß, R. H. & Osterland, J. (1997). *Grundintelligenztest Skala 1 – CFT- 1*. Göttingen: Hogrefe.
Ceci, S. J. (1991). How much does schooling influence general intelligence and its cognitive components? A reassessment of the evidence. *Developmental Psychology, 27*, 703-722.
Charness, N. (1976). Memory for chess positions: Resistance to interference. *Journal of Experimental Psychology: Human Learning and Memory, 2*, 641-653.
Cheung, C.-K. & Rudowicz, E. (2003). Underachievement and attributions among students attending schools stratified by student ability. *Social Psychology of Education, 6*, 303-323.
Clark, R. (2003). *The essential 55 – An award-winning educator's rules for discovering the successful student in every child*. New York, NY: Hyperion.
Clark, R. (2004). *The excellent 11 – Qualities teachers and parents use to motivate, inspire, and educate children*. New York, NY: Hyperion.
Clasing, D., Herpertz-Dahlmann, B. & Marx, K. (1997). Die eßgestörte Athletin. *Deutsches Ärzteblatt, 94* (30). Verfügbar unter: www.aerzteblatt.de/V4/archiv/artikel.asp?id=7199 [03.11.2008].
Coleman, J. S. (1965). The adolescent subculture and academic achievement. In M. Kornrich (Ed.), *Underachievement* (pp. 49-64). Springfield, IL: Charles C. Thomas.
Cook, T. D. & Campbell, D. T. (1979). *Quasi-experimentation: Design and analysis issues for field settings*. Boston, MA: Houghton Mifflin.
Cox, C. M. (1976). The early mental traits of three hundred geniuses. In W. Dennis & M. W. Dennis (Eds.), *The intellectually gifted – An overview* (pp. 17-24). San Francisco, CA: Grune & Stratton.

Craven, W. (1999). Music of the heart. Los Angeles, CA: Miramax International.

Crombie, G. (1983). Women's attribution patterns and their relation to achievement: An examination of within-sex differences. *Sex Roles, 9*, 1171-1182.

Crystal, D. (1995). *Die Cambridge Enzyklopädie der Sprache*. Frankfurt a. M.: Glb Parkland.

Csikszentmihalyi, M. (1993). *Das flow-Erlebnis – Jenseits von Angst und Langeweile: im Tun aufgehen*. Stuttgart: Klett-Cotta.

Csikszentmihalyi, M. (2004). *Flow im Beruf – Das Geheimnis des Glücks am Arbeitsplatz*. Stuttgart: Klett-Cotta.

Csikszentmihalyi, M. (2008). *Das flow-Erlebnis – Jenseits von Angst und Langeweile: im Tun aufgehen*. Stuttgart: Klett-Cotta.

Davids, A., Sidman, J. & Silverman, M. (1968). Tolerance of cognitive interference in underachieving and high achieving secondary school boys. *Psychology in the Schools, 5*, 222-230.

Davison, G. C. & Neale, J. M. (1998). *Klinische Psychologie*. Weinheim: PVU.

De Groot, A. D. (1978). *Thought and choice in chess*. The Hague: Mouton de Gruyter. Verfügbar unter: http://books.google.de [27.08.2008].

Deary, I. J., Strand, S., Smith, P. & Fernandes, C. (2007). Intelligence and educational achievement. *Intelligence, 35*, 13-21.

Deci, E. L. & Ryan, R. M. (1985). *Intrinsic motivation and self-determination in human behavior*. New York, NY: Plenum.

Diaz, E. I. (1998). Perceived factors influencing the academic underachievement of talented students of Puerto Rican descent. *Gifted Child Quarterly, 42*, 105-122.

Dickhäuser, O. (2006). Editorial zum Themenschwerpunkt Fähigkeitsselbstkonzepte – Entstehung, Auswirkung, Förderung. *Zeitschrift für Pädagogische Psychologie, 20*, 5-8.

Dietrich, A. (2007). Der liebe Herrgott ist gerecht: Auch Hochbegabte sind nur Menschen – Ein Gespräch mit Detlef H. Rost, der mit vielen Mythen aufräumt. *Die Zeit, 23*, 81.

Dilling, H., Mombour, W., Schmidt, M. H. & Schulte-Markwort, E. (Hrsg.). (2006). *Internationale Klassifikation psychischer Störungen ICD-10 Kapitel V(F) – Diagnostische Kriterien für Forschung und Praxis*. Bern: Hans Huber.

Ditton, H. (1992). *Ungleichheit und Mobilität durch Bildung – Theorie und empirische Untersuchung über sozial-räumliche Aspekte von Bildungsentscheidungen*. Weinheim: Juventa.

Dowdall, C. B. & Colangelo, N. (1982). Underachieving gifted students: Review and implications. *Gifted Child Quarterly, 26*, 179-184.

Dowling, J. E. (2004). *The great brain debate – Nature or nurture?* Washington, DC: Joseph Henry.

Drechsler, B. & Schiefele, U. (2005). Die Lesekompetenz im Ländervergleich. In M. Prenzel, J. Baumert, W. Blum, R. Lehmann, D. Leutner, M. Neubrand, R. Pekrun, J. Rost, U. Schiefele (Hrsg.), *PISA 2003. Der zweite Vergleich der Länder in Deutschland – Was wissen und können Jugendliche?* (S. 85-101). Münster: Waxmann.

Drews, E. M. & Teahan, J. E. (1965). Parental attitudes and academic achievement. In M. Kornrich (Ed.), *Underachievement* (pp. 65-72). Springfield, IL: Charles C. Thomas.

Dürig, G. (2008). *Gesetze des Landes Baden-Württemberg*. München: C. H. Beck.

Ehmke, T., Hohensee, F., Heidemeier, H. & Prenzel, M. (2004). Familiäre Lebensverhältnisse, Bildungsbeteiligung und Kompetenzerwerb. In M. Prenzel, J. Baumert, W. Blum, R. Lehmann, D. Leutner, M. Neubrand, R. Pekrun, G.-H. Rolff, J. Rost & U. Schiefele (Hrsg.), *PISA 2003. Der Bildungsstand der Jugendlichen in Deutschland – Ergebnisse des zweiten internationalen Vergleichs* (S. 225-253). Münster: Waxmann.

Eichler, W. (2004). Lese-Rechtschreib-Schwierigkeiten und Legasthenie nach dem neuropsychologischen und Teilleistungskonzept. In G. Thomé (Hrsg.), *Lese-Rechtschreib-Schwierigkeiten (LRS) und Legasthenie – Eine grundlegender Einführung* (S. 40-55). Weinheim: Beltz.

Ende, M. (1973). *Momo*. Stuttgart: Thienemann.

Entin, E. E. (1974). Effects of achievement-oriented and affiliative motives on private and public performance. In J. W. Atkinson & J. O. Raynor (Eds.), *Motivation and achievement* (pp. 219-236). New York, NY: John Wiley & Sons.

Entwisle, D. R., Alexander, K. L. & Steffel Olson, L. (1997). *Children, schools, and inequality*. Oxford: Westview Press.

Entwisle, D. R., Alexander, K. L. & Steffel Olson, L. (2000). Summer learning and home environment. In R. D. Kahlenberg (Ed.), *A nation at risk: Preserving public education as an engine for social mobility* (pp. 9-30). New York, NY: Century Foundation Press.

Esser, G. & Wyschkon, A. (2000). Umschriebene Entwicklungsstörungen. In F. Petermann (Hrsg.), *Lehrbuch der Klinischen Entwicklungspsychologie und -psychotherapie* (S. 409-429). Göttingen: Hogrefe.

Esser, H. (1990). Familienmigration und Schulkarriere ausländischer Kinder und Jugendlicher. In H. Esser & J. Friedrichs (Hrsg.), *Generation und Identität. Theoretische und empirische Beiträge zur Migrationssoziologie* (S. 127-146). Opladen: Westdeutscher Verlag.

Eysenck, H. J. (2004). *Die IQ-Bibel – Intelligenz verstehen und messen*. Stuttgart: Klett-Cotta.

Feger, B. & Prado, T. M. (1998). *Hochbegabung – die normalste Sache der Welt*. Darmstadt: Primus.

Feldman, C. F., Stone, A. & Renderer, B. (1990). Stage, transfer, and academic achievement in dialect-speaking Hawaiian adolescents. *Child Development, 61*, 472-484.

Fels, C. (1999). *Identifizierung und Förderung Hochbegabter in den Schulen der Bundesrepublik Deutschland*. Stuttgart: Haupt.

Fend, H. & Stöckli, G. (1997). Der Einfluß des Bildungssystems auf die Humanentwicklung: Entwicklungspsychologie der Schulzeit. In F. E. Weinert (Hrsg.), *Psychologie des Unterrichts und der Schule. Enzyklopädie der Psychologie* (Band 3, S. 1-35). Göttingen: Hogrefe.

Ferdinand, W. (1971). Das Vorurteil des Lehrers über die Leistungsfähigkeit bestimmter Schüler im Spiegel der Aufsatzzensur. *Schule und Psychologie, 18*, 92-95.

Ferdinand, W. & Verleger, K. (1963). Zur Beurteilung der Leistungen erziehungsschwieriger Schüler. *Neue Deutsche Schule, 15*, 76-79.

Fine, B. (1967). *Underachievers: How they can be helped*. New York, NY: E. P. Dutton & Company.

Fink, M. B. (1965). Self concept as it relates to academic underachievement. In M. Kornrich (Ed.), *Underachievement* (pp. 73-78). Springfield, IL: Charles C. Thomas.

Florek, H.-C. (1999). *Leistungsbegriff und pädagogische Praxis*. Münster: Lit Verlag.

Ford, D. Y. (1996). *Reversing underachievement among gifted black students*. New York, NY: Teachers College Press.

Frankel, E. (1965). A comparative study of achieving and underachieving high school boys of high intellectual ability. In M. Kornrich (Ed.), *Underachievement* (pp. 87-101). Springfield, IL: Charles C. Thomas.

Freedom Writers (1999). *The Freedom Writer's diary: How a teacher and 150 teens used writing to change themselves and the world around them*. New York, NY: Broadway Books.

Freund-Braier, I. (2000). Persönlichkeitsmerkmale. In D. H. Rost (Hrsg.), *Hochbegabte und Hochleistende Jugendliche* (S. 161-210). Münster: Waxmann.

Fries, S. & Dietz, F. (2007). Learning in the face of temptation: The case of motivational interference. *The Journal of Experimental Education, 76*, 93-112.

Froboese, I. (2007). Stärkt Sport das Immunsystem? *Stern*, 5. Verfügbar unter: www.stern.de/wissenschaft/medizin/:Das-Ger%FCcht-St%E4rkt-Sport-Immunsystem/598849 .html [03.11.2008].

Fuhrer, U. (2005). *Lehrbuch Erziehungspsychologie*. Göttingen: Hogrefe.

Funke, A. (2002). *Mein Leben als Dagobert. Die Bekenntnisse des Kaufhauserpressers*. Frankfurt a. M.: Fischer.

Funke, J. & Vaterrodt-Plünnecke (2004). *Was ist Intelligenz?* München: C.H. Beck.

Gabriel, H. (2004). Sport und Immunsystem. In R. Pokan, H. Förster, P. Hofmann, H. Hörtnagl, E. Ledl-Kurkowski & M. Wonisch (Hrsg.), *Kompendium der Sportmedizin* (S. 227-250). Heidelberg: Springer.

Gaedike, A. K. (1975). Determinanten der Schulleistung. In K. Heller (Hrsg.), *Leistungsbeurteilung in der Schule* (S. 46-93). Heidelberg: Quelle & Meyer.

Gage, N. L. & Berliner, D. C. (1996). *Pädagogische Psychologie*. Weinheim: PVU.

Gardner, H. (1991). *Abschied vom IQ – Die Rahmentheorie der vielfachen Intelligenzen.* Stuttgart: Klett-Cotta.

Gardner, H. (2002). *Intelligenzen – Die Vielfalt des menschlichen Geistes.* Stuttgart: Klett-Cotta.

Gardner, H. (2003). Vielerlei Intelligenzen. *Spektrum der Wissenschaft Spezial, 5*, 18-23.

Gardner, J. W. (1976). Excellence: Can we be equal and excellent too? In W. Dennis & M. W. Dennis (Eds.), *The intellectually gifted – An overview* (pp. 283-291). San Francisco, CA: Grune & Stratton.

Geipel, I. (2008). Öl für die Leistungsgesellschaft – Ein Interview mit Ines Geipel über Gehirndoping und Menschenoptimierung. *Forschung & Lehre, 8*, 512-513.

Geissler, E. & Schneider, H. (1982). *Hausaufgabe.* Darmstadt: Wissenschaftliche Buchgesellschaft.

Gigerenzer, G. (2007). *Bauchentscheidungen – Die Intelligenz des Unbewussten und die Macht der Intuition.* München: Bertelsmann.

Gigerenzer, G. & Goldstein, D. G. (2000). Reasoning the fast and frugal way: models of bounded rationality. In T. Connolly, H. R. Arkes & K. R. Hammond (Eds.), *Judgement and decision making* (pp. 621-650). Cambridge: Cambridge University Press.

Gigerenzer, G., Todd, P. M. & the ABC Research Group (Eds.). (1999). *Simple heuristics that make us smart.* New York, NY: Oxford University Press.

Gill, L. J. & Spilka, B. (1965). Some noneintellectual correlates of academic achievement among Mexican-American secondary school students. In M. Kornrich (Ed.), *Underachievement* (pp. 102-110). Springfield, IL: Charles C. Thomas.

Glaser, C. & Brunstein, J. (2004). Underachievement. In W. Lauth, M. Grünke & J. C. Brunstein (Hrsg.), *Interventionen bei Lernstörungen – Förderung, Training und Therapie in der Praxis* (S. 24-33). Göttingen: Hogrefe.

Goldstein, D. G. & Gigerenzer, G. (1999). The recognition heuristic – How ignorance makes us smart. In G. Gigerenzer, P. M. Todd & the ABC Research Group (Eds.), *Simple Heuristics that make us smart* (pp. 37-58). New York, NY: Oxford University Press.

Goleman, D. (1996). *Emotionale Intelligenz.* München: Carl Hanser.

Gollwitzer, P. M. (1991). *Abwägen und Planen – Bewusstseinslagen in verschiedenen Handlungsphasen.* Göttingen: Hogrefe.

Gollwitzer, P. M. (1996). Das Rubikonmodell der Handlungsphasen. In J. Kuhl & H. Heckhausen (Hrsg.), *Motivation, Volition und Handeln* (S. 531-582). Göttingen: Hogrefe.

Goslin, D. A. (1963). *The search for ability: Standardized testing in social perspective.* New York, NY: Russell Sage.

Gottfredson, L. S. (1997). Why g matters: The complexity of everyday life. *Intelligence, 24*, 79–132.

Gottfredson, L. S. (2003). Der Generalfaktor der Intelligenz. *Spektrum der Wissenschaft Spezial, 5*, 24-30.

Gould, S. J. (1996). *The mismeasure of men.* New York, NY: W. W. Norton.

Griffin, R. S. (1988). *Underachievers in secondary school: Education of the mark.* Hillsdale, NJ: Lawrence Erlbaum.

Grube, T. & Sánchez Lansch, E. (2005). *Rhythm it is. You can change your life in a dance class.* Berlin: Boomtown Media.

Gruber, H., Prenzel, M. & Schiefele, H. (2001). Spielräume für Veränderungen durch Erziehung. In A. Krapp & B. Weidenmann (Hrsg.), *Pädagogische Psychologie – Ein Lehrbuch* (S. 99-135). Weinheim: PVU.

Grund, M., Haug, G. & Naumann, C. L. (2004). *DRT 4 – Diagnostischer Rechtschreibtest für 4. Klassen.* Weinheim: Beltz.

Gundersen, R. O. & Feldt, L. S. (1960). The relationship of differences between verbal and nonverbal intelligence scores to achievement. *Journal of Educational Psychology, 51*, 115-121.

Guthke, J. (1996). *Intelligenz im Test – Wege der psychologischen Intelligenzdiagnostik.* Göttingen: Vandenhoeck & Ruprecht.

Haertel, G. D., Walberg, H. J. & Weinstein, T. (1983). Psychological models of educational performance: A theoretical synthesis of constructs. *Review of Educational Research, 53*, 75-91.

Hall, S. S. (2004). Pfiffiger per Pille – ein Wunschtraum? *Spektrum der Wissenschaft Spezial, 3*, 18-27.

Hanes, P. & Rost, D. H. (1998). Das Drama des hochbegabten Underachievers – Gewöhnliche oder außergewöhnliche Underachiever? *Zeitschrift für Pädagogische Psychologie, 12*, 53-71.

Hannover, B. (2004). Gender revisited: Konsequenzen aus PISA für die Geschlechterforschung. *Zeitschrift für Erziehungswissenschaft, 7*, 81-99.

Hany, E. A. (2001). Identifikation von Hochbegabten im Schulalter. In K. A. Heller (Hrsg.), *Hochbegabung im Kindes- und Jugendalter* (S. 41-169). Göttingen: Hogrefe.

Hany, E. A. (2002, Juni). *Entwicklung und Förderung hochbegabter Schüler aus psychologischer Sicht*. Vortrag anl. Ringvorlesung, Universität Erfurt. Verfügbar unter: www.uni-erfurt.de /archiv/2002/0034/hany.html [04.12.2007].

Hartmann, G. (1997). *Goldkinder – Die DDR im Spiegel ihres Spitzensports*. Leipzig: Forum.

Hasselhorn M., Schneider, W. & Marx, H. (2000). Früh-, Förder- und Differentialdiagnostik von Lese-Rechtschreibschwierigkeiten: Eine Einführung. In M. Hasselhorn, W. Schneider & H. Marx (Hrsg.), *Diagnostik von Lese-Rechtschreibschwierigkeiten* (S. 1-7). Göttingen: Hogrefe.

Havers, N. (1981). Lernschwierigkeiten. In H. Schiefele & A. Krapp (Hrsg.), *Handlexikon zur Pädagogischen Psychologie* (S. 240-243). München: Ehrenwirth.

Havighurst, R. J. (1976). Conditions productive of superior children. In W. Dennis & M. W. Dennis (Eds.), *The intellectually gifted – An overview* (pp. 251-261). San Francisco, CA: Grune & Stratton.

Hayden, T. L. (1981). *One child*. New York, NY: Avon Books.

Hayden, T. L. (1982). *Somebody else's kids*. New York, NY: Avon Books.

Hayden, T. L. (1995). *The tiger's child*. New York, NY: Scribner.

Heckhausen, H. (1965). Leistungsmotivation. In H. Thomae (Hrsg.), *Handbuch der Psychologie* (Vol. 2, S. 602-702). Göttingen: Hogrefe.

Heckhausen, H. (1974). *Leistung und Chancengleichheit*. Göttingen: Hogrefe.

Heckhausen, H. (1980a). *Motivation und Handeln*. Berlin: Springer.

Heckhausen, H. (1980b). Von „erwartungswidriger" Schülerleistung zur Entwicklung schulischer Leistungsunterschiede. In H. Heckhausen (Hrsg.), *Fähigkeiten und Motivation in erwartungswidriger Schulleistung* (S. 11-17). Göttingen: Hogrefe.

Heckhausen, H. (1981). Chancengleichheit. In H. Schiefele & A. Krapp (Hrsg.), *Handlexikon zur Pädagogischen Psychologie* (S. 54-61). München: Ehrenwirth.

Heckhausen, H. (1989). *Motivation und Handeln*. Berlin: Springer.

Heckhausen, J. & Heckhausen, H. (2006). *Motivation und Handeln*. Berlin: Springer.

Heise, E., Gerjets, P. & Westermann, R. (1994). Zur Effizienzbeeinträchtigung durch Konkurrenzintentionen bei unterschiedlich schwierigen Tätigkeiten. *Zeitschrift für experimentelle und angewandte Psychologie, 41*, 549-565.

Heller, K. A. (1974). Zur Problematik der Leistungsbeurteilung in der Schule. *Psychologie in Erziehung und Unterricht, 21*, 105-124.

Heller, K. A. (1995). Begabungsdefinition, Begabungserkennung und Begabungsförderung im Schulalter. In H. Wagner (Hrsg.), *Begabung und Leistung in der Schule* (S. 6-36). Bad Honnef: Bock.

Heller, K. A. (1997). Individuelle Bedingungsfaktoren der Schulleistung – Literaturüberblick. In F. E. Weinert & A. Helmke (Hrsg.), *Entwicklung im Grundschulalter* (S. 183-201). Weinheim: Beltz.

Heller, K. A. (2000). Einführung in den Gegenstandsbereich der Begabungsdiagnostik. In K. A. Heller (Hrsg.), *Begabungsdiagnostik in der Schul- und Erziehungsberatung* (S. 13-40). Bern: Hans Huber.

Heller, K. A., Gaedike, A. K. & Weinländer, H. (1985). *Kognitiver Fähigkeitstest (KFT 4-13+)*. Weinheim: Beltz.

Heller, K. A. & Hany, E. A. (2002). Standardisierte Schulleistungsmessungen. In F. E. Weinert (Hrsg.), *Leistungsmessungen in Schulen* (S. 87-101). Weinheim: Beltz.

Heller, K. A., Kratzmeier, H. & Lengfelder, A. (1998). *Matrizen-Test-Manual – Ein Handbuch mit deutschen Normen zu den Advanced Progressive Matrices von J.C. Raven (Band 2)*. Göttingen: Beltz.

Heller, K. A. & Rindermann, H. (1999). Hochbegabung, Motivation und Leistungsexzellenz: Aktuelle Forschungsbefunde zum achtjährigen Gymnasium in Baden-Württemberg. In T. Fitzner, W. Stark, H. P. Kagelmacher & T. Müller (Hrsg.), *Erkennen, Anerkennen und Fördern von Hochbegabten* (S. 81-107). Stuttgart: Klett.

Helmke, A. (1988). Leistungssteigerung und Ausgleich von Leistungsunterschieden in Schulklassen: Unvereinbare Ziele? *Zeitschrift für Entwicklungspsychologie und Pädagogische Psychologie, 20*, 45-76.

Helmke, A., Hosenfeld, I., Schrader, F.-W. & Wagner, W. (2002). Sozialer und sprachlicher Hintergrund. In A. Helmke & R. S. Jäger (Hrsg.), *Das Projekt MARKUS. Mathematik-Gesamterhebung Rheinland-Pfalz – Kompetenzen, Unterrichtsmerkmale, Schulkontext* (S. 71-153). Landau: Verlag Empirische Pädagogik.

Helmke, A. & Schrader, F.-W. (2006). Determinanten der Schulleistung. In D. H. Rost (Hrsg.), *Handwörterbuch Pädagogische Psychologie* (S. 83-94). Weinheim: PVU.

Helmke, A. & Weinert, F. E. (1997). Bedingungsfaktoren schulischer Leistungen. In F. E. Weinert (Hrsg.), Psychologie des Unterrichts und der Schule. *Enzyklopädie der Psychologie* (Band 3, S. 71-176). Göttingen: Hogrefe.

Herpertz-Dahlmann, B. & Müller, B. (2000). Leistungssport und Essstörungen aus kinder- und jugendpsychiatrischer Sicht. *Monatsschrift Kinderheilkunde, 148*, 462-468.

Herrenstein, R. J. & Murray, C. (1994). *The bell curve: Intelligence and class structure in American life*. New York, NY: The Free Press.

Herrmann, T. (1991). *Lehrbuch der empirischen Persönlichkeitsforschung*. Göttingen: Hogrefe.

Hesse, H. (2007). *Unterm Rad*. Frankfurt a. M.: Suhrkamp.

Heublein, U., Schmelzer, R. & Sommer, D. (2005). *Studienabbruchstudie 2005 – Die Studienabbrecherquoten in den Fächergruppen und Studienbereichen der Universitäten und Fachhochschulen*. HIS-Kurzinformation, A 1, 1-38. Verfügbar unter: www.bmbf.de/pub/studienabbruchstudie _2005.pdf [20.04.07].

Heublein, U., Schmelzer, R., Sommer, D. & Spangenberg, H. (2002). *Studienabbruchstudie 2002 – Die Studienabbrecherquoten in den Fächergruppen und Studienbereichen der Universitäten und Fachhochschulen*. HIS-Kurzinformation, A 5, 1-47. Verfügbar unter: www.bmbf.de/pub/studienabbruchstudie_2002.pdf [20.04.07].

Heun, S. (2004). Bei Dagobert sprang der Funke über. *Welt Online*. Zugriff am 03.12.2007. Verfügbar unter: www.welt.de/print-welt/article306568/Bei_Dagobert_sprang_der_Funke_ueber.html [03.12.2007].

Hinshaw, S. P. (1992). Externalizing behavior problems and academic underachievement in childhood and adolescence: Causal relationships and underlying mechanisms. *Psychological Bulletin, 111*, 127-155.

Hofer, M. (2003). Wertewandel, schulische Motivation und Unterrichtsorganisation. In W. Schneider & M. Knopf (Hrsg.), *Entwicklung, Lehren und Lernen* (S. 235-253). Göttingen: Hogrefe.

Hofer, M., Clausen, M., Fries, S. & Reinders, H. (2001). *Gesellschaftlicher Wertewandel und seine Konsequenzen für die allgemeine schulische und mathematisch-naturwissenschaftliche Lernmotivation*. Antrag an die Deutsche Forschungsgemeinschaft.

Hofer, M., Fries, S., Reinders, H., Clausen, M., Dietz, F. & Schmid, S. (2004). Individuelle Werte, Handlungskonflikte und schulische Lernmotivation. In J. Doll & M. Prenzel (Hrsg.), *Bildungsqualität von Schule – Lehrerprofessionalisierung, Unterrichtsentwicklung und Schülerförderung als Strategien der Qualitätsverbesserung* ( S. 329-344). Münster: Waxmann.

Hofer, M., Reinders, H., Fries, S., Clausen, M., Schmid, S. & Dietz, F. (2005). Die Theorie motivationaler Handlungskonflikte – Ein differenzieller Ansatz zum Zusammenhang zwischen Werten und schulischer Lernmotivation. *Zeitschrift für Pädagogik, 51*, 326-341.

Höhn, E. (1967). *Der schlechte Schüler - Sozialpsychologische Untersuchungen zum Bild des Schulversagers*. München: Piper.

Hollenbach, N. & Meier, U. (2004). Lernen am Nachmittag – Häusliche Unterstützung und bezahlte Nachhilfe von 15-Jährigen. In G. Schümer, K.-J. Tillmann & M. Weiß (Hrsg.), *Die Institution Schule und die Lebenswelt der Schüler – Vertiefende Analysen der PISA-2000-Daten zum Kontext von Schülerleistungen* (S. 165-186). Wiesbaden: VS Verlag für Sozialwissenschaften.

Holling, H., Preckel, F. & Vock, M. (2004). *Intelligenzdiagnostik.* Göttingen: Hogrefe.

Holt, J. (2004). *Aus schlauen Kindern werden Schüler – Von dem, was in der Schule verlernt wird.* Weinheim: Beltz.

Hörtnagl, H. & Neumayr, G. (2004). Übertraining aus kreislaufmedizinischer Sicht – Übertrainingssyndrom. In R. Pokan, H. Förster, P. Hofmann, H. Hörtnagl, E. Ledl-Kurkowski & M. Wonisch (Hrsg.), *Kompendium der Sportmedizin* (S. 167-178). Heidelberg: Springer.

Hurrelmann, K. & Klocke, K. (1995). *Nachhilfeunterricht – eine Domäne der gehobenen Schichten. Ergebnisse einer Jugendbefragung in Nordrhein-Westfalen.* Bielefeld: Universität Bielefeld.

Impellizzeri, I. H., Barr, D. & Cooney, T. E. (1965). An investigation of the scholastic functioning of 4875 high-ability secondary school students in New York City. In M. Kornrich (Ed.), *Underachievement* (pp. 138-173). Springfield, IL: Charles C. Thomas.

Ingenkamp, K. (1969). *Zur Problematik der Jahrgangsklasse.* Weinheim: Beltz.

Ingenkamp, K. (1986). Untersuchungen zur prognostischen Validität von Intelligenztests. *Psychologie in Erziehung und Unterricht, 33,* 229-232.

Ingenkamp, K. (1993). Der Prognosewert von Zensuren, Lehrergutachten, Aufnahmeprüfungen und Tests während der Grundschulzeit für den Sekundarschulerfolg. In R. Olechowski & E. Persy (Hrsg.), *Frühe schulische Auslese* (S. 68–85). Frankfurt a. M.: Peter Lang.

Ingenkamp, K. (1997). *Lehrbuch der Pädagogischen Diagnostik.* Weinheim: Beltz.

Jäger, A. O. (1967). *Dimensionen der Intelligenz.* Göttingen: Hogrefe.

Jäger, A. O. (1984). Intelligenzstrukturforschung: Konkurrierende Modelle, neue Entwicklungen, Perspektiven. *Psychologische Rundschau, 35,* 21-35.

Jäger, A. O., Süß, H.-M. & Beauducel, A. (1997). *Berliner Intelligenzstruktur- Test BIS-4.* Göttingen: Hogrefe.

Jensen, A. R. (1973). *Educational Differences.* London: Methuen.

Jensen, A. R. (1980). *Bias in Mental Testing.* London: Methuen.

Jensen, A. R. (1998). *The g factor – The science of mental ability.* London: Praeger.

Jerusalem, M. (1997). Schulklasseneffekte. In F. E. Weinert (Hrsg.), *Psychologie des Unterrichts und der Schule. Enzyklopädie der Psychologie* (Band 3, S. 253-278). Göttingen: Hogrefe.

Jerusalem, M. & Pekrun, R. (Hrsg). (1999). *Emotion, Motivation und Leistung.* Göttingen: Hogrefe.

Jost, M. (1999). *Extra-Klasse? Hochbegabte in der Schule erkennen und begleiten.* Wiesbaden: Universum.

Jungermann, H., Pfister, H.-R. & Fischer, K. (1998). *Die Psychologie der Entscheidung – Eine Einführung.* Heidelberg: Spektrum.

Kahl, R. (2006). *Treibhäuser der Zukunft – Wie in Deutschland Schulen gelingen.* Hamburg: Archiv der Zukunft.

Kamm, H. (1980). Hausaufgaben? Hausaufgaben! *Die Deutsche Schule, 72,* 286-290.

Kanoy, R. C., Johnson, B. W. & Kanoy, K. W. (1980). Locus of control and self-concept in achieving and underachieving bright elementary pupils. *Psychology in the Schools, 17,* 395-399.

Kavale, K. A. (2002). Discrepancy models in the identification of learning disability. In R. Bradley, L. Danielson & D. P. Hallahan (Eds.), *Identification of Learning Disabilities* (pp. 369-466). Verfügbar unter: http://books.google.de/books?id=QSv7yyicod0C&printsec=frontcover&dq=Identification+of+learning+disabilities [02.11.2008].

Kemmler, L. (1975). *Erfolg und Versagen in der Grundschule.* Göttingen: Hogrefe.

Kennedy, J. F. (1963). Civil Rights Address (11.06.1963). Verfügbar unter: www.americanrhetoric .com/speeches/jfkcivilrights.htm [15.112008].

Kerr, B. A. (1994). *Smart girls – A new psychology of girls, women, and giftedness.* Scotsdale, AZ: Great Potential Press.

Kerr, B. A. (1995). *Smart girls two.* Dayton, OH: Ohio Psychology Press.

Kerr, B. A. (1997). Developing talent in girls and young women. In N. Colangelo & G. A. Davis (Eds.), *Handbook of gifted education* (2nd ed., pp. 483-497). Boston, MA: Allyn & Bacon.

Kirchner, R. (2008). Kaderschmieden als „Schule der Schmerzen" bekannt. *Mannheimer Morgen*, 24. Juli 2008. Verfügbar unter: www.morgenweb.de/nachrichten/sport/olympia_2008/Olympia_ Spiele/20080724_srv 0000002898707.html [25.07.2008].

Klauer, K. J. (1975). *Intelligenztraining im Kindesalter*. Weinheim: Beltz.

Klauer, K. J. (1987). Notengebung unter individueller Bezugsnorm. *Zeitschrift für Entwicklungspsychologie und Pädagogische Psychologie, XIX*, 158-169.

Klauer, K. J. (1990). Overachievement und Underachievement revisited: Ein zwei-Fehler-kontrolliertes Modell zur Diagnostik erwartungswidriger Leistungen. *Diagnostica, 36*, 299-309.

Knecht, S. (2008). „Wir stehen noch am Anfang des Verstehens": „Gehirndoping" – Was steckt dahinter? *Forschung & Lehre, 8*, 514-517.

Kornrich, M. (1965). A note on the definition of underachievement. In M. Kornrich (Ed.), *Underachievement* (pp. 459-463). Springfield, IL: Charles C. Thomas.

Kowitz, G. T. (1965). An analysis of underachievement. In M. Kornrich (Ed.), *Underachievement* (pp. 464-473). Springfield, IL: Charles C. Thomas.

Krankheit (2003). In *Microsoft Encarta Enzyklopädie Professional*. Microsoft Corporation.

Krapp, A. & Ryan, R. M. (2002). Selbstwirksamkeit und Lernmotivation. *Zeitschrift für Pädagogik, 44*, 54-82.

Krohne, J. A. & Meier, U. (2004). Sitzenbleiben, Geschlecht und Migration. In G. Schümer, K.-J. Tillmann & M. Weiß (Hrsg.), *Die Institution Schule und die Lebenswelt der Schüler – Vertiefende Analysen der PISA-2000-Daten zum Kontext von Schülerleistungen* (S. 117-147). Wiesbaden: VS Verlag für Sozialwissenschaften.

Krouse, J. H. & Krouse, H. J. (1981). Toward a multimodal theory of underachievement. *Educational Psychologist, 16*, 151-164.

Krug, S. & Rheinberg, F. (1980). Erwartungswidrige Schulleistung im Entwicklungsverlauf und ihre Ursachen: Ein überholtes Konstrukt in neuer Sicht. In H. Heckhausen (Hrsg.), *Fähigkeiten und Motivation in erwartungswidriger Schulleistung* (S. 53-105). Göttingen: Hogrefe.

Kubinger, K. D., Wurst, E. & Maryschka, C. (2000). *Adaptives Intelligenzdiagnostikum 2 – AID 2*. Göttingen: Beltz.

Küspert, P. & Schneider, W. (1998). *Würzburger Leise Leseprobe – WLLP*. Göttingen: Hogrefe.

Küspert, P. & Schneider, W. (2000). *Hören, lauschen, lernen. Sprachspiele für Kinder im Vorschulalter*. Göttingen: Vanderhoeck & Ruprecht.

Lauth, G. W., Brunstein, J. C. & Grünke, M. (2004a). Lernstörungen im Überblick: Arten, Klassifikation, Verbreitung und Erklärungsperspektiven. In W. Lauth, M. Grünke & J. C. Brunstein (Hrsg.), *Interventionen bei Lernstörungen – Förderung, Training und Therapie in der Praxis* (S. 13-23). Göttingen: Hogrefe.

Lauth, G. W., Grünke, M. & Brunstein J. C. (Hrsg.). (2004b). *Interventionen bei Lernstörungen – Förderung, Training und Therapie in der Praxis*. Göttingen: Hogrefe.

Lavin, D. E. (1965). *The prediction of academic performance*. New York, NY: Sage.

Lehmann R. H. & Nikolova, R. (2005). *ELEMENT – Erhebung zum Lese- und Mathematikverständnis – Entwicklungen in den Jahrgangsstufen 4 bis 6 in Berlin*. Verfügbar unter: www.senbjs.berlin.de/bildung/qualitaetssicherung/element_untersuchungsbericht_2003.pdf [12.08.05].

Lehmann, R. H & Peek, R. (1997). *Aspekte der Lernausgangslage und der Lernentwicklung. Bericht über die Erhebung im September 1996 (LAU 5)*. Verfügbar unter: www.hamburger-bildungsserver.de/index.phtml?site=schule.lau [19.02.2006].

Lehmann, R. H., Vieluf, U., Nikolova, R. & Ivanov, S. (2006). *LAU 13 – Aspekte der Lernausgangslage und der Lernentwicklung – Klassenstufe 13. Erster Bericht*. Verfügbar unter: www.hamburger-bildungsserver.de/index.phtml?site=schule.lau [19.02.2006].

Lens, W. & Rand, P. (2002). Motivation and cognition: Their role in the development of giftedness. In K. A. Heller, F. J. Mönks, R. J. Sternberg & R. F. Subotnik (Eds.), *International handbook of giftedness and talent* (2nd ed., pp. 193-203). Oxford: Pergamon.

Lienert, G. A. & Raatz, U. (1998). *Testaufbau und Testanalyse*. Weinheim: PVU.
Linderkamp, F. & Grünke, M. (2007). Lern- und Verhaltensstörungen: Klassifikation, Prävalenz und Prognostik. In F. Linderkamp & M. Grünke (Hrsg.), *Lern- und Verhaltensstörungen: Genese - Diagnostik – Intervention* (S. 14-25). Verfügbar unter: www.beltz.de/leseprobe/3-621-27635-1les.pdf [25.02.2008].
Llwellyn, G. (2007). *Das Teenager-Befreiungshandbuch – Glücklich und erfolgreich ohne Schule*. Bremen: Genius.
Lorenz, H. J. (2003). Überblick über Theorien zur Entstehung und Entwicklung von Rechenschwächen. In A. Fritz, G. Ricken & S. Schmidt (Hrsg.), *Rechenschwäche – Lernwege, Schwierigkeiten und Hilfen bei Dyskalkulie* (S. 144-162). Weinheim: Beltz.
Lösel, F. (1975). Prozesse der Stigmatisierung in der Schule. In M. Brusten & J. Hohmeier (Hrsg.), *Stigmatisierung* (S. 7-32). Darmstadt: Luchterhand.
Lukesch, H., Kormann, A. & Mayrhofer, S. (2002). *PSB-R 4-6. Prüfsystem für Schul- und Bildungsberatung für 4. bis 6. Klassen*. Göttingen: Hogrefe.
Lum, M. K. M. (1960). A comparison of under- and overachieving female college students. *Journal of Educational Psychology, 51*, 109-114.
Mandel, H. P. & Marcus, S. I. (1988). *The psychology of underachievement: Differential diagnosis and differential treatment*. New York, NY: John Wiley & Sons.
Mandel, H. P. & Marcus, S. I. (1995). *Could do better – Why children underachieve and what to do about it*. New York, NY: John Wiley & Sons.
Marx, H. (1998). *Knuspels Leseaufgaben. Gruppenlesetest für Kinder Ende des ersten bis vierten Schuljahres*. Göttingen: Hogrefe.
Maslow, A. H. (1954). *Motivation and personality*. New York, NY: Harper & Row.
Maslow, A. H. (1970). *Motivation and personality*. New York, NY: Harper & Row.
Mayer, J. D. & Salovey, P. (1993). The intelligence of emotional intelligence. *Intelligence, 17*, 433-442.
Mayer, J. D. & Salovey, P. (1997). What is emotional intelligence? In P. Salovey & D. Sluyter (Eds), *Emotional development and emotional intelligence: implications for educators* (pp. 3-31). New York, NY: Basic Books.
McCall, R. B., Beach, S. R. & Lau, S. (2000). The nature and correlates of underachievement among elementary schoolchildren in Hong Kong. *Child Development, 71*, 785-801.
McCall, R. B., Evahn, C. & Kratzer, L. (1992). *High school underachievers – What do they achieve as adults?*. London: Sage.
McClelland, D. C., Yewchuk, C. & Mulcahy, R. (1991). Locus of control in underachieving and achieving gifted students. *Journal for the Education of the Gifted, 14*, 380-392.
McCoach, B. D. & Siegle, D. (2001). *Why try? Factors that differentiate underachieving gifted students from high achieving gifted students*. Verfügbar unter: http://eric.ed.gov/ERICDocs/data/ericdocs2sql/content_storage_01/0000019b/80/17/28/17.pdf [19.11.2008].
McCoach, B. D. & Siegle, D. (2003). Factors that differentiate underachieving gifted students from high-achieving gifted students. *Gifted Child Quarterly, 47*, 144-154.
McLeod, J. (1979). Educational underachievement: Toward a defensible psychometric definition. *Journal of Learning Disabilities, 12*, 322-330.
Meier, U. (2004). Familie, Freundesgruppe, Schülerverhalten und Kompetenzerwerb. In G. Schümer, K.-J. Tillmann & M. Weiß (Hrsg.), *Die Institution Schule und die Lebenswelt der Schüler – Vertiefende Analysen der PISA-2000-Daten zum Kontext von Schülerleistungen* (S. 187-216). Wiesbaden: VS Verlag für Sozialwissenschaften.
Meissner, T. (1993). *Wunderkinder*. München: dtv.
Meulemann, H. (1979). *Soziale Herkunft und Schullaufbahn*. Frankfurt a. M.: Campus.
Miller, A. & Goldblatt, A. (1989). *The Hamlet-Syndrome – Overthinkers who underachieve*. New York, NY: William Morrow & Co.
Mönks, F. J. (1999). Begabte Schüler erkennen und fördern. In C. Perleth & A. Ziegler (Hrsg.), *Pädagogische Psychologie – Grundlagen und Anwendungsfelder* (S. 63-72). Bern: Hans Huber.

Mönks, F. J., van Boxtel, H. W., Roelofs, J. J. W. & Sanders, M. P. M. (1985). The identification of gifted children in secondary education and a description of their situation in Holland. In K. A. Heller & J. F. Feldhusen (Eds.), *Identifying and nurturing the gifted* (pp. 39-65). Stuttgart: Hans Huber.

Montgomery, D. (1996). *Educating the able*. London: Cassell.

Morelock, M. J. & Feldman, D. H. (2002). Prodigies, savants and Williams Syndrome: Windows into talent and cognition. In K. A. Heller, F. J. Mönks, R. J. Sternberg & R. F. Subotnik (Eds.), *International handbook of giftedness and talent* (2nd ed., pp. 227-241). Oxford: Pergamon.

Morse, G. (2007). Raus aus der Fließband-Welt. *Harvard Businessmanager, 1*, 12. Verfügbar unter: www.manager-magazin.de/harvard/0,2828,454767,00.html [01.03.07].

Müller, R. (2004). *DRT 3 – Diagnostischer Rechtschreibtest für 3. Klassen*. Göttingen: Hogrefe.

Mufson, L., Cooper, J. & Hall, J. (1989). Factors associated with underachievement in seventh-grade children. *Journal of Educational Research, 83*, 5-10.

Mundlos, S. & Queisser-Luft, A. (2007). Konnatale anatomische Entwicklungsstörungen. In M. J. Lentze, J. Schaub, F.-J. Schulte & J. Spranger (Hrsg.), *Pädiatrie – Grundlagen und Praxis* (3. Aufl., S. 278-285). Heidelberg: Springer.

Musall, B. (2005). Es gibt ein Leben nach der Uni. *UniSpiegel, 1*, 1-6.

Neubauer, A. C. (2006, November). *Begabung und Underachievement – die Perspektive der Neurowissenschaften*. Vortrag anl. Kongress 2006 des Österreichischen Zentrums für Begabtenförderung und Begabungsforschung „Versteckt – Verkannt – Verborgen", Salzburg.

Neubauer, A. C. & Freudenthaler, H. H. (2001). Emotionale Intelligenz: Ein Überblick. In E. Stern & J. Guthke (Hrsg.), *Perspektiven der Intelligenzforschung* (S. 205-232). Lengerich: Pabst Science Publisher.

Neubauer, A. C. & Freudenthaler, H. H. (2006). Modelle emotionaler Intelligenz. In R. Schulze, P. A. Freund & R. D. Roberts (Hrsg.), *Emotionale Intelligenz – Ein Internationales Handbuch* (S. 39-59). Göttingen: Hogrefe.

Neubrand, M., Blum, W., Ehmke, T., Jordan, A., Senkbeil, M., Ulfig, F. & Carstensen, C. H. (2005). Mathematische Kompetenzen im Ländervergleich. In M. Prenzel, J. Baumert, W. Blum, R. Lehmann, D. Leutner, M. Neubrand, R. Pekrun, J. Rost, U. Schiefele (Hrsg.), *PISA 2003. Der zweite Vergleich der Länder in Deutschland – Was wissen und können Jugendliche?* (S. 51-84). Münster: Waxmann.

Nickel, H. & Schmidt-Denter, U. (1995). *Vom Kleinkind zum Schulkind*. München: Ernst Reinhardt.

Norman, R. D., Clark, B. P. & Bessemer, D. W. (1965). Age, sex, I. Q., and achievement patterns in achieving and nonachieving gifted children. In M. Kornrich (Ed.), *Underachievement* (pp. 200-213). Springfield, IL: Charles C. Thomas.

OECD (Hrsg.). (2004). *Lernen für die Welt von morgen – Erste Ergebnisse von PISA 2003*. Paris: OECD.

Orthmann, D. (2006). Lernschwierigkeiten. In D. H. Rost (Hrsg.), *Handwörterbuch Pädagogische Psychologie* (S. 421-426). Weinheim: PVU.

Pawlik, K. (1976). Modell- und Praxisdimensionen psychologischer Diagnostik. In K. Pawlik (Hrsg.), *Diagnose der Diagnostik* (S. 13-43). Stuttgart: Klett.

Pelkner, A.-K. & Boehnke, K. (2003). Streber als Leistungsverweigerer? Projektidee und erstes Datenmaterial einer Studie zu mathematischen Schulleistungen. *Zeitschrift für Erziehungswissenschaft, 6*, 106-125.

Pelkner, A.-K., Günther, R. & Boehnke, K. (2002). Die Angst vor sozialer Ausgrenzung als leistungshemmender Faktor? Zum Stellenwert guter mathematischer Schulleistungen unter Gleichaltrigen. *Zeitschrift für Pädagogik, 45*, 326-340.

Perleth, C. (2001). Zur Methodik der Münchner Hochbegabungsstudie. In K. A. Heller (Hrsg.), *Hochbegabung im Kindes- und Jugendalter* (S. 447-477). Göttingen: Hogrefe.

Peter, L. J. & Hull, R. (1984). *Das Peter-Prinzip*. Reinbek: Rowohlt.

Peters, W. A. M., Grager-Loidl, H. & Supplee, P. (2002). Underachievement in gifted children and adolescents: theory and practice. In K. A. Heller, F. J. Mönks, R. J. Sternberg & R. F. Subotnik (Eds.), *International handbook of giftedness and talent* (2nd ed., pp. 609-620). Oxford: Pergamon.

Pierce, J. V. & Bowman, P. H. (1965). Motivation patterns of superior high school students. In M. Kornrich (Ed.), *Underachievement* (pp. 214-252). Springfield, IL: Charles C. Thomas.

Pinel, P. J. (1997). *Biopsychologie – Eine Einführung*. Heidelberg: Spektrum.

Plomin, R. & DeFries, J. C. (2000). Erblichkeit kognitiver Stärken und Schwächen. *Spektrum der Wissenschaft – Digest, 2*, 22-29.

Plomin, R., DeFries, J. C., McClearn, G. E. & Rutter, M. (1999). *Lehrbuch – Gene, Umwelt und Verhalten*. Bern: Hans Huber.

Preckel, F., Holling, H. & Vock, M. (2006). Academic underachievement: Relationship with cognitive motivation, achievement motivation, and conscientiousness. *Psychology in the Schools, 43*, 401-411.

Prenzel, M., Baumert, J., Blum, W., Lehmann, R., Leutner, D., Neubrand, M., Pekrun, R., Rost, J. & Schiefele, U. (Hrsg.). (2005). *PISA 2003 – Der zweite Vergleich der Länder in Deutschland – Was wissen und können Jugendliche*. Münster: Waxmann.

Pressey, S. L. (1976). Concerning the nature and nurture of Genius. In W. Dennis & M. W. Dennis (Eds.), *The intellectually gifted – An overview* (pp. 239-249). San Francisco, CA: Grune & Stratton.

Quitzow, W. (1990). *Intelligenz – Erbe oder Umwelt? Wissenschaftliche und politische Kontroversen seit der Jahrhundertwende*. Stuttgart: Metzler.

Racass Medien & Content Verlag (Hrsg.). (2008). *Who's Who*. Verfügbar unter: http://whoswo.de [25.08.2008].

Ramseier, E. & Brühwiler C. (2003). Herkunft, Leistung und Bildungschancen im gegliederten Bildungssystem – Vertiefte PISA-Analyse unter Einbezug der kognitiven Grundfertigkeiten. *Schweizerische Zeitschrift für Bildungswissenschaften, 25*, 1-34.

Raph, J. B., Goldberg, M. L. & Passow, A. H. (1966). *Bright underachievers*. New York, NY: Teachers College Press.

Raven, J. C. (1998). *Advanced progressive matrices*. Oxford, UK: Oxford Psychologists Press.

Raven, J. C., Raven, J. & Court, J. H. (2002). *Coloured progressive matrices*. Frankfurt a. M.: Swets Test Services.

Reavis, G. H. (1999). *The animal school*. Peterborough, NH: Crystal Springs Books.

Reber, A. S. & Reber, E. S. (2001). *The penguin dictionary of psychology*. New York, NY: Penguin.

Rehberg, R. R. & Rosenthal, E. R. (1978). *Class and merit in the American high school: An assessment of the revisionist and meritocratic arguments*. New York, NY: Longman.

Reichenbach, R. (2007). *Philosophien der Bildung und Erziehung – Eine Einführung*. Stuttgart: Kohlhammer.

Reichertz, J. (2008). Scientist's little helpers. *Forschung & Lehre, 8*, 518-521.

Rheinberg, F. (2001). Bezugsnormen und schulische Leistungsbeurteilung. In F. E. Weinert (Hrsg.), *Leistungsmessungen in Schulen* (S. 59-71). Weinheim: Beltz.

Rheinberg, F. (2002). *Motivation*. Stuttgart: Kohlhammer.

Rheinberg, F. (2004). *Motivationsdiagnostik*. Göttingen: Hogrefe.

Rheinberg, F. (2006). *Motivation*. Stuttgart: Kohlhammer.

Richert, E. S. (1991). Patterns of underachievement among gifted students. In J. H. Borland (Ed.), *Understanding the gifted adolescent* (pp. 139-162). New York, NY: Teachers College Press.

Riegel, E. (2004). *Schule kann gelingen – Wie unsere Kinder wirklich fürs Leben lernen*. Frankfurt a. M.: Fischer.

Rimm, S. B. (1997a). Underachievement syndrome: A national epidemic. In N. Colangelo & G. A. Davis (Eds.), *Handbook of Gifted Education* (2nd ed., pp.416-435). Boston, MA: Allyn & Bacon.

Rimm, S. B. (1997b). An underachievement epidemic. *Educational Leadership, 54*, 18-22.

Rimm, S. B. (1987). *Underachievement Syndrom – Causes and Cures*. Watertown, WI: Apple Publishing Company.

Rimm, S. B. (1995). *Why bright kids get poor grades – and what you can do about it*. New York, NY: Crown.
Rimm, S. B. & Lowe, B. (1988). Family environments of underachieving gifted students. *Gifted Child Quarterly, 32*, 353-358.
Rindermann, H. (2006). Was messen internationale Schulleistungsstudien? Schulleistungen, Schülerfähigkeiten, kognitive Fähigkeiten, Wissen oder allgemeine Intelligenz? *Psychologische Rundschau, 57*, 69-86.
Rindermann, H. & Neubauer, A. C. (2001). The influence of personality on three aspects of cognitive performance: processing speed, intelligence and school performance. *Personality and Individual Differences, 30*, 829-842.
Rindermann, H. & Neubauer, A. C. (2004). Processing speed, intelligence, creativity, and school performance: Testing of causal hypotheses using structural equation models. *Intelligence, 32*, 573-589.
Roe, A. (1976). A psychologist examines 64 eminent scientists. In W. Dennis & M. W. Dennis (Eds.), *The intellectually gifted – An overview* (pp. 217-223). San Francisco, CA: Grune & Stratton.
Roeder, P. M. & Sang, F. (1991). Über die institutionelle Verarbeitung von Leistungsunterschieden. *Zeitschrift für Entwicklungspsychologie und Pädagogische Psychologie, 23*, 159-170.
Rosenthal, J. & Jacobson, L. (1971). *Pygmalion im Unterricht*. Weinheim: Beltz.
Rost, D. H. (1991). Identifizierung von Hochbegabung. *Zeitschrift für Entwicklungspsychologie und Pädagogische Psychologie, XXIII*, 197-231.
Rost, D. H. (2000). Grundlagen, Fragestellungen, Methode. In D. H. Rost (Hrsg.), *Hochbegabte und hochleistende Jugendliche – Neue Ergebnisse aus dem Marburger Hochbegabtenprojekt* (S. 1-91). Münster: Waxmann.
Rost, D. H. (2007). Underachievement aus psychologischer und pädagogischer Sicht. *News & Science – Begabungsförderung und Begabungsforschung, 15*, 8-9. Verfügbar unter: www.begabtenzentrum.at/ [27.10.2008].
Rost, D. H. & Hanes, P. (1997). Wer nichts leistet, ist nicht begabt? Zur Identifikation hochbegabter Underachiever durch Lehrkräfte. *Zeitschrift für Entwicklungspsychologie und Pädagogische Psychologie, 29*, 167-177.
Rost, J., Senkbeil, M., Walter, O. & Carstensen, C. H. (2005). Naturwissenschaftliche Grundbildung im Ländervergleich. In M. Prenzel, J. Baumert, W. Blum, R. Lehmann, D. Leutner, M. Neubrand, R. Pekrun, J. Rost, U. Schiefele (Hrsg.), *PISA 2003. Der zweite Vergleich der Länder in Deutschland – Was wissen und können Jugendliche?* (S. 103-124). Münster: Waxmann.
Roth, E. & Schneider, W. (1996). *Sprachspiele zur Buchstaben-Laut-Verknüpfung*. Würzburg: Universität, Lehrstuhl für Psychologie IV.
Roth, R. M. & Meyersburg, H. A. (1965). The non-achieving syndrom. In M. Kornrich (Ed.), *Underachievement* (pp. 279-288). Springfield, IL: Charles C. Thomas.
Rüesch, P. (1998). *Spielt die Schule eine Rolle? – Schulische Bedingungen ungleicher Bildungschancen von Immigrantenkindern – eine Mehrebenenanalyse*. Berlin: Peter Lang.
Rutter, M. (2006). *Genes and behavior – Nature-nurture interplay explained*. Malden, MA: Blackwell.
Sachs, O. (1992). *Der Mann, der seine Frau mit einem Hut verwechselte*. Reinbek: Rowohlt.
Salcher, A. (2008). *Der talentierte Schüler und seine Feinde*. Salzburg: Ecowin.
Salovey, P. & Sluyter, D. J. (1997). *Emotional development and emotional intelligence*. New York, NY: Basic Books.
Sampson, W. (2007). *Walt's school daze*. Verfügbar unter www.mouseplanet.com/articles.php?art=ww 070627ws [02.11.2008].
Sartorius, C. (2008). *Verfassungs- und Verwaltungsgesetze*. München: C. H. Beck.
Saß, H., Wittchen, H.-U. & Zaudig, M. (1998). *Diagnostisches und Statistisches Manual Psychischer Störungen DSM-IV*. Göttingen: Hogrefe.
Sauer, J. (2006). Prognose von Schulerfolg. In D. H. Rost (Hrsg.), *Handwörterbuch Pädagogische Psychologie* (S. 584-594). Weinheim: PVU.
Sauer, J. & Gamsjäger, E. (1996). *Ist Schulerfolg vorhersehbar? Die Determinanten der Grundschulleistung und ihr prognostischer Wert für den Sekundarschulerfolg*. Göttingen: Hogrefe.

Schicke, M. C. & Fagan, T. K. (1994). Contributions of self-concept and intelligence to the prediction of academic achievement among grade 4, 6, and 8 students. *Canadian Journal of School Psychology, 10*, 62-69.

Schlatter, C. (2008). Die Sportkinder Chinas – Im Reich der Mitte basiert sportlicher Erfolg auf füher Talenterfassung und gezielter Förderung. *Neue Züricher Zeitung*, 04. April 2008. Verfügbar unter: www.nzz.ch/nachrichten/sport/aktuell/die_sportkinder_chinas_1.700881.html [25.07.2008].

Schlee, J. (1976). *Legasthenieforschung am Ende?* München: Urban & Schwarzenberg.

Schmidt, M. H. (2000). Psychische Störungen infolge von Intelligenzminderungen. In F. Petermann (Hrsg.), *Lehrbuch der Klinischen Entwicklungspsychologie und -psychotherapie* (S. 359-380). Göttingen: Hogrefe.

Schmitt, H. (2005). *Nicht jedes Kind ist fit für den Leistungssport*. Interview mit Dr. Holger Schmitt, Oberarzt und Leiter des Bereichs Sportorthopädie des Universitätsklinikums Heidelberg am 09.03.2005. Verfügbar unter: www.uni-protokolle.de/nachrichten/id/96319/ [28.08.2008].

Schmundt, H. (2007). Sprinter ohne Füße. *Der Spiegel, 29*, 120.

Schnabel, K. U. & Schwippert, K. (2000). Einflüsse sozialer und ethnischer Herkunft beim Übergang in die Sekundarstufe II und den Beruf. In J. Baumert, W. Bos, R. H. Lehmann, (Hrsg.), *TIMSS/III. Dritte Internationale Mathematik- und Naturwissenschaftsstudie – Mathematische und naturwissenschaftliche Bildung am Ende der Schullaufbahn, Bd. 1 Mathematische und naturwissenschaftliche Grundbildung am Ende der Pflichtschulzeit* (S. 261-300). Opladen: Leske & Budrich.

Schneewind, K. A. (1969). *Methodisches Denken in der Psychologie*. Stuttgart: Hans Huber.

Schrader, F.-W. (1997). Lern- und Leistungsdiagnostik im Unterricht. In F. E. Weinert (Hrsg.), *Psychologie des Unterrichts und der Schule. Enzyklopädie der Psychologie* (Band 3, S. 659-699). Göttingen: Hogrefe.

Schrader, F.-W. (2006). Diagnostische Kompetenz von Eltern und Lehrern. In D. H. Rost (Hrsg.), *Handwörterbuch Pädagogische Psychologie* (S. 95-100). Weinheim: PVU.

Schümer, G. (2004). Zur doppelten Benachteiligung von Schülern aus unterpriviligierten Gesellschaftsschichten im deutschen Schulwesen. In G. Schümer, K.-J. Tillmann & M. Weiß (Hrsg.), *Die Institution Schule und die Lebenswelt der Schüler – Vertiefende Analysen der PISA-2000-Daten zum Kontext von Schülerleistungen* (S. 73-114). Wiesbaden: VS Verlag für Sozialwissenschaften.

Schütz, C. (2000). Leistungsbezogene Kognition. In D. H. Rost (Hrsg.), *Hochbegabte und hochleistende Jugendliche – Neue Ergebnisse aus dem Marburger Hochbegabtenprojekt* (S. 303-337). Münster: Waxmann.

Schütz, C. (2004). *Leistungsbezogenes Denken hochbegabter Jugendlicher*. Münster: Waxmann.

Schuh, C. (2007). Ritalin-Partys in Amerika. *Focus*, 25.07.2007. Verfügbar unter: www.focus.de/schule/lernen/tid-6935/lerndoping_aid_67661.html [06.11.2008]

Schuler, H. (2006). Noten als Prädiktoren von Studien- und Berufserfolg. In D. H. Rost (Hrsg.), *Handwörterbuch Pädagogische Psychologie* (S. 535-541). Weinheim: PVU.

Schulte-Körne, G. (2004). Lese-Rechtschreibstörung – Symptomatik, Diagnose, Verlauf, Ursachen und Förderung. In G. Thomé (Hrsg.), *Lese-Rechtschreib-Schwierigkeiten (LRS) und Legasthenie – Eine grundlegender Einführung* (S. 56-63). Weinheim: Beltz.

Schweikle, J. (2007). Der Fall Katharina Bullin. *GEO Wissen, 39*, 25-26.

Schwippert, K. (2001a). *Optimalklassen: Mehrebenenanalytische Untersuchungen – Eine Analyse hierarchisch strukturierter Daten am Beispiel des Leseverständnisses*. Münster: Waxmann.

Schwippert, K. (2001b). Qualifizierung und Egalisierung, Anspruch und Wirklichkeit. In H. Merkens & H. Weishaupt (Hrsg.), *Schulforschung und Schulentwicklung – Aktuelle Forschungsbeiträge* (S. 11-33). Erfurt: Universität Erfurt.

Schwippert, K., Bos, W. & Lankes, E.-M. (2003). Heterogenität und Chancengleichheit am Ende der vierten Jahrgangsstufe im internationalen Vergleich. In W. Bos, E.-M. Lankes, M. Prenzel, K. Schwippert, G. Walther & R. Valtin (Hrsg.), *Erste Ergebnisse aus IGLU – Schülerleistungen am Ende der vierten Jahrgangsstufe im internationalen Vergleich* (S. 265-302). Münster: Waxmann.

Schwitzgebel, R. (1965). Underachievement: A common fallacy. In M. Kornrich (Ed.), *Underachievement* (pp. 484-487). Springfield, IL: Charles C. Thomas.

Seely, K. R. (1993). Gifted students at risk. In L. K. Silverman (Ed.), *Counselling the gifted and talented* (pp. 263-276). Denver: Love.

Shaw, M. C. (1968). Underachievement: Useful construct or misleading illusion? *Psychology in the Schools, 5*, 41-46.

Shaw, M. C. & McCuen, J. T. (1960). The onset of academic underachievement in bright children. *Journal of Educational Psychology, 51*, 103-108.

Siegler, R., DeLoache, J. & Eisenberg, N. (2005). *Entwicklungspsychologie im Kindes- und Jugendalter*. Heidelberg: Spektrum.

Simons, H. (1969). Kognitive Bedingungen über- und untererwartungsgemäßer Schulleistung. *Zeitschrift für Entwicklungspsychologie und Pädagogischer Psychologie, 1*, 41-54.

Simons, H. (1973). Intelligenz und Schulleistung. In M. Hofer & F. E. Weinert (Hrsg.), *Pädagogische Psychologie – Lernen und Instruktion* (Band 2, S. 136-150). Frankfurt a. M.: Fischer.

Simons, H. (1976). Fähigkeits- und Kenntnisunterschiede zwischen Schülern. In F. E. Weinert, C. F. Graumann, H. Heckhausen & M. Hofer (Hrsg.), *Lehren und Instruktionsoptimierung. Pädagogische Psychologie. Teil VI* (S. 27-67). Weinheim: Beltz.

Simonton, D. K. (1997). When giftedness becomes genius: How does talent achieve eminence? In N. Colangelo & G. A. Davis (Eds.), *Handbook of gifted education* (pp. 335-349). Boston, MA: Allyn & Bacon.

Sonnabend, L. (2007, 2. August). Gedopte Studenten. Sueddeutsche Zeitung. Verfügbar unter: www.sueddeutsche.de/jobkarriere/artikel/409/126215/?page=5 [05.11.2008].

Sparfeldt, J. R. & Schilling, S. R. (2006). Underachievement. In D. H. Rost (Hrsg.), *Handwörterbuch Pädagogische Psychologie* (S. 804-812). Weinheim: PVU.

Spearman, C. (1904). „General Intelligence", objectively determined and measured. *American Journal of Psychology, 15*, 201-293.

Sperber, W. (1994). *Was ist Praktische Intelligenz?* Frankfurt a. M.: Peter Lang.

Spinath, B., Stiensmeier-Pelster, J., Schöne, C. & Dickhäuser, O. (2002). *Die Skalen zur Erfassung von Lern- und Leistungsmotivation (SELLMO)*. Göttingen: Hogrefe.

Stamm, M. (2008a). Überdurchschnittlich begabte Minderleister. *Die Deutsche Schule, 1*, 73-84.

Stamm, M. (2008b, Januar). *Jugend zwischen Potenzial und Risiko: Ein neuer Blick auf ein bekanntes Thema*. Vortrag anl. Jugend-Tagung, Zürich. Verfügbar unter: www.jacobscenter.uzh.ch/jugendtagung/Referat_Stamm.pdf [02.11.2008].

Stanat, P. (2003): Schulleistungen von Jugendlichen mit Migrationshintergrund: Differenzierung deskriptiver Befunde aus PISA und PISA-E. In J. Baumert, C. Artelt, E. Klieme, M. Neubrand, M. Prenzel, U. Schiefele, W. Schneider, K. J. Tillmann & M. Weiß (Hrsg.), *PISA 2000 – Ein differenzierter Blick auf die Länder der Bundesrepublik Deutschland* (S. 243-260). Opladen: Leske & Budrich.

Stanat, P. & Kunter, M. (2001). Geschlechterunterschiede in Basiskompetenzen. In J. Baumert, E. Klieme, M. Neubrand, M. Prenzel, U. Schiefele, W. Schneider, P. Stanat, K.-J. Tillmann & M. Weiß (Hrsg.), *PISA 2000 – Basiskompetenzen von Schülerinnen und Schülern im internationalen Vergleich* (S. 249–269). Opladen: Leske & Budrich.

Stanat, P. & Kunter, M. (2002). Geschlechterspezifische Leistungsunterschiede bei Fünfzehnjährigen im internationalen Vergleich. *Zeitschrift für Erziehungswissenschaft, 4*, 28-48.

Staudt, B. & Neubauer, A. C. (2006). Achievement, underachievement and cortical activation: A comparative EEG study of achieving and underachieving adolescents of average and above-average intelligence. *High Ability Studies, 17*, 3-16.

Steinzor, B. (1965). Rorschach responses of achieving and nonachieving college students of high ability. In M. Kornrich (Ed.), *Underachievement* (pp. 348-363). Springfield, IL: Charles C. Thomas.

Stelzl, I. (2005). *Fehler und Fallen der Statistik*. Münster: Waxmann.

Stern, E. (2001). Intelligenz, Wissen, Transfer und der Umgang mit Zeichensystemen. In E. Stern & J. Guthke (Hrsg.), *Perspektiven der Intelligenzforschung* (S. 163-203). Lengerich: Pabst.

Stern, E. & Guthke, J. (Hrsg.). (2001). *Perspektiven der Intelligenzforschung*. Lengerich: Pabst.

Sternberg, R. J. (1998). *Erfolgsintelligenz – Warum wir mehr brauchen als EQ+IQ*. München: Lichtenberg.

Sternberg, R. J. (2003). Wie intelligent sind Intelligenztests? *Spektrum der Wissenschaft Spezial, 5*, 12-17.

Sternberg, R. J. & Grigorenko, E. L. (2002). *Dynamic testing – The nature and measurement of learning potential*. New York, NY: Cambridge University Press.

Sudi, K., Ottl, K., Payerl, D., Baumgartl, P., Tauschmann, K. & Müller, W. (2004). Anorexia athletica. *Nutrition, 20*, 657-661.

Süß, H.-M. (2001). Prädikative Validität der Intelligenz im schulischen und außerschulischen Bereich. In E. Stern & J. Guthke (Hrsg.), *Perspektiven der Intelligenzforschung* (S. 109-135). Lengerich: Pabst.

Süß, H.-M., Oberauer, K., Wittmann, W. W., Wilhelm, O. & Schulze, R. (1996). Working memory capacity and intelligence: An integrative approach based on Brunswik symmetry. *Berichte des Lehrstuhls Psychologie II der Universität Mannheim, 8*. Verfügbar unter: www.psychologie.uni-mannheim.de/psycho2/psycho2.php3?page=publi/reports. Htm&cat=publi [11.10.2006].

Süß, H.-M., Seidel, K. & Weis, S. (2008). Neue Wege zur leistungsbasierten Erfassung sozialer Intelligenz und erste Befunde. In W. Sarges & D. Scheffer (Hrsg.), *Innovative Ansätze für die Eignungsdiagnostik* (S. 129-143). Göttingen: Hogrefe.

Supplee, P. L. (1990). *Reaching the gifted underachiever*. New York, NY: Teacher College Press.

Swyter, R. (2005). ‚... *Und dann sollte ich halt bis 52 Kilo abnehmen'*. Unveröffentlichte Diplomarbeit: Technische Universität München.

Symptom (1998). In *Dorsch Psychologisches Wörterbuch* (13. Aufl., S. 853). Bern: Hans Huber.

Symptom (2001). In *Dictionary of psychology* (3. edition., p. 731). New York, NY: Penguin.

Syndrom (2001). In *Dictionary of psychology* (3. edition., p. 732). New York, NY: Penguin.

Tacke, M. (1995). *Zusammenhänge zwischen Kontrollüberzeugungen und Underachievement bei Gymnasiastinnen und Gymnasiasten*. Unveröffentlichte Dissertation, Universität Braunschweig.

Tannenbaum, A. J. (2002). Giftedness: The ultimate instrument for good and evil. In K. A. Heller, F. J. Mönks, R. J. Sternberg & R. F. Subotnik (Eds.), *International handbook of giftedness and talent* (2nd ed., pp. 447-465). Oxford: Pergamon.

Tappauf, M., Scheer, P. J., Trabi, T. & Dunitz-Scheer, M. (2007). Anorexia athletica – Sportanorexie: Wenn Sport krank is(s)t. *Monatsschrift Kinderheilkunde, 155*, 558-559.

Tappauf, M., Sudi, K. & Scheer, P. J. (2007). Sportanorexie und Athletinnen-Trias bei Jugendlichen. *Monatsschrift Kinderheilkunde, 155*, 815-821.

Tent, L. (1969). *Die Auslese von Schülern für weiterführende Schulen*. Göttingen: Hogrefe.

Tent, L. (2006). Zensuren. In D. H. Rost (Hrsg.), *Handwörterbuch Pädagogische Psychologie* (S. 873-880). Weinheim: PVU.

Terman, L. M. & Oden, M. H. (1947). *The gifted child grows up*. Stanford, CA: Stanford University Press.

Terman, L. M. & Oden, M. H. (1976). The gifted child at mid-life. In W. Dennis & M. W. Dennis (Eds.), *The intellectually gifted – An overview* (pp. 209-216). San Francisco, CA: Grune & Stratton.

Thiel, O. & Valtin, R. (2002). Eine Zwei ist eine Drei ist eine Vier. In R. Valtin (Hrsg.), *Was ist ein gutes Zeugnis? Noten und verbale Beurteilungen auf dem Prüfstand* (S. 67-76). Weinheim: Juventa.

Thorndike, R. L. (1963). *The concepts of over- and underachievement*. New York, NY: Teachers College Press.

Thurstone, L. L. & Thurstone, T. G. (1941). *Factorial studies of intelligence*. Chicago, IL: University of Chicago Press.

Tiedemann, J. (1981). Schulerfolg und Schulversagen. In H. Schiefele & A. Krapp (Hrsg.), *Handlexikon zur Pädagogischen Psychologie* (S. 304-311). München: Ehrenwirth.

Todd, F. J., Terrell, G. & Frank, C. F. (1965). Differences between normal and underachievers of superior ability. In M. Kornrich (Ed.), *Underachievement* (pp. 399-414). Springfield, IL: Charles C. Thomas.

Tolan, S. S. (1996). *Is it a cheetah?* Verfügbar unter: www.stephanietolan.com /is_it_a_cheetah.htm [09.03.2007].
Traufetter, G. (2003). Mit Pillenhilfe durchs Abitur. *Spiegel Spezial, 4*, 70-75.
Trautwein, U. & Baeriswyl, F. (2007). Wenn leistungsstarke Klassenkameraden ein Nachteil sind – Referenzgruppeneffekte bei Übertrittsentscheidungen. *Zeitschrift für Pädagogische Psychologie, 21*, 119-133.
Treiber, B. & Weinert, F. E. (1985). *Gute Schulleistungen für alle? Psychologische Studien zu einer pädagogischen Hoffnung*. Münster: Aschendorff.
Treinies, G. & Einsiedler, W. (1996). *Zur Vereinbarkeit von Steigerung des Lernleistungsniveaus und Verringerung von Leistungsunterschieden in Grundschulklassen. Berichte und Arbeiten aus dem Institut für Grundschulforschung*, Nr. 80. Nürnberg: Institut für Grundschulforschung der Universität Erlangen-Nürnberg.
Treutlein, A., Zöller, I., Roos, J. & Schöler, H. (2008). *Class achievement level and individual performance.* Poster anl. 20th Biannual ISSBD Meeting, Würzburg 13.-17. Juli 2008.
Trost, G. (2002). Prediction of excellence in school, higher education and work. In K. A. Heller, F. J. Mönks, R. J. Sternberg & R. F. Subotnik (Eds.), *International handbook of giftedness and talent* (2nd ed., pp. 317-327). Oxford: Pergamon.
Tuss, P., Zimmer, J. & Ho, H. Z. (1995). Causal attributions of underachieving fourth-grade students in China, Japan, and the United States. *Journal of cross-cultural Psychology, 26*, 408-425.
Ulich, M. (1988). Risiko- und Schutzfaktoren in der Entwicklung von Kindern und Jugendlichen. *Zeitschrift für Entwicklungspsychologie und Pädagogische Psychologie, XX*, 146-166.
Valtin, R. (2004). Das Konstrukt Legasthenie – Wem schadet es? Wem nützt es? In G. Thomé (Hrsg.), *Lese-Rechtschreib-Schwierigkeiten (LRS) und Legasthenie – Eine grundlegender Einführung* (S. 56-63). Weinheim: Beltz.
Vernon, P. E. (1968). What is potenial ability? *Bulletin of the British Psychological Society, 73*, 211-219.
Vlahovic-Stetic, V., Vizek-Vidovic, V. & Arambasic, L. (1999). Motivational characteristics in mathematical achievement: A study of gifted high-achieving, gifted underachieving and non-gifted pupils. *High Ability Studies, 10*, 37-49.
Vogel, H. (1997). *Gerthsen Physik.* Berlin: Springer.
Von Aster, M. (2003). Neurowissenschaftliche Ergebnisse und Erklärungsansätze zu Rechenstörungen. In A. Fritz, G. Ricken & S. Schmidt (Hrsg.), *Rechenschwäche – Lernwege, Schwierigkeiten und Hilfen bei Dyskalkulie* (S. 163-178). Weinheim: Beltz.
Vroom, V. H. (1964). *Work and motivation.* New York, NY: John Wiley & Sons.
Wahl, D. (1975). *Erwartungswidrige Schulleistungen*. Weinheim: Beltz.
Waitzkin, F. (1989). *Searching for Bobby Fischer.* New York, NY: Penguin.
Walberg, H. J. (1981). A theory of educational productivity. In F. H. Farley & N. Gordon (Eds.), *Psychology and education: The state of the union* (pp. 36-77). Berkley, CA: McCutchan.
Walberg, H. J. (1986). Synthesis of research on teaching. In M. C. Wittrock (Ed.), *Handbook of research on teaching* (3rd ed., pp. 214-229). New York, NY: Macmillan.
Walberg, H. J., Fraser, B. J. & Welch, W. W. (1986). A test of a model of educational productivity among senior high school students. *The Journal of Educational Research, 79*, 133-139.
Walberg, H. J. & Zeiser, S. (1997). Productivity, accomplishment, and eminence. In N. Colangelo & G. A. Davis (Eds.), *Handbook of gifted education* (pp. 328-334). Boston, MA: Allyn & Bacon.
Wasna, M. (1972). *Motivation, Intelligenz und Lernerfolg.* München: Kösel.
Watzlawick, P., Beavin, J. H. & Jackson, D. D. (2007). *Menschliche Kommunikation – Formen, Störungen, Paradoxien.* Bern: Hans Huber. wcms/picture/upload/File/foerdermassnahmen/beitraege _aus_wissenschaft/01-03-Rost-UNDERACHIEVER_fuer_website.pdf [15.02.08].
Webb, J. T., Meckstroth, E. A. & Tolan, S. S. (2004). *Hochbegabte Kinder, ihre Eltern, ihre Lehrer.* Göttingen: Hans Huber.
Weiner, B. (1986). *An attributional theory of motivation and emotion.* New York, NY: Springer.
Weiner, B. (1994). *Motivationspsychologie.* Weinheim: PVU.

Weinert, F. E. (1965). Schülerpersönlichkeit und Schulleistung. In K. Ingenkamp (Hrsg.), *Schulkonflikt und Schülerhilfe* (19-31). Weinheim: Beltz.

Weinert, F. E. (1975). Fähigkeits- und Kenntnisunterschiede zwischen Schülern. In F. E. Weinert, C. F. Graumann, H. Heckhausen & M. Hofer (Hrsg.), *Pädagogische Psychologie* (Band 2, S. 763-793). Frankfurt a. M.: Fischer.

Weinert, F. E. (1988). Kann nicht sein, was nicht sein darf? Kritische Anmerkungen zu einer anmerkungsreichen Kritik. *Zeitschrift für Pädagogische Psychologie, 2*, 113-117.

Weinert, F. E. & Helmke, A. (Hrsg.). (1997). *Entwicklung im Grundschulalter*. Weinheim: PVU.

Weinert, F. E. & Petermann, F. (1980). Erwartungswidrige Schülerleistungen oder unterschiedlich determinierte Schulleistungen. In H. Heckhausen (Hrsg.), *Fähigkeiten und Motivation in erwartungswidriger Schulleistung* (S. 19-52). Göttingen: Hogrefe.

Weinert, F. E. & Schneider, W. (Eds.). (1999). *Individual development from 3 to 12: Findings from the Munich longitudinal study*. New York, NY: Cambridge University Press.

Weinert, F. E., Schrader, F.-W. & Helmke, A. (1989). Quality of instruction and achievement outcomes. *International Journal of Educational Research, 13*, 895-914.

Weis, S. (2008). *Theory and measurement of social intelligence as a cognitive performance construct.* Verfügbar unter: http://diglib.uni-magdeburg.de/Dissertationen/2008/susweis.pdf [02.11.2008].

Weiß, R. H. & Cattell, R. B. (1998). *Grundintelligenztest Skala 2 – CFT 20*. Göttingen: Hogrefe.

Weiss, V. (2000). *Die IQ-Falle – Intelligenz, Sozialstruktur und Politik*. Graz: Stocker.

Weißhuhn, G. & Rövekamp, J. G. (2004). *Bildung und Lebenslagen in Deutschland – Auswertung und Analysen für den zweiten Armuts- und Reichtumsbericht der Bundesregierung*. Berlin: Bundesministerium für Bildung und Forschung.

White, P. H., Sanbonmatsu, D. M., Croyle, R. T. & Smittipatana, S. (2002). Tests of socially motivated underachievement: "Letting up for others". *Journal of Experimental Social Psychology, 38*, 162-169.

Whitmore, D. A. (1975). *Work measurement*. London: Heinemann.

Whitmore, J. R. (1980). *Giftedness, conflict, and underachievement*. Boston, MA: Allyn & Bacon.

Whitmore, J. R. (1986). Understanding a lack of motivation to excel. *Gifted Child Quarterly, 30*, 66-69.

Wiener, N. (1976). The case of W. J. Sidis. In W. Dennis & M. W. Dennis (Eds.), *The intellectually gifted – An overview* (pp. 85-87). San Francisco, CA: Grune & Stratton.

Wiggins, J. S. (1988). *Personality and prediction – Principles of personality assessment*. Reading, MA: Addison-Wesley.

Wild, E., Hofer, M. & Pekrun, R. (2001). Psychologie des Lerners. In A. Krapp & B. Weidenmann (Hrsg.), *Pädagogische Psychologie – Ein Lehrbuch* (4. Aufl., S. 207-270). Weinheim: PVU.

Winner, E. (1998). *Hochbegabt – Mythen und Realitäten von außergewöhnlichen Kindern*. Stuttgart: Klett-Cotta.

Winner, E. (2003). Hochbegabte, Wunderkinder und „Savants". *Spektrum der Wissenschaft Spezial, 5*, 40-45.

Witte, E. H. (1994). *Lehrbuch Sozialpsychologie*. Weinheim: PVU.

Wittmann, W. W. (1977). *Faktorenanalytische Modelle, Methodenstudien und Probleme der Reproduzierbarkeit*. Unveröffentlichte Dissertation, Universität Freiburg.

Wittmann, W. W. (1988). Multivariate reliability theory – Principles of symmetry and successful validation strategies. In J. R. Nesselroade & R. B. Cattell (Eds.), *Handbook of multivariate experimental psychology* (pp. 505-560). New York, NY: Plenum Press.

Wittmann, W. W. (2006). *Brunswik-Symmetrie als konzeptuelle Grundlage der Hypothesenprüfung*. Verfügbar unter: www.psychologie.uni-mannheim.de/psycho2/proj/wmc/brunswik.html [21.09.2006].

Wittmann, W. W. & Süß, H.-M. (1997, July). *Challenging g-mania in intelligence research: Answers not given, due to questions not asked*. Paper presented at the conference of the International Society for the Study of Individual Differences. University of Aarhus, Denmark. Verfügbar unter: www.psychologie.uni-mannheim.de/psycho2/publi/papers/issid97/issid97.htm [11.10.2006].

Wolfle, D. (1976). Diversità of talent. In W. Dennis & M. W. Dennis (Eds.), *The intellectually gifted – An overview* (pp. 263-282). San Francisco, CA: Grune & Stratton.

Ziegler, A., Dresel, M. & Schober, B. (2000). Underachievementdiagnose – Ein Modell zur Diagnose partieller Lernbeeinträchtigungen. In K. A. Heller (Hrsg.), *Begabungsdiagnostik in der Schul- und Erziehungsberatung* (S. 259-278). Bern: Hans Huber.

Zielinski, W. (1975). Lernschwierigkeiten: Ursachen und Beeinflussungsmöglichkeiten. In F. E. Weinert, C. F. Graumann, H. Heckhausen & M. Hofer (Hrsg.), *Pädagogische Psychologie* (Band 2, S. 851-875). Frankfurt a. M.: Fischer.

Zielinski, W. (1998). *Lernschwierigkeiten.* Stuttgart: Kohlhammer.

Zielinski, W. (2002). *Lernschwierigkeiten: Ursachen – Diagnostik – Intervention.* Stuttgart: Kohlhammer.

Zillig, M. (1928). Einstellung und Aussage. *Zeitschrift für Psychologie, 106*, 58-106.

Zimbardo, P. G. & Gerrig, R. J. (1999). *Psychologie.* Heidelberg: Springer.

Zimmerling, W. & Brehm, R. (2008). Der „gedopte“ Prüfling – Ist Medikamenten-„Doping“ bei Prüfungen zulässig. *Forschung & Lehre, 8*, 522-523.

Zöller, I., Roos, J., Scheib, K. & Schöler, H. (2005, September). *Lese-/Rechtschreibkompetenzen am Ende der 2. und 3. Klasse – Familiäre und schulische Rahmenbedingungen.* Vortrag anl. 10. Fachtagung Pädagogische Psychologie, Halle.

Zöller, I., Roos, J. & Schöler, H. (2006). Einfluss soziokultureller Faktoren auf den Schriftspracherwerb im Grundschulalter. In A. Schründer-Lenzen (Hrsg.), *Risikofaktoren kindlicher Entwicklung – Migration, Leistungsangst und Schulübergang* (S. 45-65). Wiesbaden: VS Verlag für Sozialwissenschaften.

# 8 Anhang

## 8.1 Forschungsprojekt EVES

Die vorangegangenen Analysen (vgl. die Abschnitte: 3.2.2, 3.3.1 und 3.4.1) basieren auf den Daten des Projekts EVES (Prof. Dr. Jeanette Roos / Prof. Dr. Hermann Schöler). Im Rahmen der Längsschnittstudie EVES (Evaluation eines Vorschultrainings zur Prävention von Schriftspracherwerbsproblemen sowie Verlauf und Entwicklung des Schriftspracherwerbs in der Grundschule) wurden die Kinder zweier Heidelberger Einschulungsjahrgänge (Jahrgang 2001 und 2002) über die gesamte Grundschulzeit hinweg in ihrer schulischen Leistungsentwicklung untersucht. Die Untersuchungen erfolgten zum einen mit dem Ziel, die Wirksamkeit der seit 2002 in allen städtischen Kindergärten durchgeführten Würzburger Trainingsprogramme (Küspert & Schneider, 2000; Roth & Schneider, 1996) zu evaluieren, und zum anderen in der Absicht, allgemeine Erkenntnisse über die Bedingungsfaktoren des Schriftspracherwerbs zu gewinnen.

### 8.1.1 Stichprobenbeschreibung

Insgesamt nahmen 1.520 Kinder der Einschulungsjahrgänge 2001 ($N$ = 777) und 2002 ($N$ = 743) aus 16 der insgesamt 17 Heidelberger Grundschulen an den Erhebungen im Rahmen des Projektes EVES teil. Die Stichprobe umfasst damit 76.7 % der in den Jahren 2001 und 2002 eingeschulten Kinder ($N$ = 1.982). Für das Schuljahr 2001 entspricht dies einem Anteil von 79.9 % aller gemeldeten Kinder ($N$ = 972)[70]. Für das Schuljahr 2002 liegt die Beteiligung bei 73.6 %, bezogen auf die in 43 Klassen gemeldeten 1.010 Kinder[71] (Staatlichen Schulamtes Heidelberg, November 2001).

Die Untersuchungsstichprobe setzt sich zusammen aus 739 Mädchen (48.6 %) und 781 Jungen (51.4 %). Das Durchschnittalter der Kinder lag zum Zeitpunkt des Schuleintritts bei 6;6 Jahren mit einer Spanne von 5;0 bis 9;1 Jahren. Ein Großteil der Kinder (55.9 %) stammt aus Familien, in denen ein Elternteil bzw. beide Eltern über einen akademischen Abschluss verfügen. In 11.0 % der Fälle besitzt mindestens ein Elternteil eine abgeschlossene Lehre bzw. in 27.2 % einen Berufsfachschulabschluss auf. Lediglich in 5.9 % der Fälle weist kein Elternteil eine abgeschlossene Berufsausbildung auf, wobei dieser Gruppe auch all' jene Personen zugerechnet werden müssen, die zum Zeitpunkt der Datenerhebung noch in einem Ausbildungsverhältnis standen, ihre Ausbildung oder ihr Studium jedoch noch nicht abgeschlossen hatten. Vergleicht man die EVES-Stichprobe mit den deutschen PISA-Teilnehmer/-innen (Baumert et al., 2000), so zeigt sich, dass das elterliche Bildungsniveau der Heidelberger-Stichprobe deutlich höher liegt als dasjenige der deutschlandweit rekrutierten PISA-Teilnermehr/ -innen.

---

[70] Die Gesamtzahl der Schüler/-innen der 1. Klassen im Schuljahr 2001 in Heidelberg beträgt $N$ = 1.025. Da eine der 17 Grundschulen nicht teilnimmt, in der in zwei ersten Klassen 39 Kinder unterrichtet wurden, reduziert sich die Gesamtzahl auf $N$ = 972.

[71] Im Jahre 2002 wurden insgesamt 1.071 Kinder eingeschult. Entsprechend verringerte sich auch hier die Zahl der Kinder auf 1.010 in 16 Grundschulen.

Eine Analyse der familiären Sprachsituation zeigt, dass 72.2 % aller Kinder in einem rein deutschsprachigen Haushalt aufwachsen. In 12.3 % der Familien wachsen die Kinder mehrsprachig, jedoch mit mindestens einem deutschsprachigen Elternteil auf. 15.5 % der Kinder stammen aus einer Familie, in der die Eltern ihre Deutschkenntnisse als gering einschätzen. Insgesamt betrachtet, sind mehrsprachige Kinder, insbesondere solche, deren Eltern nach eigenen Angaben nur über unzureichende Deutschkenntnisse verfügen, unter den Akademikerfamilien unter- bzw. in den bildungsferneren Familien überrepräsentiert. Eine Beschreibung beider Einschulungskohorten bezüglich relevanter Stichprobenmerkmale findet sich in Tabelle 3.

**Tab. 3** Relevante Kennwerte der EVES-Gesamt- und Teilstichprobe(n)

| | **Gesamtstichprobe Jhg. 2001/2002** | **Teilstichprobe 1 Jhg. 2001** | **Teilstichprobe 2 Jhg. 2002** |
|---|---|---|---|
| **Geschlecht** (%) | | | |
| Jungen | 51.4 % | 53.4 % | 50.6 % |
| Mädchen | 48.5 % | 46.6 % | 49.4 % |
| **Alter (Jahre / Monate)** | | | |
| Min | 5 Jahre / 0 Monate | 5 Jahre / 0 Monate | 5 Jahre / 4 Monate |
| Max | 9 Jahre / 1 Monat | 9 Jahre / 1 Monat | 8 Jahre / 8 Monate |
| Mean | 6 Jahre / 7 Monate | 6 Jahre / 7 Monate | 6 Jahre / 7 Monate |
| SD | 5 Monate | 5 Monate | 4 Monate |
| **Bildungsniveau des Vaters / der Mutter** (%) | | | |
| Keine Ausbildung | 9.2 % / 11.6 % | 9.2 % / 13.2 % | 9.1 % / 10.0 % |
| Lehre | 13.9 % / 14.6 % | 13.8 % / 14.2 % | 14.0 % / 15.0 % |
| Berufsfachschule | 24.5 % / 30.2 % | 27.1 % / 32.9 % | 22.0 % / 27.6 % |
| Hochschulabschluss | 52.4 % / 43.6 % | 49.9 % / 39.7 % | 54.9 % / 47.4 % |
| **Sozioökonomischer Index – *HISEI*** | $M = 59.7$ ($SD = 18.5$) | $M = 59.0$ ($SD = 18.7$) | $M = 60.5$ ($SD = 18.2$) |

### 8.1.2 Untersuchungsverfahren

Neben den Testleistungen in standardisierten Lese- und Rechtschreibtests sowie den Leistungseinschätzungen durch die Lehrkräfte (Zensuren) wurden im Rahmen der EVES-Studie eine Vielzahl weiterer Merkmale erfasst: darunter zahlreiche Variablen zu den Lebensbedingungen, dem soziokulturellen Hintergrund sowie dem schulischen Umfeld der teilnehmenden Kinder. Von besonderem Interesse für die vorliegende Arbeit sind die Daten zur kognitiven Leistungsfähigkeit, welche zu drei Messzeitpunkten gewonnen werden konnten. Tabelle 4 enthält eine Übersicht der einzelnen Messzeitpunkte und der jeweils eingesetzten Verfahren. Falls nicht explizit der Hinweis erfolgt, dass ein Verfahren nur mit einem Einschulungsjahrgang (2001 oder 2002) durchgeführt wurde, beziehen sich die Angaben auf beide Einschulungskohorten.

**Tab. 4** Übersicht der eingesetzten Verfahren

| | **Klassenstufe 1** | **Klassenstufe 2** | **Klassenstufe 3** | **Klassenstufe 4** |
|---|---|---|---|---|
| **Kognitive Leistungsfähigkeit** | *CFT-1* | *CFT-1* | | *PSB-R 4-6* |
| **Leseleistung** | *KNUSPEL-L*<br>*WLLP*<br>Zeugnisnote | *KNUSPEL-L*<br>*WLLP*<br>Zeugnisnote | *KNUSPEL-L*<br>*WLLP*<br>Zeugnisnote | *KNUSPEL-L*<br>*WLLP*<br>Zeugnisnote |
| **Rechtschreibleistung** | *WRT-1+*<br>Zeugnisnote | *WRT-2+*<br>Zeugnisnote | *DRT 3*<br>Zeugnisnote | *DRT 4*<br>Zeugnisnote |
| **Mathematikleistung** | Zeugnisnote | Zeugnisnote | Zeugnisnote | Zeugnisnote |
| **Motivation** | | | *SELLMO-S* | *SELLMO-S*<br>*MoPs* (2002) |
| **Sprachfertigkeit** | Eltern-FB | | Eltern-FB<br>Lehrer/-innenurteil | |
| **Informationen zu Lebensverhältnissen und familiärem Hintergrund** | Eltern-FB | | Eltern-FB | Eltern-FB (2002)<br>Schüler-FB (2002) |
| **Einstellung zur Schule aus Sicht der Eltern und Kinder** | Eltern-FB | | Eltern-FB | Eltern-FB (2002)<br>Schüler-FB (2002) |

Die Erhebung der schulischen Leistungen (Zeugnisnoten) und sämtlicher Testleistungen erfolgte von der ersten bis zur vierten Klasse jeweils am Ende des Schuljahres. Aus finanziellen und zeitökonomischen Gründen wurden nur solche Verfahren zur Erhebung der Testleistungen eingesetzt, die eine Testung im Klassenkontext zulassen.

### *Kognitive Leistungsfähigkeit*

Die kognitive Leistungsfähigkeit der Kinder wurde im Verlauf der Untersuchung insgesamt drei Mal erfasst. Am Ende der ersten und zweiten Klasse erfolgte die Erhebung anhand des sprachfreien *Grundintelligenztests Skala 1* (*CFT 1*) von Cattell, Weiß und Osterland (1997). Dieses Verfahren wurde gewählt, um eine Konfundierung mit der kulturellen Herkunft bzw. Sprachfertigkeit eines Kindes zu vermeiden. Nach Cattell et al. (1997, S. 4) stellt Intelligenz die Fähigkeit dar, „in neuartigen Situationen und anhand von sprachfreiem, figuralem Material, Denkprobleme zu erfassen, Beziehungen herzustellen, Regeln zu erkennen, Merkmale zu identifizieren und rasch wahrzunehmen".

Basierend auf der Annahme, dass sich die Intelligenz eines Kindes erst im Laufe der Grundschulzeit stabilisiert, wurde am Ende der vierten Klasse erneut ein Verfahren zur Erfassung der intellektuellen Leistungsfähigkeit eingesetzt: das *Prüfsystem für Schul- und Bildungsberatung für 4. bis 6. Klassen* (*PSB-R 4-6*) von Lukesch et al. (2002). Der *PSB-R 4-6* wurde auf der Grundlage der Thurstone'schen Primärfaktoren der Intelligenz entwickelt, ermöglicht in der revidierten Fassung jedoch auch die Erfassung der Allgemeinen Intelligenz im Sinne des g-Faktors (Lukesch et al., 2002). Im Gegensatz zum *CFT-1* sind die im *PSB-R 4-6* abgeprüften Intelligenzfacetten deutlich breiter gestreut. Neben logisch-mathematischen Kompetenzen spielt hier auch die sprachliche Intelligenz eine wichtige Rolle. In der revidierten Fassung des *PSB 4-6* werden neben einer Erweiterung des verbalen Bereichs nun auch schulbezogene Wissensbereiche erfasst. Zudem wurde der Reasoningfaktor materialspezifisch auf die Bereiche ‚Reihen mit Buchstaben', ‚Zahlen' sowie ‚Figuren' aufgeteilt. Die Subtests 9 und 10 ermöglichen darüber hinaus nun auch die Berücksichtigung der Konzentrationsfähigkeit. Insgesamt umfasst der *PSB-R 4-6* zehn Untertests, die in Tabelle 5 dargestellt sind.

**Tab. 5** Übersicht der Subtests des *PSB-R 4-6* (Lukesch et al., 2002)

| Subtest | Inhaltsbereich |
|---|---|
| Subtest 1 | Allgemeinwissen / Rechtschreibung |
| Subtest 2 | Zahlenreihen (Schlussfolgerndes Denken) |
| Subtest 3 | Buchstabenreihen (Schlussfolgerndes Denken) |
| Subtest 4 | Figurale Reihen (Schlussfolgerndes Denken) |
| Subtest 5 | Wortflüssigkeit |
| Subtest 6 | Gliederungsfähigkeit (figural) |
| Subtest 7 | Raumvorstellung |
| Subtest 8 | Gemeinsamkeiten finden |
| Subtest 9 | Zahlen addieren (Konzentration) |
| Subtest 10 | Zahlen vergleichen (Wahrnehmungstempo) |

### *Lese- und Rechtschreibleistungen – Testleistungen*

Zur Erfassung der Leseleistung wurden zwei Verfahren gewählt, die jeweils in allen vier Grundschulklassen eingesetzt werden konnten: (1) Die *Würzburger Leiseleseprobe* (*WLLP*; Küspert & Schneider, 1998) erfasst die Leseleistung im Sinne der Dekodiergeschwindigkeit. Aufgrund der Annahme, dass Mädchen eine deutlich höhere Lesegeschwindigkeit aufweisen als Jungen, existieren getrennte Normen für Mädchen und Jungen. (2) *Knuspels Leseaufgaben* (*KNUSPEL-L*; Marx, 1998) liegt ein Modell der Leseentwicklung zugrunde, demzufolge sinnerfassendes Lesen auf Satz- und Textebene (Leseverstehen) die Fertigkeiten zum Rekodieren (Übersetzen eines geschriebenen Wortes in ein gesprochenes Wort) und Dekodieren (Erfassen der Wortbedeutung) von Schriftsprache sowie die Fähigkeit zum Hörverstehen voraussetzt. Der *KNUSPEL-L* teilt sich auf in vier Subtests, auf deren Basis sich zwei inhaltlich verschiedene Summenwerte berechnen lassen: *KNUSPEL*-Score I umfasst die Vorläuferfertigkeiten für das verstehende Lesen und *KNUSPEL*-Score II spiegelt die tatsächliche Lesefähigkeit wider.

Da im Bereich der Rechtschreibung derzeit kein Verfahren vorliegt, das sowohl die Möglichkeit einer Gruppentestung bietet als auch gleichzeitig in den Klassen eins bis vier eingesetzt werden kann, musste die Rechtschreibleistung am Ende jeder Klassenstufe mit einem anderen Verfahren erfasst werden: Der *Weingartener Grundwortschatz-Rechtsschreib-Test* (*WRT*; Birkel, 1995) liegt in einer Version für die erste Klasse *WRT 1+* und zweite Klasse *WRT 2+* vor. Geprüft wird die Beherrschung der korrekten Schreibweise von Wörtern, die zum Grundwortschatz von Schülerinnen und Schülern der ersten und zweiten Klasse zählen. Entsprechende Wortlisten werden in einigen Bundesländern für alle Schüler verbindlich vorgegeben (Birkel, 1995). Am Ende der dritten und vierten Klasse wurde der *Diagnostische Rechtschreibtest für 3. Klassen* (*DRT-3*; Müller, 2004) bzw. 4. Klassen (*DRT-4*; Grund, Haug & Naumann, 2004) eingesetzt. Alle genannten Verfahren erfassen die Rechtschreibleistung in Form eines Lückentextdiktates mit 25 (*WRT 1+*), 43 (*WRT 2+*), 44 (*DRT-3*) bzw. 42 Wörtern (*DRT-4*).

## 8.2 Ursprüngliche Intention und Vorarbeiten zur vorliegenden Arbeit

Die vorliegende Arbeit war nicht von Beginn an als kritische Auseinandersetzung mit den methodischen und theoretischen Grenzen des Konstrukts der ‚erwartungswidrigen Schulleistungen' gedacht. Vielmehr galt das Anliegen der Autorin im Kontext Underachievement zunächst der Bedeutung von Lern- und Leistungsmotivation. Die Erfassung der Lern- und Leistungsmotivation erfolgte mittels der *SELLMO-S* (*Skalen zur Erfassung der Lern- und Leistungsmotivation*; Spinath, Stiensmeier-Pelster, Schöne & Dickhäuser, 2002). Ein Vergleich der Lern- und Leistungsmotivation von Achievern und Underachievern scheiterte letztlich jedoch an der mangelnden Operationalisierbarkeit des Konstruktes. Der Versuch, Achiever und Underachiever zu trennen, förderte nicht nur methodische Probleme zu Tage; auch das theoretische Fundament des klassischen Underachievement-Konzepts erwies sich als unzureichend und stellenweise brüchig.

Die Vielzahl vorhandener Publikationen zum Thema Underachievement erweckte zunächst den Eindruck, dass es sich bei den methodischen und theoretischen Defiziten des Konstrukts um Probleme handeln könnte, die sich durch kleinere Modifikationen des theoretischen Gerüsts sowie der methodischen Herangehensweise lösen lassen. Die intensive Auseinandersetzung mit bisherigen Forschungsbefunden und den jeweils zugrunde liegenden Modellvorstellungen und Operationalisierungsformen führte allerdings nicht, wie gehofft, zu einer zufriedenstellenden Lösung. Es präsentierte sich der Autorin im Gegensatz eine unübersichtliche Forschungslandschaft mit sehr verschiedenen Definitions- und Operationalsierungsversuchen, von denen letztlich keiner – weder theoretisch noch methodisch – überzeugen konnte. Diese Erkenntnis führte schließlich dazu, dass die ursprüngliche Intention, d. h. die Bedeutung der situativen und aufgabenspezifischen Motivation im Kontext Underachievement zu klären, aufgegeben und durch die Absicht ersetzt wurde, nunmehr die Unzulänglichkeiten und Defizite des herkömmlichen Underachievement-Modells aufzuzeigen. Dabei stellten die dem Themenwechsel vorangegangenen Bemühungen der Autorin, das Underachievement-Konstrukt sinnvoll zu erweitern, wichtige Vorarbeiten für die vorliegende Arbeit dar.

Im Folgenden werden in Kürze die grundlegenden Ideen dargestellt, die zur ursprünglichen Themenwahl führten.

### 8.2.1 Testleistungen und situations-/aufgabenspezifischer Motivation

Kinder, die weniger leisten als aufgrund ihrer Begabung in einem bestimmten Bereich erwartet werden könnte, sind vielen betroffenen Eltern und Pädagogen ‚ein Dorn im Auge'. Es besteht der verständliche Wunsch, diesen unerwünschten Zustand zu beheben. Die möglichen Ursachen für Underachievement sind allerdings vielfältig und meist nicht auf den ersten Blick erkennbar. Weitestgehend Einigkeit besteht darüber, dass motivationale Faktoren bei der Erklärung von Minderleistungen eine zentrale Rolle spielen (u. a. Schütz, 2004; Spinath et al., 2002). Da Underachievement zumeist als überdauerndes Phänomen betrachtet wird, werden auch auf Seiten der Bedingungsfaktoren vielfach stabile (Persönlichkeits-) Merkmale (traits) für die Leistungsdefizite verantwortlich gemacht.[72] Vorübergehende bzw. zeitlich begrenzte innere bzw. situationsabhängige Zustände (states) werden hingegen wesentlich seltener mit Minderleistungen in Verbindung gebracht. Dies erscheint in Anbetracht der gängigen Operationalisierungsformen jedoch unangemessen. Erfolgt nämlich die Underachievement-Diagnose auf der Basis eines Vergleiches zwischen einem Testwert, der Intelligenz repräsentiert, und einem Wert, der die Güte der Schulleistung widerspiegelt bzw. auf der Basis eines Vergleiches, der aufgrund der kognitiven Leistungsfähigkeit erwartbaren Schulleistung und der tatsächlich gemessenen Schulleistung, so setzt dies voraus, dass sich die entsprechenden Vergleichswerte zweifelsfrei bestimmen lassen und nicht etwa Messfehler oder systematische Verzerrungen die Höhe der Testleistungen beeinflussen. Als derartiger Störfaktor kommt unter anderem die situations- und aufgabenspezifische Motivation in Betracht. Entsprechend wurde im Vorfeld der EVES-Erhebungen 2006 ein Instrument zur Erfassung der situations- und aufgabenspezifischen Motivation (*MoPs*) entwickelt und im Rahmen der Testungen am Ende des Schuljahres 2005/2006 zum Einsatz gebracht.

**Fragebogen zur Erfassung der situations- und aufgabenspezifischen Motivation (*MoPs*).** Situative Bedingungen werden von mehreren Personen im Allgemeinen unterschiedlich wahrgenommen. Welche Anreize eine Situation bietet, ist individuell verschieden und durch das charakterisiert, was ein Individuum im Augenblick erlebt. Die jeweils wahrgenommenen Bedingungen können dabei erheblich von dem abweichen, was ein außenstehender Beobachter als objektive Situation wahrnimmt (Wasna, 1972). Soll also der Einfluss motivationaler Faktoren auf die Testleistung untersucht werden, gilt es neben dem Leistungsmotiv auch die Motivation einer Person in der konkreten Testsituation und bezogen auf die jeweiligen Aufgabeninhalte zu erfassen. Damit sich die wahre Fähigkeit einer Person unter Berücksichtigung gängiger motivationspsychologischer Annahmen in einer individuell optimalen Leistung niederschlagen kann, müssen folgende Bedingungen erfüllt sein:

- Die zu bearbeitenden Aufgaben müssen von der handelnden Person als interessant erlebt werden (intrinsische Motivation) und/oder die Bearbeitung muss zu einer externen Verstärkung führen (extrinsische Motivation) (Rheinberg, 2002).
- Die Aufgaben müssen aus Sicht des Bearbeiters ein mittleres Schwierigkeitsniveau aufweisen (Atkinson, 1974; Lens & Rand, 2000).
- Aus Sicht der Schüler/-innen besteht die Möglichkeit, die eigene Kompetenz in Tätigkeitsbereichen unter Beweis zu stellen, in denen man einen Gütemaßstab für verbindlich hält (Heckhausen, 1965; Rheinberg, 2002).
- Die Situation, in der eine optimale Leistung erzielt werden soll, ist so gestaltet ist, dass die handelnde Person nicht durch gegenläufige bzw. konkurrierende Motive von der zu bearbeitenden Aufgabe abgelenkt wird (Maslow, 1954; Heckhausen, 1989; Gollwitzer, 1996).

---

[72] Im Rahmen der ursprünglich geplanten Untersuchung sollte das Augenmerk insbesondere auf dem Zusammenhang von ‚stabilen' Zielorientierungen und schulischem Minderleisten liegen.

- Der Bearbeiter / die Bearbeiterin muss der Auffassung sein, dass die Bearbeitung sinnvoll ist und daher Autonomie und Kontrolle erleben (Deci & Ryan, 1985; Krapp & Ryan, 2002).[73]

Soll der Einfluss motivationaler Faktoren auf die Testleistung gemessen werden, gilt es daher die Motivation einer Person in der konkreten Testsituation und bezogen auf die jeweiligen Testaufgaben zu erfassen. Zieht man in Betracht, dass in Leistungstests bzw. schulischen Leistungssituationen mitunter sehr unterschiedliche Fähigkeiten benötigt werden, da sowohl Art und Inhalt als auch die Schwierigkeit der zu bearbeitenden Aufgaben stark variieren können, dürfte es nicht ausreichen, lediglich die Motivation vor und/oder nach der Testbearbeitung zu erfassen. Vielmehr erscheint es sinnvoll, die Motivation der Bearbeiter/-innen bezogen auf jeden Untertest zu erfassen. Dabei interessieren vor dem Hintergrund der oben genannten Theorien insbesondere die aktuelle Befindlichkeit als Maß für den Einfluss konkurrierender Motive[74], das jeweilige Fachinteresse bzw. Interesse an der Bearbeitung bestimmter Aufgaben sowie die subjektiv wahrgenommene Aufgabenschwierigkeit.

Da ein geeignetes Erhebungsinstrument zur Erfassung der aktuellen Motivation in Leistungssituationen im deutschen Sprachraum zum Erhebungszeitpunkt nicht verfügbar war, wurde es für die geplanten Untersuchungen eigens konzipiert. Dabei wurde insbesondere darauf geachtet, dass die Fragen leicht verständlich und altersgerecht waren, den Ablauf der Leistungstests nicht beeinträchtigten und inhaltlich die situationsspezifischen Einflussfaktoren auf die aktuelle Motivation abdeckten. Bezüglich des Umfangs des Fragebogens musste zudem darauf geachtet werden, dass die gesamte Testzeit durch den Motivationsfragebogen nicht zu sehr in die Länge gezogen wurde – einerseits, um die teilnehmenden Schülerinnen und Schüler nicht zu überfordern und andererseits, um nicht den durch die Vereinbarungen mit den Schulen und Lehrerinnen / Lehrern im Rahmen der EVES-Erhebungen vorgegeben zeitlichen Rahmen zu sprengen

[73] Während wohl durchaus erwartet werden kann, dass die Schüler/-innen, die Teilnahme an einem Test im Rahmen des Schulunterrichts als sinnvoll erachten, könnte ihr Autonomie- und Kontrollerleben mitunter eingeschränkt sein. Da es sich bei den eingesetzten Leistungstests um standardisierte Verfahren handelt, bestehen von Seiten der Schüler/-innen keine Einflussmöglichkeiten auf Art und Umfang der zu bearbeitenden Aufgaben. Gleiches gilt für die Teilnahme selbst, da die Eltern der teilnehmenden Kinder ihr Einverständnis zu den Testungen gegeben haben und die Kinder daher nicht selbst entscheiden können, ob sie an den Erhebungen teilnehmen oder nicht.

[74] In Anlehnung an die Motivpyramide von Maslow (1954), der zufolge das Leistungsmotiv nur dann zum Tragen kommt, wenn physiologische und emotionale Bedürfnisse ausreichend befriedigt sind, wird der Fokus hierbei auf die Befindlichkeit zum Testzeitpunkt gelegt.

Der *Fragebogen zur situations- und aufgabenspezifischen Motivation* (*MoPs*) beinhaltete folgende Fragen:

| | | | | | | | |
|---|---|---|---|---|---|---|---|
| | |  |  |  |  |  | |
| Wie viel Spaß haben Dir die Aufgaben gemacht? | Keinen Spaß | 1 | 2 | 3 | 4 | 5 | Viel Spaß |
| Wie gut kannst Du solche Aufgaben? | Sehr schlecht | 1 | 2 | 3 | 4 | 5 | Sehr gut |
| Wie schwierig fandest Du diese Aufgaben? | Sehr schwer | 1 | 2 | 3 | 4 | 5 | Sehr leicht |

Würdest Du solche Aufgaben gerne häufiger machen? Ja $\square_1$ Nein $\square_2$

Diese mussten die teilnehmenden Kinder nach der Bearbeitung jedes einzelnen Untertests beantworten. Die Fragen zur aktuellen Befindlichkeit (s. u.) wurden jeweils zu Anfang und Ende eines Testdurchgangs beantwortet.

Wie fühlst Du Dich gerade? Bitte ankreuzen!

| | | | | | | |
|---|---|---|---|---|---|---|
| |  |  |  |  |  | |
| müde | 1 | 2 | 3 | 4 | 5 | fit |
| traurig | 1 | 2 | 3 | 4 | 5 | fröhlich |
| aufgeregt | 1 | 2 | 3 | 4 | 5 | ruhig |

**Annahme.** Es wird angenommen, dass Schüler/-innen, die ihre aktuelle Stimmung als positiv und die zu bearbeitenden Aufgaben als interessant und anregend beschreiben, bessere Leistungen erzielen und verlässlichere Daten liefern als Schüler/-innen mit einer eher negativen situations- und aufgabenspezifischen Motivation. Dies ist bedeutsam, da Schüler/-innen, die im Rahmen der Prädiktor- und/oder Kriteriumsmessung unter ihren Möglichkeiten bleiben, eine korrekte Klassifikation von Achievern und Underachievern gefährden. Schlechte Testleistungen sind nämlich nicht gleichbedeutend mit fehlenden Kenntnissen. Es sei hier nicht zuletzt an Kinder gedacht, die trotz vorhandener Fähigkeiten und Lerngelegenheiten in Klassenarbeiten (z. B. aufgrund von Prüfungsangst) an den an sie gestellten Anforderungen scheitern. Ein weiteres Beispiel bieten Schüler/-innen, die die geforderten Kenntnisse und Fertigkeiten aufweisen, sich jedoch aufgrund von Desinteresse und mangelnder Motivation weigern, ihr Wissen in der Testsituation preiszugeben. Für eine Diagnose von Underachievement kann nicht entscheidend sein, ob vorhandenes Wissen punktgenau (im Rahmen einer Leistungsstanderfassung) abgerufen wird. Wichtig ist vielmehr, ob die geforderten Kenntnisse überhaupt erworben wurden. Wer also den Stoff beherrscht, in der Testsituation jedoch scheitert (z. B. aufgrund von Leistungsangst), ist kein Underachiever im eigentlichen Sinne, sondern allenfalls Underachiever bezogen auf die Testsituation. Eben diese Fälle sind daher zu erkennen und von solchen Fällen abzugrenzen, in denen Schüler/-innen tatsächlich eine Diskrepanz zwischen Potenzial (also Leistungsvermögen) und Leistung (im Sinne des vorhandenen bzw. tatsächlich erworbenen Wissens) aufweisen.

### 8.2.2 Erweitertes Underachievement-Modell

Was unter Underachievement zu verstehen und wer zur Gruppe der Underachiever zu zählen ist, hängt entscheidend von dem jeweiligen Begriffsverständnis ab. Im Forschungskontext sind die Unterschiede dabei so gravierend, dass es kaum möglich erscheint, von Underachievement als einem einheitlichen Konzept zu sprechen. In Abhängigkeit von dem jeweiligen Begriffsverständnis von Achievement und Underachievement kann die Quote der Underachiever im Extremfall 100 % betragen, was eine Präzisierung des Begriffes insbesondere im Forschungskontext dringend erforderlich macht. Bei der Klassifikation von Underachievern spielen u. a. folgende Faktoren eine zentrale Rolle: (1) Die Definition von Achievement, (2) die faktische Möglichkeit, die zur Bearbeitung der eingesetzten Leistungstests erforderlichen Kenntnisse zu erwerben und (3) der Einsatz zur Verfügung stehender zeitlicher und persönlicher Ressourcen. Vor diesem Hintergrund erscheint es unumgänglich, die Auswahl von Achievern und Underachievern mittels eines gestuften Verfahrens zu treffen (vgl. Abb. 11).

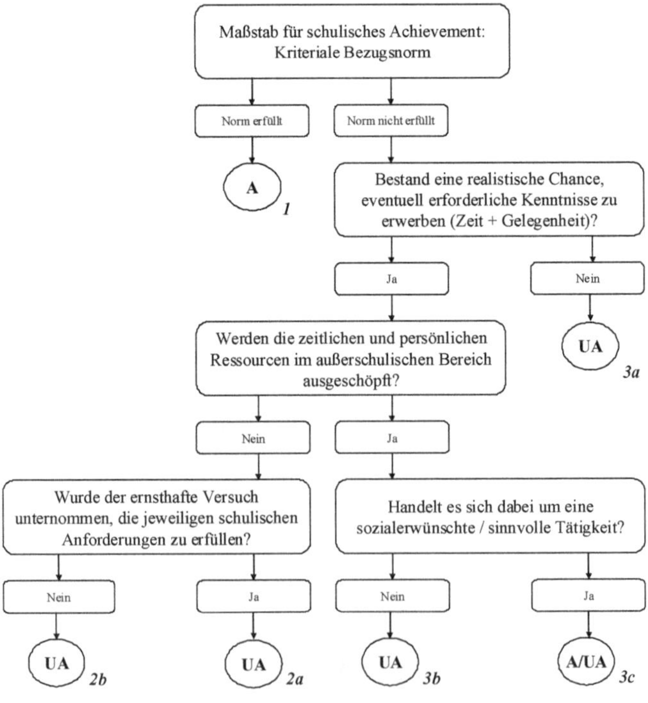


**Abb. 11** Erweitertes Klassifikationsmodell (A = Achiever; UA = Underachiever)

Im Ergebnis lassen sich auf diese Weise fünf verschiedene Underachievement-Typen isolieren, wobei im Rahmen einer Untersuchung jeweils entschieden werden muss, welche Underachievement-Formen und damit Personengruppen sich für die Bearbeitung der jeweiligen Fragestellung eignen.

*Alternative 1 – Achiever:* Als Achiever gelten alle Schüler/-innen, denen es gelingt, bei einem bestimmten kognitiven Leistungsniveau, den an sie gestellten schulischen Anforderungen gerecht zu werden (kriteriale Bezugsnorm).

*Alternative 2a – unfreiwilliges Underachievement:* In die Kategorie der unfreiwilligen Underachiever fallen jene Schüler/-innen, die unter Einsatz ausreichender Ressourcen den ernsthaften Versucht unternommen haben, eine schulische Leistung zu erbringen, zu der sie einerseits von Natur aus das erforderliche geistige Potenzial besitzen und andererseits die Gelegenheit hatten, sich die zur Erbringung der Leistung notwendigen Kenntnisse anzueignen, die aber dennoch im konkreten Fall den an sie gestellten Anforderungen nicht gerecht werden. Es handelt sich also um Underachiever, die sich anstrengen, um gute schulische Leistungen zu erzielen, es aber im konkreten Fall (z. B. aufgrund von Prüfungsängstlichkeit bzw. einer anderen Form von Leistungsangst) nicht schaffen. Es ist davon auszugehen, dass die Schüler/-innen dieser Gruppe am ehesten unter ihrer schulischen Situation leiden.

*Alternative 2b – freiwilliges Underachievement:* Zur Gruppe der Underachiever zählen darüber hinaus jene Schüler/-innen, die eine Leistung, zu der sie von Natur aus befähigt wären, nicht erbringen und damit die an sie gestellten Anforderungen nicht erfüllen, weil sie die hierzu erforderlichen und ihnen zur Verfügung stehenden Ressourcen und Kenntnisse gezielt nicht oder nicht in ausreichendem Maße zum Einsatz bringen. Diese Schüler/-innen unterscheiden sich von der vorangegangenen Gruppe dadurch, dass sie sich nicht darum bemühen, eine ihren Fähigkeiten entsprechende gute Leistung zu erzielen. Dabei kann es sich sowohl um Fälle handeln, in denen eine Schülerin bzw. ein Schüler jegliche Anstrengung im schulischen aber auch außerschulischen Bereich verweigert und ihre bzw. seine Ressourcen somit im schlimmsten Falle mit Nichtstun vergeudet (z. B. Schulverweigerer). Zu dieser Gruppe zählen aber auch Schüler/-innen, die sich aus anderen Gründen nicht um gute Leistungen bemühen, z. B. Schüler/-innen, die zwar freiwillig unter ihren Möglichkeiten bleiben, dies aber nur aus der Angst heraus tun, im Falle eines Achievements von ihren Mitschülern abgelehnt zu werden. Diese Schüler/-innen verweigern ihre Leistung also nicht etwa aus Überzeugung, sondern nur weil sie befürchten, von ihrem Umfeld abgelehnt bzw. als Streber abgestempelt zu werden.

*Alternative 3a – Verhinderte Achiever:* Zu dieser Gruppe zählen Schüler/-innen, die eine an sie gestellte schulische Anforderung bzw. Leistung, zu der sie von Natur aus befähigt wären, nicht erbringen, weil sie keine Gelegenheit hatten, die hierzu nötigen Kenntnisse und Fertigkeiten zu erwerben. Es handelt sich also um Schüler/-innen, die ihr Potenzial nur deshalb nicht ausschöpfen, weil an sie keine adäquaten Anforderung gestellt werden bzw. weil ihnen nicht die Möglichkeit geboten wird, wichtige Kenntnisse und Fähigkeiten zu erwerben: z. B. Hochbegabte, die nicht ihren Fähigkeiten entsprechend gefördert werden; Unterschichtkinder, an die zu geringe Anforderungen gestellt werden oder auf deren Bedürfnisse nicht angemessen eingegangen wird; Migrantenkinder, denen die nötigen Sprachkenntnisse fehlen, um ihr Können zu zeigen bzw. wichtige schulische Fertigkeiten zu erwerben; Kinder, die aufgrund der schulischen Rahmenbedingungen an einer Entfaltung ihres Potenzials gehindert werden oder aber Kinder, die etwa infolge eines Schul- oder Klassenwechsels nicht sofort den Anschluss an das Leistungsniveau der neuen Klasse finden, da in ihrer alten Schule bzw. Klasse andere Lerninhalte vermittelt wurden.

*Alternative 3b – Underachievement bei vollständigem Ressourceneinsatz im außerschulischen Bereich (Typ 1):* Hierzu zählen Schüler/-innen die eine schulische Leistung, zu der sie von Natur aus befähigt wären, nicht erbringen und damit die an sie gestellten Anforderungen nicht erfüllen, weil sie die hierzu erforderlichen und ihnen zur Verfügung stehenden Ressourcen und Kenntnisse auf ineffektive Art und Weise anderweitig zum Einsatz bringen. Es handelt sich hierbei um Fälle, in denen die Ressourcen zwar ausgeschöpft, jedoch auf einen Bereich konzentriert werden, der objektiv wenig erfolgversprechend ist. Zu denken ist an Bereiche, in denen nur eine geringe Begabung vorhanden ist, oder Bereiche, die von der Umwelt als wenig nützlich erlebt werden: z. B. Schülerinnen, die die Schule vernachlässigen, um eine Modelkarriere oder Popstarkarriere anstreben, obwohl ihnen hierzu die nötigen Voraussetzungen bzw. das erforderliche Talent fehlen oder Schüler, die eine künstlerische Begabung besitzen, diese jedoch in Bereichen und Formen zum Ausdruck bringen (Graffiti-Sprayen), die gesellschaftlich nicht akzeptiert sind.

*Alternative 3c – Underachievement bei vollständigem Ressourceneinsatz im außerschulischen Bereich (Typ 2):* Hierzu zählen Schüler/-innen, die eine Leistung zu der sie von Natur aus befähigt wären, nicht erbringen und damit die an sie gestellten Anforderungen nicht erfüllen, weil sie die hierzu erforderlichen und ihnen zur Verfügung stehenden Ressourcen und Kenntnisse gezielt im außerschulischen Bereich zum Einsatz bringen. Betroffen sind etwa Schüler/-innen, denen außerhalb der Schule keine Zeit bleibt, um sich mit dem Unterrichtsstoff zu beschäftigen, z. B. weil ihre zeitlichen Ressourcen in Sporttraining oder anderen Aktivitäten (z. B. Arbeiten, Betreuung von Geschwistern etc.) investiert werden.

**Wahl von Prädiktor und Kriterium.** Eine Unterscheidung verschiedener Formen von Underachievement ist schon deshalb erforderlich, weil sich nicht alle Arten von Underachievement gleichermaßen für den Forschungskontext eignen. Aus den Analysen auszuschließen sind z. B. jene Underachiever, die nur deshalb ihr Potenzial nicht ausschöpfen, weil ihnen keine Gelegenheit gegeben wurde, die hierzu nötigen Kenntnisse zu erwerben bzw. unter Beweis zu stellen. Im Forschungskontext besteht die Gefahr, dass eben solche‚verhinderten Achiever' zu systematischen Verzerrungen in den Ergebnissen führen. Eine weitere Gruppe von Underachievern, die es theoretisch auszuschließen gilt, sind jene, die aufgrund begrenzter zeitlicher Ressourcen am schulischen Achievement gehindert werden. Auch sie dürften sich deutlich von jenen Underachievern unterscheiden, die selbst dann keine erwartungskonformen Leistungen erzielen, wenn ihnen die hierfür nötigen Ressourcen zur Verfügung stehen.

Zieht man weiterhin in Betracht, dass bei der Identifikation von Underachievern mehrere Kriterien – in der ursprünglich geplanten Untersuchung also sowohl die schulischen Leistungen in Form von Zensuren als auch das Abschneiden der Schüler/-innen in Schulleistungstests zur kognitiven Leistungsfähigkeit in Beziehung gesetzt werden können, so ergeben sich theoretisch acht Leistungsprofile bzw. Underachievement-Konstellationen (Abb. 12):

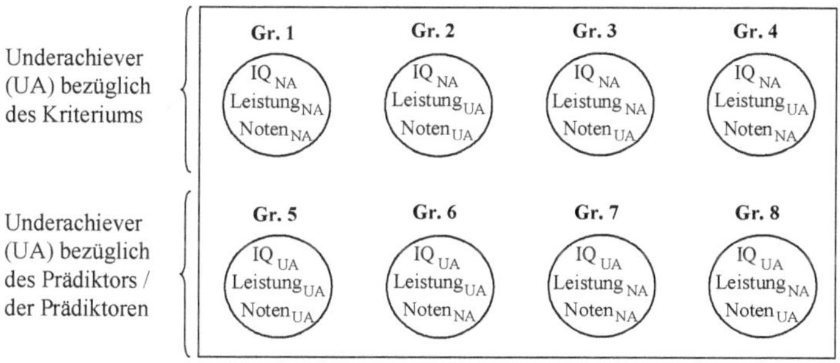


**Abb. 12** Erweitertes Klassifikationsmodell (NA = erwartungsgemäße Leistung; UA = erwartungswidrig schlechte Leistung)

Obwohl Underachievement vielfach im Zusammenhang mit intellektueller Hochbegabung untersucht wird, kann es auf jeder Fähigkeitsstufe zu Underachievement kommen. Die in Abbildung 2 dargestellten acht Underachievement-Gruppen sollten sich daher theoretisch auf jeder Fähigkeitsstufe ergeben, so dass sich das Modell nochmals erweitern lässt (Abb. 13):

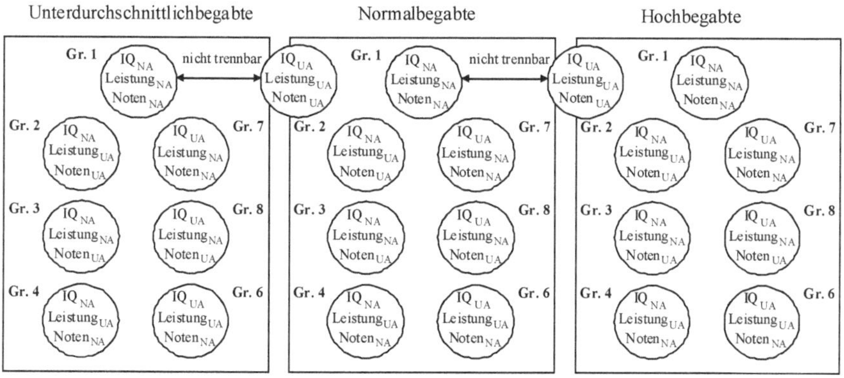


**Abb. 13** Erweitertes Underachievement-Modell auf den einzelnen Fähigkeitsstufen (NA = erwartungsgemäße Leistung; UA = erwartungswidrig schlechte Leistung)

Es wird erwartet, dass sich die Ursachen des Underachievements in den einzelnen Gruppen deutlich unterscheiden und dass sich dies bei einem Gruppenvergleich im vorliegenden Falle an unterschiedlichen motivationalen Mustern zeigt. Hingegen wird erwartet, dass sich Underachiever, die das gleiche Achievement- / Underachievement-Profil aufweisen, jedoch ein unterschiedliches Fähigkeitsniveau aufweisen nicht voneinander unterscheiden.

**Underachievements als State oder Trait.** Die Anzahl der zu vergleichenden Underachievementgruppen erfordert eine große Zahl an Untersuchungspersonen. Im Allgemeinen ist jedoch zu erwarten, dass sich stets nur eine begrenzte Zahl an Schüler/-innen der Gruppe der Underachiever zurechnen lassen. Diese verteilen sich wiederum auf die hier postulierten Underachievementvarianten. Um die Zahl potenzieller Underachievementfälle zu erhöhen, erscheint es notwendig, langfristiges und temporärers Minderleisten gleichermaßen als Underachievement zu werten. Dies erscheint jedoch unproblematisch, da sich gerade im Hinblick auf motivationale Einflussfaktoren konstatieren lässt, dass für einmaliges / temporäres und überdauerndes Underachievement sehr ähnliche bzw. vergleichbare Faktoren ursächlich sein können. Dies zeigt sich im schulischen Bereich beispielsweise an Minderleistungen, die aus Schwierigkeiten in der Lehrer/-innen-Schüler/-innen-Beziehung und damit einhergehenden motivationalen Defiziten resultieren. Besteht ein schwieriges Verhältnis zu dem Klassenlehrer / der Klassenlehrerin, der / die im Allgemeinen einen Großteil des Unterrichts bestreiten dürfte, so sollte sich dies eher in länger anhaltendem Underachievement seitens des Schülers / der Schülerin äußern. Im Falle von Unstimmigkeiten in der Beziehung zu einem Vertretungslehrer / einer Vertretungslehrerin, der / die nach kurzer Zeit wieder die Klasse verlässt, ist hingegen allenfalls mit einem temporären Underachievement zu rechnen. In beiden Fällen wäre jedoch die Ursache für Underachievement identisch. Ein weiteres Beispiel wäre ein Underachievement, das sich aus einem mangelnden Fach- oder Themeninteresse ergibt. Zeigt ein Schüler / eine Schülerin trotz vorhandener Begabung kein Interesse an mathematischen Zusammenhängen jedweder Art, so dürfte sich dies ebenfalls in schlechten Leistungen niederschlagen. Besteht hingegen lediglich eine Abneigung gegenüber einem eng umgrenzten Themenbereich (z. B. Spiegelungen), so ist zu erwarten, dass die Phase geringer Motivation und schlechter Leistungen nur solange anhält, bis es wieder zu einem Themenwechsel kommt. Das Underachievement wäre somit trotz ähnlicher Ursachen (Desinteresse) im einen Falle langfristig im anderen Falle hingegen nur von begrenzter Dauer.[75]

[75] Während im Praxisalltag eine eventuell kosten- und zeitintensive Intervention nur dann gerechtfertigt erscheint, wenn Lernschwierigkeiten wiederkehrend bzw. über einen längeren Zeitraum hinweg auftreten, ist eine solche Einschränkung im Forschungskontext nicht erforderlich. Dass sich stabiles und kurzzeitiges Underachievement mitunter auf die gleichen Ursachen zurückführen lässt, ist im Forschungskontext von zentraler Bedeutung. Je nach Fragestellung ermöglicht dieser Umstand, Personen unabhängig davon, ob sie dauerhaft oder nur einmalig erwartungswidrige Leistungen erbringen in der Gruppe der Underachiever zusammenzufassen. Dies hat nicht zuletzt den Vorteil, dass sich die Gruppe möglicher Underachiever vergrößert, da etwa Underachiever von unterschiedlichen Messzeitpunkten zusammengefasst und nicht nur solche Schüler/-innen betrachtet werden können, die zu allen Messzeitpunkten leistungsmäßig unter einem erwartbaren Wert bleiben.

## 8.3 Rechenbeispiel: Einfluss der Reliabilität auf die Vorhersagegenauigkeit

Wenn Streuungen und Mittelwerte von Prädiktor und Kriterium sowie die Korrelation zwischen beiden Variablen bekannt sind, können sowohl das Regressionsgewicht (*b*) als auch die additive Konstante (*a*) bestimmt werden:

$$\begin{aligned} &\textit{Intelligenz}: \quad \bar{x} = 100 \quad s_x = 15 \\ &\textit{Schulnote}: \quad \bar{y} = 3.5 \quad s_y = 1 \\ &\textit{Korrelation}: \quad r_{xy} = -.70 \end{aligned}$$

$$\hat{y}_i = r_{xy} \cdot \frac{s_y}{s_x} \cdot (x_i - \bar{x}) + \bar{y}$$

$$\begin{aligned} \hat{y}_i &= -.70 \cdot \frac{1}{15} \cdot (x_i - 100) + 3.5 \\ \hat{y}_i &= -.04\overline{6} \cdot (x_i - 100) + 3.5 \\ \hat{y}_i &= -.04\overline{6} \cdot x_i - (-.04\overline{6} \cdot 100) + 3.5 \\ \hat{y}_i &= -.04\overline{6} \cdot x_i + 4.\overline{6} + 3.5 \\ \hat{y}_i &= -.04\overline{6} \cdot x_i + 8.1\overline{6} \end{aligned}$$

Mithilfe der resultierenden Gleichung können für beliebige *x*-Werte die dazugehörigen *y*-Werte geschätzt werden.

$$\hat{y}_i = -.04\overline{6} \cdot x_i + 8.1\overline{6}$$

Für Schüler/-innen mit einem *IQ* von 80 (*SD*=15) und 120 (*SD*=15) würden sich folgende Schulleistungswerte ergeben:

$$\begin{aligned} x = 80 \quad &\Rightarrow \quad \hat{y} = -.04\overline{6} \cdot 80 + 8.1\overline{6} = 4.4\overline{3} \approx 4.43 \\ x = 120 \quad &\Rightarrow \quad \hat{y} = -.04\overline{6} \cdot 120 + 8.1\overline{6} = 2.5\overline{6} \approx 2.57 \end{aligned}$$

Der Standardschätzfehler (die Streuung der Residuen) berechnet sich nach folgender Formel (vgl. Bortz, 2005, S. 193): $s_{y,x} = s_y\sqrt{1 - r_{x,y}^2}$

$$\begin{aligned} s_{y,x} &= s_y\sqrt{1 - r_{x,y}^2} \\ &= 1 \cdot \sqrt{1 - .70^2} \\ &= 1 \cdot \sqrt{.51} \\ &\approx .71 \end{aligned}$$

Das Konfidenzintervall (*KI*) definiert den Bereich, in dem der wahre Wert mit einer vorgegebenen Wahrscheinlichkeit liegt:

$$KI = \hat{y}_i \pm 1.96 \cdot s_{y,x}$$

Zur Bestimmung des Konfidenzintervalls wird in einem ersten Schritt der z-Wert für die gewählte Wahrscheinlichkeit (im vorliegenden Falle: $p = .95$) bestimmt: $z(p = .025) = -1.96$ bzw. $z(p = .975) = 1.96$. Im Falle einer normalverteilten Variablen liegen 95 % der Werte in dem Bereich: Mittelwert ± 1.96 Standardabweichungen.

Wird nun der Standardschätzfehler in die Formel eingesetzt, ergeben sich folgende Konfidenzintervalle:

$$KI = \hat{y}_i \pm 1.96 \cdot s_{y,x}$$

$$KI(IQ = 80) = 4.43_i \pm 1.96 \cdot .71 = 4.43 \pm 1.3916 \approx [3.0; 5.8]$$

$$KI(IQ = 120) = 2.57_i \pm 1.96 \cdot .71 = 2.57 \pm 1.3916 \approx [1.2; 4.0]$$

## 8.4 Vielfalt der Operationalisierungsformen

In Tabelle 6 findet sich eine Auswahl an Studien, die die Vielfältigkeit der Operationalisierungsformen verdeutlicht.

**Tab. 6** Vielfalt der Operationalisierungsformen (UA = Underachiever; A = Achiever; OA = Overachiever; KG = Kontrollgruppe)

| Autor (Jahr) | N | Prädiktor(en) | Kriterium | Stichprobe | Auswahlprozess von Achievern / Underachievern | Sonstiges |
|---|---|---|---|---|---|---|
| Borislow (1965) | $N_{ges}$ = 186<br>$N_f$ = k. A.<br>$N_m$ = k. A.<br>$N_{UA\text{-}high}$ = 21<br>$N_{UA\text{-}low}$ = 26<br>$N_{A\text{-}high}$ = 84<br>$N_{A\text{-}low}$ = 55 | *Scholastic Aptitude Test* (*SAT*) | GPA (Grade Point Average) | Schüler/-innen unterschiedlicher Fähigkeitslevel | Schätzung des GPAs ($GPA_{ESTIM}$) für die Probanden mittels Regressionsanalyse<br>UA: $GPA_{ESTIM}$ > GPA (Min. Diff. > ½ *SEE*)<br>A: $GPA_{ESTIM}$ ≤ GPA | |
| Carr et al. (1991) | $N_{ges}$ = 200 | Kombination:<br>*Slossen Intelligence Tests* (Slossen, 1983)<br>*Peabody Picture Vocabulary Test* (PPVT; Dunn & Dunn, 1981) | Leseleistung (gemittelt über zwei Jahre) | Schüler/-innen mit durchschnittlichen Leistungen (Noten: C oder D), die nach Ansicht der Lehrer/-innen mehr leisten könnten | Vergleich der *z*-transformierten *IQ*-Werte und Leseleistungen<br>UA: $z_{Diff} \geq 1.0$<br>A: $-1.0 < z_{Diff} < 1.0$ | |
| Cheung & Rudowicz (2003) | $N_{ges}$ = 2720<br>(Junior Highschool) | *Standard Progressive Matrices* (*SPM*, 1986) | Mittelwert der Schulleistungen in den Hauptfächern (Chinesisch, Englisch und Mathematik) | Schüler/-innen aller Fähigkeitsniveaus von 23 Highschools (low, medium and high band) | Insgesamt 6 verschiedene Systeme im Vergleich, u. a.:<br>UA: *IQ* liegt mind. 1 *SD* über $M_{IQ}$ und Schulleistung liegt mind. 1 *SD* unter $M_{Noten}$ | |
| Crombie (1983) | $N_f$= 62 | *Wide Range Vocabulary Test* (Atwell & Wells, 1937) | GPA (Grade Point Average) | Frauen mit vergleichbaren Leistungen im *Wide Range Vocabulary Test* (Leistungsspektrum nicht näher spezifiziert) | UA: GPA < $M_{GPA}$<br>A: GPA > $M_{GPA}$ | |
| Davids, Sidman & Silverman (1968) | | *Wechsler Intelligence Scale for Children* (*WISC*) | Lehrer/ -innenurteil | Überdurchschnittlich Begabte und Hochbegabte ($150 \geq IQ \geq 115$) | UA: Schulleistungen rangieren am unteren Ende<br>A: Gleichaltrige, die zu den besten 10 % einer Schulklasse zählen | |

| Autor (Jahr) | N | Prädiktor(en) | Kriterium | Stichprobe | Auswahlprozess von Achievern / Underachievern | Sonstiges |
|---|---|---|---|---|---|---|
| Díaz (1998) | $N_{ges} = 6$<br>$N_f = 3$<br>$N_m = 3$ | Variiert von Fall zu Fall<br>*Metropolitan Achievement Test (MAT)*<br>*Comprehensive Test of Basic Skills (CTBS)*<br>*SABE* (Spanish Achievement Test) | QPA (Quality Point Average) | Hochbegabte $PR \geq 98$ in mind. einem der Bereiche Lesen, Mathematik und Sprachen | UA: QPA ≤ B | Qualitative Fall-Studie |
| Drews & Teahan (1965) | $N_{ges} = 40$<br>$N_f = 20$<br>$N_m = 20$<br>$N_{UA\text{-}f} = 10$<br>$N_{UA\text{-}m} = 10$<br>$N_{A\text{-}f} = 10$<br>$N_{A\text{-}m} = 10$<br>(Junior Highschool) | *Stanford-Binet Test* | GPA (Grade Point Average) | Hochbegabte ($IQ \geq 130$) | UA: GPA = A-level<br>A: GPA schlechter als B- | Parallelisierte Stichprobe |
| Fink (1965) | $N_{ges} = 88$<br>$N_f = 48$<br>$N_m = 40$<br>$N_{UA\text{-}f} = 24$<br>$N_{UA\text{-}m} = 20$<br>$N_{A\text{-}f} = 24$<br>$N_{A\text{-}m} = 20$<br>(Highschool Freshmen - 9th Grade) | *California Test of Mental Ability* | GPA (Grade Point Average) | Schüler/-innen ($90 \leq IQ \leq 110$) | UA: GPA < *MD*<br>A: GPA > *MD* | Parallelisierte Stichprobe |
| Frankel (1965) | $N_m = 100$<br>$N_{UA\text{-}m} = 50$<br>$N_{A\text{-}m} = 50$<br>(Senior Highschool) | *Differential Aptitude Test* | Durchschnittsleistung in allen Hauptfächern in der 10. und 11. Klasse | Überdurchschnittlich Begabte mit einem $IQ > 113$ ($M_A = 140.66$; $M_{UA} = 141.00$) | UA: Schüler, die zu den schlechtesten 25 % einer Schulklasse zählen (GPA ≤ 79 % in der 10. und 11. Klasse)<br>A: Gleichbefähigte Schüler, die zu den besten 25 % einer Schulklasse zählen (GPA ≥ 89 % in der 10. und 11. Klasse) | Parallelisiert nach IQ und Alter |
| Gill & Spilka (1965) | $N_{ges} = 60$<br>$N_f = 30$<br>$N_m = 30$<br>$N_{UA\text{-}f} = 15$<br>$N_{UA\text{-}m} = 15$<br>$N_{A\text{-}f} = 15$<br>$N_{A\text{-}m} = 15$<br>(Highschool Junior / Senior Class) | *Otis SA Test of Emntal Ability* (Gamma Form) | GPA (Grade Point Average) | Schüler/-innen ($90 \leq IQ \leq 110$) | UA: GPA im Bereich der unteren 30 %<br>A: GPA im Bereich der oberen 30 % | Parallelisierte Stichprobe |

| **Autor (Jahr)** | **N** | **Prädiktor(en)** | **Kriterium** | **Stichprobe** | **Auswahlprozess von Achievern / Underachievern** | **Sonstiges** |
|---|---|---|---|---|---|---|
| Impel-lizzeri et al. (1965) | $N_{ges} = 4875$<br>$N_f = 50$ %<br>$N_m = 50$ %<br>$N_{UA\text{-}f} = 33.3\%$<br>$N_{UA\text{-}m} = 66.6\%$<br>$N_{A\text{-}f} = 66.6$ %<br>$N_{A\text{-}m} = 33.3\%$<br>(Highschool Students) | *Iowa Test of Educational Development* | Schulnoten der vorangegange-nen 3 Schuljah-re | Überdurch-schnittlich Begabte (Ge-samtscore: *PR* > 88 in der Iowa Test Batterie oder *IQ* ≥ 130 in einem normalen Gruppen-IQ-Test) | UA: mind. eine Note während der vergangenen 3 Schuljahre unter 85<br>A: kein Ausreißer nach unten | 22 ver-schiedene UA-Gruppen unterschie-den |
| Lum (1960) | $N_f = 60$<br>(College Students) | *American Council on Education Psychology Examination* (*ACE*) | Freshman Grade Point Ratio | College Studen-tinnen mit einem ver-gleichbaren *ACE*-Score (Spektrum nicht näher spezifi-ziert) | Korrelation zwi-schen *ACE* und GPA am Ende des ersten College Jahres<br>Schätzung des GPA's ($GPA_{ESTIM}$) mittels Regressi-onsanalyse<br>UA: $GPA_{ESTIM}$ > GPA (Min. Diff. ½ *SD*)<br>A: $GPA_{ESTIM}$ = GPA (Max. Diff. < ± ½ *SD*)<br>OA: $GPA_{ESTIM}$ < GPA (Min. Diff. ½ *SD*) | |
| McCall et al. (1992) | $N_{ges} = 1853$<br>$N_f = 1116$<br>$N_m = 737$ | Verschiedene Verfahren z. B.:<br>Subtests des *Washington Pre-College Test* (*WPCT*)<br>*California Test of Mental Maturity*<br>*Scholastic Aptitude Test*<br>*Otis Quick-Scoring Mental Ability Test*<br>*National Edu-cational Devel-opment Test*<br>*Lorge-Thorndike Intelligence Test* | GPA (Grade Point Average) | Schüler/-innen unterschiedli-cher Fähigkeits-level (nicht näher spezifi-ziert) | Schätzung des GPA's ($GPA_{ESTIM}$) mittels Regressi-onsanalyse<br>Standard Error Estimate: *SEE* = .75<br>UA: $GPA_{ESTIM}$ > GPA (Min. Diff. > 1 Standard Error) ➔ Anzahl der UA (16 %)<br>A: (16 % der Stich-probe, die am nächsten an der Regressionsgeraden liegen)<br>OA: $GPA_{ESTIM}$ < GPA (Min. Diff. > 1 *SE* (Standard Error) ➔ Anzahl der OA (16 %) | inkl. KG Achiever mit niedri-geren Noten |

| Autor (Jahr) | N | Prädiktor(en) | Kriterium | Stichprobe | Auswahlprozess von Achievern / Underachievern | Sonstiges |
|---|---|---|---|---|---|---|
| Mc Coach & Siegle (2001) | $N_{ges} = 173$<br>$N_f = 101$<br>$N_m = 72$ | Normierter Leistungstest ("a nationally norm-referenced test of achievement") | GPA (Grade Point Average) | Hochbegabte (*PR* > 92) | UA: GPA ≤ 2.5 Rangplatz unter den unteren 50 % der Klasse<br>A: GPA > 3.75 oder Rangplatz unter d. Top 10 % der Klasse | |
| Mönks et al. (1985) | $N_{ges} = 49$<br>$N_f = 19$<br>$N_m = 30$<br>(Schüler/ -innen der Klassen 7-9) | *Intelligenz-Struktur-Test* (*IST-70*; Amthauer, 1973) Creativity Questionnaire | Kumulierte Schulleistungen (GPA) | Hochbegabte (*IQ* ≥ 119.3) | UA: Top 25 % im *IST-70* und Kreativitätstest ➔ Signifikant ($\alpha = .05$) geringerer GPA<br>A: Top 25 % im *IST-70* und Kreativitätstest Nicht signifikant ($\alpha = .05$) geringerer GPA | KG – Normalbegabte |
| Pierce & Bowman (1965) | $N_{ges} = 228$<br>$N_f = 124$<br>$N_m = 104$<br>$N_{UA\text{-}f} = 62$<br>$N_{UA\text{-}m} = 52$<br>$N_{A\text{-}f} = 62$<br>$N_{A\text{-}m} = 52$<br>(Highschool Students 10th / 12th Grade) | 7 verschiedene Gruppenintelligenztests, u. a:<br>*Chicago Primary Mental Abilities* (*PMA*)<br>*California Mental Maturity* (*CMM*) | Nach Note und Fach gewichteter Notendurchschnitt | Die intellektuell leistungsfähigsten 30 % der Schüler/-innen | Mediansplit | Parallelisierte Stichprobe |
| Preckel et al. (2006) | $N_{ges} = 93$<br>$N_f = 46$<br>$N_m = 47$<br>(Schüler/ -innen der Klassen 7-10) | *Berliner Intelligenzstrukturtest* (*BIS-HB*; Jäger et al., 2005) | Schulnoten der letzten 3 Jahre in den Fächern Deutsch, Mathe, Englisch, Chemie | Schüler/-innen unterschiedlicher Fähigkeitslevel (Mittlerer *IQ* = 107 / 108) | Schätzung des GPA's ($GPA_{ESTIM}$) mittels Regressionsanalyse<br>z-Standardisierung der Noten innerhalb jeder Klasse<br>UA: $GPA_{ESTIM}$ > GPA (Min. Diff. > 1 *SD* d. Residuums)<br>➔ $\beta$- im Vgl. zu $\alpha$-Fehler doppelt gewichtet; signifikante Diskrepanz von 3 *SD* zwischen der Verteilung der Residuen von A und UA | |

| **Autor (Jahr)** | **N** | **Prädiktor(en)** | **Kriterium** | **Stichprobe** | **Auswahlprozess von Achievern / Underachievern** | **Sonstiges** |
|---|---|---|---|---|---|---|
| Rimm & Lowe (1988) | $N_{ges} = 22$ | *Wechsler Intelligence Scale for Children Revised* (*WISC-R*)<br>*Group Inventory For Finding Creative Talent* (*GIFT*)<br>*Group Inventory For Finding Interests* (*GIFFI*) | Achievement Test Scores<br>*Peabody Individual Achievement Test for Mathematics and Reading* (*PIAT*)<br>*Achievement Identification Measure* (*AIM*)<br>Schulnoten | Hochbegabte ($IQ \geq 130$) | UA: Schüler/-innen, die aufgrund schlechter Schulleistungen (im Verlauf der letzen 12 Monate) eine Therapie an der 'Family Achievement Clinic' begonnen haben<br>A: Kontrollgruppe aus der Studie von Olszewski, Kulieke & Buescher (1987) | Einzelfall-Analyse<br>Bei keinem Probanden bestand eine Diskrepanz zwischen IQ und Testleistung |
| Schütz (2004) | $N_{ges} = 48$<br>$N_f = 20$<br>$N_m = 28$ | Kombination:<br>*Zahlen-Verbindungs-Test* (*ZVT*, Oswald & Roth, 1978),<br>Untertests ‚Zahlenreihen' und Analogien des *Intelligenz-Struktur-Tests 70* (*IST-ZR / IST-AN*; Amthauer, 1970)<br>Untertest 3 des *Leistungsprüfsystems* (*LPS-UT3*; Horn, 1983) | Durchschnitt aus den Zeugnisnoten in Mathematik, Deutsch, den Naturwissenschaften (Biologie, Chemie und Physik) und den Fremdsprachen | Stabil Hochbegabte ($IQ > 125$ zu zwei Messzeitpunkten) | Hochleistende: obere 25% ($M = 1.5$; $SD = .24$)<br>Niedrig Leistende: mind. 1 Notenstufe schlechter ($M = 2.4$; $SD = .7$) | Parallelisierte Stichproben<br>KG Achiever mit niedrigeren Noten |
| Schütz (2004) | $N_{ges} = 62$<br>$N_f = 24$<br>$N_m = 38$ | Kombination:<br>*Zahlen-Verbindungs-Test* (*ZVT*, Oswald & Roth, 1978)<br>Untertests ‚Zahlenreihen' und Analogien des *Intelligenz-Struktur-Tests 70* (*IST-ZR* bzw. *IST-AN*; Amthauer, 1970)<br>Untertest 3 des *Leistungsprüfsystems* (*LPS-UT3*; Horn, 1983) | Zeugnisnote in Mathematik | Stabil Hochbegabte ($IQ > 125$ zu zwei Messzeitpunkten) | Hochleistende: obere 30.2 % (Jungen), 26.7 % (Mädchen) ($M = 1.0$; $SD = 0$)<br>Niedrig Leistende (mind. 1 Notenstufe schlechter → $M = 2.81$; $SD = .79$) | Parallelisierte Stichprobe<br>inkl. KG Achiever mit niedrigeren Noten |

| **Autor (Jahr)** | **N** | **Prädiktor(en)** | **Kriterium** | **Stichprobe** | **Auswahlprozess von Achievern / Underachievern** | **Sonstiges** |
|---|---|---|---|---|---|---|
| Stamm (2008) | $N_{ges} = 264$<br>$N_f = 120$<br>$N_m = 144$<br>$N_{UA\text{-}f} = 15$<br>$N_{UA\text{-}m} = 36$<br>$N_{A\text{-}f} = 105$<br>$N_{A\text{-}m} = 108$<br>(15-16 Jährige) | *Grundintelligenztest Skala 1* (*CFT-1*; Weiss & Osterland, 1980)<br>*Grundintelligenztest Skala 2* (*CFT-20*; Weiss, 1987)<br>*Leistungsprüfsystem* (*LPS*; Horn, 1983) | Schulleistungen in Deutsch / Mathematik (Verfahren nicht näher spezifiziert) | Auszubildende mit einer Intelligenzleistung von $PR \geq 90$ | Schulleistungsprozentrang (Deutsch / Mathematik)<br>UA: $PR \leq 50$<br>A: $PR \geq 75$ | |
| Steinzor (1965) | $N_{ges} = 30$<br>$N_m = 30$<br>$N_{UA} = 15$<br>$N_A = 15$<br>(College Students) | Ohio State University Psychological Examination (O.S.P.E) | Point Hour Ratio (A = 4.00 = Max) | O.S.P.E ($PR \geq 85$) | UA: Point Hour Ratio ≤ 1.70 ($M = 1.60$)<br>A: Point Hour Ratio ≥ 3.20 ($M = 3.62$) | |
| Todd et al. (1965) | $N_{ges} = 244$<br>$N_f = 139$<br>$N_m = 105$<br>$N_{UA\text{-}f} = 28$<br>$N_{UA\text{-}m} = 39$<br>$N_{A\text{-}f} = 111$<br>$N_{A\text{-}m} = 66$<br>(College Students) | *Academic Aptitude Test* (*AAT*) | GPA (Grade Point Average) | Studierende mit einem *AAT*-Prozentrang von $PR \geq 80$ | UA: GPA ≤ 2.00<br>A: GPA ≥ 3.00 | |
| Vlahovic-Stetic et al. (1999) | $N_{ges} = 62$ | Kombination:<br>*Standard Progressive Matrices* (*SPM*; Raven, Court & Raven, 1994)<br>*PRONAD* (Fragebogen zur Peernominierung von Hochbegabten, Koren, 1989)<br>*PROFNAD* (Fragebogen zur Lehrernominierung von Hochbegabten, Koren, 1989)<br>*B-Serija Assessment Battery* (Bujas, 1969) | Test for mathematical achievement (nicht näher spezifiziert) | Hochbegabte: $PR_{SPM} \geq 84$<br>*PRONAD* (mind. 30% der Mitschüler/-innen bewerten die Zielperson als hochbegabt)<br>*PROFNAD* (mind. 50% der Lehrer/-innen bewerten die Zielperson als hochbegabt) | UA: Testleistung < $M_{Math}$<br>A: Testleistung > $M_{Math}$ | |
| Whitmore (1986) | | Nicht näher spezifiziert | Nicht näher spezifiziert | Hochbegabte | UA: Schüler/-innen, die in der Schule unter ihren Möglichkeiten bleiben | Einzelfall-Analyse |

# 9 Abbildungsverzeichnis

# 10 Tabellenverzeichnis

FSC
www.fsc.org
MIX
Papier | Fördert
gute Waldnutzung
FSC® C083411

Kolibri 360 GmbH
Ferdinand-Jühlke-Straße 7
99095 Erfurt, Deutschland
produktsicherheit@kolibri360.de

Druck:
CPI Druckdienstleistungen GmbH
im Auftrag der
Kolibri 360 GmbH
Ferdinand-Jühlke-Str. 7
99095 Erfurt